रस-सिद्धान्त की प्रमुख समस्याएँ

रस-सिद्धान्त की प्रमुख समस्याएँ

डॉ. सत्यदेव चौधरी

वाणी प्रकाशन

वाणी प्रकाशन

4695, 21-ए, दरियागंज, नयी दिल्ली 110 002

फ़ोन : +91 11 23273167 फ़ैक्स : +91 11 23275710

शाखाएँ

अशोक राजपथ, पटना 800 004, बिहार

कॉफ़ी हाउस कैम्पस, महात्मा गांधी मार्ग, इलाहाबाद 211 001, उत्तर प्रदेश

महात्मा गांधी अन्तरराष्ट्रीय हिन्दी विश्वविद्यालय, वर्धा 442 001, महाराष्ट्र

www.vaniprakashan.com
marketing@vaniprakashan.in
sales@vaniprakashan.in

Ras-Siddhant Ki Pramukh Samasyayen
by Dr. Satyadev Choudhary

ISBN : 978-93-5518-122-0
Poetics/Criticism

पेपरबैक प्रथम संस्करण 2022

मूल्य : ₹ 299

आर. टेक ऑफ़सेट प्रिंटर्स, दिल्ली-110 032 में मुद्रित

वाणी प्रकाशन का लोगो मक़बूल फ़िदा हुसेन की कूची से

समर्पित

डॉ. नगेन्द्र को
जिन्होंने मौलिक चिन्तन
और
अभिनव अभिव्यक्ति द्वारा
काव्यशास्त्र को गौरवान्वित किया।

–सत्यदेव चौधरी

प्राक्कथन

संस्कृत काव्यशास्त्र के सभी प्रमुख आचार्यों, तथा साथ ही हिन्दी के दो प्रसिद्ध काव्य-चिन्तकों आचार्य रामचन्द्र शुक्ल और डॉ. नगेन्द्र के काव्यशास्त्रीय ग्रन्थों से यथावत् सहायता लेते हुए इस ग्रन्थ में रस-सम्बन्धी लगभग सभी विषयों का प्रतिपादन एवं विवेचन सुव्यवस्थित रूप में किया गया है। यथासम्भव प्रयास यह भी रहा है कि मूल सामग्री का वास्तविक अभिप्राय अपने अक्षुण्ण रूप में प्रस्तुत किया जाये और निष्कर्ष भी वही प्रस्तुत किये जायें जो कि मूल लेखकों को अभीष्ट रहे हैं। फिर भी, इस दिशा में कई प्रकार की त्रुटियों का रह जाना नितान्त स्वाभाविक है। उदारचेता एवं सुधी पाठक इन त्रुटियों से अवगत करेंगे, तथा साथ ही, अपने सत्परामर्शों द्वारा मुझे अनुगृहीत करेंगे।

–सत्यदेव चौधरी

ममैज्ञैः काव्यतत्त्वस्य कृतञ्चेद् विमर्शनम्।
सर्वथा स्याच्छिरोधार्यं मम तुष्टिप्रदं परम् ॥

येषां काव्यानुशीलनाभ्यासवशाद् विशदीभूते मनोमुकरे वर्णनीयतन्मयीभवन योग्यता ते हृदयसंवादभाजः सहृदयाः।

—अभिनवगुप्त

यस्तुष्टे तुष्टिमायति शोके शोकमुपैति च।
दैन्ये दीनत्वमभ्येति स नाट्ये प्रेक्षकः स्मृतः॥

—भोजराज

इतरपापफलानि यथेच्छया,
वितर तानि सहे चतुरानन!
अरसिकेषु कवित्वनिवेदनं
शिरसि मा लिख मा लिख मा लिख॥

—जगन्नाथ

दृष्टपूर्वा अपि ह्यर्थाः काव्ये रसपरिग्रहात्।
सर्वे नवा इवाभान्ति मधुमास इव द्रुमाः॥

—आनन्दवर्द्धन

निरन्तररसोद्गारगर्भसन्दर्भनिर्भराः।
गिरः कवीनां जीवन्ति न कथामात्रमाश्रिताः॥

—कुन्तक

विषय-क्रम

प्रथम खण्ड

द्वितीय खण्ड

तृतीय खण्ड

चतुर्थ खण्ड

पंचम खण्ड

आचार्य-सूची

(कालक्रमानुसार)

	आचार्य	काल (ईस्वी सन् में)
1.	भरत	2री शती ई.पू. से 2री शती ई. के बीच (अनुमानतः)
2.	भामह	6ठी शती का मध्यकाल
3.	दण्डी	7वीं शती का उत्तरार्द्ध
4.	वामन	8वीं-9वीं शती के बीच
5.	उद्भट	9वीं शती का पूर्वार्द्ध
6.	रुद्रट	9वीं शती का आरम्भ
7.	शंकुक	9वीं शती का आरम्भ
8.	आनन्दवर्द्धन	9वीं शती का मध्यभाग
9.	रुद्रभट्ट	10वीं शती
10.	राजशेखर	880-920 के बीच
11.	मुकुलभट्ट	9वीं-10वीं शती
12.	धनञ्जय	10वीं शती
13.	भट्ट नायक	10वीं शती का मध्यकाल
14.	लोल्लट	उद्भट और अभिनवगुप्त के बीच
15.	अभिनवगुप्त	10वीं-11वीं शती
16.	कुन्तक	10वीं-11वीं शती
17.	सागरनन्दी	11वीं-शती का आरम्भ
18.	भोजराज	11वीं शती का पूर्वार्द्ध
19.	महिम भट्ट	11वीं शती का मध्यकाल
20.	क्षेमेन्द्र	11वीं शती का उत्तरार्द्ध
21.	मम्मट	11वीं शती का उत्तरार्द्ध

22. **अग्निपुराण के काव्य-शास्त्रीय भाग का कर्ता**	12 वीं शती के निकट (अनुमानतः)
23. **हेमचन्द्र**	12वीं शती
24. **रामचन्द्र-गुणचन्द्र**	12वीं शती का पूर्वार्द्ध
25. **बाग्भट प्रथम**	12वीं शती का पूर्वार्द्ध
26. **रुय्यक**	12वीं शती का मध्यकाल
27. **अमरचन्द्र**	13वीं शती का मध्यभाग
28. **जयदेव**	13वीं शती का मध्यभाग
29. **शारदातनय**	13वीं शती का मध्यभाग
30. **शिंगभूपाल**	13वीं शती का मध्यभाग
31. **विद्याधर**	13वीं-14वीं शती
32. **विद्यानाथ**	13वीं-14वीं शती
33. **भानुदत्त**	13वीं-14वीं शती
34. **वाग्भट्ट द्वितीय**	14वीं शती के आसपास
35. **विश्वनाथ**	14वीं शती
36. **रूपगोस्वामी**	15वीं-16वीं शती
37. **केशवमिश्र**	16वीं शती का उत्तरार्द्ध
38. **कविकर्णपूर**	16वीं-17वीं शती
39. **अप्पय्यदीक्षित**	16वीं-17वीं शती
40. **जगन्नाथ**	17वीं शती का मध्यभाग
41. **अकबरशाह**	17वीं शती का मध्यभाग

रस-सिद्धान्त की प्रमुख समस्याएँ

रस

प्रथम खण्ड

1. इतिवृत्त और भरत मुनि

संक्षिप्त इतिवृत्त

संस्कृत-काव्यशास्त्र के इतिहास में रस आदि से अन्त तक, किसी-न-किसी रूप में निरूपित होता रहा है। आद्याचार्य भरत ने रस-विषयक प्रायः सभी सामग्री साक्षात् रूप से अथवा प्रकारान्तर से प्रस्तुत की थी। उनके बाद भामह के समय तक काव्यशास्त्र का कोई ग्रन्थ उपलब्ध नहीं है। भामह, दण्डी और उद्भट यद्यपि अलंकारवादी थे, फिर भी, इन्होंने रस को समुचित स्थान दिया, यही स्थिति रीतिवादी वामन, ध्वनिवादी आनन्दवर्धन और वक्रोक्तिवादी कुन्तक की भी रही।[1]

इसी बीच भरत के प्रख्यात सूत्र की बहुविध व्याख्या हुई। व्याख्याकारों में से अभिनवगुप्त का नाम विशेषतः उल्लेख्य है। रस-विषयक अनेक अन्य समस्याएँ भी उत्पन्न हुईं– करुण, भयानक आदि रसों को सुखात्मक क्यों माना जाये? रौद्र और वीर रस में क्या अन्तर है? शृंगार के रसराजत्व की समस्या उत्पन्न हुई। शान्त रस की स्वीकृति तथा अस्वीकृति का प्रश्न उठा तथा भक्ति को रस मानें या भाव– यह प्रश्न भी, और साथ ही रस-संख्या का प्रश्न भी, तथा यह भी कि कौन-से रस परस्पर मित्र अथवा विरोधी हैं, आदि आदि। इस प्रकार मर्मज्ञ आचार्यों तथा टीकाकारों के तात्त्विक विश्लेषण से रस-तत्त्व और भी महनीय होता चला गया।

इसके अतिरिक्त दण्डी से लेकर विश्वनाथ-पर्यन्त काव्य-पुरुष-रूपक सुलझता और स्थिर होता चला गया, और काव्य के सभी प्रमुख तत्त्व–शब्दार्थ, अलंकार, रीति, गुण दोष–किसी-न-किसी रूप से रस से सम्बद्ध कर दिये गये तथा रस को काव्य की आत्मा भी घोषित किया गया। विश्वनाथ ने तो काव्य-लक्षण ही रस पर आधारित कर दिया। इससे रस की महत्ता और भी अधिक बढ़ गयी।

---

1. देखिए आगे 'रस की महत्ता' तथा 'काव्य की आत्मा' : रस-सिद्धान्त।

भरत मुनि और रस

रस नाटक का अनिवार्य तत्त्व है। इस दृष्टि से भरत मुनि के लिए अपने ग्रन्थ नाट्यशास्त्र में रस-विषयक चर्चा का समावेश करना नितान्त अनिवार्य था। यही कारण है कि रस-सम्बन्धी सभी आवश्यक उपकरणों का विवरण इस ग्रन्थ में प्रस्तुत किया गया है।

जनश्रुति के आधार पर नन्दिकेश्वर को रस का प्रवर्त्तक होने का श्रेय दिया गया है; और भरत को नाट्य-सिद्धान्तों का।[1] पर फिर भी, भरत का रस के प्रति समादरभाव कुछ कम नहीं है। उन्होंने नाट्यशास्त्र नामक ग्रन्थ के 'रसविकल्प' और 'भावव्यंजक' नामक छठे और सातवें अध्यायों में रस और भाव के स्वरूप का उल्लेख किया है; इनके पारस्परिक सम्बन्ध का निर्देश किया है, आठों रसों का परिचय देते हुए उन्होंने प्रत्येक रस के स्थायिभाव, विभाव, अनुभाव, व्यभिचारिभाव और सात्त्विकभावों का नामोल्लेख किया है, रसों के वर्णों और देवताओं से अवगत कराया है, तथा रसों के भेदों की चर्चा की है। नाट्यशास्त्र में प्रतिपादित सर्वाधिक गम्भीर एवं मूल्यवान् प्रसंग है रस निष्पत्ति-विषयक चर्चा। उक्त प्रसंगों में से निम्नोक्त प्रसंग विशेषतः उल्लेख्य हैं–

मूल रस

भरत ने मूल रूप में चार रस माने हैं–शृंगार, रौद्र, वीर और बीभत्स। फिर इनसे क्रमशः हास्य, करुण, अद्भुत और भयानक रसों की उत्पत्ति मानी है।।[2] शृंगार और हास्य, वीर और अद्भुत तथा बीभत्स और भयानक रस-युग्म का पारस्परिक कारण कार्यभाव है, अतः इनमें उत्पाद्योत्पादक-सम्बन्ध स्वतः सिद्ध है। रौद्र और करुण में भी यह सम्बन्ध मनःस्थिति के आधार पर परिपुष्ट है–सबल पक्ष का निर्बल पक्ष पर अकारण और निर्दयतापूर्ण क्रोध सामाजिक के हृदय में करुणा की उत्पत्ति करता है।[3]

रसों के विभिन्न भेद

इस प्रकरण में भरत ने रसों के विभिन्न भेदों का भी उल्लेख किया है।[4] आगे चलकर इनमें से कुछ तो प्रचलित रहे और कुछ अप्रचलित हो गये–

(क) प्रचलित भेद–

शृंगार के सम्भोग और विप्रलम्भ दो भेद। हास्य के (उत्तम, मध्यम और अधम

---

1. रूपकनिरूपणीयं भरतः, रसाधिकारिकं नन्दिकेश्वरः। —का.मी. 1म अ., पृष्ठ 4
2. ना.शा. 6.39-41
3. इस प्रसंग में देखिए, 'रससंख्या' (पृष्ठ....) तथा विशेषतः इसका अन्तिम भाग।
4. ना.शा. 6.48 वृत्ति; 6.77-83

कोटि के व्यक्तियों के द्वारा प्रयुक्त) स्मित, विहसित आदि छह भेद; तथा वीर के दानवीर, धर्मवीर और युद्धवीर—ये तीन भेद।

(ख) अप्रचलित भेद—

शृंगार के वाङ्-नेपथ्य-क्रियात्मक—तीन भेद।
हास्य के आत्मस्थ और परस्थ—दो भेद।
हास्य और रौद्र के अंग-नेपथ्य-वाक्यात्मक—तीन-तीन भेद।
करुण के धर्मोपघातज, अपचयोद्भव और शोककृत—तीन भेद।
भयानक के स्वभावज, सत्त्वसमुत्थ और कृतक—तीन भेद,
तथा व्याज-अपराध-त्रास गत अन्य—तीन भेद।
बीभत्स के क्षोभज, शुद्ध और उद्वेगी—तीन भेद।
अद्भुत के दिव्य और आनन्दज—दो भेद।

भाव

भरत ने रस-प्रकरण में भावों की संख्या 49 गिनाई है—8 स्थायिभाव, 33 व्यभिचारिभाव और 8 सात्त्विक भाव।[1] आठ स्थायिभावों के अनुकूल रसों की संख्या भी इनके मत में आठ है[2]; शान्त रस का उल्लेख इस ग्रन्थ के एक संस्करण में नहीं है, पर एक अन्य संस्करण में है।[3] स्थायिभाव ही अन्य शेष 41 भावों से संयुक्त होकर रसत्व को प्राप्त करता है, अतः स्थायिभाव और अन्य भावों में वैसा ही पारस्परिक (मुख्य-गौण) सम्बन्ध है, जैसा राजा और उसके सहचारों में होता है।[4]

स्पष्ट है कि भरत ने स्थायिभावों और व्यभिचारिभावों के साथ स्तम्भ, स्वेद, वेपथु आदि सात्त्विक भावों को भी 'भाव' नाम से अभिहित किया है; पर सात्त्विक भावों को 'भाव' की संज्ञा देना युक्तिसंगत नहीं है। वस्तुतः मानसिक आवेग ही 'भाव' कहलाते हैं। सात्त्विक भावों के आधार निस्सन्देह विभिन्न मानसिक आवेग हैं, पर उन आवेगों की प्रतिक्रिया-स्वरूप ये स्वयं स्थूल रूप में प्रकट होते हैं। अतः, जैसा कि आगामी आचार्यों के विवेचन से स्पष्ट है, इन्हें 'अनुभाव' की संज्ञा मिलनी चाहिए, न कि 'भाव' की। स्वयं भरत ने भाव की परिभाषा में कवि के मानसिक आवेगों को ही 'भाव' नाम से पुकारा है—

वागङ्गमुखरागैश्च, सत्त्वेनाभिनयेन च।
कवेरन्तर्गतं भावं भावयन् भाव उच्यते।।
विभावैराहृतो योऽर्थो ह्यनुभावैस्तु गम्यते।
वागङ्गसत्त्वाभिनयैः स भाव इति संज्ञितः।। ना.शा. 7.2,1

1. ना.शा. 7.6 (वृत्ति)
2. ना.शा. 6.15-17
3. देखिए 'रस-संख्या' प्रकरण तथा हिन्दी अभिनवभारती, पृष्ठ 623, 624।
4. ना.शा. 7.7 (वृत्ति), पृष्ठ 81

भरत के कथनानुसार भाव का व्युत्पत्तिपरक अर्थ है—'भावयन्तीति भावाः। किं भावयन्ति? उच्यते—वागङ्गसत्त्वोपेतान् काव्यार्थान् भावयन्तीति भावाः'[1]—वाचिक, आंगिक तथा सात्त्विक अभिनयों के द्वारा सामाजिक के हृदय में जो काव्यार्थों का भावन (अनुचिन्तन, मानसिक परिभ्रमण) करते हैं, वे भाव कहाते हैं। सात्त्विक भावों को 'वागङ्गाभिनयों' की पंक्ति में सम्मिलित करना निश्चय ही इस तथ्य का पोषक है कि ये मनोभावों के प्रदर्शक हैं, पर स्वयं भाव नहीं हैं।

यहाँ स्वभावतः एक अन्य प्रश्न उठता है; भाव और रस का पारस्परिक सम्बन्ध क्या है? भरत के अनुसार इनमें एक दूसरे के प्रति कारण-कार्य-सम्बन्ध है—भावों से विभिन्न रसों की अभिनिर्वृत्ति (उत्पत्ति) होती है। रस की यह उत्पत्ति स्वतः नहीं हो जाती—इसके लिए भावों को अभिनय का आश्रय लेना पड़ता है और तभी हम कह सकते हैं कि अब कोई भी भाव ऐसा नहीं है, जिसमें रस नहीं है; और कोई भी ऐसा रस नहीं है जिसमें भाव नहीं है।[2]

भरत के उक्त अभिमत का निष्कर्ष यह है—

(1) स्थायिभाव, व्यभिचारिभाव और सात्त्विक भाव—ये सभी भाव कहाते हैं।

(2) इनमें से स्थायिभाव अपने-अपने सहायक व्यभिचारिभावों के साथ रसावस्था को तभी पहुँचते हैं जब इन्हें आंगिक, वाचिक और सात्त्विक अभिनयों का आश्रय मिलता है।

(3) भावों (स्थायिभावों और व्यभिचारिभावों) और रसों में क्रमशः कारणकार्य-सम्बन्ध है, और यह सम्बन्ध अन्योन्याश्रित है।

इसी प्रसंग में यह भी उल्लेख्य है कि **'विभावानुभावव्यभिचारिसंयोगाद् रसनिष्पत्तिः'** इस सूत्र में यद्यपि 'स्थायिभाव' शब्द का प्रयोग नहीं किया गया, तथापि, जैसा कि उनकी अपनी व्याख्या से स्पष्ट है उन्हें अभीष्ट यही है कि स्थायिभाव ही उक्त विभावादि के द्वारा रसत्व को प्राप्त होते हैं— x x x एवं नानाभावोपहिता अपि स्थायिनो भावाः रसत्वमाप्नुवन्ति। (नाट्यशास्त्र, पृष्ठ 71)

रस : आस्वाद अथवा आस्वाद्य

भरत के नाट्यशास्त्र में कुछ इस प्रकार के संकेत मिलते हैं, जिनसे ज्ञात होता है कि वे रस को सम्भवतः 'आस्वाद' न मानकर आस्वाद्य मानते होंगे। इस विषय पर आगे यथास्थान प्रकाश डाल रहे हैं। (देखिए पृष्ठ 141-148)

---

1. ना.शा. 7म अध्याय का आरम्भ।
2. **न भावहीनोऽस्ति रसो न भावो रसवर्जितः।**
   परस्परकृता सिद्धिस्तयोरभिनये भवेत्।। ना.शा. 6.36

2. रस के अंग

रसनिष्पत्ति के सम्बन्ध में भरत का प्रख्यात सिद्धान्त-कथन है—**विभावानुभाव व्यभिचारिसंयोगाद् रसनिष्पत्तिः** (ना.शा. 6ठ अ., पृष्ठ 71), अर्थात् विभाव, अनुभाव और व्यभिचारिभाव के संयोग से रस की निष्पत्ति (अभिव्यक्ति) होती है। इस कथन से यह स्पष्टतः ज्ञात नहीं होता कि उक्त तीनों तत्त्वों के परस्पर-संयोग द्वारा रस की अभिव्यक्ति होती है, अथवा इन तीनों के किसी अन्य तत्त्व के साथ संयोग द्वारा। किन्तु इसी प्रसंग में भरत की अपनी व्याख्या से यह स्पष्ट हो जाता है कि स्थायिभाव, इन तीनों तत्त्वों के संयोग द्वारा, रस-रूप को प्राप्त करते हैं : **' x x x नानाभावोपहिताः स्थायिनः x x x।'** अतः उक्त कथन का तात्पर्य यह है कि **सहृदयों का स्थायिभाव जब विभाव, अनुभाव और संचारिभाव का संयोग प्राप्त कर लेता है तो रस रूप में निष्पन्न (परिणत, अभिव्यक्त) हो जाता है।**[1] दूसरे शब्दों में, विभावादि के संयोग को आपन्न स्थायिभाव का ही अपर नाम रस है। इन चारों को रस के अंग कहते हैं। इनका स्वरूप इस प्रकार है—

स्थायिभाव

सहृदय के अन्तःकरण में जो मनोविकार वासना रूप से सदा विद्यमान रहते हैं[2] तथा जिन्हें अन्य कोई भी अविरुद्ध अथवा विरुद्ध भाव दबा नहीं सकता, उन्हें स्थायिभाव कहते हैं। यही स्थायिभाव ही (रस-रूप) आस्वाद का अंकुरकन्द अर्थात् मूलभूत हैं :

अविरुद्धा विरुद्धा वा यं तिरोधातुमक्षमाः।
आस्वादाङ्कुरकन्दोऽसौ भावः स्थायीति संमतः।। सा. द. 3.174

स्थायिभावों की संख्या सामान्यतः नौ मानी जाती है—रति, हास, शोक, उत्साह, क्रोध, भय, जुगुप्सा, विस्मय और निर्वेद। कई आचार्य निर्वेद को स्वीकार नहीं करते। उनके अनुसार स्थायिभाव आठ हैं। ये क्रमशः निम्नोक्त रसों के रूप में निष्पन्न

---

1. **विभावेनाऽनुभावेन व्यक्तः संचारिणा तथा।**
   रसतामेति रत्यादिः स्थायिभावः सचेतसाम्।। – सा.द. 3.1, तुलनार्थ– का.प्र.4.28
2. प्रसुप्त अवस्था (dormant stage) में।

(अभिव्यक्त) होते हैं—शृंगार, हास्य, करुण, वीर, रौद्र, भयानक, बीभत्स, अद्भुत और शान्त। इनके अतिरिक्त एक अन्य रस वत्सल भी माना जाता है जिसका स्थायिभाव 'वात्सल्य' है। इधर आगे चलकर रुद्रट ने प्रेयान् रस की स्वीकृति की, जिसका स्थायिभाव स्नेह है (देखिए पृष्ठ 249)।

रस का स्थायिभाव के साथ सम्बन्ध—जैसा कि ऊपर कहा गया है सहृदय के अन्तःकरण में रति आदि स्थायिभाव वासना रूप में सदा विद्यमान रहते हैं। अभिनवगुप्त और उनके अनुयायियों के मत में ये उस प्रकार सदा विद्यमान रहते हैं जिस प्रकार मिट्टी में गन्ध सदा विद्यमान रहता है। जिस प्रकार मिट्टी में पूर्व-विद्यमान गन्ध जल का संयोग पाकर, प्रकट हो जाता है, उसी प्रकार स्थायिभाव भी विभाव, अनुभाव और व्यभिचारिभाव के संयोग से व्यक्त होने पर 'रस' नाम से पुकारे जाते हैं। एक अन्य लौकिक उदाहरण से यह कथन और अधिक स्पष्ट हो जायेगा—जिस प्रकार किसी खट्टे पदार्थ के संयोग से दूध 'दही आदि' के रूप में परिणत हो जाता है, उसी प्रकार विभावादि के संयोग से स्थायिभाव अपने चर्व्यमाण रूप में परिणत होकर 'रस' नाम से अभिहित होते हैं।[1]

दूसरे शब्दों में, हमारे अन्तःकरण में वासना रूप से स्थित रत्यादि तभी तक स्थायिभाव कहे जाते हैं, जब तक वे विभावादि द्वारा चर्व्यमाण अवस्था तक नहीं पहुँच पाते। इसी अवस्था को पहुँचते ही उनका नाम 'रस' हो जाता है। अब ये स्थायिभाव नहीं कहाते।

स्पष्ट है कि स्थायिभाव तो पूर्वसिद्ध हैं, पर रस पूर्वसिद्ध नहीं है। अतः स्थायिभावों की रस-रूप में अभिव्यक्ति उस प्रकार नहीं मानी जाती, जिस प्रकार अन्धकार में रखा हुआ घट, दीप के प्रकाश के द्वारा, घट रूप में प्रकट होता है। अन्धकारस्थ और प्रकाशस्थ दोनों ही घट एक हैं, पर वासना-रूप में स्थित स्थायिभाव और चर्व्यमाण अवस्था को प्राप्त स्थायिभाव दोनों अलग-अलग हैं। पहले का नाम स्थायिभाव है और दूसरे का नाम रस।

विभाव

लोक में जो पदार्थ सामाजिक के हृदय में वासना रूप से स्थित रति, उत्साह, शोक आदि भावों के उद्बोधक कारण हैं, वे काव्य-नाटकादि में वर्णित होने पर शास्त्रीय शब्दों में विभाव कहाते हैं—**रत्याद्युद्बोधका लोके विभावाः काव्यनाट्ययोः** (सा.द. 3.28)। विभाव का अर्थ है कारण। विभाव सामाजिक के हृदयस्थित रत्यादि स्थायिभावों को उद्बोधित करते हैं, उनका विभावन करते हैं, उन्हें आस्वाद-योग्य बनाते हैं। दूसरे शब्दों में, ये रस को व्यक्त करने के कारण हैं।

---

1. **व्यक्तो दध्यादिन्यायेन रूपान्तरपरिणतो व्यक्तीकृत एव रसः, न तु दीपेन घट इव पूर्वसिद्धो व्यज्यते।**
—सा.द. 3.1, वृत्ति।

विभाव के दो भेद हैं—आलम्बनविभाव और उद्दीपनविभाव।

आलम्बनविभाव—काव्य-नाटकादि में वर्णित जिन पात्रों का आलम्बन करके सामाजिक के रत्यादि स्थायिभाव रस-रूप में अभिव्यक्त (परिणत) होते हैं, उन्हें आलम्बनविभाव कहते हैं। जैसे शृंगार रस में नायक-नायिका आदि—**आलम्बनो नायिकादिस्तमालम्ब्य रसोद्गमात्** (सा.द. 3,29)।

आलम्बन-विभाव के दो भेद हैं—विषय और आश्रय। विषय को 'आलम्बन' भी कहते हैं। जिस पात्र के प्रति किसी के भाव जागरित होते हैं वह आलम्बन कहाता है।[1] उदाहरणार्थ, शकुन्तला को देख दुष्यन्त के हृदय में उसके प्रति रतिभाव जागरित हो जाने पर शकुन्तला को 'आलम्बन' अथवा 'विषय' कहेंगे, और दुष्यन्त को आश्रय, तथा वे दोनों पात्र आलम्बन-विभाव कहाते हैं, और यही दोनों सामाजिक के स्थायिभावों को रसास्वाद तक पहुँचाने के कारण हैं।

उद्दीपनविभाव—उद्दीपनविभाव उन्हें कहते हैं जो रस को उद्दीप्त करते हैं—**उद्दीपनविभावास्ते रसमुद्दीपयन्ति ये** (सा.द., 3,131)। ऊपर कहा जा चुका है कि विभावादि के संयोग से रत्यादि स्थायिभाव रस रूप में निष्पन्न होते हैं। अतः विश्वनाथ के उक्त कथन का अभिप्राय यह है कि उद्दीपनविभाव वे कहाते हैं, जो रत्यादि स्थायिभावों को उद्दीप्त करके उनकी आस्वादन-योग्यता बढ़ाते हैं और इस प्रकार उन्हें रसावस्था तक पहुँचाने में सहायक होते हैं।

उद्दीपनविभाव दो प्रकार के माने गये हैं—(1) आलम्बन-गत बाह्य चेष्टाएँ, (2) बाह्य वातावरण—**आलम्बनस्य चेष्टाद्या देशकालादयस्तथा।** (सा.द. 3.132)। यहाँ 'आलम्बन' शब्द से आचार्य विश्वनाथ का तात्पर्य आलम्बनविभाव के दोनों भेदों (आलम्बन और आश्रय) से नहीं है, अपितु केवल प्रथम भेद 'आलम्बन' अथवा 'विषय' से है। आलम्बन की वे बाह्य चेष्टाएँ जो आश्रय के रति अदि स्थायिभावों को जागरित करके उन्हें उद्दीप्त करती हैं, 'उद्दीपनविभाव' कहाती हैं। इसके अतिरिक्त प्राकृतिक दृश्य आदि भी आश्रय के स्थायिभावों को उद्दीप्त करने के कारण उद्दीपनविभाव कहाते हैं। उदाहरणार्थ—

(1) शृंगार रस में दुष्यन्त (आश्रय) के रतिभाव को अधिक तीव्र करने वाली शकुन्तला (आलम्बन) की कटाक्ष, भुजा-विक्षेप आदि बाह्य चेष्टाएँ, रौद्र रस में परशुराम के क्रोध को उद्दीप्त करने वाली लक्ष्मण की व्यंग्योक्तियाँ, भयानक रस में भीत पुरुष को और अधिक भयभीत करने वाला सिंह-गर्जन, उस सिंह की मुख-विकृति, झपट्टा मारने की क्रियाएँ आदि आलम्बन-गत बाह्य चेष्टाएँ उद्दीपनविभाव कहाती हैं।

---

1. **आद्योऽपि द्विविधः विषयाश्रयभेदाद्। यमुद्दिश्य रत्यादिः प्रवर्तते सोऽस्य विषयः। आश्रयस्तु आधारः।**

—साहित्यकौमुदी, पृष्ठ 29

(2) शृंगार रस में नदी-तट, पुष्पवाटिका, चाँदनी रात इत्यादि, भयानक रस में घना वन, हिंसक पशुओं की आवाजें, आधे मार्ग में ही रात्रि पड़ जाना आदि बाह्य वातावरण है, जो कि आश्रय के स्थायिभावों को उद्दीप्त करता है। अतः यह भी 'उद्दीपनविभाव' कहाता है।

ज्ञातव्य है कि आलम्बनविभाव (नायक, नायिका, प्रतिनायक इत्यादि पात्र) सामाजिक के हृदय में वासना-रूप से स्थित रत्यादि स्थायिभाव के उद्बोधक कारण हैं, और उद्दीपनविभाव उन उद्बुद्ध भावों को उत्तेजित करते हैं, अभिवृद्ध करते हैं, उन्हें उद्बुद्ध नहीं करते। यहाँ एक शंका उत्पन्न होती है कि यदि इन्हें उद्बोधक कारण नहीं मान सकते, तो फिर इन्हें विभाव (कारण) का एक रूप क्यों माना गया है? इसका समाधान यह है कि यदि कोई उद्बुद्ध स्थायिभाव ठीक रूप से उत्तेजित न हो, तो वह अनुत्पन्न के ही समान समझा जाता है। वह अंकुर किस काम का, जिसे जल से सींचा न जाये। वह मुरझा जायेगा। अतः उसका उद्बुद्ध होना या न होना एक-समान है। शकुन्तला को देख दुष्यन्त के हृदय में रतिभाव उद्बुद्ध हो तो गया, पर यदि उसे शकुन्तला के हाव-भावों तथा बाह्य वातावरण से उत्तेजना न मिली तो वह पनप नहीं सकेगा। अतः वह अनुद्बुद्ध के ही समान माना जायेगा। यही कारण है कि उद्दीपनविभावों को उद्बोधक कारण स्वीकार न करते हुए भी 'विभाव' का एक भेद मान लिया जाता है।

अनुभाव

रत्यादि स्थायिभावों को प्रकाशित करने वाली आश्रय की बाह्य चेष्टाएँ अनुभाव कहलाती हैं।

अनुभाव का शाब्दिक अर्थ है—**भावमनु अनुभावः**, अर्थात् जो रत्यादि स्थायिभावों के बाद उत्पन्न होते हैं। अथवा **अनुभावयन्ति इति अनुभावः**, अर्थात् जो उत्पन्न रत्यादि स्थायिभावों का अनुभव कराते हैं। स्पष्टतः, आश्रय की बाह्य चेष्टाएँ स्थायिभावों के उद्बुद्ध हो जाने के बाद उत्पन्न होती हैं, तथा ये चेष्टाएँ उद्बुद्ध स्थायिभावों का अनुभव भी कराती हैं, तभी इन्हें 'अनुभाव' की संज्ञा दी गयी है। अतः जो स्थायिभावों के कार्य हैं, अथवा जिनके द्वारा रत्यादि भावों का अनुभव होता है, वे 'अनुभाव' कहाते हैं। जिसे लोक में कार्य कहते हैं, उसे काव्य में अनुभाव कहते हैं।

उदाहरणार्थ, विरह-व्याकुल नायक द्वारा सिसकियाँ भरना, अपने बाल नोचना, आँखें फाड़े शून्य की ओर ताकना आदि बाह्य चेष्टाएँ, जो लोक में कार्य कही जाती हैं, काव्य-नाटक में वर्णित अथवा दर्शित होने पर, अनुभाव कहाती हैं। रति जागरित होने पर दुष्यन्त का सानुराग अवलोकन, अंगसंचालन, भ्रूविक्षेप आदि, क्रोध जागरित होने पर परशुराम का कठोर-शब्दोच्चारण, परशु उठाना, आँखें रक्त हो जाना आदि, ये सभी आश्रयगत बाह्य चेष्टाएँ अनुभाव कहाती हैं। स्पष्ट है कि उक्त चेष्टाएँ

दुष्यन्त अथवा परशुराम में क्रमशः रति तथा क्रोध स्थायिभावों के उद्‌बुद्ध होने के बाद उत्पन्न हुई हैं, अथवा इन्हीं चेष्टाओं से हम अनुभव कर पाते हैं कि उक्त दोनों आश्रयों में क्रमशः रति तथा क्रोध जागरित हो गये हैं। अतः ये चेष्टाएँ अनुभाव कहाती हैं। विश्वनाथ ने अनुभाव का निम्नोक्त लक्षण प्रस्तुत किया है–

उद्‌बुद्धं कारणैः स्वैः स्वैर्बहिर्भावं प्रकाशयन्।

लोके यः कार्यरूपः सोऽनुभावः काव्यनाट्ययोः।। सा.द. 3.132, 133

अर्थात् अपने-अपने कारणों (आलम्बन तथा उद्दीपन-विभावों) से हृदय में जागरित रत्यादि भावों को बाह्यतः प्रकाशित करने वाला कार्य 'अनुभाव' कहाता है। अनुभाव के चार रूप माने गये हैं–आंगिक, वाचिक, आहार्य और सात्त्विक।

–आंगिक से तात्पर्य है शरीर-सम्बन्धी चेष्टाएँ।

–वाग्व्यापार को वाचिक अनुभाव कहते हैं।

–वेशभूषा, अलंकरण, साज-सज्जा आदि का नाम आहार्य अनुभाव है।

–सत्त्व के योग से उत्पन्न कायिक चेष्टाएँ सात्त्विक अनुभाव कहाती हैं।[1] इन्हें सात्त्विक भाव भी कहते हैं। सत्त्व कहते हैं रजोगुण और तमोगुण से अस्पृष्ट मन को, ऐसे मन में उत्पन्न विकारों से स्वतःप्रादुर्भूत कायिक प्रक्रिया को सात्त्विक अनुभाव कहते हैं। ये आठ माने गये हैं–स्तम्भ, स्वेद, रोमाञ्च, स्वरभंग, वेपथु, वैवर्ण्य, अश्रु और प्रलय।[2]

अनुभाव के उक्त चार रूपों में से प्रथम तीन अनुभाव 'यत्नज' कहाते हैं, क्योंकि नाटक में तो इनके निर्वहण में आश्रय को चेष्टा करनी पड़ती है, और काव्य में ये शब्दों द्वारा अभिव्यक्त किये जाते हैं। सात्त्विक अनुभाव अयत्नज कहाते हैं, क्योंकि आश्रय को इनके लिए कोई बाह्य चेष्टा नहीं करनी पड़ती। उक्त स्तम्भ आदि सत्त्व (मन) से स्वतः प्रादुर्भूत होते हैं। अतः आश्रय यदि चाहे कि इन्हें प्रादुर्भूत न होने दे, अथवा प्रादुर्भूत होने पर इन्हें रोक ले तो वह ऐसा नहीं कर सकता।

इसी प्रसंग में शंका उपस्थित होती है कि क्या प्रथम तीन अनुभाव–आंगिक, वाचिक और आहार्य सत्त्व के योग से उत्पन्न नहीं होते। उसका उत्तर है कि नहीं होते, क्योंकि स्तम्भ, विवर्णता आदि सात्त्विक भावों के लिए तो सत्त्व (मन की समाहिति) अनिवार्य है, किन्तु आंगिक आदि तीनों अनुभावों का निर्वहण अन्यमनस्क होते हुए भी सम्भव है।

---

1. **रजस्तमोभ्यामस्पृष्टं मनः सत्त्वमिहोच्यते। तद्‌योगात् प्रभवन्तीति सात्त्विकाः।**
2. स्तम्भ और प्रलय की स्थितियों में आश्रय चेष्टाशून्य हो जाता है। दोनों में अन्तर यह है कि स्तम्भ की स्थिति में उसे चेष्टा न कर सकने का ज्ञान बना रहता है, और प्रलय की स्थिति में उसे यह ज्ञान नहीं रहता। उदाहरणार्थ, स्तम्भ का यह रूप देखिए–

देखि सीय सौम्य सुख पावा।

हृदय सराहत वचन न आवा।। –तुलसी

अनुभाव का प्रसंग समाप्त करने से पूर्व एक शंका का निवारण कर लेना आवश्यक है। क्या केवल आश्रय की बाह्य चेष्टाओं को अनुभाव की संज्ञा दी जाती है, अथवा आश्रय और आलम्बन दोनों की? इसका उत्तर है कि केवल आश्रय की। आश्रय में आलम्बन (विषय) के प्रति भाव उत्पन्न होता है, पर यह आवश्यक नहीं कि एक पात्र सदा ही आश्रय बना रहे और दूसरा सदा ही आलम्बन। अगले ही क्षण उनकी स्थिति बदल सकती है। भावों का पारस्परिक आदान-प्रदान तो होता ही है। शकुन्तला और उसके उद्दीपक हाव-भावों को देख दुष्यन्त में रति जागरित हुई और उससे भ्रूविक्षेप हो गया। शास्त्रीय दृष्टि से दुष्यन्त आश्रय कहाया, और शकुन्तला आलम्बन। शकुन्तला की बाह्य चेष्टाएँ उद्दीपक कहाईं और दुष्यन्त की बाह्य चेष्टाएँ अनुभाव। यदि अगले ही क्षण दुष्यन्त के भ्रूविक्षेप से शकुन्तला के मन में दुष्यन्त के प्रति रति जागरित हुई, जैसा कि अस्वाभाविक नहीं है, तो शकुन्तला का 'अक्षि-निःकोच' आदि उसे आश्रय की संज्ञा दिलाएगा और दुष्यन्त को आलम्बन की। दुष्यतन्त के जिस 'भ्रूविक्षेप' को अनुभाव कहा गया था, अब उसके उद्दीपक होने, अतएव आलम्बन-गत बाह्य चेष्टा बन जाने के कारण, उसे उद्दीपनविभाव कहा जायेगा और शकुन्तला का 'अक्षि-निःकोच' अनुभाव। इसी प्रकार 'शतपत्र-पत्रशत-भेदन-न्याय'[1] से क्षण-क्षण में वे दोनों एक-दूसरे के प्रति आलम्बन और आश्रय बनते जायेंगे, और दोनों की बाह्य चेष्टाएँ उसी क्षण में क्रमशः 'उद्दीपनविभाव' तथा 'अनुभाव' नाम से पुकारी जायेंगी। अतः केवल आश्रय की बाह्य चेष्टाएँ ही 'अनुभाव' कहाएँगी, भले ही वह अगले ही क्षण दूसरे पात्र को उद्दीप्त करने के कारण 'उद्दीपनविभाव' कही जायें। हाँ, आश्रय की जो बाह्य चेष्टाएँ किसी कारणवश आलम्बन को उद्दीप्त नहीं करतीं, वे केवल 'अनुभाव' कहाएँगी, उन्हें 'उद्दीपनविभाव' की संज्ञा नहीं दी जा सकती।

संचारिभाव अथवा व्यभिचारिभाव

अस्थिर मनोविकार अथवा चित्तवृत्तियाँ 'संचारिभाव' कहाती हैं। ये विकार आश्रय पर और आलम्बन के मन में उन्मग्न एवं निर्मग्न होते रहते हैं। संचारी शब्द का अर्थ है साथ-साथ चलना तथा संचरणशील होना। संचारिभाव स्थायिभावों के सहकारी कारण हैं, उन्हें रसावस्था तक ले चलते हैं, पर स्वयं बीच में जलतरङ्गवत् आविर्भूत तथा तिरोभूत होते रहते हैं।[2]

---

1. काव्यप्रकाश, बालबोधिनी टीका, 4.25। शतपत्र (कमल) के पत्रशत (सौ पँखड़ियों) के समूह का भेदन यदि सूई की नोक से करें तो ऐसा प्रतीत होता है कि सूई सब पँखड़ियों से एकदम पार हो गयी, किन्तु वास्तव में यह प्रत्येक पँखड़ी में से बारी-बारी से गुज़रती हुई इनके पार हुई है। एक पँखड़ी से दूसरी पँख के बीच गुज़रने में समय लगा है पर वह नगण्य माना जाता है। 'शतपत्र' का अर्थ मोर भी होता है। उसके पत्रशत (सौ पंख)।
2. **स्थायिन्युन्मग्ननिर्मग्नाः** x x x। सा.द. 3.140

संचारिभाव मनोविकार हैं, ये शरीर के धर्म नहीं हैं। मनोविकारों की कोई संख्या नियत नहीं की जा सकती, पर सुविधा के लिए इनकी संख्या 33 निर्धारित की गयी है—निर्वेद, ग्लानि, शंका, असूया, मद, श्रम, आलस्य, दीनता, चिन्ता, मोह, स्मृति, धृति, व्रीडा, चापल्य, हर्ष, आवेग, जड़ता, गर्व, विषाद, औत्सुक्य, निद्रा, अपस्मार, स्वप्न, विबोध, अवमर्ष, अवहित्था, उग्रता, मति, व्याधि, उन्माद, मरण, त्रास और वितर्क।

किन्तु संचारिभावों की यह 33 संख्या कम-से-कम संख्या की ही द्योतक है, संचारिभाव तो अनन्त हो सकते हैं।[1] स्वयं इन 33 संचारिभावों में पारस्परिक मिश्रण से ही यह संख्या सहस्रों तक पहुँच सकती है।

संचारिभावों को 'व्यभिचारिभाव' भी कहते हैं, क्योंकि ये प्रत्येक स्थायिभाव के साथ विशेष रूप से अभिमुख हो कर—उसके अनुकूल (सहायक) बन कर—चलते हैं।[2] प्रत्येक स्थायिभाव का रस नियत है, पर प्रत्येक संचारिभाव का स्थायिभाव नियत नहीं है। एक संचारिभाव कई स्थायिभावों के साथ अभिमुख हो कर, उनका सहायक बनकर, चलता है, अतः वह 'व्यभिचारिभाव' भी कहाता है।

प्रश्न है कि संचारिभाव और स्थायिभाव में परस्पर क्या अन्तर है। ये दोनों हृदय में रहते हैं, पर इन दोनों में अन्तर यह है कि रत्यादि भाव हृदय में स्थायी रूप से जागरित होते हैं, वे किसी विरुद्ध अथवा अविरुद्ध भाव से दबते नहीं हैं, तथा रसनिष्पत्ति-पर्यन्त स्थिर बने रहते हैं, किन्तु संचारिभाव अन्त तक स्थिर नहीं रहते, उद्बुद्ध होते और मिटते रहते हैं, इसी कारण ये संचारी कहाते हैं। यदि स्थायिभाव भी किसी स्थिति में उत्पन्न होकर मिट जायें तो इन्हें भी संचारिभाव माना जाता है। इस सम्बन्ध में निम्नोक्त प्रसंग उल्लेख्य हैं—

(1) स्थायिभाव उस स्थिति में संचारिभाव कहाते हैं जब वे क्षीण अर्थात् अशक्त विभावों से उत्पन्न हों।[3] उदाहरणार्थ— कामायनी के 'संघर्ष' सर्ग में मनु और प्रजा के बीच होने वाले युद्ध की 'विभावादि' सामग्री उत्साह नामक स्थायिभाव को प्रकट करने में अशक्त है, क्योंकि मनु अथवा प्रजा का एक-दूसरे को विनष्ट करने का लक्ष्य धर्मरक्षा, राष्ट्ररक्षा आदि जैसा महान् नहीं है, प्रत्युत प्रतिहिंसा है। मनु तेजस्वी तथा धीर न होकर दुर्बल रूप में वर्णित किये गये हैं, तथा विवेक भी खो बैठे हैं। अतः सम्पूर्ण सामग्री उत्साह को अभिव्यक्त करने में असमर्थ है। यहाँ मनु और प्रजा का 'उत्साह' संचारिभाव कहाएगा, न कि स्थायिभाव।

(2) स्थायिभावों को संचारिभाव कहने की एक दूसरी स्थिति भी है जब वे अपने

---

1. **त्रयस्त्रिंशदिति न्यूनसंख्याया व्यवच्छेदकं न त्वधिकसंख्यायाः।**
2. **विशेषादाभिमुख्येन चरणाद् व्यभिचारिणः।** सा.द. 3.140
3. **रत्यादयः स्थायिभावाः स्युर्भूयिष्ठविभावजाः।**
   स्तोकैर्विभावैरुत्पन्नाः त एव व्यभिचारिणः।। संगीतरत्नाकर
4. **रत्यादयोऽप्यनियते रसे स्युर्व्यभिचारिणः।** सा.द. 3.172

अनियत रसों में प्रयुक्त होने पर उस रस की सहायता करते हैं।[4] वस्तुतः, इतर रसों के सहायक बन जाने के कारण स्थायिभावों में वह आस्वाद्य-योग्यता नहीं रह पाती जो उनके अपने आधार-भूत रस में रहती है। उदाहरणार्थ, शृंगार रस का सहकारी बन जाने पर 'हास' स्थायिभाव न कहा जाकर संचारिभाव कहलाएगा। इसी प्रकार महाकाव्यों तथा नाटकों में एक प्रधान रस (अंगीभूत रस) के सहकारी जितने इतर अंगभूत रस वर्णित रहते हैं, उन सबके स्थायिभाव 'संचारिभाव' कहे जायेंगे।

अन्ततः, संचारिभाव के सम्बन्ध में यह प्रश्न स्वाभाविक है कि क्या आश्रय के हृदय में स्थित इन भावों को संचारिभाव कहा जाता है, अथवा आलम्बन के। इसका उत्तर यह है कि शास्त्रीय दृष्टि से तो दोनों के हृदयस्थ भावों को संचारिभाव कहा जाता है, किन्तु यदि संचारिभाव के दो रूप गिनाये जाते— आलम्बनगत और आश्रयगत, तो विषय का अवबोध सुगम हो जाता। इन दो रूपों की स्वीकृति में आलम्बनगत संचारिभाव उद्दीपनविभाव से सम्बद्ध माने जाते और आश्रयगत संचारिभाव अनुभाव से।

रस का विभावादि के साथ सम्बन्ध

इस प्रकार स्थायिभाव तथा विभावादि के स्वरूप-निर्देश के पश्चात् रस और विभावादि के पारस्परिक सम्बन्ध पर प्रकाश डालना सुगम हो गया है। इस सम्बंध में निम्नोक्त तथ्य अवलोकनीय हैं—

1. लौकिक कारण, कार्य और सहकारिकारणों को काव्य-नाटक के अन्तर्गत क्रमशः विभाव, अनुभाव और संचारिभाव के नाम से पुकारा जाता है, क्योंकि ये सब व्यक्तिगत सम्बन्ध छोड़कर 'साधारणीकरण'[1] व्यापार द्वारा साधारण अर्थात् सार्वकालिक एवं सार्वदेशिक रूप धारण कर लेते हैं।[2]

2. रस की प्रतीति तभी तक रहती है, जब तक विभावादि तीनों की प्रतीति रहती है। दूसरे शब्दों में, विभावादि और रस की प्रतीति में कारण-कार्य रूप पूर्वापर-सम्बन्ध नहीं है, अपितु दोनों प्रतीतियों का एकत्र और समकालीन अवस्थान है। अतः काव्यशास्त्र की भाषा में रस को 'समूहालम्बनात्मक' माना गया है।[3]

3. रसास्वादन-प्रक्रिया में यद्यपि विभाव, अनुभाव और व्यभिचारिभाव खण्डशः एक-एक करके प्रतीत होते हैं (यह अलग प्रश्न है कि उनकी यह खण्डशः प्रतीति अति त्वरित होने के कारण लक्षित नहीं होती); पर रस-प्रतीति में ये तीनों अखण्ड एवं संश्लिष्ट रूप में ही विद्यमान रहते हैं, तभी रस को भी अखण्ड माना गया है,[4]

---

1. देखिए, आगे 'साधारणीकरण' प्रसंग। 2. का.प्र. 4.27, 28
3. **यस्मादेष विभावादिसमूहालम्बनात्मकः। तस्मान्न कार्यः।** सा.द. 3.21
4. **विभावा अनुभावाश्च सात्त्विका व्यभिचारिणः।**
   प्रतीयमानाः प्रथमं खण्डशो यान्त्यखण्डताम्।। सा.द. 3.28 (वृत्ति)

और यही कारण है कि रसचर्वणा में विभावादि में से किसी एक की सबसे अधिक अथवा आच्छादक रूप में प्रतीति नहीं मानी गयी। रसास्वाद में 'प्रपानक-रस-न्याय' से इन तीनों की संश्लिष्ट, अतएव विचित्र एवं अवर्णनीय प्रतीति हो रही होती है।[1]

4. इसके अतिरिक्त रस-प्रतीति में विभावादि समान रूप से सहायक होते हैं। यही कारण है कि किसी रचना में विभावादि में से केवल किसी एक का सम्पुष्ट वर्णन होने पर भी शेष दो भावों की समान रूप से आक्षेप द्वारा स्वतःप्रतीति होने पर ही रसचर्वणा सम्भव है, अन्यथा नहीं।[2] उदाहरणार्थ—

तीनों साधनों की विद्यमानता—

पीतम दृग मिहचत प्रिया, पानि-परस-सुख पाइ।
जानि पिछानि अजान लौं, नैंकु न होति जनाइ।। —बिहारी

इस पद्य में प्रीतम और प्रिया आलम्बनविभाव (क्रमशः आलम्बन और आश्रय) हैं। आखें मींचना अनुभाव है। स्पर्श द्वारा सुख (हर्ष, मद, मोह, आवेग आदि) की प्राप्ति संचारिभाव है। सहृदय के चित्त में वासना रूप से स्थित रति नामक स्थायिभाव इन तीनों का संयोग पाकर श्रृंगार रूप में अभिव्यक्ति होता है।

विभाव और अनुभाव की विद्यमानता—

बतरस-लालच लाल की, मुरली लई लुकाइ।
सौंह करैं भौंहनु हँसै, दैन कहैं नटि जाइ।। —बिहारी

यहाँ लाल (कृष्ण) आलम्बनविभाव है। गोपिका आश्रय है, किन्तु आक्षिप्त है। मुरली छिपाना, सौंह करना, भौंहों में हँसना, वापस देने के लिए कहना और फिर इनकार कर देना—ये सभी अनुभाव हैं। चपलता, मद, मोह, औत्सुक्य, उग्रता आदि संचारिभाव यहाँ वर्णित नहीं हैं, वे यहाँ आक्षिप्त हैं।

मुख्यतः उद्दीपनविभाव की विद्यमानता—

एक पल मेरी प्रिया के दृग पलक
थे उठे ऊपर सहज नीचे गिरे।
चपलता ने इस विकम्पित पुलक से
दृढ़ मानो किया प्रणय-सम्बन्ध था।। —पन्त

इस पद्य की प्रथम दो पंक्तियों में दृग-पलक का ऊपर उठना और नीचे गिरना 'उद्दीपनविभाव' है, क्योंकि ये आलम्बनगत बाह्य चेष्टाएँ हैं। शेष सभी साधनों का आक्षेप द्वारा स्वतःग्रहण हो जाने के कारण रसाभिव्यक्ति सम्भव है।

---

1. सा.द. 3.16
2. (क) **यद्यपि विभावानुभावानां ऽगग व्यभिचारिणां केवलानाम् तत्र स्थितिः,**
तथाप्येतेषामसाधारणत्वम् इत्यन्यतमद्वयाक्षेपकत्वे सति नानैकान्तिकत्वमिति।
—का.प्र., 4.28 (वृत्ति), पृष्ठ 98

(ख) **सद्भावश्चेद् विभावादेर्द्वयोरेकस्य वा भवेत्।**
झटित्यन्यसमाक्षेपे तथा दोषो न विद्यते।। सा.द. 3.17

केवल अनुभाव की विद्यमानता–

भौंहनु त्रासति, मुँह नटति, आँखिन सौं लपटाति।
ऐंचि छुड़ावति करु, इँची, आगै आवति जाति।। –बिहारी

इस पद्य में भौंहों में त्रास दिखाना आदि केवल 'अनुभाव' वर्णित हैं। शेष दो (विभाव और अनुभाव) का बोध आक्षेप द्वारा होने पर ही रसाभिव्यक्ति सम्भव है।

किन्तु कुछ ऐसे स्थल भी होते हैं जिनमें किसी एक साधन के वर्णित होने पर शेष का आक्षेप स्वतः नहीं हो पाता–यद्यपि ऐसे स्थल बहुत कम पढ़ने-सुनने में आते हैं। उदाहरणार्थ, मैथिलीशरण गुप्त का यह पद्य लीजिए जिसमें केवल (आहार्य) अनुभाव का वर्णन है–

सखा साथ में, वेणु हाथ में, ग्रीवा में वनमाला।
केकि किरीट, पीत पट शोभित, रजरूपित लटवाला।।

निष्कर्ष यह कि–

लौकिक कारणादि काव्य-नाटक में व्यंजना वृत्ति के बल पर विभावादि नामों से अभिहित होते हैं। ये विभावादि सहृदय के स्थायिभावों को जब चर्व्यमाण स्थिति तक पहुँचा देते हैं, तब इन्हें 'रस' नाम से पुकारा जाता है।[1]

रसास्वाद : समान अथवा असमान रूप से

इस प्रकार रस के चार अंगों के स्वरूप-ज्ञान के पश्चात् अब भरत-सूत्र के सम्बन्ध में एक अन्य दृष्टि से विचार कर लेना अपेक्षित है। सहृदय का स्थायिभाव जब विभावादि का संयोग प्राप्त करता है तो रस रूप में निष्पन्न (परिणत, अभिव्यक्त) होता है, इस कथन के सम्बन्ध में एक प्रश्न उत्पन्न होता है कि प्रत्येक सहृदय को रस (काव्यानन्द) की प्राप्ति समान रूप से होती है अथवा असमान रूप से। भारतीय काव्यशास्त्री तो सिद्धान्त के आधार पर सम्भवतः इसका उत्तर देगा, 'समान रूप से', क्योंकि रस को 'अखण्ड' मानने के नाते व्यष्टि के आधार पर इसकी न्यूनता अथवा अधिकता उसे स्वीकार नहीं होगी। किन्तु व्यावहारिक स्तर पर सोचें तो ऐसा प्रतीत होता है कि एक ही काव्य अथवा नाटक को पढ़ते अथवा देखते समय प्रत्येक सहृदय को एक-समान रस का आस्वाद प्राप्त नहीं होता। इसका कारण क्या है?

---

1. उल्लेखनीय है कि यद्यपि विभावादि के संयोग द्वारा निष्पत्ति तो चर्वणा की होती है; पर 'चर्वणा' को ही 'रस' का अपर पर्याय मान लेने पर विभावादि के संयोग द्वारा रस की भी निष्पत्ति गौण रूप से मान ली जाती है–**चर्वणा-निष्पत्त्या तस्य निष्पत्तिरुपचरितेति कार्योऽप्युच्यताम्** (का.प्र., 94), और यही कारण है कि विभावादि और चर्वणा में कारण-कार्य-सम्बन्ध की स्वतःसिद्ध स्वीकृति के साथ-साथ विभावादि और रस में भी कारण-कार्य-सम्बन्ध की स्वीकृति गौण रूप से कर ली जाती है, पर वस्तुतः विभावादि और रस में 'समूहालम्बनात्मक' रूप सम्बन्ध होने के कारण विभावादि को 'कारण' और रस को 'कार्य' नहीं माना जा सकता। (सा.द. 3.21)

इसका उत्तर यह दिया जा सकता है कि प्रत्येक सहृदय का मानसिक स्तर एक-दूसरे से भिन्न होता है, क्योंकि प्रत्येक सहृदय के जन्मजात संस्कारों तथा इस लोक की वातावरण-जन्य परिस्थितियों में अन्तर रहता है, और मानसिक स्तर का यही तारतम्य ही समान रूप से काव्यानन्द की अप्राप्ति का उत्तरदायी है। निःसन्देह यह उत्तर उक्त शंका के समाधान का मूल कारण है कि इससे प्रत्येक सहृदय के लिए काव्य-नाटक-गत विभावादि में भी अन्तर पड़ जाता है, अतः उक्त स्थिति सम्भव हो सकती है।

किन्तु इस प्रक्रिया की स्वीकृति में एक अन्य शंका उत्पन्न होती है कि काव्य-नाटक-गत विभावादि में अन्तर पड़ जाने की सम्भावना क्यों स्वीकार की जाये, विशेषतः तभी जब वे सबके लिए एक-समान रूप में ही, वर्णित एवं दर्शित रहते हैं? निःसन्देह यह शंका निर्मूल नहीं है। पर उपर्युक्त प्रतिक्रिया घटित अवश्य होती है। क्या इसका कोई अन्य कारण भी सम्भव है। हमारे विचार में इसका कारण यह है कि काव्य-नाटक-गत विभावादि प्रत्येक सहृदय के मानसिक धरातल के तारतम्य के अनुसार, उनके हृदयों में भिन्न-भिन्न रूपों में प्रतिबिम्बित होते हैं, और अब इन्हीं के साथ संयोग पाकर सहृदय का स्थायिभाव रस-रूप में परिणत हो जाता है। स्पष्ट शब्दों में कहें तो भरत के सूत्र में विभावादि से तात्पर्य काव्य-नाटक-गत विभावादि नहीं हैं, अपितु वे विभावादि हैं, जो सहृदय के हृदय में, इनसे प्रतिबिम्बित रूप ग्रहण करते हैं। और, यही विभिन्न रूपों में प्रतिबिम्बित विभावादि ही उपर्युक्त मूल शंका का समाधान उपस्थित कर देते हैं कि इन्हीं के कारण प्रत्येक सहृदय को एक-समान काव्यानन्द की प्राप्ति नहीं हो सकती। इस मान्यता की पुष्टि में निम्नोक्त तर्क प्रस्तुत किया जा सकता है कि किसी भी एक घटना को दो या दो से अधिक चित्रकार एक-समान चित्रित नहीं कर सकते। कारण स्पष्ट है कि उस घटना का प्रतिबिम्ब उनके मनस्पटल पर एक-समान अंकित नहीं होता है, किंचित् भिन्न-भिन्न रूपों में अंकित होता है, क्योंकि इन चित्रकारों के निजी संस्कार—इनके वातावरण और परिवेश की भिन्नता के कारण—एक-दूसरे से भिन्न होते हैं। ठीक यही स्थिति सहृदयों की भी रहती है। इनके मनस्पटल पर भी काव्य-नाटक-गत विभाव आदि एक-समान अंकित न होकर किंचित् भिन्न रूपों में ही अंकित होते हैं, और परिणामतः, रस के आस्वाद में भी अपेक्षाकृत भिन्नता रहती है, किन्तु इस भिन्नता के स्वरूप अथवा उसकी मात्रा का निर्णय, इस विज्ञान के युग में भी, सम्भवतः किसी भी उपाय अथवा साधन से न किया जा सके।

3. रस : आस्वाद अथवा आस्वाद्य

[1]

रस आस्वाद है अथवा आस्वाद्य—यह विषय पर्याप्त विवादास्पद रहा है। विवाद भरत के एक पाठांश से प्रारम्भ हुआ, और अभिनवगुप्त तथा विश्वनाथ ने इस पर प्रकाश डाला। इधर हिन्दी काव्यशास्त्र में डॉ. नगेन्द्र ने इस पर विचारविमर्श प्रस्तुत किया है।[1]

सर्वप्रथम भरत का निम्नोक्त पाठांश उद्धरणीय है—

(क) यथा हि नाना व्यंजनौषधिद्रव्यसंयोगाद् रसनिष्पत्तिर्भवति, यथा हि गुडादिभिर्द्रव्यैर्व्यञ्जनैरोषधिभिश्च षाडवादयो रसाः निर्वर्तन्ते, तथा नानाभावोपगता अपि स्थायिनो भावाः रसत्वमाप्नुवन्ति।

(ख) अत्राह—रस इतिः कः पदार्थः। उच्यते। आस्वाद्यत्वात्। कथमास्वाद्यते रसः। यथा हि नानाव्यंजनसंस्कृतमन्नं भुञ्जाना रसानास्वादयन्ति सुमनसः पुरुषा हर्षादींश्चाधिगच्छन्ति तथा भावाभिनयव्यंजितान् वाङ्गसत्त्वोपेतान् स्थायिभावानास्वादयन्ति सुमनसः प्रेक्षकाः हर्षादींश्चाऽधिगच्छन्ति। तस्मान्नाट्यरसा इत्यभिव्याख्याताः।

—नाट्यशास्त्र, 6.32, वृत्ति

(क) जिस प्रकार नाना प्रकार के व्यंजनों, औषधों, द्रव्यों के संयोग से रस (भोज्य रस) की निष्पत्ति (निर्मिति) होती है, और जिस प्रकार गुड़ आदि द्रव्यों, व्यंजनों और औषधों में षाडव[2] आदि रस होते हैं, अर्थात् मधुर, लवण आदि छह प्रकार के रसों

---

1. इस सम्बन्ध में पठितव्य : (1) रस-सिद्धान्त (डॉ. नगेन्द्र) पृष्ठ 79-80, (2) समीक्षाशास्त्र के भारतीय मानदण्ड (डॉ. रामसागर त्रिपाठी) पृष्ठ 211-213, (3) नागरी प्रचारिणी पत्रिका, वर्ष 73 (सं. 2015), संख्या 1-4 में 'रस-मनोविज्ञान' नामक लेख (डॉ. ब्रजमोहन चतुर्वेदी)।
2. अभिनवगुप्त का 'षाडव' से अभिप्राय है— **षाडवादय इति लोकप्रसिद्धेभ्यः परस्परविविक्तेभ्यो मधुरतिक्ताम्ललवणकटुकषायेभ्यो मिश्रेभ्यश्च विलक्षणः षाडव-शब्दवाच्याः** (हिन्दी अभिनवभारती, पृष्ठ 495), अर्थात् मधुर आदि (रसों) के मिश्रण से विलक्षण कोई भी पेय अथवा भोज्य रस, न कि 'षाडव' नामक कोई एक विशिष्ट भोज्य रस। यहाँ 'षाडवादि' शब्द से अभिप्राय न केवल छहों रसों का मिश्रण ले सकते हैं, अपितु छहों रसों में से किन्हीं दो से पाँच तक रसों का मिश्रण भी ले सकते हैं।

में किन्हीं दो या दो से अधिक रसों के मिश्रण से कोई भोज्य अथवा पेय रस तैयार हो जाते हैं, उसी प्रकार नाना भावों से युक्त स्थायिभाव भी रसत्व को प्राप्त होते हैं।

(ख) प्रश्न किया जाता है कि 'रस' यह कौन-सा पदार्थ है? अर्थात् रस को रस क्यों कहते हैं? (इसके उत्तर में) कहा जाता है—'आस्वाद्यत्व' होने के कारण। रस किस प्रकार आस्वादित किया जाता है? जैसे नाना व्यंजनों से युक्त अन्न का उपभोग करने वाले सुरुचिपूर्ण अथवा प्रसन्नचित्त व्यक्ति रसों का आस्वाद प्राप्त करते हैं, तथा हर्ष आदि[1] (हर्ष, आनन्द, उल्लास, विस्मय, कुतूहल आदि) को प्राप्त करते हैं, वैसे ही सुरुचिपूर्ण एवं प्रसन्नचित्त प्रेक्षक उन स्थायिभावों का आस्वादन करते हैं, तथा हर्ष (हर्ष, आनन्द, उल्लास) आदि को प्राप्त करते हैं जो नाना भावों तथा अभिनयों द्वारा व्यंजित होते हैं, तथा वाचिक, आंगिक तथा सात्त्विक अनुभावों से युक्त होते हैं। इसीलिए ये (नाटक के माध्यम से प्राप्त होने के कारण) 'नाट्य-रस' कहाते हैं।

[2]

भरत के उक्त उद्धरण के आधार पर **डॉ. नगेन्द्र** की मान्यता है कि भरत के समय रस शब्द 'आस्वाद्य' का वाचक होगा। पर आगे चलकर अभिनवगुप्त के समय में यह 'आस्वाद' का वाचक बन गया।[2] डॉ. महोदय की मान्यता का सार इस प्रकार है—

—रस आस्वाद नहीं है, आस्वाद्य है— **आस्वाद्यत्वात्**, अर्थात् रस अनुभूति नहीं है, अनुभूति का विषय है। आधुनिक शब्दावली में कहें तो रस विषयगत (objective) है, विषयीगत (subjective) नहीं है। उनकी इस धारणा की पुष्टि भरत-प्रस्तुत **'कथम् आस्वाद्यते रसः'** इस कथन से भी होती है, जिसमें **'आस्वाद्यते'** इस कर्मवाच्य-सूचक क्रिया में रस को 'आ+स्वद्' धातु के कर्म रूप में रखा गया है, अर्थात् रस आस्वादन-क्रिया का कर्म है। दूसरे शब्दों में, रस आस्वाद का विषय है। इस निष्कर्ष की व्याख्या में उन्होंने कहा है कि भरत के अनुसार "रस एक प्रकार की भावमूलक कलात्मक स्थिति है, जो कवि-निबद्ध विभाव, अनुभाव और व्यभिचारी भावों के प्रसंग से नाट्य-सामग्री के द्वारा रंगमंच पर उपस्थित हो जाती है।"

इस निष्कर्ष के प्रस्तुत करने में उन्होंने भरत के उक्त कथन के आधार पर यह साम्य निर्दिष्ट किया है कि जिस प्रकार जगत् में अन्न नाना पदार्थों—व्यंजन, औषध (मसाले), आदि—के संयोग से षाडवादि रस (भोज्य रस)[3] का रूप धारण कर लेता है,

1. यहाँ 'आदि' शब्द से अभिप्राय आनन्द, विस्मय आदि लेना चाहिए, न कि किसी प्रकार की कोई कटु अनुभूति—**अन्ये तु शब्देन शोकादीनामत्र संग्रहः स च न युक्तः। सामाजिकानां हि हर्षैकफलं नाटय न शोकादिफलम्।** (हिन्दी अभिनवभारती, पृ. 500)
2. इसी प्रकार क निष्कर्ष सम्भवतः कतिपय आधुनिक मराठी आचार्यों ने भी प्रस्तुत किये हैं।
3. यहाँ 'षाडव' को 'भोज्य रस' कहने से डॉ. नगेन्द्र का सम्भवतः अभिप्राय है षाडव नामक कोई विशिष्ट पदार्थ।

और उपभोक्तृजन उससे आनन्द प्राप्त करते हैं, उसी प्रकार नट का स्थायिभाव (न कि सहृदय का स्थायिभाव) नाट्य-सामग्री, अर्थात् त्रिविध भाव (विभाव, अनुभाव और व्यभिचारिभाव) तथा त्रिविध अभिनय (आंगिक, वाचिक और सात्त्विक) के संयोग से रस (भावमूलक कलात्मक स्थिति) का रूप धारण कर लेता है। अर्थात् इस साम्य में—

(1) स्थायिभाव अन्न के समकक्ष है, यह अन्न के समान रस का आधार है।

(2) नाट्य-सामग्री औषधों (मसालों) के समकक्ष है, तथा

(3) रस आस्वाद्य (भोज्य पदार्थ) के समान है, अर्थात् यह रंगमंच पर नट के स्थायिभाव के साथ नाट्य-सामग्री के संयोग से उत्पन्न भावमूलक कलात्मक स्थिति है।

(4) सहृदय द्वारा प्राप्त हर्ष, भोज्य पदार्थ के उपभोक्ता द्वारा प्राप्त हर्ष के समान है।

x x x

'रस एक आस्वाद्य (आस्वादनीय) पदार्थ है, अर्थात् भावमूलक कलात्मक स्थिति है। अतएव रस विषयगत है, न कि विषयीगत।' डॉ. नगेन्द्र द्वारा प्रस्तुत इस प्रकार के निष्कर्षों का मूल कारण है भरत-प्रस्तुत उक्त पाठ की अस्पष्टता, क्योंकि—

1. उक्त रूपक किंचित् शिथिल है,

2. अभिनवगुप्त ने किसी अज्ञात आचार्य के नाम पर **'रस इति क पदार्थः उच्यते आस्वाद्यत्वात्'** इस पाठांश की विराम-चिह्नता में संशोधन प्रस्तुत किया है, तथा साथ ही,

3. **'हर्षादींश्चाऽधिगच्छन्ति'** यह पाठांश वाक्यगत अधिकपदता दोष का द्योतक है।

1. **रूपक की शिथिलता**—उक्त पाठ के 'ख' भाग में रूपक किंचित् शिथिल एवं अपूर्ण है। उधर (लौकिक) पुरुष नाना व्यंजनों से संस्कृत अन्न को खाते हुए रस को आस्वादित करते हैं, और हर्षादि को प्राप्त करते हैं, तो इधर सहृदय-जन नाट्य-सामग्री से युक्त स्थायिभाव को आस्वादित करते हैं, और हर्षादि को प्राप्त करते हैं। इस प्रकार इस रूपक में एक घटक एकपक्षीय है—उपमान-पक्ष में 'रस' शब्द प्रयुक्त हुआ है, किन्तु उपमेय-पक्ष में नहीं हुआ।

2. **विराम-चिह्न-परिवर्तन**—अभिनवभारती में उद्धृत किसी अज्ञातनामा आचार्य के अनुसार उक्त पाठांश में विराम-चिह्न इस प्रकार होने चाहिए—**'रस इति कः**? पदार्थ उच्चते (इति), आस्वाद्यत्वात्'[1], अर्थात् रस क्या है? यह पदार्थ कहाता है, आस्वाद्यता होने के कारण। और, अभिनवगुप्त के शब्दों में[2] 'पदार्थ शब्द से तात्पर्य है— काव्यार्थ,[3] जो कि आस्वादनीय है। इस प्रकार इस पंक्ति का अर्थ हुआ—'रस किसे कहते हैं, यह पदार्थ, अर्थात् काव्यार्थ, कहाता है, (और यही काव्यार्थ ग्राह्य है) आस्वादता

---

1. हिन्दी अभिनवभारती, पृष्ठ 497-98
2. **आस्वादनात्मानुभवो रसः काव्यार्थ उच्यते**। (अभिनवभारती)
3. पद = पदसमूह = काव्य, काव्य का अर्थ = काव्यार्थ।

(प्रदान करने) के कारण।' इस प्रकार आस्वाद्यता धर्म काव्यार्थ का निर्दिष्ट किया गया और रस को काव्यार्थ का वाची बना दिया गया। पर हमारे विचार में समस्या सुलझने की बजाय और भी अधिक उलझ गयी है कि रस पदार्थ अर्थात् काव्य है।

जो हो, ऐसा प्रतीत होता है कि उक्त पाठ में विराम-चिह्न-योजना को परिवर्तित करने की आवश्यकता इसलिए हुई होगी कि 'उच्यते' से पूर्व किसी एक पद का अभाव खटकता है–**'रस इति कः पदार्थः? उच्यते। आस्वाद्यत्वात्।'** प्रश्न होता है कि 'किमुच्यते?' यदि 'उच्यते' से पूर्व कोई पद जोड़ा जाता जो रस के स्वरूप को अभिव्यक्त करता तो फिर पाठ इस प्रकार बनता–**'रस इति कः पदार्थः? आस्वाद उच्यते। आस्वाद्यत्वात्।'** आस्वाद शब्द के स्थान पर इसके पर्यायवाची शब्दों की कल्पना भी की जा सकती है–आनन्द, आह्लाद आदि, किन्तु आस्वाद शब्द ही अधिक उपयुक्त प्रतीत होता है, क्योंकि आगे जो कारण दिया गया है–'आस्वाद्यत्वात्' उसी से ही सम्बद्ध शब्द रखना चाहिए। किन्तु अज्ञातनामा आचार्य ने इस अभाव की पूर्ति करना उचित नहीं समझा। अतः उन्होंने उपलब्ध पाठ में विरामचिह्नों में परिवर्तन कर दिया–**'रस इति कः? पदार्थ उच्चते इति। आस्वाद्यत्वात्।'** किन्तु फिर भी, एक तो उन्हें 'इति' अपनी ओर से जोड़ना पड़ा, और दूसरे, यदि 'इति' जोड़ा भी था तो 'उच्यते' से पूर्व जोड़ते। तो इस स्थिति में उनके अनुसार पाठ इस प्रकार बनता–**'रस इति कः? पदार्थ इति उच्यते। आस्वाद्यत्वात्।'**

इस प्रकार उक्त पाठ शिथिल भी है और खण्डित भी। इसे सुलझाने का प्रयास जितना किया जायेगा यह उतना उलझेगा। उदाहरणार्थ, निम्नोक्त तीन विकल्प लीजिए–

(1) 'रस इति कः पदार्थः? उच्यते। आस्वाद्यत्वात्।' इस पाठ में 'उच्यते' को सिद्धान्ती के उत्तर का आरम्भ मान लें– 'रस यह क्या वस्तु है?' 'बताते हैं', तो फिर भी 'उच्यते' के बाद 'आस्वादः, आस्वाद्यत्वात्' यह कथन होना चाहिए था, न कि केवल 'आस्वाद्यत्वात्।'

(2) शब्दों की व्युत्पत्ति प्रस्तुत करने का एक प्रकार यह भी है कि 'रसः इति कः पदार्थः? रस्यते। आस्वाद्यत्वात्।' इस प्रकार 'उच्यते' के स्थान पर 'रस' शब्द से सम्बन्धित 'रस्' धातु का प्रयोग करते हुए 'रस्यते' पाठ कर दें तो इससे 'रस' शब्द की व्युत्पत्ति तो प्रस्तुत हो जाती है 'रस्यते इति रसः', किन्तु फिर भी, समस्या बहुत अधिक सीमा तक नहीं सुलझती। क्योंकि, एक तो इस प्रकार के प्रसंगों में 'उच्यते' का प्रयोग प्रायः किया जाता है, और दूसरे, 'कः पदार्थः?' का उत्तर किसी भाववाचक संज्ञा के रूप में देना चाहिए, जैसे 'आस्वाद' आदि, न कि किसी क्रिया के रूप में, जैसे–'रस्यते' आदि।

(3) अब एक समाधान और लीजिए। 'आस्वाद्यत्वात्' प्रयोग में 'आस्वाद्यत्व' (भाववाचक संज्ञा) को ही 'आस्वाद' का पर्याय मान लिया जाये और इसलिए इस

शब्द को 'आस्वादात्' स्वीकार करके रस को 'आस्वाद्य' न मानकर 'आस्वाद' ही मान लेना चाहिए। इस स्थिति में उक्त पाठांश का अर्थ इस प्रकार होगा—**'रस इति क पदार्थः। उच्यते। आस्वादात्।'**, अर्थात् 'रस क्या है?' बताते हैं। 'आस्वाद होने के कारण।' किन्तु स्पष्ट है कि यह समाधान भी मनस्तोषक नहीं है, क्योंकि संस्कृत भाषा में कारण निर्दिष्ट करने की एक पद्धति 'त्व' प्रत्यय के प्रयोग द्वारा भी है। उदाहरणार्थ, ये प्रयोग देखिए—**'अप्रयोगः। प्रयोगत्वात्'**,[1] **'सवर्णाग्रहणमनणत्वात्'**,[2] इत्यादि। अतः 'आस्वाद्यत्वात्' में 'आस्वाद्यत्व' को 'आस्वाद' का पर्याय नहीं मानना चाहिए, और न ही इसीलिए 'आस्वादात्' पाठ की कल्पना करनी चाहिए।

इस प्रकार हमने देखा कि उक्त पाठ अपने वाच्यार्थ-रूप में सुलझने में नहीं आता, और इसका जितना भी वाच्यार्थ खींचतान कर लिया जा सकता है उससे यह आभासित होता है, जैसा कि डॉ. नगेन्द्र ने स्वीकार किया है, कि भरत को रस से अभिप्रेत अर्थ होगा—रंगमंचीय नाट्य-सामग्री से उद्भूत भावमूलक कलात्मक स्थिति। किन्तु वास्तविकता यह है कि भरत द्वारा इस धारणा की स्वीकृति सह्य प्रतीत नहीं होती। वस्तुतः उन्हें भी परवर्ती आचार्यों, विशेषतः अभिनवगुप्त, के समान **रस को 'आस्वाद' न कि 'आस्वाद्य'** मानना अभीष्ट होगा। उनके रस तथा भाव-विषयक समग्र विवेचन से कहीं भी ऐसा आभासित नहीं होता कि वह रस को आस्वाद न मानकर आस्वाद्य मानते हैं। यदि ऐसा होता तो संस्कृत के आचार्य अथवा टीकाकार उनके इस मन्तव्य की ओर स्पष्ट संकेत करते तथा इसका खण्डन करते। अतः उक्त पाठांश को सुलझाने में लक्ष्यार्थ का आधार ग्रहण करना चाहिए कि **'आस्वाद्य' से तात्पर्य है 'आस्वाद'**।

अब उक्त पाठांश का अर्थ इस प्रकार होगा—'रस यह क्या वस्तु है? बताते हैं। आस्वादत्व (न कि आस्वाद्यत्व) होने के कारण।' यहाँ 'आस्वाद्यत्व' से अभिप्रेत यदि 'आस्वादत्व' लेते हैं तो यह उसका लक्ष्यार्थ है, क्योंकि स्वयं भरत इन्हीं स्थलों पर भाव और अभिनय से सम्बद्ध (रति आदि) स्थायिभावों के आस्वादन का उल्लेख करते हुए (शृंगार आदि को) रस की संज्ञा देते हैं।[3] दूसरे शब्दों में, रस स्वयं 'आस्वाद' है, और स्थायिभाव जो कि विभाव आदि त्रिविध भावों और आंगिक आदि त्रिविध अभिनयों से सम्पन्न होते हैं—रस रूप साध्य के साधन हैं। कोई भी आस्वाद्य वस्तु बिना आस्वाद के इस संज्ञा से अभिहित नहीं की जा सकती।

× × ×

1,2. महाभाष्य, प्रथम तथा द्वितीय आह्निक। इसी प्रकार **'क्लृपेश्च लत्वमसिद्धं तस्यासिद्धत्वात् ऋकार एवाचूकार्याणि भविष्यन्ति।'** (म.भा. 2य अ.), **'दीधीवेव्योश्छन्दोविषयत्वाद् दृष्टानुविधित्वाच्च छन्दसः...।'** (म.भा. 1.1.4)

3. **भावाभिनयसम्बद्धान् स्थायिभावांस्तथा बुधाः।**
. **आस्वादयन्ति मनसा तस्मान्नाट्यरसाः स्मृताः।।** नाट्यशास्त्र, 6.33

इसी मान्यता की पुष्टि में साहित्यदर्पणककार विश्वनाथ के ये प्रसंग उल्लेख्य हैं। उनके अनुसार **'रसाः प्रतीयन्ते इति तु ओदनं पचतीतिवद् व्यवहारः।'**[1] अर्थात् '(वह) ओदन पकाता है', जैसे प्रयोगों में 'ओदन' शब्द लक्ष्यार्थ का ही सूचक है, क्योंकि जब तक चावल पक नहीं जाते तब तक उन्हें ओदन नहीं कहा जा सकता, किन्तु पकते हुए चावलों को भी 'ओदन' कह देना लक्ष्यार्थ ही है।[2] इसी प्रसंग को और स्पष्ट करते हुए विश्वनाथ ने अभिनवगुप्त-प्रस्तुत 'रसः आस्वाद्यते' जैसे प्रयोगों पर विचार करते हुए कहा है, किन्तु इस प्रकार के स्थलों में यद्यपि रस 'कर्म' अर्थात् आस्वाद्य का विषय प्रतीत होता है, किन्तु इस प्रकार के प्रयोग कल्पित भेद मानकर स्वीकार करने चाहिए, अर्थात् वस्तुतः जो आस्वाद्य है वही आस्वाद है, इन दोनों में अभेद है, केवल समझने के लिए भेद-कल्पना की जाती है। अथवा इस प्रकार प्रयोग में कर्म-कर्ता का प्रयोग समझना चाहिए—**रसः स्वयमेवास्वाद्यते = स्वाभिन्नास्वादविषय इत्यर्थः**,[3] अर्थात् रस स्वयमेव आस्वादित किया जाता है, क्योंकि वह अपने आस्वादविषय से भिन्न नहीं है। दूसरे शब्दों में 'रसः आस्वाद्यते' जैसे प्रयोगों में 'रस' वैसा कर्म नहीं है, जैसा कि 'बालकेन ग्रन्थः पठ्यते' आदि वाक्यों में। अतः उक्त प्रयोग में रस को कर्म न मानकर कर्म-कर्ता मानना चाहिए। अतः आस्वाद्य और आस्वाद एक ही तत्त्व है, मात्र लाक्षणिक प्रयोग है। रस तो वस्तुतः आस्वाद है—यह आस्वाद से अतिरिक्त और कुछ नहीं है—**रसस्यास्वादा-ऽनतिरि- क्तत्वम्**।[4]

निष्कर्षतः, आस्वाद्य को लाक्षणिक रूप में 'आस्वाद' मान लेने से रस 'आस्वाद' का पर्याय बन जाता है, और इस प्रकार हम उसे विषयीगत अर्थ में स्वीकार कर सकते हैं, न कि विषयगत अर्थ में।

3. **वाक्यगत अधिकपदता दोष**—भरत के उक्त पाठ के (ख) भाग में एक और समस्या अब भी विचारणीय है, जिसका समाधान सरल नहीं है। उधर लौकिक पक्ष में 'लौकिक जन × × × अन्न का उपभोग करते हुए (भोज्य) रस का आस्वाद करते हैं तथा हर्षादि को प्राप्त होते हैं', तो इधर काव्यपक्ष में 'सहृदयजन × × × **स्थायिभावों का आस्वाद** करते हैं तथा **हर्षादि को प्राप्त** करते हैं।' इस कथन में स्थूलतः मुद्रित शब्दों के आधार पर भी यह सिद्ध किया गया है कि रस आस्वाद्य है, अर्थात् अनुभूति का वाचक न होकर अनुभूति का विषय है।[5] डॉ. नगेन्द्र के शब्दों में, 'रस' नाट्य-सामग्री से जन्य भावमूलक कलात्मक स्थिति है। इसका कारण यह है कि लौकिक जन भोज्य रस का, और सहृदय स्थायिभावों का आस्वादन करने के बाद हर्षादि को प्राप्त करते हैं। इस प्रकार काव्य के प्रसंग में 'हर्ष' शब्द काव्यानन्द

---

1. साहित्यदर्पण 3.1 (वृत्ति)
2. कवि पुस्तक लिख रहा है, बढ़ई मेज़ बना रहा है, दरज़ी कोट सी रहा है, आदि इसी प्रकार के प्रयोग हैं।
3,4. साहित्यदर्पण (विमला टीका), 3य परि., पृष्ठ 50,49
5. रस-सिद्धान्त, पृष्ठ 79

का पर्याय है। अतः रस को काव्यानन्द का विषय मानना चाहिए। इस मान्यता के खण्डन में कहा गया है कि यहाँ हर्षादि से तात्पर्य है—काव्य-पठन अथवा नाटक-प्रेक्षण के पश्चात् भी स्मृति रूप लौकिक आनन्द का बने रहना, किन्तु 'रस' तो आस्वाद, आनन्द आदि का वाचक है।[1]

किन्तु हमारे विचार में उक्त मान्यता और उसके खण्डन का कारण भी भरत-प्रस्तुत रूपक का शैथिल्य ही है। उधर (भोज्य) रस का आस्वादन करके हर्षादि की प्राप्ति होती है, तो इधर स्थायिभावों का आस्वादन करके हर्षादि की प्राप्ति होती है। इस प्रकार (भोज्य) रस की तुलना में स्थायिभाव को प्रस्तुत किया गया है न कि काव्य-रस को, और यदि केवल काव्यगत पाठ को ही देखा जाये कि 'सहृदयजन स्थायिभावों का आस्वादन करके हर्षादि को प्राप्त करते हैं', तो इस स्थिति में हर्ष शब्द रस का पर्याय ठहरता है, और इस प्रकार रस 'आस्वाद' का वाचक सिद्ध हो जाता है, न कि आस्वाद्य का। किन्तु इस प्रकार के समाधानों में खींचतान से ही काम लेना पड़ता है। यहाँ भी लक्षणा का सहारा लेकर इस पाठांश का यह अर्थ करना पड़ेगा कि **'काव्यनाटक के क्षेत्र में स्थायिभावों का आस्वादन हर्ष का उत्पादक है,'** और इस प्रकार हर्ष शब्द काव्यानन्द, काव्यास्वाद अर्थात् रस को द्योतित करता है, और यही मान्यता भरत के बाद भी चलती रही है।

[3]

वस्तुतः, भरत-प्रस्तुत उक्त समग्र पाठ ही अव्यवस्थित है और सम्भवतः खण्डित भी। इसमें अनेक शिथिलताएँ और असंगतियाँ हैं। इसके वाच्यार्थ को समझने में भी अनेक प्रकार की खींचतान करनी पड़ती है, और सन्देह यही होता है कि भरत रस को 'आस्वाद्य' मानते होंगे, किन्तु यह मान्यता उनके समग्र ग्रंथ से कहीं भी किसी रूप में सिद्ध नहीं होती। **अतः लक्ष्यार्थ के आधार पर 'आस्वाद्य' को 'आस्वाद' ही मानते हुए रस को 'आस्वाद' का पर्याय मानना चाहिए।** इस आधार पर उक्त समग्र पाठांश का सार इस प्रकार है—

'नाट्यजगत् में विभावादि का यह संयोग रस (आस्वाद) का जनक उस प्रकार है, जिस प्रकार लौकिक संसार में नाना प्रकार के व्यंजनों और द्रव्यों (मसालों) का पारस्परिक संयोग हर्षोत्पादक षड्रसास्वाद को उत्पन्न कर देता है। स्थायिभावों का आस्वाद तभी सम्भव है जब ये नाना प्रकार के भावों के नाटकीय अभिनय से प्रकट किये गये हों, और वाग् (वाचिक), अंग (आंगिक) तथा सत्त्व (सात्त्विक अभिनयों) से संयोजित हों।'

निष्कर्षतः, रस आस्वाद है, न कि आस्वाद्य।

---

1. 'समीक्षाशास्त्र के भारतीय मानदण्ड', पृष्ठ 211 के आधार पर।

4. रस का स्वरूप

रस के सम्बन्ध में भरत-प्रस्तुत प्रख्यात कथन **'विभावानुभावव्यभिचारि-संयोगाद् रसनिष्पत्तिः'** के विषय में यह निश्चयपूर्वक नहीं कहा जा सकता कि यह उनसे पूर्व भी प्रचलित था अथवा नहीं, और यदि प्रचलित था तो इसे मान्यता मिली थी अथवा नहीं; किन्तु भरत के समय के बाद इसे ही मान्यता मिलती रही और अभिनवगुप्त-पर्यन्त इस कथन की विभिन्न व्याख्याएँ प्रस्तुत होती रहीं। रस के स्वरूप पर भी आचार्यों ने, विशेषतः अभिनवगुप्त ने, प्रकाश डाला और उन्हीं की मान्यताओं एवं धारणाओं को परवर्ती संग्रहकर्ता आचार्यों—मम्मट, विश्वनाथ आदि—ने अपने रूप में ढाल दिया। इन सब आचार्यों में से विश्वनाथ का यह प्रसंग संग्रह और व्यवस्था दोनों दृष्टियों से अवेक्षणीय है—

> **सत्त्वोद्रेकादखण्डस्वप्रकाशानन्दचिन्मयः।**
> **वेद्यान्तरस्पर्शशून्यो ब्रह्मास्वादसहोदरः।।**
> **लोकोत्तरचमत्कारप्राणः कैश्चित्प्रमातृभिः।**
> **स्वाकारवदभिन्नत्वेनाऽयमास्वाद्यते रसः।।** सा.द. 3.2-3

विश्वनाथ के शब्दों में रस (1) अखण्ड, (2) स्वप्रकाश, (3) आनन्दमय, (4) चिन्मय, (5) वेद्यान्तरस्पर्शशून्य, (6) ब्रह्मास्वादसहोदर, (7) लोकोत्तरचमत्कारप्राण, और (8) अपने आकार से अभिन्न होता है। इसी प्रसंग में उन्होंने यह भी उल्लिखित किया है कि प्रमाता अर्थात् सहृदय द्वारा रस तभी आस्वादित किया जाता है जब उसके सत्त्व गुण का उद्रेक होता है। पहले इस कथन पर प्रकाश डालना अपेक्षित है—

'सत्त्वोद्रेक' शब्द का अर्थ है—सत्त्व का उद्रेक (विस्फुरण)। सत्त्व उस मन को कहते हैं जो रजोगुण और तमोगुण से अस्पृष्ट हो—**रजस्तमोभ्यामस्पृष्टं मनः सत्त्वमिहोच्यते**। मन शब्द यहाँ लाक्षणिक रूप में प्रयुक्त है। इसका लक्ष्यार्थ है मनोवृत्ति, मन का धर्म, अथवा मन का गुण। सत्त्व के उद्रेक से तात्पर्य है उक्त दोनों विकारोत्पादक गुणों से भिन्न एक अन्य गुण का विस्फुरण, जो विकार का सूचक न होकर उदात्त भावना का सूचक है। इसी आधार पर सत्त्वोद्रेक की व्याख्या इस प्रकार की जाती है कि मन की उस स्थिति को सत्त्वोद्रेक कहते हैं जिसमें सत्त्वगुण शेष दो गुणों,

रजोगुण और तमोगुण से, अस्पृष्ट हो, अर्थात् ये दोनों गुण रहें अवश्य, किन्तु सत्त्व का स्पर्श न कर सकें। अतः शास्त्रीय शब्दावलि में सत्त्वोद्रेक की स्थिति वह है **जिसमें रजोगुण और तमोगुण तिरोभूत हो जायें और सत्त्वगुण आविर्भूत हो जाये।** रसप्रसंग में इस स्थिति से यह तात्पर्य लिया जा सकता है कि सहृदय सांसारिक राग-द्वेष से, निज और पर की भावना से, विमुक्त-सा हो जाता है। उसके ऐन्द्रिय विषय सामान्य धरातल से ऊपर उठकर परिष्कृत एवं उदात्त बन जाते हैं। प्रमाता रस का आस्वादन केवल इसी स्थिति में ही कर पाता है।

[1]

अब रस के स्वरूप-सूचक उक्त घटकों का विवेचन प्रस्तुत है :

1. रस अखण्ड है–इसका तात्पर्य यह है कि रस उस स्थायिभाव का अपर नाम है जिसका संयोग विभाव, अनुभाव, संचारिभाव, इन तीनों के समन्वित अथवा समंजित रूप के साथ हो, न कि इनमें से किसी एक अथवा दो के साथ। वस्तुतः, इन सबके 'समूहालम्बनात्मक ज्ञान' को ही रस कहते हैं, क्योंकि रस रत्यादि और विभावादि के ज्ञान से नितान्त अभिन्न होता है। इसी आधार पर कहा जाता है कि रस यद्यपि अपने अंशों से निर्मित है, तथापि उसके किसी भी अंश को उससे पृथक् नहीं किया जा सकता। अतः इसे अखण्ड माना गया है। उदाहरणार्थ, न तो शैव्या करुण रस है, न रोहिताश्व का मृत शरीर करुण रस है, न शैव्या का विलाप करुण रस है, न शैव्या के मन में उत्पन्न विषाद, निर्वेद, शंका, मोह, व्याधि आदि संचारिभाव ही करुण रस हैं, अपितु इन सबके अखण्ड रूप– 'प्रपानक-रस-न्याय'[1] से समग्र रूप– का नाम रस है।

रस अखण्ड है। इसका एक अन्य अभिप्राय यह भी लिया जाता है कि रस स्वतःपूर्ण है, यह न तो अधिक हो सकता है, और न कम। इसे कोटियों में विभक्त भी नहीं कर सकते, अर्थात् सहृदय को रस का आस्वादन समान रूप से प्राप्त होता है।

2. रस स्वप्रकाश है–इसका तात्पर्य यह है कि जिस प्रकार सूर्य को दिखाने के लिए किसी अन्य साधन की आवश्यकता नहीं रहती, उसी प्रकार रस भी स्वयं प्रकाशित होता है। इसे प्रकाशित करने के लिए किसी अन्य साधन की आवश्यकता नहीं है। सम्भवतः, इसी कारण इसे 'अपने आकार से अभिन्न' भी कहा जा सकता है।

3. रस 'अपने आकार से अभिन्न रूप में' आस्वादित किया जाता है–अर्थात् रस जिस रूप में आस्वादित होता है, उससे इतर यह और किसी प्रकार की अनुभूति नहीं है। इस कथन की व्याख्या में कह सकते हैं कि सहृदय की निजी अनुभूति ही रस का रूप धारण कर लेती है, अर्थात् रस के आस्वादन-प्रसंग में एक सहृदय की

---

1. प्रपानक (एक प्रकार के प्रेय) के रस (आस्वाद) के समान।

अनुभूति में किसी अन्य सहृदय की अनुभूति न तो सहायक बनती है और न उसे किसी रूप में प्रभावित कर सकती है।

4. रस चिन्मय है–अर्थात् रस शुद्ध चेतन नहीं है, अपितु चेतनता-प्रधान है।[1] इस प्रसंग में चेतनता-प्रधानता से यह तात्पर्य ले सकते हैं कि रस आत्मा के समान (शुद्ध चेतन न सही, किन्तु) सचेतन अथवा प्राणवान् आनन्द है–यह निद्रा, मद्यपान आदि से जन्य भौतिक आनन्दों के समान जड़ आनन्द नहीं है।

5. रस वेद्यान्तरस्पर्शशून्य है–इसका तात्पर्य यह है कि रस के आस्वादन के समय अन्य किसी प्रकार के वेद्य अर्थात् ज्ञान का स्पर्श तक नहीं होता। इस समय किसी सांसारिक घटना अथवा विचार के स्मरण आने का तो प्रश्न ही उपस्थित नहीं होता, यहाँ तक कि काव्य अथवा नाटक के न तो किसी विशिष्ट स्थल अथवा दृश्य की ओर हमारा ध्यान रहता है, और न उसके किसी विशिष्ट संवाद, संगीत अथवा अभिनय एवं निर्देशन की ओर। इतना ही क्यों, हम यह भी भूल जाते हैं कि हम नाट्यगृह में बैठे हैं अथवा अन्यत्र। वस्तुतः, हम अपना अस्तित्व तक भूल जाते हैं और देश, काल, लिंग, वयः आदि के कथन से नितान्त विनिर्मुक्त हो जाते हैं।

6. रस ब्रह्मास्वादसहोदर है–अर्थात् रस द्वारा सहृदय लगभग उतना आस्वाद प्राप्त करता है जितना कोई साधक योगी ब्रह्म-प्राप्ति के द्वारा। यहाँ रस (काव्यास्वाद) को ब्रह्मास्वाद न कहकर उसका 'सहोदर' कहा गया है। इसका तात्पर्य यह है कि इन दोनों में स्पष्ट अन्तर है। वह अन्तर यह है कि ब्रह्मास्वाद की प्राप्ति के समय योगी ऐन्द्रिय विकारों में नितान्त विमुक्त होता है, इधर काव्यास्वाद के समय भी सहृदय ऐन्द्रिय विकारों से विमुक्त होता है, किन्तु तत्काल के लिए। वस्तुतः यह विमुक्ति उक्त आध्यात्मिक स्थिति की विमुक्ति से कम कोटि की है। इसका प्रमाण यह है कि काव्यास्वाद की प्राप्ति के बाद लौकिक विकारों की ओर प्रवृत्ति की सम्भावना पहले की अपेक्षा बढ़ जाती है और सदा बनी रहती है, जबकि उधर ब्रह्मास्वाद की प्राप्ति में इस सम्भावना की आशंका तक नहीं की जा सकती। दूसरे शब्दों में,

---

1. रस चिन्मय है। चित् अथवा चिति का अर्थ है कि चेतनता अथवा संविद् (ज्ञान)। अतः 'रस चिन्मय है' का अर्थ है कि रस चिद्रूप अथवा चितिरूप अथवा संविद्रूप (ज्ञानरूप) है, अर्थात् चेतनता रूप है। ज्ञातव्य है कि वेदान्तियों के अनुसार केवल आत्मा 'चित्' (अर्थात् शुद्ध-चेतन) है, अतः रस को 'चित्' न कहकर 'चिन्मय' कहा गया है, जिसका तात्पर्य यह है कि 'रस' आत्मा के समान शुद्ध चेतन न होकर चेतनता-प्रधान है, अर्थात् रस-स्थिति में अचेतनता का अंश, अत्यल्प मात्रा में सही, अवश्य विद्यमान रहता है। लगभग यही स्थिति 'सत्त्वोद्रेक' शब्द की व्याख्या में भी निर्दिष्ट की जा चुकी है कि रसास्वाद के समय सत्त्व की प्रधानता रहती है, और रजोगुण तथा तमोगुण नितान्त विनष्ट नहीं होते, वे अत्यल्प मात्रा में अवश्य बने रहते हैं।

   'चिन्मय' शब्द में मयट् प्रत्यय है। यह प्रत्यय दो अर्थों में प्रयुक्त होता है–प्राचुर्य (संयुक्तता) अर्थ में तथा स्वरूप अर्थ में। यहाँ यह स्वरूप अर्थ में प्रयुक्त हुआ है। चिन्मय = चेतनता-स्वरूप अथवा चेतनता-रूप अर्थात् चेतनता-प्रधान।

इधर काव्यास्वाद-प्राप्ति के समय मानव के रति आदि भावों की परिष्कृति तो हो जाती है, पर उनका विनाश नहीं होता, वे तत्काल के लिए दब अवश्य जाते हैं, पर सामान्य स्थिति आने पर पुनः अपने रूप में, और प्रायः पहले की अपेक्षा अधिक उद्दाम रूप में, जागरित हो उठते हैं। उधर इसके विपरीत ब्रह्मास्वाद-प्राप्ति के समय ये इतने विनष्ट हो जाते हैं कि पुनः अंकुरित नहीं होते।[1]

7, 8. रस लोका त्तरचमत्कारप्राण तथा आनन्दमय है–रस का प्राण है लोकोत्तर चमत्कार। 'चमत्कार' का अर्थ है विस्मय, अर्थात् चित्त का विस्तार (विकास)[2], और स्पष्ट शब्दों में कहें तो चमत्कार चित्त का विकासजनक आह्लाद है। रस का प्राण यही आनन्द है, किन्तु वह लोकोत्तर होना चाहिए। इस प्रकार 'रस लोकोत्तरचमत्कारप्राण है' का समग्र रूप में अर्थ है कि रस लोकोत्तर एवं चित्तविकास-जनक आनन्द से युक्त होता है। चित्तविकासजनक आनन्द तो मानव को अन्य लौकिक घटनाओं में भी उपलब्ध है, किन्तु काव्यजन्य यह आनन्द लोकोत्तर है।[3]

'रस लोकोत्तर–आह्लादवान् है' इसका अर्थ है कि रस का आह्लाद है तो इह-लौकिक, पर वह **इस लोक के अन्य आह्लादों से सर्वोपरि** है। उदाहरणार्थ– स्वादिष्ट भोजन, पेय आदि से जन्य आनन्द की अपेक्षा, शतरंज की चालों, गणित के प्रश्नों, निर्माण्य–भवनों के नक्शे, राजनैतिक दाँव-पेचों आदि की तन्मयता से प्राप्त आनन्द की अपेक्षा रस-जन्य आनन्द[4] कहीं अधिक बढ़-चढ़कर है, यद्यपि है यह भी लौकिक आनन्द ही। इसका प्रबल प्रमाण है 'वेद्यान्तरस्पर्शशून्यता' नामक तत्त्व, जो न केवल रस के लिए अपितु उपर्युक्त सभी लौकिक आह्लादों के लिए अनिवार्यतः अपेक्षित है।

[2]

आइए, अब रस (काव्यानन्द) की स्थिति पर विचार करें। इसकी स्थिति एक ओर (काव्यानन्द से इतर) लौकिक भावनाओं से उत्पन्न सुख एवं दुःख और दूसरी ओर आध्यात्मिक क्षेत्र के आनन्द के बीच की है। लौकिक भावनाओं से मानव को सुख भी मिलता है और दुःख भी, इधर रस का आनन्द यद्यपि होता तो लौकिक ही है,

---

1. इसका कारण, जैसा कि ऊपर कह आये हैं, ब्रह्मास्वाद के पक्ष में योगी के सत्त्व गुण की आविर्भूति उसके रजोगुण और तमोगुण को नितान्त विनष्ट कर देती है, किन्तु इधर काव्यास्वाद के पक्ष में सहृदय का सत्त्वगुण शेष दोनों गुणों को नितान्त विनष्ट नहीं करता ये किसी-न-किसी अंश तक अवश्य बने रहते हैं।
2. **चमत्कारश्चित्तविस्ताररूपो विस्मयापरपर्यायः**। सा.द. 3.3 (वृत्ति)
3. इस 'लोकोत्तर' शब्द का अपर पर्याय 'अलौकिक' शब्द भी माना जाता है। किन्तु अलौकिक शब्द का प्रयोग इस अर्थ में लाक्षणिक रूप में होता है। 'अलौकिक' का वाच्यार्थ है इहलोक से इतर अन्य लोक का–आध्यात्मिक लोक का, किन्तु लोकोत्तर का वाच्यार्थ है इहलोक में उत्तर, अर्थात् सर्वाधिक, सर्वातिशायी, सर्वोपरि।
4. इसी 'आनन्द' शब्द के अन्य पर्यायवाची शब्द हैं–आस्वाद, आह्लाद, चमत्कार आदि।

पर वह केवल सुखात्मक होता है,[1] किन्तु यह सुख सामान्य कोटि का न होकर उत्कृष्ट कोटि का होता है। अतः इसे 'लोकोत्तर' आनन्द कहते हैं। उत्तर आध्यात्मिक क्षेत्र का आनन्द इन दोनों प्रकार के आनन्दों से भिन्न होता है। केवल इसे ही 'अलौकिक' कहा जा सकता है।

विषय के सुगम अवबोध के लिए उक्त तीन प्रकार के आनन्दों को क्रमशः विषयानन्द, काव्यानन्द और ब्रह्मानन्द कह सकते हैं—(1) विषयानन्द लौकिक वृत्तियों पर—विभित्र लौकिक पदार्थों से उत्पन्न सुख-सामग्री पर—आधारित होता है। हम स्वेच्छा से इसका अर्जन एवं विसर्जन कर सकते हैं। दर्शन में इस आनन्द को वास्तविक आनन्द न मानकर आनन्दाभास कहा गया है। (2) ब्रह्मानन्द, विषयानन्द के विपरीत, वास्तविक आनन्द है। यह विषयानन्द के समान वृत्तियों पर आधारित नहीं होता। इसकी प्रतीति वृत्ति-शून्य होती है। (3) काव्यानन्द इन दोनों के बीच का आनन्द है, फिर भी वह ब्रह्मानन्द की ओर अधिक उन्मुख है—

(क) काव्यानन्द विषयानन्द से इस कारण भिन्न है कि यह लोक के वास्तविक पदार्थों पर अवलम्बित न रहकर कवि-प्रतिभा-जन्य काल्पनिक व्यक्तियों, घटनाओं तथा पदार्थों पर अवलम्बित होता है, और उनमें भी लोक का विशिष्ट तत्त्व साधारण रूप ग्रहण कर लेता है। फलतः, यह आनन्द किसी व्यक्ति विशेष आदि से सम्बद्ध न रहकर सार्वभौमिकता की उच्च भावभूमि पर जा पहुँचता है। इसके अतिरिक्त काव्यानन्द में विषयानन्द के समान अर्जन-विसर्जन की प्रवृत्ति भी नहीं होती।

(ख) काव्यानन्द ब्रह्मानन्द से भी भिन्न है, क्योंकि उधर ब्रह्मानन्द विभिन्न उपाधियों में विभक्त नहीं हो सकता, किन्तु इधर काव्यानन्द रति, शोक आदि विभिन्न उपाधियों में विभक्त हो सकता है। इसमें शृंगार, हास्य, करुण आदि रसों की प्रकार-बुद्धि बनी रहती है।

उक्त तीन प्रकार के आनन्दों के पारस्परिक वैषम्य का कारण यह है कि रसेतर लौकिक आनन्द में मानस के रजोगुण और तमोगुण आविर्भूत रहते हैं, सत्त्वगुण तिरोभूत रहता है। 'तिरोभूत' शब्द का तात्पर्य नितान्त विनष्ट होना नहीं है— दब जाना है, अर्थात् सत्त्वगुण अब भी शेष बना रहता है। इधर रस की स्थिति में उक्त रूप परिवर्तित हो जाता है—सत्वगुण आविर्भूत होता है[2], और शेष दो गुण तिरोभूत हो जाते हैं, पर बने अवश्य रहते हैं। स्पष्टतः, इन दोनों प्रकार के आनन्दों में ये सभी गुण किसी-न-किसी मात्रा में बने रहते हैं, अतः ये लौकिक आनन्द हैं, किन्तु उधर आध्यात्मिक क्षेत्र में केवल सत्त्वगुण ही शेष रहता है, शेष दोनों विनष्ट हो जाते हैं, अतः यह अलौकिक है, तथा उक्त दोनों लौकिक आनन्दों से भिन्न प्रकार का है।

1. **लौकिकशोकहर्षादिकारणेभ्यो लौकिकशोकहर्षादयो जायन्ते इति लोक एव प्रतिनियमः। काव्ये पुनः सर्वेभ्योऽपि विभावादिभ्यः सुखमेव जायते।** —सा.द. 3.7 (वृत्ति)
2. यहाँ 'सत्त्व' से तात्पर्य 'विषय-विकार से नितान्त विमुक्ति' नहीं है। यह तात्पर्य केवल आध्यात्मिक अथवा धार्मिक क्षेत्र में ही लिया जाता है, काव्यशास्त्र में नहीं।

निष्कर्षतः–

1. रस एक लौकिक आनन्द (आस्वाद) है।[1]
2. रस का आनन्द अन्य प्रकार के लौकिक आनन्दों की अपेक्षा उत्कृष्ट कोटि का है। अतः इसे 'लोकोत्तर' आनन्द कहते हैं। यों इसे लाक्षणिक रूप में अलौकिक आनन्द भी कह देते हैं।
3. आध्यात्मिक आनन्द अलौकिक आनन्द है, किन्तु रस लौकिक आनन्द है। अतः इसे 'ब्रह्मास्वाद' न कहकर 'ब्रह्मास्वादसहोदर' कहा गया है।
4. रस (काव्यानन्द) की स्थिति निम्नोक्त दोनों प्रकार के आनन्दों के बीच की है। एक ओर लौकिक क्षेत्र में रसेतर लौकिक आनन्दों की अपेक्षा रस उच्च कोटि का लौकिक आनन्द है, और दूसरी ओर आध्यात्मिक क्षेत्र में ब्रह्म-प्राप्ति के आनन्द की अपेक्षा यह निम्न कोटि का आनन्द है।

[3]

उपर्युक्त रूप में हमारा निष्कर्ष है कि रस लौकिक आनन्दों में सर्वोपरि लौकिक आनन्द है, किन्तु भारतीय काव्यशास्त्र में रस को ब्रह्मास्वाद न कहकर 'ब्रह्मास्वादसहोदर' कहते हुए भी लोकोत्तर अर्थात् अलौकिक (आध्यात्मिक) माना गया है। इस सम्बन्ध में प्रस्तुत तर्कों[2] का सार इस प्रकार है—लौकिक पदार्थों अथवा विषयों की परिधियों में बद्ध न रह सकने के कारण रस अलौकिक है। उदाहरणार्थ, कतिपय परिधियाँ निम्नलिखित हैं—

1. लौकिक पदार्थ कार्य और ज्ञाप्य होते हैं। उदाहरणार्थ, कुलाल-चक्रादि 'घट' के कारक हेतु हैं, और 'दीप' अन्धकारस्थ 'घट' का ज्ञापक हेतु है। अतः घट कार्य भी है, और ज्ञाप्य भी। पर रस न तो कार्य है और न ज्ञाप्य है। क्योंकि कुलाल-चक्रादि के विनष्ट होने पर भी घट की स्थिति बनी रहती हैं, किन्तु इधर रस 'विभावादिजीविताविधि' है—विभावादि के समूह पर ही इसकी स्थिति अवलम्बित है; इनके अभाव में रस की सत्ता ही सम्भव नहीं है। अतः यह कार्य नहीं है। यह ज्ञाप्य भी नहीं है, क्योंकि लौकिक ज्ञाप्य पदार्थ कभी-कभी विद्यमान होते हुए भी प्रतीत नहीं होते, जैसे अन्धकारस्थ घट, अथवा पृथ्वी में गढ़ा हुआ धन; पर रस की विद्यमानता होने पर इसकी प्रतीति अवश्यम्भावी है।[3]

2. लौकिक पदार्थ वर्तमान, भूत अथवा भविष्यत्कालीन होते हैं, पर रस साक्षात आनन्दमय और प्रकाशरूप होने के कारण न भूत है और न भविष्यत् है।

---

1. 'रसस्थ आस्वादः' ऐसे प्रयोगों में 'रसस्य' का तात्पर्य है 'रसविषयकः'।
2. काव्यप्रकाश (चतुर्थ उल्लास) तथा साहित्यदर्पण (3य परिच्छेद)।
3. **(क) स च न कार्यः विभावादिविनाशेऽपि तस्य सम्भवप्रसंगात्। नापि ज्ञाप्यः सिद्धस्य तस्यासम्भवात्।** —का.प्र. 4.28 (वृत्ति) (ख) सा.द. 3.20, 21

यह वर्तमान भी नहीं है, क्योंकि वर्तमान लौकिक पदार्थ कार्य अथवा ज्ञाप्य होते हैं; पर इधर रस के कार्य और ज्ञाप्य न होने के कारण प्राचीन आचाशों ने इसे वर्तमान भी नहीं माना।[1] रस नित्य भी नहीं है, क्योंकि विभावादि के ज्ञान से पूरर्व इसकी सत्ता ही सम्भव नहीं है।[2]

3. रस लौकिक विषयों के समान न तो परोक्ष ज्ञान है और न अपरोक्ष ज्ञान, क्योंकि साक्षात् आनन्द का विषय होने के कारण इसे परोक्ष नहीं कह सकते हैं; और शब्द का विषय होने (दूसरे शब्दों में, चाक्षुष विषय न होने) के कारण इसे अपरोक्ष भी नहीं कह सकते।[3]

रस न निर्विकल्पक ज्ञान है, और न सविकल्पक।[4] निर्विकल्पक ज्ञान किसी भी प्रकार की विशिष्टता की अपेक्षा नहीं रखता—घट के 'घटत्व' को जानने से पूर्व 'यह कुछ है' केवल इतना ही मात्र ज्ञान निर्विकल्पक कहाता है; पर रस विभावादि के बोध से सम्बद्ध भी है और परम आनन्दमय भी है—उसकी यह विशिष्टताएँ उसके निर्विकल्पक ज्ञान होने में बाधक हैं। सविकल्पक ज्ञान शब्द का विषय होता है। उदाहरणार्थ घट, पट आदि पदार्थों का बोध इन्हीं शब्दों से हो जाता है। पर 'रस' शब्द कहने मात्र से रस का बोध नहीं होता। रस अनुभूति का विषय है, तभी रस को वाच्य न मानकर व्यंग्य माना गया है। अतः रस सविकल्प ज्ञान भी नहीं है।

पर सत्य तो यह है कि रस का इतना विशद, व्याख्यात्मक और नकारात्मक स्वरूप प्रस्तुत करके भी काव्यशास्त्रियों की इसके स्वरूप के विषय में जिज्ञासा शान्त नहीं हुई; और तभी उन्होंने इसे **'अनिर्वचनीय'** कह दिया है। पर हाँ, 'रस' नाम का कोई ज्ञान है अवश्य, और इसका प्रबल प्रमाण है—सहृदयों का चर्वणा-व्यापार, जो रस से अभिन्न होने के कारण रस का अपर पर्याय है।[5]

रस (काव्यानन्द) का स्वरूपः पाश्चात्य दृष्टि से[6]

काव्य द्वारा प्राप्त आनन्द (रस) को साधारणतः 'काव्यानन्द' कह सकते हैं, और इसे अंग्रेजी में Aesthetic expreience, Poetic pleasure, Poetic delight, Poetic delectation आदि कहा जाता है। इसके स्वरूप के सम्बन्ध में पाश्चात्य विचारकों के अनुसार निम्नोक्त मन्तव्य प्रस्तुत किये जा सकते हैं—

1. काव्यानन्द ऐन्द्रिय है—प्लेटो ने दो प्रकार के आनन्द स्वीकार किये हैं—आध्यात्मिक (आत्मा से सम्बद्ध आनन्द) और ऐन्द्रिय (इन्द्रियों से सम्बद्ध) आनन्द। ऐन्द्रिय आनन्द को भौतिक आनन्द भी कहते हैं। उनके अनुसार सौन्दर्यानुभूति आत्मा

1,2. सा.द. 3.22, 23; 21; 25

3. सा.द. 3.22, 23; 21; 25

4. का.प्र., पृष्ठ 14; सा.द. 3.23-25

5. **प्रमाणं चर्वणैवात्र स्वाभिन्ने विदुषां मतम्।।** सा.द. 3.26

6. विशेषतः पठितव्य : रस-सिद्धान्त (डॉ. नगेन्द्र), पृष्ठ 103-120

का अनुभव है, काव्यानुभूति इन्द्रिय का। उन्होंने काव्यानुभूति को सौन्दर्यानुभूति से पृथक् तथा निम्न कोटि का माना है तथा इसे मिथ्या एवं अस्वास्थ्यकर कहा है। प्लेटो के बाद **अरस्तू** ने भी आनन्द को आध्यात्मिक न मान ऐन्द्रिय ही माना है, किन्तु इसे निम्न कोटि का एवं मिथ्या कहकर इसकी गर्हणा नहीं की। वस्तुतः, अरस्तू के अनुसार काव्यानन्द प्रत्यक्ष ऐन्द्रिय ज्ञान की अपेक्षा कहीं अधिक सूक्ष्म ज्ञान है। इस प्रसंग में उल्लेख्य है कि प्लेटो ने प्रकृति को 'आत्मा (ज्ञान) की अनुकृति' माना है, और कला (काव्य) को 'प्रकृति की अनुकृति। इस प्रकार प्लेटो के अनुसार कला (काव्य) अनुकृति की अनुकृति है।' अतः यह मिथ्या एवं अस्पृहणीय है। (इस सम्बन्ध में आगे प्लोटिनस का मन्तव्य पढ़िये।)

2. काव्यानन्द आध्यात्मिक है–इस मान्यता के प्रवर्तक हैं प्लोटिनस। इनके अनुसार प्लेटो का यह निर्णय अमान्य है कि प्रकृति ज्ञान (आत्मा) की अनुकृति है और कला (काव्य) को अनुकृति की अनुकृति मानने से कला मिथ्या और अस्पृहणीय कहाएंगी। वस्तुतः, कला और प्रकृति, इन दोनों, का उद्गम है आत्मा। अतः कला प्रकृति का अनुकरण नहीं करती। इसका आनन्द भी प्रकृति के समान आध्यात्मिक है।

इसी मान्यता का पोषण **कांट, शिलर, हीगेल** आदि ने अपने-अपने दृष्टिकोण से प्रस्तुत किया। क्रोचे ने इस काव्यानन्द को रहस्यवादी सौन्दर्य-दर्शन कहा। इस अध्यात्मवादी सौन्दर्य-दर्शन का आगे चलकर प्रबल विरोध हुआ और विशेष रूप से मार्क्स और फ्रायड के सिद्धान्तों के प्रकाश में सौन्दर्यानुभूति की व्याख्याएँ की गयीं। मार्क्स के अनुसार कला की अनुभूति आर्थिक हितों से अनुशासित भौतिक अनुभूति है, तो फ्रायड के अनुसार वह काम-प्रेरित ऐन्द्रिय आस्वाद है। इसके अतिरिक्त इस सम्बन्ध में बौद्धिक, नैतिक और मनोवैज्ञानिक व्याख्यान भी प्रस्तुत किये गये।

3. काव्यानन्द कल्पनाविषयक आनन्द है–यह मान्यता एडिसन की है। इनके अनुसार किसी वस्तु के मूल रूप और कला द्वारा अनुकृत रूप के बीच मिलने वाले साम्य के भावन (contemplation) से जो आनन्द मिलता है उसे कल्पना का आनन्द कहते हैं। काव्यानन्द कल्पनानन्द ही है। इसे उन्होंने ऐन्द्रिय और आध्यात्मिक आनन्द से भिन्न माना है। एडिसन की इस मान्यता को अरस्तू की उक्त मान्यता का परिवर्द्धित एवं परिष्कृत रूप कहा जा सकता है।

4. काव्यानन्द सहजानुभूति का आनन्द है–इस मान्यता का श्रेय क्रोचे को है। इसके अनुसार आत्मा की दो क्रियाएँ हैं–विचारात्मक और व्यवहारात्मक। विचारात्मक क्रिया अथवा ज्ञान के दो रूप हैं–स्वयं-प्रकाश्य ज्ञान अर्थात् कल्पना द्वारा प्राप्त ज्ञान और प्रमेय अर्थात् निश्चित ज्ञान। कला (काव्य) स्वयं-प्रकाश्य अर्थात् कल्पना द्वारा प्राप्त ज्ञान है। इसे ही सहजानुभूति कहते हैं। स्पष्ट है कि सहजानुभूति मूलतः कोई विशिष्ट तथा स्वतन्त्र तत्त्व नहीं है, अपितु यह एडिसन

के उक्त कल्पनानन्द को ही दार्शनिक रूप में प्रस्तुत करता है। अतः इसे पृथक् सिद्धान्त नहीं मानना चाहिए।

5. काव्यानन्द एक प्रकार का अनिर्वचनीय एवं विलक्षण आनन्द है जो कि सभी प्रकार के लौकिक एवं आध्यात्मिक अनुभवों से भिन्न है। इस प्राचीन एवं परम्परागत मान्यता को ब्रेडले, क्लाइव बैल आदि कलावादियों ने व्यवस्थित किया।

इस प्रकार पाश्चात्य चिन्तकों के अनुसार, चतुर्थ को छोड़कर शेष चार मत उपस्थित होते हैं कि काव्यानन्द (1) ऐन्द्रिय, (2) आध्यात्मिक, (3) कल्पना-विषयक और (4) विलक्षण आनन्द है। निस्सन्देह इन चारों मतों का निजी महत्त्व है, किन्तु फिर भी ये मनोविज्ञान की कसौटी पर खरे नहीं उतरते—

(1) काव्यानुभूति को ऐन्द्रिय अनुभूति मानना उचित नहीं है। इस स्थिति में काव्य में वर्णित शोक, जुगुप्सा आदि की अभिव्यंजना से प्राप्त अनुभूति को भी शोकमयी और जुगुप्सामयी मानना होगा, किन्तु काव्य की अनुभूति रति, हास, शोक, जुगुप्सा आदि सभी स्थितियों में आनन्दमयी होती है।

(2) इसे आध्यात्मिक अनुभूति मानना भी उचित नहीं है। प्रथम तो इस वैज्ञानिक युग में आत्मा की स्थिति या सत्ता सहज-मान्य नहीं है, दूसरे, काव्यानन्द से प्राप्त चंचलता की सम्भावना आध्यात्मिक आनन्द में नहीं की जा सकती, क्योंकि आत्मा तो सदैव शुद्ध एवं अचंचल है। काव्यानुभूति में ऐन्द्रिय विकार का होना सहज सम्भव है, किन्तु आध्यात्मिक अनुभूति में किसी भी रूप में सम्भव नहीं है।

(3) काव्यानन्द कल्पना का आनन्द भी नहीं है। कल्पना वस्तुतः मन और बुद्धि की क्रिया-मात्र है। इसकी अपनी कोई स्वतन्त्र सत्ता नहीं है। अतः कल्पना का आनन्द ऐन्द्रिय एवं बौद्धिक आनन्द से सर्वथा भिन्न नहीं है।

(4) काव्यानन्द को अनिर्वचनीय एवं विलक्षण आनन्द मान लेना वस्तुतः समस्या का समाधान न होकर समस्या से पलायन-मात्र है।

अब अन्त में मूर्धन्य आलोचक **आइ.ए. रिचर्ड्स** का मन्तव्य उल्लेख्य है, जो अपेक्षाकृत कहीं अधिक पुष्ट एवं मनोविज्ञान-सम्मत है। उनके कथनानुसार काव्यानन्द को अनिर्वचनीय एवं विशिष्ट मानना संगत नहीं है, क्योंकि यह अनुभूति भी हमें साधारण इन्द्रियों द्वारा ही प्राप्त होती है। अतः वे काव्यानुभूति को ऐन्द्रिय अनुभूति ही मानते हैं, क्योंकि इस अनुभूति में चित्त की द्रुति, विस्तृति आदि मानसिक संवेदनाएँ तो होती ही हैं, साथ ही रोमांच, अश्रु आदि शारीरिक संवेदनाएँ भी प्रायः होती रहती हैं। फिर भी, यह ज्ञातव्य है कि लोक में प्रियजन के स्पर्श द्वारा हमारे चित्त में दुति का, और हमारे शरीर में रोमांच का जो अनुभव होता है वह रंगमंच के अथवा काव्यादि-पठन के इसी प्रसंग से प्राप्त दुति एवं रोमांच से भिन्न होता है। वह उतना प्रत्यक्ष एवं तीव्र नहीं होता। इनमें मात्रा की भिन्नता निस्सन्देह बनी रहती है। इसका कारण यह है कि काव्य का अनुभव प्रत्यक्ष घटना का अनुभव नहीं होता,

वह भावित (contemplated) घटना का अनुभव होता है। **अतः काव्यानुभूति साधारण ऐन्द्रिय अनुभूति न होकर भावित ऐन्द्रिय अनुभूति है।**

निष्कर्षतः, कतिपय पाश्चात्य विचारकों के अनुसार यद्यपि 'काव्यानन्द' लौकिक ही ठहरता है, किन्तु साथ ही यह ज्ञातव्य है कि सभी लौकिक या ऐन्द्रिय आनन्द एक-समान नहीं होते। उनकी अनेक कोटियाँ होती हैं। यथा सूर्य-सेवन, सुस्वादु भोजन, द्यूत-क्रीड़ा आदि के आस्वाद से लेकर गणित क्विज़ या राजनीति के प्रश्नों के समाधान के आनन्द तक—ये सभी भौतिक हैं, किन्तु ये सब एक कोटि के नहीं हैं। काव्यानन्द इन सभी आनन्दों से ऊपर है। अतः इसे आध्यात्मिक आनन्द न कहकर **'ऐन्द्रिय आनन्दों में सर्वोपरि'** मानना चाहिए, तभी भारतीय काव्यशास्त्र में इसे ब्रह्मास्वाद न कहकर ब्रह्मास्वाद—सहोदर एवं लोकोत्तर कहा गया है। लोकोत्तर शब्द का तात्पर्य अलौकिक (आध्यात्मिक) न लेकर 'लौकिक आनन्दों में सर्वोपरि' मानना चाहिए।

5. रसनिष्पत्ति

भरत का प्रसिद्ध सूत्र है—विभावानुभावव्यभिचारिसंयोगाद् रसनिष्पत्तिः। अनुमानतः यह कथन भरत से पहले भी प्रचलित रहा होगा। यह वाक्य अत्यन्त व्याख्यापेक्ष है।

इसकी व्याख्या अनेक आचार्यों ने प्रस्तुत की, जिनमें से भट्टलोल्लट, श्रीशंकुक, भट्ट नायक और अभिनवगुप्त के नाम विशेषतः उल्लेखनीय हैं।[1] अपनी-अपनी प्रतिभा के अनुसार व्याख्या करते-करते उन्होंने रस का मूल भोक्ता कौन है—इस प्रश्न के साथ-साथ इस जटिल समस्या को भी सुलझाने का प्रयास किया कि भोक्ता को किस क्रम और किस विधि से रस का आस्वाद प्राप्त होता है। ये व्याख्याएँ विशद भी हैं और विवादपूर्ण भी, पर भरत से पूर्ववर्ती किसी आचार्य अथवा स्वयं भरत को भी इस कथन की इतनी विशद और विवादपूर्ण व्याख्या अभीष्ट होगी—इस सम्बन्ध में निश्चयपूर्वक कुछ नहीं कहा जा सकता। उल्लेख्य है कि इस कथन में विभाव, अनुभाव और व्यभिचारिभाव का जो स्वरूप भरत को अभीष्ट है, वही आगामी आचार्यों को भी है; पर विवादग्रस्त दो शब्द हैं—संयोग और निष्पत्ति, जिन पर आधारित विभिन्न व्याख्याओं की विप्रतिपत्तियाँ तावेक्षणीय हैं।

1. भट्टलोल्लट

[1]

'अभिनवभारती' के अनुसार भरत-सूत्र के प्रथम व्याख्याता भट्टलोल्लट के मत में—

(1) उपचितावस्था अर्थात् परिपक्वता को प्राप्त स्थायिभाव ही 'रस' नाम से अभिहित होते हैं। स्थायिभाव, जो कि स्वयं तो अनुपचित (अपरिपक्व) हैं, विभाव, अनुभाव और व्यभिचारिभाव का संयोग पाकर जब उपचित होते हैं; तभी इनका नाम रस पड़ जाता है।

---

1. नाट्यशास्त्र की अभिनवगुप्त द्वारा रचित टीका 'अभिनवभारती' में इन चारों आचार्यों के मन्तव्य उपलब्ध हैं।

(2) यह रस अनुकार्य— वास्तविक रामादि— में भी रहता है। और अभिनय-कौशल के बल पर रामादि का अनुकरण करने वाले नट में भी।[1]

काव्यप्रकाशकार मम्मट ने उपर्युक्त सिद्धान्त के द्वितीय अंश में थोड़ा संशोधन उपस्थित करते हुए वास्तविक रामादि में मुख्य रूप से रस की स्थिति मानी है और नट में गौण रूप से। भरतसूत्र-स्थित 'संयोग' और लोल्लट-प्रतिपादित 'उपचित' शब्दों के आधार पर भट्टलोल्लट-सिद्धान्त के प्रथम अंश की विशद व्याख्या करते हुए मम्मट ने विभाव, अनुभाव और व्यभिचारिभावों का स्थयिभावों के साथ संयोग-सम्बन्ध निम्न प्रकार से प्रदर्शित किया है—

(क) विभाव तथा स्थायिभाव में जनक-जन्य (उत्पादकोत्पाद्य) सम्बन्ध है; (ख) अनुभाव तथा स्थायिभाव में गम्य-गमक-सम्बन्ध है; और (ग) व्यभिचारिभावों तथा स्थायिभाव में पोषक-पोष्य-सम्बन्ध है। इस प्रकार मम्मट की व्याख्यानुसार 'स्थायिभाव' विभावादि के द्वारा क्रमशः जन्य, गम्य और पुष्ट होकर 'रस' रूप में प्रतीयमान होता है।[2] मम्मट को इस त्रि-सम्बन्ध-निर्देश की प्रेरणा निस्सन्देह 'अभिनवभारती से मिली होगी।'

भट्टलोल्लट ने अपने सिद्धान्त में यद्यपि सहृदय का उल्लेख नहीं किया; पर निश्चित ही उसे अभीष्ट यही है कि सहृदय तो रस का भोक्ता है ही।

निष्कर्षतः भट्टलोल्लट के अनुसार सहृदय नट-नटी पर अनुकार्य का (वास्तविक राम-सीता आदि का) आरोप करता हुआ उस रस को प्राप्त करता है जो अनुकार्य ने प्राप्त किया होगा।

[2]

भट्टलोल्लट के सिद्धान्त पर आगे चलकर भरत-सूत्र के अन्य व्याख्याता श्रीशंकुक ने अनेक आक्षेप किये—

—एक आक्षेप यह है कि उपचित स्थायिभाव को रस नाम से पुकारने में यह निश्चित कर सकना असम्भव है कि रति, हास आदि स्थायिभाव कितनी मात्रा तक

---

1. **भट्टलोल्लटस्तावदेवं व्याचचक्षे-विभावादिभिः संयोगोऽर्थात् स्थायिनः ततो रसनिष्पत्तिः।**
x x x स्थाय्येव विभावानुभावादिभिरुपचितो रसः। स्थायी त्वनुपचितः।
स चोभयोरपिन-अनुकार्य अनुकर्तर्यपि चानुसन्धानबलात्। —अभिनवभारती (गा.ओ.सी.), पृ. 274
कुछ इसी प्रकार की धारणा अलंकारवादी दण्डी ने भी प्रकट की थी—
रतिः शृङ्गारतां याता, रूपबाहुल्ययोगतः।
आरुह्य च परां कोटिं कोपो रौद्रात्मतां गतः।।
—अ.भा. (वही), पृ. 284; का.आ. 2.281, 283

2. **विभावैर्ललनोद्यानादिभिरालम्बनोद्दीपनकारणैः रत्यादिको भावः जनितः, अनुभावैः कटाक्षभुजाक्षेपप्रभृतिभिः कार्यैः प्रतीतियोग्यः कृतः, व्यभिचारिभिर्निर्वेदादिभिः सहकारिभिरुपचितो, मुख्यया वृत्त्या रामादावनुकार्ये, तद्रूपताऽनुसन्धानान्नर्तके प्रतीयमानो रस इति भट्टलोल्लटप्रभृतयः।**
—काव्यप्रकाश, 4.28 (वृत्ति)

उपचित होकर रस कहाते हैं। मात्रा-निर्धारण के लिए यदि यह मान लिया जाये कि उच्चतम पराकाष्ठा तक ही उपचित 'स्थायिभाव' रस कहाता है, तो भरत-सम्मत हास्य रस के स्मित, अवहसित आदि छह भेद; तथा श्रृंगार रस के अन्तर्गत निरूपित काम की अभिलाष आदि दस अवस्थाएँ असंगत हो जायेंगी; क्योंकि इन दोनों रसों में स्थायिभाव केवल उच्चतम कोटि की उपचितावस्था के सूचक न होकर उत्तरोत्तर प्रकर्ष के सूचक हैं।[1] अतः भट्टलोल्लट का मत सीमा-निर्धारक न होने के कारण शिथिल है।

—शंकुक का दूसरा आक्षेप यह है कि लोल्लट द्वारा प्रतिपादित विभाव और स्थायिभाव में जनक जन्य (उत्पादकोत्पाद्य)-रूप कारण-कार्य-भाव सम्बन्ध की स्थापना भी निम्नलिखित दो कसौटियों पर खरी नहीं उतरती—(1) कारण (कुम्भकार) के नष्ट हो जाने पर भी कार्य (घट) की स्थिति बनी रहती है; और (2) कारण (चन्दनावलेपन) और कार्य (सुगन्ध-सुखानुभव) की एक-साथ स्थिति कदापि सम्भव नहीं है—इनमें थोड़ा-बहुत पूर्वापरभाव अवश्य रहता है। पर इधर एक तो विभावादि के नष्ट हो जाने पर (स्थायिभावात्मक) रस भी नष्ट हो जाता है; और दूसरे, विभावादि और रस दोनों साथ-साथ अवस्थित रहते हैं, उनमें पूर्वापर-सम्बन्ध कदापि सम्भव नहीं है।[2]

—शंकुक का एक अन्य प्रबल आक्षेप है कि लोल्लट का यह सिद्धान्त कि "सामाजिक मूल नायक-नायिका द्वारा अनुभूत रस का आस्वादन नट-नटी के माध्यम से प्राप्त करता है" अतिव्याप्ति दोष से दूषित है। जिसमें रति आदि स्थायिभाव होगा, रस भी उसी में होगा, न कि किसी अन्य में। इस व्याप्ति के अनुसार केवल नायक-नायिका ही रसास्वादन-प्राप्ति के अधिकारी ठहरते हैं, न कि नट-नटी, और न ही उनके माध्यम से सामाजिक भी। और फिर; सामाजिक मूल नायक के रति-हासादि भावों से कदाचित् आनन्दमूलक रस प्राप्त कर भी ले, पर शोक-भयादि भावों से रस प्राप्त करने में वह नितान्त असमर्थ रहेगा। लोल्लट के पक्षपाती यदि यह कहें कि "सामाजिक नट में ही रामादि का ज्ञान प्राप्त कर रामगत-मूल रस का आस्वादन प्राप्त कर लेते हैं," तो फिर उन्हें यह भी मान लेना होगा कि लौकिक श्रृंगार आदि को देख कर अथवा 'श्रृंगार' शब्द को सुनकर सामाजिकों को रस का आस्वादन प्राप्त हो सकता है।[3]

—शंकुक के उपर्युक्त आक्षेपों से प्रेरणा प्राप्त कर काव्यप्रकाश के टीकाकारों ने नट को रसोपभोक्ता न मानने के लिए एक अन्य तर्क भी प्रस्तुत किया है कि लोक

---

1. हिन्दी अभिनवभारती, षष्ठ अध्याय, पृ. 445
2. **कार्यत्वे घटादिवत् विभावादिनिमित्तनाशेऽपि रसानुवृत्तिप्रसंग इति भावः। न चास्यालौकिकस्य स्वप्रकाशानन्दात्मकस्य लौकिकप्रमाणगम्यत्वम्।** —एकावली (टीका—भाग), पृ. 87
3. **न हि चन्दनस्पर्शज्ञानं तज्जन्यसुखज्ञानं चैकदा संभवति।** —सा.द., 3.20 वृत्ति
सामाजिकेषु तदभावे तत्र चमत्कारानुभवविरोधात्। न च तज्ज्ञानमेव चमत्कारहेतुः। शाब्दतज्ज्ञानेऽपि तदापत्तेः। लौककश्रृङ्गारादिदर्शनेनापि चमत्कारप्रसंगात्। —का.प्र. (प्रदीप), पृ. 91

में क्रोध, शोक आदि चित्तवृत्तियों का उत्तरोत्तर वृद्धि अथवा हास होते रहने के कारण नट के लिए—जो न तो सर्वज्ञ है और न योगी है—यह जान सकना नितान्त असम्भव है कि राम आदि नायक ने अमुक अवसर पर कितनी मात्रा तक रति, शोक, क्रोध आदि का अनुभव किया होगा और अमुक अवसर पर कितनी मात्रा तक।[1] अतः लोल्लट के मतानुसार सामाजिक के लिए नट के माध्यम से रामादि द्वारा आस्वादित मूल रस का आस्वादन कर सकना नितान्त असम्भव है।

निष्कर्ष रूप में कहें तो भट्टलोल्लट के सिद्धान्त पर प्रमुख आक्षेप दो हैं—

पहला आक्षेप है—विभाव और रस में कारण-कार्य-सम्बन्ध की लौकिक सीमा का उल्लंघन; और दूसरा आपेक्ष है— नायकगत रसास्वाद-प्राप्ति के लिए नट-रूप माध्यम की व्यर्थता।

भट्टलोल्लट के पक्षपातियों के पास उपर्युक्त दोनों आक्षेपों को छिन्न-भिन्न करने के लिए एक ही प्रबल तर्क है—काव्यकृति को सर्वांश रूप में अलौकिक मानना। मूल नायकादि और उनके रत्यादि स्थायिभाव जो निस्सन्देह लौकिक हैं, पर काव्य-नाटकादि में वर्णित हो जाने पर नायकादि को विभाव कहा जाता है और स्थायिभाव को रस, अब ये दोनों अलौकिक बन कर लौकिक कारण-कार्य-सम्बन्ध की परिभाषा और सीमाओं के बन्धन से नितान्त विनिर्मुक्त हो जाते हैं। माना कि नट मूल रामादि नायक की चित्तवृत्तियों का चित्रण कर सकने में नितान्त असमर्थ है, पर वस्तुतः उसका सम्बन्ध तो केवल रामायणादि काव्य-नाटकगत अलौकिक नायक आदि के साथ है। अभ्यास-पटु नट नाट्यशास्त्र तथा संगीतशास्त्र आदि में निर्धारित नियमों के आधार पर काव्य-नाटकादि में चित्रित पात्रों की उन्हीं मार्मिक चित्तवृत्तियों का, जो कि काव्य-सौन्दर्य-प्रदान की क्षमता रखती हैं, सफलतापूर्वक अनुकरण करके सामाजिकों के लिए रसास्वाद-प्राप्ति का कारण बन जाता है। सामाजिक इस रसास्वाद को अपने परम्परागत संस्कारों की प्रबलता के कारण यदि रामायणादि काव्यों के पात्रों का रसास्वाद न समझ कर ऐतिहासिक रामादि का रसास्वाद समझने लग जाते हैं; तो इसमें 'नट' का क्या दोष और उसकी माध्यम रूप में स्वीकृति पर आक्षेप क्यों? यही स्थिति कल्पिताख्यान-निरूपक नाटकों पर भी घटित होती है। सामाजिक नट के अभिनय-कौशल द्वारा प्रबन्ध-गत पात्र के रसास्वाद को लोक में वर्तमान तत्सदृश अन्य व्यक्ति का रसास्वाद समझ कर स्वयं भी वैसा ही आस्वाद प्राप्त कर लेता है।[2]

---

1. **अन्यथैवोपपत्त्वा तादृशकल्पनायां मानाभावाच्च।** —का.प्र. (प्रदीप), पृ. 91
   तुलनार्थ—रसप्रदीप, पृ. 22, पंक्ति 4-7
2. रसप्रदीप, पृ. 22

किन्तु वस्तुतः भट्टलोल्लट के पक्षपाती काव्य-नाटकादि के पात्रों को बीच में लाकर लोल्लट के विरोधियों को करारा जवाब देने का प्रयास करते-करते लोल्लट-सम्मत धारणा को अन्य रूप में उपस्थित कर देते हैं। लोल्लट को नट के माध्यम से ऐतिहासिक रामादि नायक द्वारा आस्वादित रस की प्राप्ति अभीष्ट है, न कि रामायण आदि में कविनिर्मित रामादि द्वारा आस्वादित रस की।

[3]

कुछ विद्वान् भट्टलोल्लट के इस सिद्धान्त को 'आरोपवाद' के नाम से पुकारते हैं। उनके अनुसार सामाजिक नट में मूल नायक का आरोप करके, उसे मूल नायक ही समझ कर, रसास्वादन करते हैं।[1] पर इसे 'आरोपवाद' कहना समुचित नहीं है। इसका कारण यह कि 'आरोप' में उपमान और उपमेय दोनों का ज्ञान बराबर बना रहता है; पर भट्टलोल्लट के मत में नट को नट न समझ कर, अभिनय-कौशल के बल से भ्रान्तिवश रामादि समझ लिया जाता है। अतः इस सिद्धान्त को 'भ्रान्तिवाद' कहना कहीं अधिक संगत प्रतीत होता है ।

हमारे विचार में भट्टलोल्लट का सिद्धान्त इतना भ्रान्त नहीं है, जितना कि बाल की खाल उतारते हुए उसके विरोधियों ने इसे ऐसा सिद्ध करने का प्रयास किया है–

–स्वयं श्रीशंकुक ने, जैसा कि हम आगे देखेंगे, अपना मत असन्दिग्ध रूप से इसी भित्ति पर खड़ा किया है कि "जब तक सामाजिक नट को उसके अभिनय-कौशल के बल पर, रामादि नहीं समझ पाता; तब तक उसे रसास्वाद प्राप्त नहीं हो सकता।"

–शेष रहा सिद्धान्त का दूसरा पक्ष कि वास्तविक रामादि को रस-प्राप्ति मुख्य रूप से होती है और नट को गौण रूप से। यह पक्ष शिथिल अवश्य है, पर अंशतः शिथिल है। वास्तविक नायक लौकिक था; उसका रत्यादि-जन्य आनन्द अथवा शोकादि-जन्य दुःख भी लौकिक था। अतः उसे शृंगार रस अथवा करुण रस की संज्ञा देना शास्त्र-सम्मत नहीं है।

–अब नट द्वारा रसास्वाद-प्राप्ति के प्रश्न को लें। सफल अभिनेता तत्क्षण के लिए तो निश्चित ही यह भूल जाता है कि वह अभिनेता मात्र है; ठीक उसी क्षण वह भी सामाजिक ही के समान रसास्वाद प्राप्त करने लग जाता है,[2] और तभी हम उसे वास्तविक रामादि समझने लगते हैं। रंगमंच की यही तो महत्ता है।

---

1. (क) **मुख्यतया दुष्यन्तादिगत एव रसो रत्यादि × × × अनुकर्तरि नटे समारोप्य साक्षात्क्रियते।**
–रसगंगाधर, पृ. 33

(ख) **नटे तु तुल्यरूपतानुसन्धानवशाद् आरोप्यमाणः सामाजिकानां चमत्कारहेतुः।**
–का.प्र. (प्रदीप), पृ. 91

2. विश्वनाथ ने रसास्वादभोक्ता नट को भी 'सामाजिक' की संज्ञा दी है– **काव्यार्थभावनेनायमपि सभ्यपदास्पदम्।**
–सा.द. 1.20

—इतना सब स्वीकार करते हुए भी भट्टलोल्लट के अनुसार रत्यादि स्थायिभाव को विभाव आदि से उत्पन्न, और इस सिद्धान्त को 'उत्पत्तिवाद' के नाम से स्वीकार नहीं करना चाहिए। स्थायिभाव हर व्यक्ति के हृदय में वासना रूप से सदा रहते हैं; ये विभाव आदि द्वारा उत्पन्न नहीं होते; इनसे आविर्भूत होते हैं। फिर भी, भट्टलोल्लट की उक्त धारणा सर्वांश रूप में अमान्य, भ्रान्त अथवा निर्मूल नहीं है। इसके अतिरिक्त भरत-सूत्र के भावी व्याख्याताओं के लिए भी यह मार्ग-प्रदर्शन करती है। इस दृष्टि से भी इसकी महत्ता कुछ कम नहीं है।

2. श्रीशंकुक

[1]

भरत-सूत्र के व्याख्याता शंकुक ने भट्टलोल्लट के सिद्धान्त का जितनी सूक्ष्मता और सतर्कता के साथ खण्डन करने के लिए महान् प्रयास किया है; अपनी व्याख्या में उन्होंने उसी अनुपात से कोई विशेष नवीनता प्रस्तुत नहीं की।

वस्तुतः, श्रीशंकुक का सिद्धान्त नितान्त मौलिक न होकर लोल्लट के ही सिद्धान्त की मूल भित्ति पर—नट की माध्यम रूप से स्वीकृति—पर अवस्थित है। फिर भी, दोनों के दृष्टिकोणों में किञ्चिद् अन्तर है। लोल्लट के मत में सामाजिक नट पर मूल नायिकादि का 'आरोप' करता है; और शंकुक के मत में वह 'अनुमान' करता है। पर दोनों विभिन्न दृष्टिकोणों का परिणाम एक ही है—सामाजिक द्वारा उसी रस की आस्वाद-प्राप्ति जिसका आस्वादन ऐतिहासिक अथवा प्रसिद्ध कथानकों में रामादि ने, और काल्पनिक कथाओं में होरी[1] आदि में से किसी भी व्यक्ति ने प्राप्त किया होगा। लोल्लट ने इस स्वतःसिद्ध परिणाम का सम्भवतः जान बूझ कर उल्लेख न किया हो; पर शंकुक ने इसका स्पष्ट शब्दों में उल्लेख करते हुए, स्वसम्मत मूलभूत साधन 'अनुमान' पर भी प्रकाश डाला है।

श्रीशंकुक ने इस 'अनुमान' को लौकिक अनुमानों से विलक्षण माना है। लौकिक अनुमानों की प्रतीति सम्यक्, मिथ्या, संशयात्मक अथवा सादृश्यात्मक होती है, पर सामाजिक द्वारा नट को रामादि समझने का अनुमान इन सब लौकिक अनुमानों से भिन्न है। यह उस प्रकार है, जिस प्रकार 'चित्र-तुरग-न्याय' से चित्र पर अंकित भागता हुआ अश्व, न भागता हुआ भी, भागता-सा प्रतीत होता है। यह अनुमान तभी सम्भव है, जब नट स्वयं भी कविविवक्षित अर्थ की गम्भीरता तक पहुँच कर अभिनय की शिक्षा और अभ्यास के बल पर मूल नायकादि का सफल अनुकरण करता हुआ अपने आपको रामादि समझने लग जाये। इस प्रकार शंकुक के सिद्धान्तानुसार भरतसूत्र-स्थित 'संयोग' शब्द विभावादि और रस के बीच (भट्टलोल्लट के मतानुसार उत्पाद्योत्पादकसम्बन्ध का द्योतक न होकर) अनुमापक-अनुमाप्य

1. प्रेमचन्द-रचित हिन्दी उपन्यास 'गोदान' का नायक।

(गमक-गम्य) सम्बन्ध का द्योतक है। इस अनुमान की सिद्धि इस प्रकार होगी—**रामोऽयं सीताविषयक-रतिमान्, सीताविषयक-कटाक्षादिमत्त्वात्।**

इस प्रकार सामाजिक नट के सफल अभिनय को देखकर उसमें रामादि के रत्यादिभावों की विद्यमानता अनुमित कर लेता है। नट-सम्बन्धी विभाव, अनुभाव और व्यभिचारिभाव अब उसे कृत्रिम न दिखायी देकर स्वाभाविक से प्रतीत होने लगते हैं। किन्तु मूल समस्या अब भी शेष रह जाती है कि नट के इन रत्यादिभावों से सहृदय का क्या सम्बन्ध है? उत्तर स्पष्ट है—नटगत रत्यादि स्थायिभाव अनुमित होते हुए भी, रंगमंचीय सौन्दर्य के कारण इतने प्रबल होते हैं कि सहृदय इनके द्वारा स्वतः रस की चर्वणा करने लग जाता है, और इस चर्वणा में सहायक होती हैं उसकी अपनी वासनाएँ अर्थात् पूर्वजन्म-संस्कार।[1] लोल्लट इस स्वतःसिद्ध धारणा के विषय में मौन रहा था; पर शंकुक ने न केवल मूल विषय का स्पष्टीकरण कर दिया है, अपितु भावी सुविख्यात आचार्य अभिनवगुप्त द्वारा स्वीकृत रसानुभूति के मूलभूत साधन—सहृदयगत वासना—का भी उल्लेख किया है।

संक्षेपतः, श्रीशंकुक के अनुसार, सहृदय नाटक देखते समय, कुशल अभिनेता में राम, दुष्यन्त आदि अनुकार्य का अनुमान लगा रहा होता है और तभी उसे उस रस की अनुभूति होती है जो अनुकार्य को अपने समय में प्राप्त हुई थी। सहृदय का यह अनुमान 'चित्र-तुरग-न्याय' से निम्नोक्त चार प्रकार के लौकिक अनुमानों से विलक्षण होता है—सम्यक्, मिथ्या, सदृशात्मक और संशयात्मक। उल्लेख्य है कि यह स्थिति तभी सम्भव होती है जब नट अपने कुशल अभिनय को तल्लीनता में अपने-आपको अनुकार्य समझ रहा होता है।

[2]

परन्तु श्रीशंकुक के परवर्ती आचार्यों ने अनुमानवाद पर अनेक आक्षेप किये। ध्वनिवादी आनन्दवर्धन के अनुयायियों ने, विशेषतः आचार्य मम्मट ने, 'अनुमान' को ध्वनि के अन्तर्गत माना है[2]; और इस प्रकार उन्होंने श्रीशंकुक के सिद्धान्त की

---

1. उक्त धारणा मम्मट के निम्नोक्त कथन पर आधारित है—

राम एवायम्, अयमेव राम इति 'न रामोऽयम्, इत्यौत्तरकालिके बाधे रामोऽयमिति रामः स्वाद् वा न वा अयमिति रामसदृशोऽयमिति च सम्यङ्-मिथ्या-संशय-सादृश्य-प्रतीतिभ्यो विलक्षणया चित्रतुरगदिन्यायेन रामोऽयमिति प्रतिपत्त्या ग्राह्ये नटे "सेयम् ममाङ्गेषु...", "दैवादहमद्य तथा..." इत्यादिकाव्यानुसन्धानबलाच्छिक्षाऽभ्यासनिर्वर्तित स्वकार्यप्रकटनेन च नटेनैवप्रकाशितैः कारणकार्यसहकारिभिः कृत्रिमैरपि तथानभिमन्यमानैर्विभावादिशब्दव्यपदेश्यैः संयोगाद् गम्यगमकभावरूपाद् अनुमीयमानोऽपि वस्तुसौन्दर्यबलाद् रसनीयत्वेन अन्यानुमीयमानविलक्षणः स्थायित्वेन संभाव्यमानो रत्यादिर्भावस्तत्रासन्नपि सामाजिकानां वासनया चर्व्यमाणो रस इति श्रीशंकुकः।

—काव्यप्रकाश, 4र्थ उ.

2. देखिए, पृष्ठ 123-124

जड़ काट दी है। आनन्दवर्धन से पूर्व भी भट्टलोल्लट और भट्टनायक इस सिद्धान्त का खण्डन प्रस्तुत कर आये थे। भट्टतौत का प्रहार सिद्धान्त के प्रथम भाग पर था; और भट्टनायक का दूसरा भाग पर—

—भट्ट तौत के कथनानुसार यथार्थ अथवा मिथ्या साधन से तत्सम्बन्धी साध्य का तो अनुमान हो जाता है; पर वास्तविक साध्य के सदृश किसी अन्य साध्य का अनुमान नहीं होता। उदाहरणार्थ, धूम अथवा कुज्झटिका से अग्नि का तो अनुमान सम्भव है, पर अग्निसदृश रक्तवर्ण जवा-कुसुमों का अनुमान हास्यास्पद है। अनुमानवाद की इस कसौटी पर श्रीशंकुक का सिद्धान्त खरा नहीं उतरता। नट के कृत्रिम रत्यादि स्थायिभावों द्वारा सामाजिक को भले ही लोक में वर्तमान किसी रतिमान् व्यक्ति की अनुमिति हो जाये, पर तत्सदृश भूतकालीन 'राम' अथवा किसी अन्य व्यक्ति की अनुमिति, जिसे किसी सामाजिक अथवा नट ने नहीं देखा, अनुमान का विषय नहीं है। इस प्रकार वास्तव में अक्रुद्ध भी नट का क्रोध-व्यवहार समाज के किसी क्रुद्ध-प्रकृति व्यक्ति का अनुमान तो करा सकता है, पर भूतकालीन अदृष्टपूर्व भीमसेन आदि किसी क्रोधी व्यक्ति का नहीं।[1]

—भरत-सूत्र के अन्य व्याख्याता भट्टनायक के कथनानुसार वादितोषन्याय से सामाजिक द्वारा नट पर राम की अनुमिति स्वीकार की भी जाये, तो भी इससे सामाजिक को रसप्राप्ति होना सम्भव नहीं है। अनुमान-प्रक्रिया द्वारा न राम-सीता अथवा न दुष्यन्त-शकुन्तला, और न उनके परस्परोद्दीपक व्यवहार हमारे विभाव आदि बन सकते हैं। उनके प्रति हमारा संस्कारनिष्ट पूर्ववर्तीभाव हमारी रसत्व-प्राप्ति में बाधक सिद्ध होगा। सीता और शकुन्तला को अनुमान-प्रक्रिया द्वारा हमारे लिए अपनी प्रेयसी के रूप में मान लेना सम्भव नहीं है। इसी प्रकार 'राम' सरीखे देवता अथवा महापुरुष आदि के साथ भी सामाजिकों का 'साधारणीकरण' अनुमान द्वारा सम्भव नहीं है। राम के समान समुद्रोल्लंघन जैसे असम्भव कार्यों को कर सकने की कल्पना तक क्षुद्र सामाजिक अपने मन में नहीं ला सकता।[2] काल्पनिक कथानक-युक्त नाटकों के इहलौकिक पात्रों के साथ भी अनुमान द्वारा समानानुभूति रुचि-वैचित्र्य के कारण सम्भव नहीं है। अतः अनुमान द्वारा रस-प्राप्ति में न तटस्थ (नट और रामादि) सहायक सिद्ध हो सकते हैं, और न स्वयं सामाजिक ही अवास्तविक विभावादि रस-सामग्री से इस प्रक्रिया द्वारा रसास्वादन प्राप्त कर सकते हैं।[3]

---

1. **तदिदमप्यन्तस्तत्त्वशून्यं विमर्दक्षममिति भट्टतौतः। तथा हि x x x न हि वाष्पधूमत्वेन ज्ञानादग्न्यनुकारानुमानं तदनुकारत्वेन प्रतिभासमानादपि लिंगान्न तदनुकारानुमानं युक्तम्, धूमानुकारत्वेन हि ज्ञायमानान्नीहारान्नाग्न्यनुकारजपापुंजप्रतीतिर्दृष्टा। ननु अक्रुद्धोऽपि नटः क्रुद्ध इव भाति।**
—का.अनु. पृष्ठ 71, 72; अ.भा., पृष्ठ 276, 277
2. **न च सा प्रतीतिर्युक्ता सीतादेरविभावत्वात्, स्वकान्तास्मृत्यसंवेदनात्, देवतादौ साधारणीकरणायोग्यत्वात्। समुद्रोल्लंघनादेरसाधारण्यात्।** —का.अनु. (वृत्तिभाग), पृष्ठ 73
3. **न ताटस्थ्येन नात्मगत्वेन रसः प्रतीयते नोत्पद्यते।** —का.प्र., चतुर्थ उल्लास

स्पष्ट है अनुमानवाद पर भट्टतौत का खण्डन मूलतः शास्त्रीय सिद्धान्तों पर आधृत है; और भट्टनायक का खण्डन व्यवहारमूलक तर्कों पर। भट्टतौत के अनुसार ध्वनि में अनुमान के अन्तर्भूत होने की चर्चा करना यहाँ अप्रासंगिक और अनावश्यक है।[1] इधर भट्टनायक के तर्क वस्तुतः उनके वक्ष्यमाण भावकत्व व्यापार की पृष्ठभूमि तैयार करते हैं। उनके मत में सामाजिक नट को अनुमान द्वारा रामादि भले ही समझ ले, पर नट के माध्यम से उसका रामादि के साथ साधारणीकरण (समानानुभूति) अनुमान द्वारा सम्भव न होकर भावकत्व व्यापार द्वारा सम्भव है जो रसानुभूति-प्राप्ति की पूर्वावस्था है।

यह मान्यता निर्विवाद रूप से सत्य है कि अनुमान का विषय प्रत्यक्ष रूप से पूर्वदृष्ट घटनाओं पर अवलम्बित होता है। अतः सफल अभिनय को देखकर सामाजिक का नट को अदृष्टपूर्व राम, दुष्यन्तादि के रूप में अनुमित कर लेना अनुमान का विषय नहीं है—किसी अन्य प्रत्यक्ष-दृष्ट व्यक्ति का अनुमान भले ही वह कर रहा हो। इस अनुमान के अतिरिक्त कभी-कभी वह यह भी अनुमान लगा सकता है कि नट-नटी का रंगमंचीय जगत् से बाहर भी ऐसा ही रत्यादि-सम्बन्ध चलता होगा। स्पष्टतः, ये दोनों अनुमान लौकिक हैं। और, यदि शंकुक के अनुमानवाद को खींचतान कर देश-काल की परिधि से बाहर का विषय मान लें, तो सामाजिक यह अनुमान लगा सकता है कि इसी नट-नटी के ही समान दुष्यन्त-शकुन्तला आदि में रति-सम्बन्ध होगा; पर इससे आगे-सामाजिक के रसास्वाद पर—शंकुक का सिद्धान्त घटित नहीं होता। श्रीशंकुक के विरोधियों को सबसे बड़ी आपत्ति यही है। निस्सन्देह आज तक किसी भी सामाजिक ने रसानुभूति के समय निम्न अनुव्यवसाय-मूलक कथन का न तो कभी प्रयोग किया होगा और न कभी किसी के लिए कर सकना सम्भव है—'मेरा अनुमान है कि मैं स्वयं दुष्यन्त या शकुन्तला बन कर रसानुभूति प्राप्त कर रहा हूँ।'

किन्तु फिर भी, श्रीशंकुक के सिद्धान्त की अपनी विशिष्ट देन है। सामाजिक के प्रश्न को स्पष्ट रूप में उठा कर; तथा सामाजिक की 'वासना' को—जो कि भट्टनायक की 'भावना' और अभिनवगुप्त की 'चित्तवृत्ति' की पर्याय है—रसानुभूति का साधन मान कर, श्रीशंकुक एक ओर तो भट्टलोल्लट से आगे बढ़ गये हैं, और दूसरी ओर भावी आचार्यों के लिए पृष्ठभूमि भी तैयार कर गये हैं; और साथ ही, पूर्वापर-सिद्धान्तों के बीच शृखला-स्थापना भी। इसी में शंकुक-सिद्धान्त का महत्त्व निहित है।

3. भट्टनायक

[1]

भरत-सूत्र के तीसरे व्याख्याता भट्ट नायक ने रसानुभूति की समस्या को एक नयी दिशा की ओर मोड़ दिया। लोल्लट का 'आरोपवाद' और शंकुक का 'अनुमानवाद' सामाजिक

---

1. देखिए, पृष्ठ 124

को नट के माध्यम से मूल नायक रामादि द्वारा अनुभूत रस की प्राप्ति कराने के पक्ष में था। पर उसमें प्रमुख दो आपत्तियाँ थीं—(1) अदृष्टपूर्व (रामादि) चरित्रों की रसानुभूति की मात्रा के सम्बन्ध में अज्ञान; और (2) दूसरों के व्यवहार के प्रति हमारी संस्कारनिष्ठ एवं परम्परागत श्रद्धा, घृणा अथवा रुचिवैचित्र्य के कारण तादात्म्स-सम्बन्ध स्थापित न होना। भट्टनायक ने दोनों आपत्तियों का समाधान अनूठे ढंग से प्रस्तुत किया। उनके मत में काव्य अर्थात् शब्द के तीन व्यापार हैं—अभिधा, भावकत्व और भोग।

(क) अभिधा व्यापार, जिसमें अभिधा और लक्षणा दोनों शब्दशक्तियाँ अन्तर्भूत हैं, सामाजिक को काव्यार्थ का बोध कराता है।

(ख) काव्यार्थ-बोध होते ही साधारणीकरणात्मक 'भावकत्व' व्यापार द्वारा स्थायिभाव और विभावादि व्यक्ति-विशेष से सम्बद्ध न रह कर साधारण रूप धारण कर लेते हैं।

(ग) साधारणीकरण होते ही सामाजिक का सत्त्वगुण उसके हृदयस्थ अन्य सब प्रकार के रजोगुण और तमोगुण सम्बन्धी भावों का तिरस्कार करके, स्वयं उद्रिक्त (प्रादुर्भूत) हो जाता है। इसी सत्त्वोद्रेक से प्रकटित आनन्दमय अनुभव को—जो कि तन्मयता के कारण अन्य सांसारिक भावों से शून्य, अतएव अलौकिक रहता है—भट्टनायक ने शब्द के तीसरे व्यापार को 'भोग' अथवा 'भोजकत्व' नाम से पुकारा है। इसी के द्वारा सामाजिक रस का भोग अथवा आस्वादन प्राप्त करता है।[1] उल्लेख्य है कि ये तीनों व्यापार अत्यन्त त्वरित गति से घटित होते हैं। भट्टनायक का सिद्धान्त भुक्तिवाद कहाता है।

निष्कर्षतः, शब्द के तीन व्यापारों में से अभिधाव्यापार द्वारा काव्यार्थ का बोध होते ही साधारणीकरणात्मक भावकत्वव्यापार द्वारा स्थायिभाव और विभावादि का समग्र क्रियाकलाप किसी विशेष देश, काल, व्यक्ति आदि से सम्बद्ध न रह कर साधारण रूप ग्रहण कर लेता है। इसके होते ही भोजकत्व व्यापार द्वारा सहृदय रस का भोग अथवा रस का आस्वादन प्राप्त करता है।

उदाहरणार्थ, दुष्यन्त और शकुन्तला के पारस्परिक रति-व्यवहार को रंगमंच पर अभिनीत देखकर अथवा काव्य में पढ़कर सामाजिक को यह ज्ञान नहीं रहता कि यह व्यवहार ऐतिहासिक दुष्यन्त-शकुन्तला का है, अथवा रंगमंचीय नट-नटी का है; उस का अपना और उसकी प्रेयसी का है; किसी पड़ोसी दम्पती अथवा किसी अन्य प्रेमी-प्रेमिका का है। भावकत्व व्यापार काव्यनाटकीय उक्त व्यवहार को सार्वकालिक

---

1. **काव्ये नाट्ये चाऽभिधातो द्वितीयेन विभावादिसाधारणीकरणात्मकना भावकत्वव्यापारेण भाव्यमानः स्थायी सत्त्वोद्रेकप्रकाशानन्दमयसंविद्- विश्रान्तिसतत्वेन भोगेन भुज्यते, इति भट्टनायकः।**

—काव्यप्रकाश 4र्थ उ.

उल्लेखनीय कि शब्द के उक्त तीनों व्यापार इतनी त्वरित गति से सम्पन्न होते हैं कि काल-व्यवधान-सूचक होते हुए भी 'शतपत्रपत्रशतभेदन-न्याय' से व्यवधान-रहित समझे जाते हैं।

और सार्वदेशिक प्रेमी-प्रेमिकाओं के रति-व्यवहार का साधारण रूप दे देता है। परिणामस्वरूप अब सामाजिक को न तो दुष्यन्त-शकुन्तला के वास्तविक रति-व्यवहार के मात्रा-बोध की आवश्यकता शेष रह जाती है; और न उनके प्रति परम्परागत श्रद्धाजन्य संस्कारों के कारण रसानुभूति की प्राप्ति में कोई अन्य बाधा रह जाती है।

अभिधा-व्यापार के द्वारा काव्यार्थ-बोध के पश्चात् भट्टनायक का भोजकत्व (साधारणीकरण)[1] व्यापार रसास्वाद-प्रक्रिया में निस्सन्देह एक अनिवार्य कड़ी है। इसी व्यापार के बल पर किसी एक काव्य अथवा नाटक से सभी देशों और कालों के विभिन्न वर्गों के सामाजिक राग-द्वेष, श्रद्धा-अश्रद्धा, स्नेह-घृणा आदि द्वन्द्वों से निर्लिप्त होकर, काव्य से वे रसास्वादन की पूर्व-स्थिति तक पहुँच जाते हैं, और तभी 'भोग' व्यापार से वे रसास्वादन प्राप्त कर लेते हैं। भट्टनायक को उक्त तीनों व्यापार काव्य-नाटकीय 'शब्द' के ही अभीष्ट हैं, लोकवार्तागत 'शब्द' के नहीं। कवि का महामहिमाशाली कवित्व-कर्म ही सामाजिक को साधारणीकरण की उच्च भावभूमि पर पहुँचा देता है। तुलसी का कवित्व नास्तिकों अथवा विदेशियों के भी हृदय में, तत्क्षण के लिए ही सही, भारतीय अवतार राम के प्रति श्रद्धाभाव जगा देता है, भवभूति का कवित्व जननी सीता के भक्त सामाजिकों को भी, एक क्षण के लिए सही, सीता के सम्बन्ध में—

परिमृदितमृणालीदुर्बलान्यङ्गकानि
त्वमुरसि मम कृत्वा यत्र निद्रामवाप्ता।[2]

—की स्मृति दिलाते-दिलाते उसे साधारण कामिनी के रूप में उपस्थित कर देता है, और कालिदास का कवित्व पार्वती माता के पुजारी सामाजिकों को भी पार्वती का अपूर्व यौवन-सौन्दर्य दिखाते-दिखाते, कुछ क्षणों तक सही, उनके परम्परानिष्ठ श्रद्धाभाव को धराशायी करके उसे सामान्य सुन्दरी के स्तर पर पहुँचा देता है। और, सबसे बढ़कर कवि के कवित्व का ही यह प्रभाव है कि वाल्मीकि और तुलसी का काव्य एक ही दाशरथि राम के प्रति हमारे हृदय में समय-समय पर भिन्न-भिन्न भावों को जगा देता है। भट्टनायक-सम्मत भावकत्व-व्यापार के पीछे भी निस्सन्देह कवित्व-कर्म का महामहिमशाली प्रभाव झाँक रहा है; तभी उनके सिद्धान्त-वाक्य में **'काव्ये नाट्ये च'** का प्रयोग हुआ है, जिनका कर्त्ता 'कवि' कहाता है। भावकत्व-व्यापार की प्रेरणा भट्टनायक को सम्भवतः भरत से मिली हो, जिन्होंने 'भाव' को कवि के अभीष्ट भावों पर आधृत स्वीकार किया है— **कवेरन्तर्गतं भाव भावयन् भाव उच्यते।**

रसानुभूति की समस्या को सुलझाने में भट्टनायक का भावकत्व-व्यापार पर आश्रित 'साधारणीकरण' नामक तत्त्व इतना सत्य, चिरन्तन और मर्मस्पर्शी है कि

---

1. देखिए, आगे 'साधारणीकरण की व्याख्या-गाथा' प्रसंग।
2. राम कहते हैं—"सीते! यह वह स्थान है जहाँ तुम मसले हुए बिस के समान अपने सुकोमल अंगों को मेरे वक्ष पर रखकर सो गयी थीं।"

अभिनवगुप्त जैसे तत्त्वविद् आचार्य ने न केवल इसे स्वीकार किया, अपितु इसकी व्याख्या भी वक्ष्यमाण विभिन्न रूप में प्रस्तुत करके इस तत्त्व की अनिवार्यता घोषित कर दी।

[2]

भट्टनायक के 'साधारणीकरण' तत्त्व से सहमत होते हुए भी अभिनवगुप्त इसके द्वारा प्रतिपादित शब्द के भावकत्व और भोजकत्व व्यापारों से सहमत नहीं हैं। उनके कथनानुसार 'प्रथम तो ये दोनों व्यापार किसी अन्य शास्त्र अथवा काव्यशास्त्रीय किसी अन्य आचार्य द्वारा कभी प्रतिपादित नहीं किये गये;'[1] और दूसरे, भावकत्व व्यापार का 'ध्वनि' में और भोजकत्व व्यापार का 'रसास्वाद' में 'अन्तर्भाव' बड़ी सरलता से किया जा सकता है।

किन्तु किसी नवीन सिद्धान्त का केवल इसी आधार पर खण्डन करना अथवा उसे स्वसम्मत सिद्धान्त में अन्तर्भूत करना युक्ति-संगत नहीं है कि यह आज तक पूर्वाचार्यों द्वारा प्रतिपादित और अनुमोदित नहीं हुआ। इसके लिए प्रबल तर्कों की अपेक्षा रहती है। इस सम्बन्ध में एक तर्क यह प्रस्तुत किया जा सकता है कि अभिधा व्यापार का तो शब्द के साथ निस्सन्देह प्रत्यक्ष सम्बन्ध है; पर भावकत्व और भोजकत्व व्यापारों का यह सम्बन्ध प्रत्यक्ष नहीं है। इनके स्वरूप में भी स्पष्ट अन्तर है—अभिधा व्यापार स्थूल और बाह्य है और शेष दोनों व्यापार सूक्ष्म और आभ्यन्तर हैं। वस्तुतः, भावकत्व व्यापार को 'शब्द' का व्यापार नहीं मानना चाहिए, क्योंकि यह व्यापार 'शब्द' से प्रेरित न होकर विभावादि सम्पूर्ण सामग्री से प्रेरित होता है—साधारणीकरण जैसे मानसिक व्यापार को कोरे 'शब्द' का व्यापार मान लेना निस्सन्देह मनोविज्ञान के विपरीत है। इसी प्रकार भोजकत्व व्यापार की भी—जो एक तो भावकत्व जैसे मानसिक व्यापार का अनुवर्त्ती है; और दूसरे सत्त्वोद्रेक जैसे उत्कृष्ट मनोव्यापार का उद्गमयिता होने के कारण एक प्रकार का सूक्ष्म ज्ञान है—'शब्द' का व्यापार मान लेना समुचित नहीं है। यही कारण है कि अभिनवगुप्त भावकत्व-व्यापार को ध्वनित (न कि भावित) स्वीकार करते हुए इसे भट्टनायक से पूर्ववर्त्ती आचार्य आनन्दवर्धन सम्मत 'ध्वनि' में अन्तर्भूत करते हैं, और भोजकत्व-व्यापार को 'रसप्रतीति' में। किन्तु सत्य तो यह है कि अभिनवगुप्त ने भावकत्व-व्यापार को 'ध्वनि' के अन्तर्गत मानकर जितना अपने सिद्धान्त के प्रति पक्षपात प्रकट किया है, उतना भट्टनायक के प्रति अन्याय भी किया है। स्वयं ध्वनिवादी भी तो ध्वनि (व्यंजना) को 'शब्द' का ही व्यापार स्वीकार करते हैं। भट्टनायक को निस्सन्देह 'शब्द' का केवल स्थूल रूप अभीष्ट नहीं होगा, अपितु सूक्ष्म रूप भी अवश्य अभीष्ट होगा।

---

1. **एतादृशव्यापारद्वयकल्पने प्रमाणाभाव।** —का.प्र. 4र्थ उ. (बा.बो. टीका), पृ. 91

4. अभिनवगुप्त

[1]

भरत-सूत्र की व्याख्या–भरत-सूत्र के चौथे व्याख्याता अभिनवगुप्त के मत में[1] भरत-सूत्र का सार रूप में अर्थ है–विभावादि और स्थायिभावों में परस्पर व्यंजक-व्यंग्यरूप संयोग द्वारा रस की अभिव्यक्ति होती है, अर्थात् विभावादि व्यंजकों के द्वारा रत्यादि स्थायिभाव ही साधारणीकृत रूप में व्यंग्य होकर शृंगारादि रसों में अभिव्यक्त होते हैं; और यही कारण है कि जब तक विभावादि की अवस्थिति बनी रहती है, रसाभिव्यक्ति भी तब तक होती रहती है, इसके पश्चात् नहीं।

उपर्युक्त सिद्धान्त के निरूपण-प्रसंग में अभिनवगुप्त ने निम्नलिखित तथ्यों को भी स्थान दिया है–

(1) सहृदय कहाने और रसानुभूति प्राप्त करने का अधिकारी वही सामाजिक ठहरता है, जिसमें पूर्वजन्म के संस्कारों एवं इस जन्म के निजी अनुभवों अथवा लौकिक व्यवहारों के दर्शनाभ्यास के बल पर, वासना-रूप से स्थित रत्यादि स्थायिभाव, अनुकूल परिस्थिति पाकर, सदा उद्‌बुद्ध होते रहते हैं।

(2) काव्य-नाटकादि में जिन राम-सीता आदि तथा उद्यान, चन्द्र आदि कारणों, भ्रूविक्षेप, भुजा-प्रचालन आदि कार्यों, तथा लज्जा, हर्ष, आवेग आदि सहकारी कारणें का वर्णन किया जाता है; वे लोक में भले ही कारण आदि नामों से पुकारे जायें, पर काव्य-नाटक में, अलौकिक रूप धारण कर लेने के कारण इन्हें क्रमशः विभाव, अनुभाव और संचारिभाव की संज्ञा दी जाती है (चाहें तो इन्हें अलौकिक कारणादि भी कह सकते हैं)।

(3) लौकिक कारणादि को विभावादि नामों से पुकारने का एक ही प्रमुख कारण है–लोक में इनका मूल राम आदि रूप व्यक्ति-विशेष से नियत सम्बन्ध रहते हुए भी काव्य-नाटकादि के प्रसंग में ये (कारणादि) अब व्यक्ति-विशेष से सम्बन्ध खोकर साधारण रूप से सकल-सहृदय-सम्बद्ध हो जाते हैं।

विभावादि की साधारण रूप से प्रतीति की एक पहचान तो यह है कि उस समय सामाजिक इतना तन्मय, आत्मविभोर और आनन्द-विह्वल हो जाता है कि उसे न तो यह कहते बनता है कि ये विभावादि अमुक (रामादि) व्यक्ति के हैं; अथवा मेरे हैं; अथवा किसी अन्य व्यक्ति के हैं; और न यह कहते बनता है कि ये विभावादि अमुक व्यक्ति के नहीं हैं, अथवा मेरे नहीं हैं, अथवा किसी भी अन्य व्यक्ति के नहीं हैं। और दूसरी पहचान यह है कि सामाजिक किसी भी अन्य ज्ञान के सम्पर्क से शून्य हो जाता है। बस, इन्हीं अवस्थाओं के द्योतक साधारणीकरण के होते ही सामाजिक को रसाभिव्यक्ति हो जाती है।

---

1. इस प्रकरण में अभिनवगुप्त का मत काव्यप्रकाश 4.28 वृत्ति (पृष्ठ 11-12) के आधार पर निरूपित किया गया है।

निष्कर्षतः, अभिनवगुप्त के अनुसार, सहृदय के हृदय में वासना रूप से स्थित स्थायिभाव का संयोग जब काव्य-नाटक में वर्णित विभाव, अनुभाव और व्यभिचारिभाव से होता है तो व्यञ्जना वृत्ति के द्वारा और साधारणीकरण के माध्यम से स्थायिभाव इस रूप में अभिव्यक्त हो जाता है।

[2]

आइए, अब अभिनवगुप्त की इस मान्यता पर स्वतन्त्र रूप से विचार करें—

—वस्तुतः अभिनवगुप्त का 'अभिव्यक्तिवाद' भट्टनायक के भुक्तिवाद (भोगव्यापार) का ही ध्वनि-सिद्धान्त में ढाला हुआ रूपान्तर मात्र है। भट्टनायक-सम्मत अभिधा व्यापार के अन्तर्भूत अभिधा और लक्षणा नामक दोनों शब्द-व्यापारों को ध्वनिवादी भी स्वीकृत करते हैं। अभिनवगुप्त भट्टनायक-सम्मत 'भावकत्व' नाम से न सही, पर इसके साधारणीकरणात्मक स्वरूप से पूर्णतः सहमत हैं। भट्टनायक के 'भोजकत्व' व्यापार को अभिनवगुप्त ने 'रसाभिव्यक्ति' नाम से अभिहित किया है। अभिनवगुप्त ने रस को 'वेद्यान्तरसम्पर्कशून्य' कहा है। उधर भट्टनायक के 'सत्त्वोद्रेक' तत्त्व का भी यही आशय है, क्योंकि सत्त्व के उद्रेक का सहज परिणाम है मन की समाहिति और मन की समाहिति ही एक प्रकार से वेद्यान्तरस्पर्श-शून्यता है।

—शेष रहा अभिनवगुप्त द्वारा स्वीकृत स्थायिभावों की सामाजिक के अन्तःकरण में वासना-रूप से स्थिति का प्रश्न। इस ओर भट्टनायक ने तो निस्सन्देह कोई संकेत नहीं किया, पर इस ओर शंकुक पहले स्पष्ट शब्दों में संकेत कर चुके थे। भट्टनायक ने सम्भवतः 'स्थायिभाव' शब्द को भरत-सूत्र में स्थान न मिलने के कारण सामाजिक के अन्तःकरण में स्थित स्थायिभावों की ओर जानबूझ कर कोई संकेत न किया हो; अथवा सामाजिक के अन्तःकरण में स्थायिभावों की अवस्थिति को निर्विवाद एवं स्वतःसिद्ध मानकर इस ओर संकेत करने की कोई आवश्यकता ही नहीं समझी हो। किन्तु ऐसा प्रतीत होता है कि जो भट्टनायक सामाजिक के लिए साधारणीकरण जैसे मनोवैज्ञानिक तत्त्व को स्वीकृत करते हैं, उन्हें सहृदयगत स्थायिभाव की स्थिति अवश्य मान्य होगी, इसमें तनिक भी सन्देह नहीं है। हाँ, अभिनवगुप्त का श्रेय विषय को स्पष्टतापूर्वक सुलझाने में अवश्य निहित है। इन्होंने 'स्थायिभाव' शब्द का स्पष्ट प्रयोग किया है। इनके मत में शृंगारादि रसों की निजी कोई स्वतन्त्र सत्ता नहीं है, अपितु सामाजिक के अन्तःकरण में वासना-रूप से स्थित रत्यादि स्थायिभाव ही 'साधारणीकृत' विभावादि के द्वारा व्यंजित होकर शृंगारादि रस रूप में अभिव्यक्त हो जाते हैं, और लगभग इसी तथ्य को भरतसूत्र के प्रथम व्याख्याता भट्टलोल्लट ने प्रकारान्तर से इन शब्दों में प्रकट किया था—**स्थाय्येव विभावानुभावादिभिरुपचितो रसः। स्थायी (भावः) त्वनुपचितः।** (अ.भा., पृष्ठ 443)

रस का स्थायिभाव के साथ सम्बन्ध–

अभिनवगुप्त और उसके अनुयायियों के मत में रस और स्थायिभाव का पारस्परिक सम्बन्ध निम्नोक्त रूप में प्रस्तुत किया जा सकता है–

–सहृदय के अन्तःकरण में रत्यादि स्थायिभाव वासना-रूप से उस प्रकार सदा विद्यमान रहते हैं जिस प्रकार मिट्टी में गन्ध; और जिस प्रकार मिट्टी में पूर्व विद्यमान गन्ध जल का संयोग पाकर प्रकट हो जाता है, उसी प्रकार स्थायिभाव भी विभाव, अनुभाव और व्यभिचारिभाव के संयोग से व्यक्त (चर्वित) होने पर काव्यशास्त्रीय भाषा में 'रस' नाम से पुकारे जाते हैं।[1]

–एक अन्य लौकिक उदाहरण से यह सिद्धान्त और अधिक स्पष्ट हो जायेगा– जिस प्रकार मट्ठे आदि खट्टे पदार्थ के संयोग से दूध 'दही' के रूप में परिणत हो जाता है, उसी प्रकार विभावादि के संयोग से स्थायिभाव अपने चर्व्यमाण रूप में परिणत होकर रस-नाम से अभिहित होते हैं। दूसरे शब्दों में, सहृदय के अन्तःकरण में वासना-रूप से स्थित रत्यादि तभी तक स्थायिभाव कहे जाते हैं, जब तक वे विभावादि द्वारा चर्व्यमाण अवस्था तक नहीं पहुँच पाते। इसी अवस्था को पहुँचते ही उनका नाम 'रस' हो जाता है, अब वे स्थायिभाव नहीं कहाते।

स्पष्ट है कि स्थायिभाव तो पूर्व-सिद्ध हैं, पर रस पूर्वसिद्ध नहीं है। अतः स्थायिभावों की रस रूप में अभिव्यक्ति उस प्रकार नहीं मानी जाती, जिस प्रकार अन्धकारस्थ पूर्व-विद्यमान घट दीप-प्रकाश के द्वारा घट रूप में प्रकट होता है।[2] अन्धकारस्थ और प्रकाशस्थ दोनों ही घट एक हैं; पर वासना रूप में स्थित स्थायिभाव और चर्व्यमाणावस्थापत्र स्थायिभाव दोनों अलग-अलग हैं। पहले का नाम स्थायिभाव है, और दूसरे का नाम रस।

रस का विभावादि के साथ सम्बन्ध–

इस सम्बन्ध में निम्नोक्त तथ्य उल्लेखनीय हैं–

–रस की प्रतीति तभी तक रहती है, जब तक विभावादि की प्रतीति रहती है। दूसरे शब्दों में, विभावादि और रस की प्रतीति में कारण-कार्य-रूप पूर्वापर-सम्बन्ध नहीं है; अपितु दोनों प्रतीतियों का एकत्र और समकालीन अवस्थान है। अतः काव्यशास्त्र की भाषा में रस को 'समूहालम्बनात्मक'[3] और 'विभावादिजीवितावधि'[4] माना गया है।

---

1. का.प्र. 4.28
2. **व्यक्तो दध्यादिन्यायेन रूपान्तरपरिणतो व्यक्तीकृत एव रसः। न तु दीपेन घट इव पूर्वसिद्धो व्यज्यते।**
— स. द. 3.1 (वृत्ति)
3. **यस्मादेष विभावादिसमूहालम्बनात्मकः।**
तस्मात्र कार्यः x x x ।। सा.द. 3.21
4. का.प्र 4.28 (वृत्ति), पृष्ठ 93

—रसास्वादन-प्रक्रिया में यद्यपि विभाव, अनुभाव और व्यभिचारिभाव खण्डशः एक-एक करके प्रतीत होते हैं (यह अलग प्रश्न है कि उनकी यह खण्डशः प्रतीति अति त्वरित होने के कारण लक्षित नहीं होती); पर रस-प्रतीति में ये तीनों अखण्ड एवं संश्लिष्ट रूप में ही सहायक होते हैं; तभी रस को भी अखण्ड माना गया है।[1] यही कारण है कि रस-चर्वणा में विभावादि में से किसी एक की सर्वाधिक अथवा सर्वातिच्छादक रूप में प्रतीति नहीं मानी गयी— 'प्रपानक-रस-न्याय' से तीनों की संश्लिष्ट, अतएव विचित्र और अवर्णनीय प्रतीति हो रही होती है।[2]

—इसके अतिरिक्त रस-प्रतीति में विभावादि समान रूप से सहायक होते हैं। यही कारण है कि किसी रचना में विभावादि में से केवल किसी एक का वर्णन होने पर भी, शेष दो भावों की समान रूप से आक्षेप द्वारा स्वतःप्रतीति होने पर ही, रसचर्वणा सम्भव है, अन्यथा नहीं।[3]

—लौकिक कारण, कार्य और सहकारिकारणों को काव्य-नाटक के अन्तर्गत क्रमशः विभाव, अनुभाव और संचारिभाव के नाम से भी तभी पुकारा जाता है, जब ये व्यक्तिगत सम्बन्ध छोड़कर साधारणीकरण-व्यापार द्वारा सार्वकालिक और सार्वदेशिक रूप प्राप्त कर लेते हैं।[4] अभिनवगुप्त और उनके अनुयायियों के मत में उन्हें यह रूप व्यंजना-वृत्ति के द्वारा प्राप्त होता है।

निष्कर्ष यह कि लौकिक कारणादि काव्य-नाटक में व्यंजना-वृत्ति के बल पर विभावादि नामों से अभिहित होते हैं। ये विभावादि सहृदय के स्थायिभावों को जब चर्व्यमाण स्थिति तक पहुँचा देते हैं, तो इन्हें 'रस' नाम से पुकारा जाता है। यद्यपि विभावादि के संयोग द्वारा निष्पत्ति तो चर्वणा की होती है; पर 'चर्वणा' को ही 'रस' का अपर पर्याय मान लेने पर विभावादि के संयोग द्वारा रस की भी निष्पत्ति गौण रूप से मान ली जाती है।[5] और यही कारण है कि विभावादि और रस में भी कारण-कार्य-सम्बन्ध की स्वीकृति गौण रूप से कर ली जाती है, पर वस्तुतः, विभावादि और रस में समूहालम्बनात्मक रूप सम्बन्ध होने के कारण विभावादि को 'कारण' और रस को 'कार्य' नहीं माना जा सकता।[6]

अभिनवगुप्त के उपर्युक्त समग्र मन्तव्य का सार इस प्रकार है—इन्होंने व्यंजना

---

1. **विभावा अनुभावाश्च सात्त्विका व्यभिचारिणः।**
   प्रतीयमानाः प्रथमं खण्डशो यान्त्यखण्डताम्।। सा.द. 3.28 (वृत्ति)
2. सा. द. 3.16
3. **यद्यपि विभावानामनुभावानां x x x व्यभिचारिणां केवलानामत्र स्थितिः,**
   तथाप्येतेषामसाधारणत्वमित्यन्यतमद्वयाक्षेपकत्वे सति नानैकान्ति कत्वमिति। —का.प्र. 4.28 (वृत्ति)
4. का.प्र. 4.28 (वृत्ति)
5. **चर्वणानिष्पत्या तस्य निष्पत्तिरुपचरितेति कार्योऽप्युच्यताम्।** —का.प्र. 4.28 (वृत्ति)
6. सा.द. 3.21

शक्ति के आधार पर इस सूत्र की व्याख्या करते हुए कहा कि **'विभावादि और स्थायी भावों में परस्पर व्यंजक-व्यंग्य रूप संयोग द्वारा रस की अभिव्यक्ति होती है'**, अर्थात् विभावादि व्यंजकों के द्वारा रत्यादि स्थायीभाव ही साधारणीकृत रूप में व्यंग्य होकर शृंगार आदि रसों में अभिव्यक्त होते हैं। यही कारण है कि जब तक विभावादि की अवस्थिति बनी रहती है रसाभिव्यक्ति भी तब तक होती रहती है, इसके बाद नहीं, अर्थात् इनमें उपरि-निर्दिष्ट 'कुम्भकार-घट' के समान लौकिक कारण-कार्य का सम्बन्ध घटित नहीं होता। उन्होंने इसकी व्याख्या में यह प्रतिपादित किया है कि–

–लौकिक कारण, कार्य और सहकारी कारण काव्य-नाटक में निरूपित हो जाने पर क्रमशः विभाव, अनुभाव और संचारीभाव कहाते हैं।

–सहृदय के हृदय में वासना रूप से स्थित स्थायिभाव का जब विभावादि से संयोग होता है तो वह स्थायिभाव ही रस का रूप धारण कर लेता है।

–रसास्वाद-प्राप्ति में सामाजिक इतना तन्मय, आत्मविभोर तथा आनन्दविह्वल बन जाता है कि उसे न तो यह कहते बनता है कि विभावादि अमुक (रामादि व्यक्ति) के हैं, अथवा मेरे हैं अथवा किसी अन्य व्यक्ति के हैं, और न यह कहते बनता है कि यह विभावादि अमुक के नहीं हैं, अथवा मेरे नहीं हैं, अथवा किसी अन्य व्यक्ति के नहीं हैं। उस समय सामाजिक किसी भी अन्य ज्ञान के सम्बन्ध से शून्य हो जाता है।

अभिनवगुप्त ने रस को अलौकिक अथवा लोकोत्तर माना है। इसका कारण यह है कि इस स्थिति में सत्त्व-गुण का उद्रेक होता है तथा अन्य दो गुण रजोगुण तथा तमोगुण तिरोभूत हो जाते हैं। पण्डितराज जगन्नाथ ने रस (काव्यानन्द) को विषयानन्द और ब्रह्मानन्द से भिन्न माना है।[1] यहीं से प्रेरणा प्राप्त कर यह कहा जा सकता है

---

1. **(क) आनन्दो ह्ययं न लौकिकसुखान्तरसाधारणः, अनन्तःकरणवृत्तिरूपत्वात्।**

–र.गं. (चौ.) 1म आ., पृष्ठ 87

(इसका भावार्थ यह है कि रस (काव्यानन्द) लौकिक कारणों से उत्पन्न होने के कारण लौकिक अवश्य है, तथापि अन्य (हार, चन्दन, वनितादि उपभोग-जन्य) लौकिक आनन्दों के समान नहीं है, अपितु उनसे विलक्षण है, क्योंकि अन्य लौकिक सुख अन्तःकरण की वृत्तियों से युक्त चैतन्यस्वरूप रहते हैं, किन्तु इधर रस रूप आनन्द शुद्ध चैतन्यस्वरूप है, अर्थात् इस आनन्द का उपभोग करते समय अन्तःकरण की वृत्तियों से सम्बन्ध नहीं रहता।

(ख) इयं न परब्रह्मास्वादात् समाधेर्विलक्षणा, विभावादिविषयसंवलित-चिदानन्दा लम्बनत्वात्। भाव्या च काव्यव्यापारमात्रात्। –र. गं. (चौ.) 1म आ., पृष्ठ 90

(इसका भावार्थ यह है कि सविकल्पक समाधिकाल में जो ब्रह्मनन्दास्वाद प्राप्त होता है रसास्वाद उससे विलक्षण होता है। कारण (क) रस के आस्वाद का आलम्बन विभावादि-विषयों (सांसारिक पदार्थों) से मिश्रित आत्मानन्द है, और (ख) रस की चर्वणा काव्य के व्यंजना नामक व्यापार से होती है। किन्तु इसके विपरीत (क) ब्रह्मानन्द के आस्वाद का आलम्बन विषय-विहीन शुद्ध आत्मानन्द है, न कि सांसारिक पदार्थों से मिश्रित आत्मानन्द। (ख) ब्रह्मास्वाद श्रवण, मनन, निदिध्यासन व्यापारों से होता है न कि व्यंजना-व्यापार से।)

कि 'रस अलौकिक है', किन्तु इस कथन में प्रयुक्त 'अलौकिक' शब्द को 'लोकोत्तर' का ही पर्याय मानना चाहिए, अर्थात् रस (काव्यानन्द) लौकिक आनन्दों में से एक सर्वोपरि आनन्द है। इसे आध्यात्मिक (अलौकिक) नहीं मान सकते, क्योंकि इसके आस्वाद के पश्चात् चित्त की विकृति अवश्यम्भावी है, जबकि आध्यात्मिक क्षेत्रा में विकृति की कल्पना नहीं की जा सकती।[1]

निष्कर्षतः, अभिनवगुप्त रस-निष्पत्ति से आशय 'रसाभिव्यक्ति' लेते हैं, और यही मन्तव्य हमें भी स्वीकार्य है।

1. इस सम्बन्ध में विवरण के लिए देखिए 'रस का स्वरूप', पृ. 146-155

6. साधारणीकरण की व्याख्यागाथा

रसनिष्पत्ति के प्रसंग में 'साधारणीकरण' शब्द अपनी विशिष्ट महत्ता रखता है। भरत के प्रख्यात सूत्र **'विभावानुभावव्यभिचारिभावसंयोगाद् रसनिष्पत्तिः'** के प्रसिद्ध चार व्याख्याताओं—भट्टलोल्लट, श्रीशंकुक, भट्टनायक और अभिनवगुप्त— में से सर्वप्रथम भट्टनायक ने इस शब्द का प्रयोग करते हुए इस तत्त्व की भित्ति पर रसनिष्पत्ति की व्याख्या की और अभिनवगुप्त ने भी इसे स्वीकार किया। इनके पश्चात् धनञ्जय, विश्वनाथ और जगन्नाथ ने इस तत्त्व पर विशिष्ट प्रकाश डाला। इधर वर्तमान युग में हिन्दी काव्यशास्त्र में इसकी बहुविध व्याख्याएँ हुईं, जिनमें से आचार्य रामचन्द्र शुक्ल और डॉ. नगेन्द्र की व्याख्याएँ सर्वाधिक महत्त्वपूर्ण हैं। काव्यशास्त्र के अध्येता के लिए यह व्याख्यागाथा अत्यन्त रोचक है।

[1]

भरत-सूत्र के प्रथम दो व्याख्याताओं—भट्टलोल्लट और शंकुक की व्याख्याओं पर जो आक्षेप किये गये उनमें से स्पष्टतः अथवा प्रकारान्तर से किया गया एक आक्षेप यह भी था कि सहृदय अनुकार्य (मूल नर-नारी आदि) के भावों से रसास्वाद किस प्रकार प्राप्त कर सकते हैं, विशेषतः उस स्थिति में जबकि उनमें से वे किसी एक अथवा कुछ-एक अथवा सबके प्रति किसी प्रकार का पूर्व आग्रह—श्रद्धा, भक्ति, प्रीति, घृणा आदि में से कोई भाव— रखते हों? इसी समस्या के समाधान के लिए **भट्टनायक** ने 'साधारणीकरण—सिद्धान्त' समुपस्थित किया। 'अभिनवभारती' में उपलब्ध उनके वक्तव्य में साधारणीकरण के स्वरूप के अतिरिक्त यह भी निर्दिष्ट किया गया है कि साधारणीकरण किस का होता है तथा रसास्वाद में यह किस स्थिति में रहकर सहायक बनता है? भट्टनायक के कथनानुसार—

'काव्य और नाटक में (शब्द के पहले व्यापार) अभिधा-व्यापार (मुख्यार्थ-बोध) के पश्चात् (शब्द के दूसरे व्यापार) भावकत्व व्यापार के द्वारा विभाव, अनुभाव और संचारिभाव का साधारणीकरण हो जाता है, परिणामस्वरूप सामाजिक के अपने समस्त, मोह, संकट आदि (से जन्य अज्ञान) का निवारण हो जाता है, तथा इसके

द्वारा रस भाव्यमान होता है, अर्थात् शब्द के तीसरे व्यापार भोग की पुष्ठभूमि तैयार हो जाती है।[1]

[2]

भट्टनायक का उक्त वक्तव्य निस्सन्देह जितना सुबोध एवं संक्षिप्त है, उतना ही गम्भीर एवं व्याख्यापेक्ष है। **अभिनवगुप्त** ने इसकी सर्वप्रथम व्याख्या प्रस्तुत की–

–'वाक्यार्थ-ज्ञान के पश्चात् साधारणीकरण नामक व्यापार द्वारा सहृदय को कुछ इस प्रकार की मानसी एवं साक्षात्कारात्मिका प्रतीति होती है कि जिसके द्वारा काव्य अथवा नटादि-सामग्री (दृश्य काव्य) में वर्णित देश, काल, प्रमाता (वास्तविक अथवा कविनिर्मित पात्र) आदि की विषय-सीमा विनष्ट हो जाती है, अर्थात् ये हर प्रकार के नियामक कारणों के बन्धनों से नितान्त विमुक्त हो जाते हैं।

–उदाहरणार्थ, भयानक रस के निदर्शन 'ग्रीवाभंगाभिरामम्.......'[2] में त्रस्त मृग, त्रासक दुष्यन्त और भय स्थायिभाव देश, काल आदि से अनालिंगित हो जाते हैं। ऐसी स्थिति में सहृदय को जिस भयानक रस की प्रतीति होती है वह इस प्रकार के विश्वासों से विलक्षण होती है कि 'मैं भीत हूँ, अथवा यह भीत है, अथवा शत्रु, मित्र अथवा उदासीन भीत है,' तथा यह प्रतीति दुःख, सुख आदि से जन्य ज्ञानविषयक नियमों से और अनेक प्रकार के विघ्नों से भी विलक्षण होती है।

–इस प्रकार यह साधारण व्यापार परिमित न रह कर सर्वत्र व्याप्त अर्थात् सबका साँझा बन जाता है।'[3]

अभिनवगुप्त के कथन का निष्कर्ष सरल शब्दों में इस प्रकार है :

साधारणीकरण द्वारा कविनिर्मित पात्र व्यक्ति-विशेष न रह कर सामान्य प्राणिमात्र बन जाते हैं। वे किसी देश एवं काल की सीमा में बद्ध न रह कर सार्वदेशिक एवं सार्वकालिक बन जाते हैं, और उनके इस स्थिति में उपस्थित हो जाने पर सहृदय भी अपने पूर्वाग्रहों से विमुक्त हो जाता है।

---

1. काव्ये **x x x** नाट्य च **x x x** निबिडनिजमोहसंकटतानिवारणकारिणा, विभावादिसाधारणी- करणात्मना, अभिधातो द्वितीयांशेन भावकत्वव्यापारेण भाव्यमानो रसः। –हिन्दी अभिनवभारती, पृष्ठ 464
2. **अभिज्ञानशाकुनालम्** 1.7
3. **तस्य (सहृदयस्य) च 'ग्रीवाभंगाभिरामं————' इत्यादिवाक्येभ्यो वाक्यार्थ प्रतिपत्तेरनन्तरं मानसी साक्षात्कारात्मिका अपहसिततत्तद्वाक्योपात्तकालादिविभागा तावत् प्रतीतिरुपजायते।——— तस्यां च यो मृगपोतकादिर्भाति तस्य विशेषरूपत्वाभावाद् भीत इति, त्रासकस्याऽपारमार्थिकत्वाद् भयमेव परं देशकालाद्यनालिंगितम्। ततः एव भीतोऽहं, भीतोऽयं, शत्रुर्वयस्यो मध्यस्थो वा इत्यादिप्रत्ययेभ्यो दुःखसुखादिकृतबुद्ध्यन्तरोदयनियमवत्तया विघ्नबहुलेभ्यः विलक्षणं——— भयानको रसः।——— ततः एव न परिमितमेव साधारण्यम् अपितु न विततम्।———— तदत्र साक्षात्-कारायमाणत्वेन परिपोषिका नटादिसामग्री। यस्यां वस्तुसतां काव्यार्पितानां च देशकालप्रमात्रादीनां नियम-हेतूनामन्योन्यप्रतिबन्धबलाद् अत्यन्तमपसारणे स एव साधारणीभावः सुतरां पुष्यति।** –हिन्दी अभिनवभारती, पृष्ठ 470-471

[3]

अभिनवगुप्त के बाद धनञ्जय ने साधारणीकरण-सिद्धान्त पर प्रकारान्तर से प्रकाश डाला।[1] उन्होंने रस का आश्रय अर्थात् उपभोक्ता अथवा आस्वादयिता सामाजिक को स्वीकार करते हुए यह शंका उठायी कि सामाजिक का विभाव अर्थात् आलम्बन कौन होता है? यदि अनुकार्य को—वास्तविक राम, सीता आदि—को ही आलम्बन मान लिया जाये तो सामाजिक का इसके साथ अविरोध क्योंकर रह सकता है? दूसरे शब्दों में, सामाजिक पूर्वसंस्कार-वश उस अनुकार्य और इस कवि-निर्मित पात्र में अभिन्नता कैसे स्वीकार कर लेता है? वह इन दोनों को भिन्न क्यों नहीं मान लेता?[2]

इस शंका का समाधान करते हुए वे लिखते हैं कि (काव्य में वर्णित) राम आदि (वास्तविक राम आदि न होकर कवि-निर्मित) धीरोदात्त आदि (नायकों) की अवस्थाओं के प्रतिपादक होते हैं। ये (काव्यगत) राम आदि सामाजिक के रति आदि स्थायिभावों को विभावित करते हैं, अर्थात् उन्हें रसास्वाद का कारण बनाते हैं। ये स्थायिभाव सामाजिक द्वारा (रस रूप में) आस्वादित किये जाते हैं, क्योंकि यही (काव्यगत राम आदि की धीरोदात्त आदि से सम्बद्ध) अवस्थाएँ ही विशेषभाव को छोड़ कर सामाजिक के लिए रस का कारण बनती हैं।'[3]

धनञ्जय के इस प्रसंग में रसास्वाद तक पहुँचने के लिए दो सोपान हैं—

पहला सोपान है—काव्यगत रामादि पात्र धीरोदात्त आदि नायकों की अवस्था के द्योतक होते हैं : **''धीरोदात्ताद्यवस्थानां रामादिप्रतिपादकः''**। इसका तात्पर्य यह है कि अनुकार्य चाहे वास्तव में कैसा भी क्यों न हो, काव्य-नाटक में वह कवि की परिकल्पना के अनुसार धीरोदात्त आदि में से किसी एक अवस्था का द्योतन करता है, अपनी मूल अवस्था का नहीं।

धनञ्जय के वृत्तिकार **धनिक** ने इस स्थल की व्याख्या करते हुए लिखा है कि 'कविगण योगी तो नहीं होते कि वे ज्ञान-चक्षुओं द्वारा राम आदि की वैसी ही वास्तविक अवस्था का चित्रण कर सकें जैसी कि इतिहास आदि में पायी जाती है। कविजन तो अपनी कल्पना के माध्यम से राम आदि की, धीरोदात्त आदि नायकों

---

1. 'प्रकारान्तर से' इसलिए कि उन्होंने 'साधारणीकरण' शब्द का प्रयोग न कर 'परित्यक्तविशेष' शब्द का प्रयोग किया है।

2. **(क) रसः स एव स्वाद्यत्वाद् रसिकस्यैव वर्तनात्।**
   (ख) ननु च सामाजिकाश्रयेषु रसेषु को विभावः? कथं च सीतादीनां देवीनां विभावत्वेन अविरोधः?
   —द. रू. 4.40 (प्रसंगारम्भ)।

3. **धीरोदात्ताद्यवस्थानां रामादिः प्रतिपादकः।**
   विभावयति रत्यादीन् स्वदन्ते रसिकस्य ते।।
   ता एव च परित्यक्तविशेषा रसहेतवः। —द. रू. 4.40, 41

के गुणों से सम्पन्न, ऐसी अवस्था का निबन्धन करते हैं जैसी कि उन्हें स्वयं लोक में उपलब्ध होती है।[1]

दूसरा सोपान है—जब इन अवस्थाओं का विशेष-भाव छूट जाता है, तब ये सामाजिक के रसास्वाद का कारण बनती हैं—**"ता एव च परित्यक्तविशेषा रसहेतवः।"** इसका तात्पर्य यह है कि जब काव्यगत पात्र अपने विशेष व्यक्तित्त्व को—रामत्व, सीतात्व आदि को—छोड़ कर सामान्य मानव-मात्र बन जाते हैं, तभी वे सहृदय के रसास्वाद का कारण बन सकते हैं, अन्यथा नहीं। अब राम और सीता ऐतिहासिक अथवा पौराणिक व्यक्ति नहीं रहते, वे साधारण नर और नारी मात्र रह जाते हैं—**"तत्र सीतादिशब्दाः परित्यक्तजनक-तनयादिविशेषाः स्त्रीमात्रवाचिनः,"** और वस्तुतः, भट्टनायक का यही साधारणीकरण सिद्धान्त है।

तात्पर्य यह कि काव्य-पठन अथवा नाटकदर्शन के समय सामाजिक के सम्मुख ऐतिहासिक व्यक्ति के स्थान पर कविनिर्मित पात्र ही रहते हैं। इनके प्रति सामाजिक का पूर्व संस्कारवश किसी भी प्रकार का विशिष्ट भाव—पूज्य-बुद्धि अथवा घृणा-तिरस्कार आदि भाव—लुप्त हो जाता है। इस दृष्टि से अब रसास्वाद प्राप्त करने में उसे कोई बाधा नहीं रहती। निस्सन्देह यह स्थिति किसी काव्य में वर्णित पात्र पर ही घटित हो सकती है; इतिहास अथवा पुराण के किसी व्यक्ति-विशेष पर घटित नहीं हो सकती।

इस प्रकार हमने देखा कि धनञ्जय और धनिक ने अपने उक्त विवेचन में भट्टनायक और अभिनवगुप्त के ही आधार पर 'साधारणीकरण' की व्याख्या प्रस्तुत करते हुए भी उसमें **'कवि-तत्त्व'** को स्पष्ट शब्दों में सम्मिलित किया है। निस्सन्देह यह तत्त्व उनसे पूर्ववर्ती दोनों मर्मवेत्ता आचार्यों को भी स्वीकृत रहा होगा, पर उन्होंने इसका उल्लेख नहीं किया था, धनञ्जय और धनिक ने इस व्याख्या-गाथा में यह कड़ी जोड़ कर अत्यन्त महत्त्वपूर्ण योगदान किया है।

[4]

धनञ्जय के बाद इस दिशा में उल्लेखनीय आचार्य विश्वनाथ हैं। पहले उन्होंने 'साधारणीकरण' की आवश्यकता के सम्बन्ध में प्रश्न करते हुए कहा कि (काव्य-नाटक आदि में वर्णित एवं दर्शित) राम आदि के रति आदि भाव (सामाजिक के रति आदि भावों के) उद्बोधक कारण कहाते हैं, किन्तु इनसे सामाजिकों के रति आदि का उद्बोध होता कैसे है?[2] इस प्रश्न के उत्तर में उन्होंने कहा—

"व्यापारोऽस्ति विभावादेः नाम्ना साधारणी कृतिः, तत्प्रभावेण," अर्थात् विभाव,

---

1. **न हि कवयो योगिन इव ध्यानचक्षुषा ध्यात्वा प्रातिस्विकीं रामादीनामवस्थामितिहासवदुपनिबध्नन्ति। किं तर्हि? सर्वलोकसाधारणाः स्वोत्प्रेक्षाकृतसन्निधीः धीरोदात्ताद्यवस्थाः क्वचिदाश्रयमात्रदायिनीः विदधति।**
—दशरूपक 4.40 (वृत्ति)

2. **ननु कथं रामादिरत्याद्युद्बोधकारणैः सामाजिकरत्याद्युद्बोधः!** —सा.द. 3.9 वृत्ति

अनुभाव और संचारिभाव के व्यापार का नाम साधारणीकरण है, उसके प्रभाव से। 'विभावादि का व्यापार' से यहाँ अभिप्रेत है—समस्त क्रियाकलाप का सम्मिश्रित रूप [total impact]। 'इसी प्रभाव के ही परिणाम-स्वरूप, समुद्र के ऊपर से कूद रहे हुए हनुमान् जैसे शूरवीर एवं उत्साही व्यक्ति के साथ सहृदय भी अभेद अथवा साधारण्य अभिमान अर्थात् समानभाव, प्राप्त कर लेने के कारण, अपने आप को भी वैसा ही समझने लगता है, समुद्र-लंघन जैसे कठिन कृत्यों में (मानसिक रूप से) उत्साहित हो जाता है।[1] दूसरे शब्दों में, काव्य और नाटक में वर्णित ये रति आदि भाव (एक ओर काव्य-नाटक के राम आदि पात्रों, और दूसरी ओर दर्शकों के) साधारण बन जाते हैं, अर्थात् सहृदय को उन्हीं भावों की प्रतीति होती है जिनकी कि राम आदि को होती है—**''साधारण्येन रत्यादिरपि तद्वत्प्रतीयते''** (सा.द. 3.12)। ये भाव न तो केवल सहृदयों के होते हैं और न केवल राम आदि के, क्योंकि यदि ये सहृदयों के अपने (लौकिक भाव) मान लिए जायें तो इस स्थिति में लज्जा, भय आदि अन्य भाव भी उत्पन्न हो सकते हैं, और यदि केवल राम आदि के मान लिए जायें तो यह विषय असहनीय है, क्योंकि लोक में दूसरे के भावों का देखना रस का विषय नहीं बनता।[2] अतः ये भाव दोनों के साधारण ही होते हैं। यही कारण है कि रसास्वाद के समय इस प्रकार की विशेष-सम्बद्धता स्थापित नहीं की जा सकती कि विभाव आदि किसी दूसरे के हैं, अथवा किसी दूसरे के नहीं हैं, मेरे हैं अथवा मेरे नहीं हैं।[3]

इस प्रकार विश्वनाथ ने अभिनवगुप्त के ही मन्तव्य को, अधिकांशतः अति स्पष्ट एवं स्वच्छ रूप में, प्रस्तुत कर दिया है। उनके वक्तव्य का **सार** इस प्रकार है—

(क) काव्य-नाटकगत विभाव आदि तीनों का व्यापार, अर्थात् सम्मिश्रित क्रिया-कलाप, साधारण रूप ग्रहण कर लेता है, अर्थात् समस्त घटना-चक्र व्यक्तित्व से रहित हो जाता है।

(ख) इसका परिणाम यह होता है कि हनुमान् आदि पात्र और सहृदय दोनों में अभेद स्थापित हो जाता है, अर्थात् दोनों के उत्साह आदि स्थायिभाव एक-समान हो जाते हैं। दूसरे शब्दों में, सहृदय पात्रों के ही (चाहे वे उच्च कोटि के हों अथवा निम्न

---

1. **व्यापारोऽस्ति विभावादेर्नाम्ना साधारणी कृतिः।।**
तत्प्रभावेण, यस्याऽऽसन् पाथोधिप्लवनादयः।
प्रमाता तदभेदेन स्वात्मानं प्रतिपद्यते।।
उत्साहादिसमुद्बोधः साधारण्याऽभिमानतः।
नृणामपि समुद्रादिलङ्घनादौ न दुष्यति।। —सा.द. 3.9-11

2. **रत्यादेरपि स्वात्मगतत्वेन प्रतीतो सभ्यनां व्रीडाऽऽतङ्कादिर्भवेत्। परगतत्वेन तु अरस्यतापातः।**
—सा.ए. 3.12 (वृत्ति)

3. **परस्य न परस्येति ममेति न ममेति च।**
तदास्वादे विभावादेः परिच्छेदो न विद्यते।। —सा.द. 3.12, 13

कोटि के) रति, उत्साह आदि भावों को ग्रहण कर लेने के कारण, उन्हीं के अनुरूप (मानसिक रूप में) आचरण करने लगता है।

(ग) और यह स्थिति रसास्वाद की भूमिका है।

[5]

विश्वनाथ के पश्चात् **जगन्नाथ** ने नव्य आचार्यों के नाम से एक मत उद्धृत किया, जिसके अनुसार–

–'काव्य और नाटक में क्रमशः कवि और नट द्वारा विभाव, अनुभाव और संचारिभाव के प्रकाशित होने पर सामाजिक व्यंजना-व्यापार द्वारा यह स्वीकृत कर लेता है कि दुष्यन्त में शकुन्तला के प्रति रतिभाव है।

–इसके पश्चात् (सामाजिक में) सहृदयता के कारण एक विशेष भावना उत्पन्न होती है जो कि वस्तुतः एक दोष है, जिसके प्रभाव-स्वरूप सामाजिक की आत्मा कल्पित दुष्यन्तत्व से आच्छादित हो जाती है, अर्थात् वह अज्ञान से अविछिन्न (संयुक्त) हो जाती है, और तभी उसमें साक्षिभास्य (कल्पित) शकुन्तला आदि के विषय में अनिर्वचनीय रति आदि चित्तवृत्तियाँ उत्पन्न हो जाती हैं, अर्थात् सामाजिक में शकुन्तला आदि के प्रति इस प्रकार के रति आदि भाव उत्पन्न हो जाते हैं जो व्यवहार की दृष्टि से बिल्कुल झूठे होते हैं, और इन्हीं रत्यादि का नाम ही रस है। यह सब इसी दोष के ही कारण होता है, इनके अभाव में रस का भी नाश हो जाता है।

–यह दोष ऐसा है जैसा कि सीपी के टुकड़े को देखकर चाँदी के टुकड़े का भ्रम होता है।'[1]

जगन्नाथ द्वारा प्रस्तुत नव्य आचार्यों के इस मत में और भट्टनायक के मत में मुख्यतः दो प्रकार का अन्तर है–(क) ये व्यंजना को स्वीकार करते हैं, किन्तु भट्टनायक इसे स्वीकार नहीं करते। (ख) ये 'दोष' अर्थात् भावना-विशेष अथवा आत्मा की अज्ञानावछिन्नता को मानते हैं, किन्तु भट्टनायक इसे भी नहीं मानते। किन्तु फिर भी, यदि इनके मत को साधारणीकरण-प्रसंग में उद्धृत किया जाता है तो केवल इसलिए कि इस मत के अनुसार **मुख्य मान्यता** यह है कि इस दोष-विशेष द्वारा सामाजिक का आलम्बन शकुन्तला आदि के प्रति वैसा भाव उत्पन्न हो जाता है जैसा आश्रय दुष्यन्त आदि का। स्पष्ट है कि इनसे पूर्व साधारणीकरण के ही प्रसंग में विश्वनाथ ने भी हनुमान् और समुद्रोल्लंघन के सम्बन्ध में सामाजिक की इसी प्रतिक्रिया की ही चर्चा की थी।

---

1. **नव्यास्तु 'काव्ये नाट्ये च कविना नटेन च प्रकाशितेषु विभावादिषु व्यञ्जनव्यापारेण दुष्यन्तादौ शकुन्तलादिरतौ गृहीतायाम् अनन्तरं च सहृदयतोल्लासितस्य भावनाविशेषरूपस्य दोषस्य महिम्ना कल्पितदुष्यन्तत्वावच्छादिते स्वात्मनि अज्ञानावच्छिन्ने शुक्तिकाशकल इव रजतखण्डः समुत्पद्यमानोऽनिर्वचनीयः साक्षिभास्यशकुन्तलादिविषयकरत्यादिरेव रसः। अयं च कार्यो दोषविशेषस्य। नाश्यश्च तन्नाशस्य।** –रसगंगाधर 1म आनन, पृष्ठ 30

इस प्रकार हमने देखा कि भट्टनायक से लेकर जगन्नाथ द्वारा उद्धृत इन नव्य आचार्यों पर्यन्त 'साधारणीकरण' की व्याख्या तो होती चली गयी है, किन्तु उसकी मूल धारणा में विशेष अन्तर नहीं पड़ा—**असाधारणस्य साधारणकरणम् इति साधारणीकरणम्,**[1] अर्थात् किसी विभावादि पर आधारित किसी विशेष समग्र क्रिया-कलाप का साधारण (सामान्य) रूप ग्रहण कर लेना। और, इसी का परिणाम होता है कि राम और सीता के प्रणय-प्रसंग में राम दशरथ-पुत्र न रहकर सामान्य प्रेमी बन जाते हैं और सीता जनक-तनया न रहकर सामान्य प्रेमिका बन जाती है। ऐसे प्रसंगों में हमारे पूर्वाग्रहों का विनाश होते ही हमारा अभेद-सम्बन्ध राम से नहीं अपितु किसी सामान्य प्रेमी से होता है। इसी स्थिति के होते ही हमें रसास्वाद की प्राप्ति होती है।

[6]

इधर हिन्दी के आधुनिक आलोचकों ने भी 'साधारणीकरण' सिद्धान्त की व्याख्या प्रस्तुत की है, जिनमें से आचार्य रामचन्द्र शुक्ल और डॉ. नगेन्द्र के नाम विशेषतः उल्लेखनीय हैं। इन दोनों ने इस सम्बन्ध में नवीन मान्यताएँ एवं व्याख्याएँ उपस्थित की हैं।

आचार्य रामचन्द्र शुक्ल

आचार्य शुक्ल का मन्तव्य उन्हीं के शब्दों में इस प्रकार है[2] :

—साधारणीकरण का अभिप्राय यह है कि पाठक या श्रोता के मन में जो व्यक्तिविशेष या वस्तुविशेष आती है, वह जैसे काव्य में वर्णित 'आश्रय' के भाव का आलम्बन होता है, वैसे ही सब सहृदय पाठकों या श्रोताओं के भाव का आलम्बन हो जाती है।

—जिस व्यक्तिविशेष के प्रति किसी भाव की व्यंजना कवि या पात्र करता है, पाठक या श्रोता की कल्पना में वह व्यक्तिविशेष उपस्थित रहता है।

—साधारणीकरण आलम्बनत्व धर्म का होता है (पाठक या श्रोता की कल्पना में) व्यक्ति तो विशेष ही रहता है, पर उसमें प्रतिष्ठा ऐसे सामान्य धर्म की रहती है जिसके साक्षात्कार से अब श्रोताओं या पाठकों के मन में एक ही भाव का उदय थोड़ा या बहुत होता है।

---

1. **'कृभ्वस्तियोगे संपद्यकर्तरि च्विः'** इस सूत्र तथा **(अभूततद्भावे वक्तव्यम्)** इस वार्तिक के द्वारा 'च्वि' प्रत्यय। **'ऊर्यादिच्विडाचश्च'** सूत्र से गति संज्ञा, और **'कुगतिप्रादयः'** सूत्र से समास होने पर 'साधारणीकरण' रूप सिद्ध हुआ।
2. चिन्तामणि भाग 1, पृष्ठ 227-232

—रस की एक नीची अवस्था है।... श्रोता या दर्शक उसी भाव का अनुभव नहीं करता जिसकी व्यंजना पात्र[1] अपने आलम्बन के प्रति करता है, बल्कि व्यंजना करने वाले उस पात्र[2] के प्रति किसी और ही भाव का अनुभव करता है। यह दशा भी एक प्रकार की रसदशा ही है—यद्यपि इसमें आश्रय के साथ तादात्म्य और उसके आलम्बन का साधारणीकरण नहीं रहता।... इस रसात्मकता को हम मध्यम कोटि की ही मानेंगे।

—जहाँ पाठक या दर्शक...आश्रय के शीलद्रष्टा के रूप में स्थित होता है वहाँ... उस पात्र (आश्रय) का आलम्बन पाठक या दर्शक का आलम्बन नहीं होता, बल्कि वह पात्र (आश्रय) ही पाठक या दर्शक के किसी भाव का आलम्बन रहता है। इस दशा में भी एक प्रकार का तादात्म्य और साधारणीकरण होता है। तादात्म्य कवि के उस अव्यक्त भाव के साथ होता है, जिसके अनुरूप वह पात्र का स्वरूप संघटित करता है।

उक्त कथनों को लक्ष्य में रखकर निष्कर्ष रूप में कह सकते हैं कि आचार्य शुक्ल ने 'साधारणीकरण-सिद्धान्त' को सुगम रूप में प्रस्तुत करने के लिए इसके दो पक्ष (प्रभाग/विभाग/खण्ड) कर दिये हैं—(क) सहृदय का आश्रय के साथ तादात्म्य होता है, (ख) आलम्बन या आलम्बनत्व धर्म का साधारणीकरण होता है, और इन दोनों व्यापारों का शास्त्रीय नाम 'साधारणीकरण' है—तादात्म्य+साधारणीकरण = साधारणीकरण। किन्तु यदि आचार्य शुक्ल इस दूसरे कथन में 'साधारणीकरण' शब्द के स्थान पर 'सामान्यीकरण' अथवा इसी के समानान्तर किसी अन्य शब्द का प्रयोग करते तो विषय-बोध कहीं अधिक व्यवस्थित बन जाता। तब स्थिति इस प्रकार रहती—तादात्म्य+ सामान्यीकरण= साधारणीकरण।

यहाँ 'आलम्बन' से आचार्य शुक्ल का तात्पर्य निस्सन्देह 'आलम्बनत्व धर्म' से है, अर्थात् राम (आश्रय) और सीता (आलम्बन) के प्रणय-सम्बन्ध में सीता रूप आलम्बन का साधारणीकरण (सामान्यीकरण) नहीं होता, अपितु सीतात्व का—नायिकाभाव अथवा प्रेमिका-भाव का—होता है। यदि उन्हें यही स्थिति मान्य है जो कि सर्वथा शास्त्रीय एवं तर्कसंगत है, तो आश्रय से भी उनका तात्पर्य 'आश्रयत्व धर्म' लेना चाहिए, अर्थात् आश्रयभूत राम से तात्पर्य 'राम' नहीं, अपितु रामत्व, नायक-भाव एवं प्रेमीभाव है। काव्य अथवा नाटक को पढ़ते अथवा देखते समय प्रत्येक पाठक एवं श्रोता को राम और सीता अपने वास्तविक रूप में भी प्रतीत होते रहते हैं— इसमें तनिक भी सन्देह नहीं, किन्तु यह स्थिति हर समय नहीं रहती। इसके अतिरिक्त वे इन्हें उपर्युक्त रामत्व और सीतात्व के रूप में भी प्रतीत होते रहते हैं। किन्तु ये दोनों प्रतीतियाँ भिन्न-भिन्न क्षणों में होती हैं, एक क्षण में दोनों प्रतीतियाँ सम्भव

1,2. यहाँ दोनों स्थलों पर पात्र शब्द से तात्पर्य है—आश्रय।

नहीं है। यह अलग प्रश्न है कि इन दोनों क्षणों में काल का अन्तर इतना अत्यल्प होता है कि हमें इसका भान नहीं होने पाता, किन्तु यह अन्तर रहता अवश्य है।

आइए, अब इन दोनों क्षणों की स्थिति के सम्बन्ध में विचार करें। सहृदय के लिए जिस क्षण राम और सीता अपने वास्तविक रूप में रहते हैं, उस क्षण सहृदय को ठीक उसी प्रकार लौकिक रति आदि भावों की अनुभूति होती रहती है जैसी कि लोक में उन्हें स्वयं अपने अथवा सामान्य प्रेमी-प्रेमिका के रति-व्यवहार को देख कर होती है, भले ही वे प्रेक्षागृह में भी क्यों न बैठे हों। किन्तु जिस क्षण ये दोनों—रामत्व और सीतात्व—एक प्रेमी और प्रेमिका के रूप में आ उपस्थित होते हैं, उसी क्षण सहृदय का रामत्व के साथ तादात्म्य (समानभाव) हो जाता है और सीतात्व का साधारणीकरण (सामान्यीकरण), और इन दोनों के समन्वित रूप का नाम 'साधारणीकरण' व्यापार है। इस प्रकार आचार्य शुक्ल के 'आलम्बन' शब्द से तात्पर्य यदि 'आलम्बनत्व धर्म' लिया जाता है, तो 'आश्रय' शब्द से तात्पर्य 'आश्रयत्व धर्म' लेना चाहिए, क्योंकि तादात्म्य आश्रय से नहीं, आश्रयत्व-धर्म से होता है।

निष्कर्षतः, आचार्य शुक्ल की मान्यतानुसार सहृदय का आश्रयत्व धर्म के साथ तादात्म्य होता है, परिणामतः, आलम्बनत्व धर्म का सामान्यीकरण होता है, और इन दोनों का नाम 'साधारणीकरण' है। निस्सन्देह ये दोनों व्यापार अपने समन्वित रूप में घटित होते हैं। किन्तु केवल इन दोनों के इस प्रकार के रूप का नाम साधारणीकरण नहीं है। इसके अन्तर्गत कतिपय अन्य व्यापार भी सम्मिलित हैं, जिस पर आगे प्रकाश डाला जा रहा है। (देखिए, पृ. 184-185)।

आचार्य शुक्ल ने इसी प्रसंग में एक अन्य स्थिति का भी उल्लेख किया है, जिसके आधार पर सहृदय का आश्रय (आश्रयत्व धर्म) के साथ तादात्म्य-सम्बन्ध स्थापित नहीं हो पाता, और न ही आलम्बन का साधारणीकरण (सामान्यीकरण) हो पाता है। उदाहरणार्थ, सीता (आलम्बन) को उठाये जा रहे रावण (आश्रय) के साथ सहृदय का तादात्म्य-सम्बन्ध स्थापित नहीं हो सकता। परिणामतः, सीता के प्रति रावण का रतिभाव साधारणीकृत नहीं होता, अर्थात् वह सहृदय की प्रेयसी नहीं बन सकती। इसी प्रकार रावण द्वारा राम की भर्त्सना करने के प्रसंग में सहृदय का रावण के साथ तादात्म्य नहीं हो पाता। परिणामतः, राम के प्रति भर्त्सनाभाव साधारणीकृत नहीं होता, अर्थात् सहृदय के मन में राम के प्रति यह भाव नहीं जगता। किन्तु फिर भी, काव्य-नाटक में वर्णित ऐसे स्थल आह्लादजनक होते ही हैं। आचार्य शुक्ल के मत में यह रसात्मकता की मध्यम कोटि है।

डॉ. नगेन्द्र

डॉ. नगेन्द्र ने मूलतः आचार्य शुक्ल की उक्त अन्तिम धारणा—रसात्मकता की मध्यम कोटि—को लक्ष्य में रख कर साधारणीकरण के प्रसंग में अपनी यह मान्यता प्रस्तुत की

कि **साधारणीकरण न तो आश्रय (राम) का होता है, न आलम्बन (सीता) का होता है, अपितु 'यह कवि की अनुभूति का होता है',** और इसके परिणामस्वरूप, उनके कथनानुसार, आश्रय-रूप रावण द्वारा राम की भर्त्सना के समय हमारी रसानुभूति में कोई बाधा नहीं आती। यदि एक ओर तुलसी के रावण के प्रति हमारे हृदय में तुच्छभाव या घृणाभाव, और उसके राम के प्रति भक्तिभाव जागरित होगा, तो दूसरी ओर माइकेल मधुसूदन दत्त[1] के रावण के लिए हमारे हृदय में सहानुभूति जागरित होगी और राम के प्रति तुच्छभाव, किन्तु रस हमें दोनों ही अवस्थाओं में मिलेगा, और इसका मूल कारण यह है कि हम लेखक से तादात्म्य स्थापित करते हैं। (दूसरे शब्दों में, हमारी अनुभूति लेखक की अनुभूति से तादात्म्य स्थापित करती है।)

आचार्य शुक्ल ने आलम्बन (सीता) का साधारणीकरण माना था, डॉ. नगेन्द्र ने उसका भी साधारणीकरण माना है, किन्तु उसे कवि की अपनी अनुभूति का संवेद्य[2] रूप मानते हुए। उन्हीं के शब्दों में "जिसे हम आलम्बन कहते हैं वह वास्तव में कवि की अपनी अनुभूति का संवेद्य रूप है। उसके साधारणीकरण का अर्थ है कवि की अनुभूति का साधारणीकरण।[3] उनके कथनानुसार "कवि वही होता है जो अपनी अनुभूति का साधारणीकरण कर सकता है। अपनी अनुभूति को व्यक्त कर लेना अलग बात है, इसका साधारणीकरण कर लेना अलग बात। सभी व्यक्ति उसे यत्किंचित् व्यक्त तो कर लेते हैं, परन्तु इसका साधारणीकरण करने की शक्ति कवि में होती है।"

डॉ. नगेन्द्र की मान्यताओं का **सार** तथा उनकी एवं आचार्य रामचन्द्र शुक्ल की मान्यताओं का **वैषम्य** प्रकार है—

(1) साधारणीकरण कवि की अनुभूति का होता है।

(2) अपनी अनुभूति का साधारणीकरण कर सकने में जो व्यक्ति समर्थ है वही कवि है।

(3) आचार्य शुक्ल जिस आलम्बन का साधारणीकरण मानते हैं, डॉ. नगेन्द्र के अनुसार वह वस्तुतः कवि की अनुभूति का संवेद्य रूप (प्रतिनिधि अथवा प्रतीक) है। अतः कवि की अनुभूति का ही साधारणीकरण मानना चाहिए।

(4) आचार्य शुक्ल ने सहृदय का आश्रय (आश्रयत्व-धर्म) के साथ तादात्म्य स्वीकार किया था, किन्तु डॉ. नगेन्द्र के अनुसार वस्तुतः सहृदय का कवि के अनुभूति से तादात्म्य स्थापित हो जाता है। दूसरे शब्दों में, आश्रय भी तो कवि का मानस-पुत्र है, उसी की अनुभूति से जन्य है।

---

1. इनके द्वारा प्रणीत 'मेघनाद-वध' नाटक में।
2. 'संवेद्य' का शब्दार्थ है—सम्यग् वेद्य (ज्ञाप्य)। यहाँ इसका अभिप्राय है—कवि की अनुभूति द्वारा निर्मित पात्र; उसका प्रतिनिधि अथवा प्रतीक।
3. ऐसा प्रतीत होता है कि डॉ. नगेन्द्र को 'साधारणीकरण' से सम्प्रेषण (communication) अभीष्ट है।

(5) आचार्य शुक्ल ने एक विशेष स्थिति में रस की मध्यम कोटि स्वीकार की थी, किन्तु डॉ. नगेन्द्र को यह कोटि स्वीकार नहीं है।

समीक्षा

इस प्रकार भट्टनायक से डॉ. नगेन्द्र तक साधारणीकरण की व्याख्यागाथा प्रस्तुत करने पर इस विषय के सम्बन्ध में स्वतन्त्र रूप से विचार करने की सामग्री उपस्थित हो गयी है। कुल मिलाकर हमारे सम्मुख चार प्रश्न उपस्थित होते हैं–

(क) साधारणीकरण का स्वरूप क्या है?

(ख) साधारणीकरण किस का होता है?

(ग) क्या रसात्मकता की मध्यम कोटि स्वीकार करनी चाहिए?

(घ) साधारणीकरण रस के आस्वाद में किस प्रकार सहायक बनता है?

इसमें से तीसरा प्रश्न आचार्य शुक्ल के विवेचन-स्वरूप समुपस्थित हुआ है। इसी प्रसंग के अन्तर्गत पूर्वाचार्यों ने इस पर प्रकाश नहीं डाला था। शेष तीनों पर, जैसा कि ऊपर लिख आये हैं, इस सिद्धान्त के प्रवर्तक भट्टनायक ने आरम्भ में ही प्रकाश डाल दिया था। उनके अनुसार–

(क) साधारणीकरण व्यापार कहते हैं किसी विशेष क्रिया-कलाप के सामान्य रूप ग्रहण कर लेने को। इसके द्वारा सहृदय किसी पात्र के प्रति अपने पूर्व श्रद्धा, घृणा, मोह, ईर्ष्या आदि भावों से मुक्त हो जाता है।

(ख) साधारणीकरण विभाव आदि सब का होता है।

(ग) रसास्वाद के लिए यह पृष्ठभूमि तैयार करता है।

इन तीनों वक्तव्यों में से प्रथम वक्तव्य थोड़े-बहुत परिवर्द्धित एवं स्पष्टीकृत रूप में अभिनवगुप्त से डॉ. नगेन्द्र तक सभी आचार्यों को अपने मूल रूप में लगभग एक-समान मान्य है। तृतीय कथन के सम्बन्ध में भी किसी को कोई आपत्ति नहीं है कि साधारणीकरण रसास्वाद की पूर्वस्थिति है–वहाँ तक पहुँचने के लिए यह एक अनिवार्य सोपान है। किन्तु द्वितीय कथन आधुनिक युग में अवश्य विवाद-ग्रस्त बन गया है। इस सम्बन्ध में भट्टनायक और विश्वनाथ के कथन तो नितान्त स्पष्ट हैं कि साधारणीकरण विभाव आदि तीनों का होता है। अभिनवगुप्त ने भी प्रकारान्तर से इसे ही स्वीकार किया है। मृगपोतक (आश्रय), त्रासक (आलम्बन), भय (स्थायिभाव)–इन सब का सामान्य रूप ग्रहण कर लेना उन्हें स्वीकार है। उनके पूर्वोक्त **'नटादिसामग्री'** तथा **'काव्यार्पितानां वस्तुसतां देशकालप्रमात्रादीनाम्'** आदि कथन भी इसी मान्यता की पुष्टि करते हैं। किन्तु इधर आचार्य रामचन्द्र शुक्ल और डॉ. नगेन्द्र इससे सहमत नहीं हैं।

(क)

आचार्य शुक्ल सहृदय का आश्रय (आश्रयत्व) के साथ तादात्म्य स्वीकार करते हैं और आलम्बन (आलम्बनत्व) का साधारणकरण (सामान्यीकरण)। निस्सन्देह यह स्थिति अस्वीकार्य नहीं है, किन्तु केवल इतने मात्र को 'साधारणीकरण' कहना अव्याप्ति दोष है। वस्तुतः, साधारणीकरण विभाव आदि तीनों के समन्वित क्रियाकपाप [total impact] का होता है। ऐसा प्रतीत होता है कि 'आश्रय से तादात्म्य-सम्बन्ध' की स्वीकृति की प्रेरणा आचार्य शुक्ल को विश्वनाथ के 'तदभेदेन' शब्द से मिली है— प्रमाता तदभेदेन स्वात्मानं प्रतिपद्यते। इसके अनुसार सहृदय के विषय में यह माना गया है कि उसका हनुमान् के साथ 'अभेद-सम्बन्ध' (आचार्य शुक्ल के शब्दों में 'तादात्म्य-सम्बन्ध') स्थापित हो जाता है, और परिणामतः, सहृदय भी (मानसिक रूप में) समुद्रोल्लंघन करने लग जाता है। निस्सन्देह विश्वनाथ ने उदाहरण केवल आलम्बन-विभाव (आश्रय—हनुमान्, आलम्बन—समुद्रोल्लंघन) का दिया है, किन्तु उन्हें अभिप्रेत यही है कि अनुभाव, संचारिभाव आदि भी इन्हीं के साथ स्वतः ग्रहणीय हैं। वस्तुतः, आलम्बन-विभाव के साथ उक्त दोनों साक्षात् अथवा असाक्षात् रूप से स्वतः अनुस्यूत रहते हैं। इन दोनों के बिना आलम्बन-विभाव का वर्णन सम्भव ही नहीं है। इसी प्रसंग में स्वयं उन्होंने विभाव आदि के व्यापार को साधारणीकरण नाम दिया है—**व्यापारोऽस्ति विभावादेः नाम्ना साधारणी कृतिः**। यहाँ 'विभाव आदि का व्यापार' से तात्पर्य है विभाव आदि तीनों का—विभाव (आश्रय, आलम्बन तथा उद्दीपन-विभाव), अनुभाव और संचारिभाव सब का—सम्मिश्रित क्रिया-कलाप, न कि केवल आश्रय अथवा आलम्बन का। यही सम्मिश्रित क्रियाकलाप जब अपने विशिष्ट व्यक्तित्व से रहित होकर साधारण रूप ग्रहण कर लेता है, तभी सहृदय आश्रय के अनुकूल रति आदि भावों की अनुभूति कर सकने में समर्थ होता है। निस्सन्देह यह स्थिति साधारणीकरण का परिणाम है, यह स्वयं साधारणीकरण नहीं है। साधारणीकरण केवल आश्रय का अथवा आलम्बन अथवा इन दोनों का नहीं होता, अपितु विभावादि के सम्मिश्रित क्रिया-कलाप (समस्त घटना-चक्र) का होता है।

(ख)

तो क्या विभावादि का सम्मिश्रित क्रिया-कलाप 'कवि की अनुभूति' का दूसरा नाम नहीं है? हमारा विचार है कि नहीं। कवि की अनुभूति पूर्ववर्ती है, वह माध्यम है, कारण एवं साधन है, और इधर, विभावादि का सम्मिश्रित क्रिया-कलाप उस अनुभूति से जन्य होने के कारण परवर्ती है। यह उसका कथ्य रूप है, परिणाम एवं साध्य है। यह अलग बात है कि इस कथ्य के पीछे वह अनुभूति सदा आधार बनी रहती है, किन्तु आधेय सदा यही कथ्य ही रहता है। सहृदय इसी क्रिया-कलाप को पढ़ता,

सुनता और देखता है, और इसी के साधारणीकृत हो जाने पर, दूसरे शब्दों में, किसी घटना-विशेष से सामान्य रूप ग्रहण कर लेने पर, सहृदय अपने पूर्ववर्ती श्रद्धा, घृणा, मोह, ईर्ष्या आदि भावों से विमुक्त हो जाता है—अब उसके लिए राम और सीता, महादेव और पार्वती, हरिश्चन्द्र और रोहिताश्व सामान्य धरातल पर उतर आते हैं और तभी उसके लिए रसास्वाद-प्राप्ति की भूमिका तैयार हो जाती है। जब तक यह अनुभूति कवि के हृदय तक सीमित रहती है—दूसरे शब्दों में, वह कथ्य रूपी आकार को धारण नहीं कर लेती—तब तक सहृदय का इसके साथ कोई सम्बन्ध नहीं होता, यहाँ तक कि असाक्षात् सम्बन्ध भी नहीं होता। इस आकार को ग्रहण कर लेने पर कवि की अनुभूति के साथ सहृदय का निस्सन्देह असाक्षात् सम्बन्ध तो स्थापित हो जाता है, पर सहृदय की दृष्टि में साधारणीकृत रूप विभावादि का समग्र क्रिया-कलाप ही ग्रहण करता है। अतः यदि 'कवि की अनुभूति' से तात्पर्य कथ्य का आकार ग्रहण करने की पूर्वावस्था है तब तो उसका साधारणीकरण नहीं होता, और यदि इससे तात्पर्य कथ्य रूप आकार ही है, तो यह उसका लाक्षणिक प्रयोग है, और ऐसे प्रयोगों को शास्त्र में स्थान नहीं मिलता, काव्य में भले ही मिलता हो।

'साधारणीकरण' का शास्त्रीय एवं परम्परा-सम्मत अर्थ है—असाधारण (विशेष) घटना का साधारण (सामान्य) घटना के रूप में प्रस्तुत हो जाना। किन्तु डॉ. नगेन्द्र को इसका एक अन्य अर्थ भी अभिप्रेत है। कवि और सहृदय के बीच साधारण (एक-समान) मनोव्यापार का स्थापन। इसका तात्पर्य यह है कि कवि को जो भाव जिस रूप में अभीष्ट है सहृदय को भी वही भाव उसी रूप में मान्य हो जाये। दूसरे शब्दों में, कवि-रूप आश्रय की विशेष भावना उसी तक सीमित न रह कर अन्य सब की साँझी बन जाये—साधारण (सामान्य) रूप ग्रहण कर ले। उन्हीं के कथनानुसार, "कवि वही है जो अपनी अनुभूति का साधारणीकरण करने की क्षमता रखता है।"

निस्सन्देह यह अर्थ उक्त परम्परा-सम्मत अर्थ के ही निकट है। अन्तर इतना है कि सहृदय के लिए डॉ. नगेन्द्र के मत में कवि की अनुभूति व्यष्टिनिष्ठता से हटकर साधारण रूप ग्रहण करके समष्टिनिष्ठ बन जाती है, और संस्कृत के आचार्यों के मत में यह अनुभूति नहीं, अपितु इससे जन्य विभावादि का समग्र व्यापार यह रूप ग्रहण कर लेता है। इस प्रकार इन दोनों की प्रक्रिया में अन्तर अवश्य है—इधर एक सोपान है और उधर दो हैं। इधर अनुभूति का साधारणीकरण माना गया है और उधर एक सोपान और आगे—इससे उत्पन्न समस्त घटना-चक्र का। फिर भी, दोनों स्थितियों का शास्त्र-सम्मत परिपाक एक ही है—रसानुभूति-प्राप्ति के लिए अनिवार्य भूमिका का तैयार हो जाना।

साधारणीकरण के प्रसंग में कवि का उल्लेख भट्टनायक तथा अभिनवगुप्त ने प्रकारान्तर से, धनञ्जय और धनिक ने साक्षात् रूप से और आचार्य शुक्ल ने स्पष्ट शब्दों में किया था, किन्तु कवि की 'अनुभूति' के साधारणीकरण की ओर किसी

का ध्यान नहीं गया था। इस आन्तरिक तत्त्व को इस रूप में सर्वप्रथम डॉ. नगेन्द्र ने उजागर किया। इसका एकमात्र कारण है उनका मनोविश्लेषणात्मक जीवन-दर्शन। वह बाह्य उपलब्धि को देखने-परखने की अपेक्षा उसके आन्तरिक कारण को ढूँढ़ निकालने में विश्वास रखते हैं। उनके चिन्तक रूप का यही सार उनकी रचनाओं में सर्वत्र व्याप्त है—उनकी आलोचना के व्यावहारिक पक्ष में भी और सैद्धान्तिक पक्ष में भी। साधारणीकरण-सिद्धान्त भी इससे अस्पृश्य नहीं रह सका। जो हो, **साधारणीकरण विभावादि का ही स्वीकार करना चाहिए, कवि की अनुभूति का नहीं।**

(ग)

आचार्य शुक्ल ने रसात्मकता की मध्यम कोटि इसलिए स्वीकार की थी कि किन्हीं परिस्थितियों में सहृदय का रावण रूप आश्रय के साथ तादात्म्य-सम्बन्ध (विश्वनाथ के शब्दों में—अभेद-सम्बन्ध) स्थापित नहीं हो पाता। किन्तु वस्तुतः देखा जाये तो शृंगार, वीर आदि रसों में आश्रय और आलम्बन सदा एकव्यक्ति-निष्ठ नहीं रहते, क्षण-क्षण में परिवर्तित भी हो सकते हैं। उदाहरणार्थ, शृंगार रस में राम की सदा आश्रय रूप में और सीता की सदा आलम्बन रूप में स्वीकृति नितान्त असम्भव है, मनोविज्ञान के भी प्रतिकूल है। अतः पारिभाषिक शब्दावली में कभी राम को आश्रय कहेंगे और सीता को आलम्बन, तो कभी इसके विपरीत सीता को आश्रय कहेंगे और राम को आलम्बन। यह स्थिति कितनी देर में परिवर्तित होती है यह रस-विशेष और घटना-विशेष पर आधारित रहता है। शृंगार रस के प्रकरण में इनका प्रत्येक क्षण में परिवर्तित होते रहना स्वाभाविक है, अन्यथा यह विषय 'रसाभास' की कोटि में आएगा। उक्त स्थिति केवल शृंगार रस में नहीं, अपितु वीर, रौद्र और भयानक रसों में भी रहती है।

यहाँ स्वाभाविक प्रश्न है कि सीता के आश्रय रूप में तथा राम के आलम्बन रूप में स्थित होने की व्यवस्था में क्या पुरुष सहृदय का सीता के साथ अभेद-सम्बन्ध हो सकता है? इसका उत्तर है, हाँ, असन्दिग्ध रूप से। साधारणीकरण का यही तो प्रभाव है कि समस्त घटना इस रूप में अपना निजी व्यक्तित्व खोकर सामान्य रूप धारण कर लेती है कि सहृदय जाति, धर्म, लिंग, वयः, देश, काल आदि की सीमाओं से ऊपर उठ जाता है। आश्रय और आलम्बन किन्हीं रसों में परिवर्तित होते रहते हैं, किन्तु किन्हीं रसों में ये परिवर्तित नहीं भी होते। जैसे करुण रस के प्रसंग में विलाप करता हुआ पिता सदा आश्रय रहेगा और मृत पुत्र सदा आलम्बन। यही स्थिति अद्भुत रस में भी है—ताजमहल का दर्शक सदा आश्रय बना रहेगा और ताजमहल सदा आलम्बन।

अब रावण-सीता प्रसंग को लें। यहाँ आश्रय रावण को न मान कर सीता को मानना चाहिए। रावण यहाँ आलम्बन है। सीता (आश्रय) के हृदय में रावण के प्रति

जिस प्रकार के भाव हैं, सहृदय के मन में भी उसके प्रति वैसे ही भाव उत्पन्न हो जाते हैं। अतः ऐसे प्रसंगों में भी रसानुभूति की मध्यम कोटि स्वीकार करने का प्रश्न ही उत्पन्न नहीं होता। शेष रहा रावण द्वारा अपनी राजसभा में अथवा परशुराम द्वारा जनक की सभा में राम की भर्त्सना करने का प्रसंग। ऐसे प्रसंगों में भी सहृदय का तादात्म्य उस क्षण के लिए रावण अथवा परशुराम (आश्रय) के साथ होता है। साधारणीकरण व्यापार का यही तो प्रभाव है कि इससे हमारे सभी प्रकार के पूर्वाग्रहों का विनाश हो जाता है। यदि इस व्यापार द्वारा–

परिमृदितमृणालीदुर्बलान्यङ्गकानि

त्वमुरसि मम कृत्वा यत्र निद्रामवाप्ता।।[1] उत्तररामचरित 1. 24

–ऐसे कथनों में सहृदय का राम के साथ तादात्म्य स्वीकार किया जाता है, तो उक्त प्रसंग में भी तत्क्षण के लिए रावण के साथ तादात्म्य स्वीकार करने में नितान्त आपत्ति नहीं होनी चाहिए। अस्तु! रस की मध्यम कोटि स्वीकार करना समुचित नहीं है। ऐसे स्थलों को 'रसाभास' के अन्तर्गत स्वीकार करना भी समुचित नहीं है। उसका विषय– क्षेत्र इससे भिन्न प्रकार का होता है।

(घ)

साधारणीकरण रसास्वाद में भूमिका का कार्य करता है। "सहृदय के हृदय में वासना-रूप से स्थित स्थायिभाव जब विभाव, अनुभाव और संचारिभाव का संयोग प्राप्त करता है तो वह रस रूप में अभिव्यक्त हो जाता है," अभिनवगुप्त द्वारा स्वीकृत यह सिद्धान्त साधारणीकरण के सन्दर्भ में किस प्रकार घटित होता है, अब अन्त में इस विषय पर प्रकाश डालना अपेक्षित है।

इस सिद्धान्त-कथन में स्थायिभाव के सम्बन्ध में तो अभिनवगुप्त ने स्पष्टतः कहा है कि यह सहृदय का होता है, किन्तु जब साधारणीकरण व्यापार द्वारा आलम्बन विभाव के प्रथम पक्ष–आश्रय के साथ सहृदय का अभेद (तादात्म्य) स्वीकार कर लिया जाता है, तो इसी के साथ-साथ यह भी अनिवार्यतः स्वीकार कर लेने में कोई आपत्ति नहीं होनी चाहिए कि आश्रय के अनुभाव एवं संचारिभाव भी हमारे ही अनुभावों एवं संचारिभावों को जागरित करते हैं। इनमें से संचारिभाव तो मानसिक व्यापार हैं ही, हमारे अनुभाव भी मानसिक रूप से ही जागरित हो उठते हैं–क्योंकि काव्य-नाटक पढ़ते अथवा देखते समय सहृदय भी राम, हनुमान्, परशुराम, दुष्यन्त अथवा किसी भयभीत व्यक्ति के समान सहृदय द्वारा कायिक चेष्टाएँ करने का प्रश्न ही उपस्थित नहीं होता, यद्यपि मानसिक रूप से वह ऐसा कर रहा होता है। शेष रहा आलम्बन-विभाव का दूसरा पक्ष, अर्थात् आलम्बन तथा उसकी बाह्य चेष्टाएँ

1. दण्डकारण्य के चित्र को देख कर राम सीता से कहते हैं–'यह वह स्थान है जहाँ तुम बिस के समान अपने सुकोमल एवं शिथिल अंगों को मेरे वक्ष पर रख कर निद्रा को प्राप्त हो गयी थी।'

एवं आन्तरिक व्यापार, शास्त्रीय शब्दावली में कहें तो क्रमशः उद्दीपनविभाव और संचारिभाव। इस पक्ष की प्रतिमूर्ति भी हमारे मन में ही अंकित होती जाती है, क्योंकि मनःस्थिति के अनेक तथा एक-दूसरे से भिन्न कक्षों (compartments) का स्वीकार किया जाना नितान्त सम्भव है। इस प्रकार **सहृदय का स्थायिभाव सहृदयनिष्ठ ही विभाव, अनुभाव और संचारिभाव के संयोग से अभिव्यक्त होता है।**

निष्कर्षतः

1. किसी असाधारण (विशेष) पदार्थ का साधारण (सामान्य) रूप में गृहीत होना साधारणीकरण व्यापार कहाता है।
2. काव्य-नाटक में साधारणीकरण विभावादि के सम्मिश्रित क्रिया-कलाप का समस्त घटना-चक्र का होता है।
3. इस व्यापार के द्वारा सहृदय अपने समस्त पूर्वाग्रहों से विमुक्त हो जाता है।
4. साधारगीकरण रसास्वाद में भूमिका का कार्य करता है।
5. सहृदय का स्थायिभाव (साधारणीकरण के पृष्ठाधार पर) सहृदयनिष्ठ ही विभावादि का संयोग पाकर रसरूप में अभिव्यक्त हो जाता है।
6. रसात्मकता की मध्यम कोटि स्वीकार नहीं करनी चाहिए।

द्वितीय खण्ड

7. अलंकार-सिद्धान्त और रस

अलंकार-सिद्धान्त के तीन आचार्यों—भामह, दण्डी और उद्भट में से सर्वप्रमुख आचार्य भामह हैं। इनका अनुकरण दण्डी ने किया और इन दोनों का अनुकरण उद्भट ने। यद्यपि इन तीनों आचार्यों ने रस की महत्ता को स्वीकर किया है,[1] किन्तु फिर भी,इन्होंने रस आदि को स्वतन्त्र स्थान न देकर उन्हें 'अलंकार' में अन्तर्भूत करने का प्रयास किया है—

भामह, दण्डी और उद्भट तीनों आचार्यों ने 'रस', 'भाव', 'रसाभास एवं भावाभास' को क्रमशः रसवत्, प्रेयस्वत् और ऊर्जस्वि अलंकारों के नाम से अभिहित किया है, तथा उद्भट ने समाहित नामक अन्य अलंकार को 'भावशान्ति' का पर्याय माना है। भामह और दण्डी ने भी समाहित अलंकार का निरूपण किया है, पर उसका सम्बन्ध 'रस' के साथ खींचतान कर ही स्थापित किया जा सकता है।

दण्डी को यद्यपि भामह से और उद्भट को भामह और दण्डी दोनों से, इस विषय को प्रस्तुत करने में प्रेरणा मिली है, पर उदाहरणों की दृष्टि से दण्डी और उद्भट का यह निरूपण क्रमशः उत्तरोत्तर प्रबल है; और परिभाषाओं की दृष्टि से उद्भट इन सबसे आगे बढ़ गये हैं। उद्भट द्वारा प्रतिपादित परिभाषाएँ विषय को अत्यन्त स्पष्ट और विकसित रूप में प्रस्तुत करती हैं।

रसवद् आदि अलंकार (अलंकारवादियों के अनुसार)

रसवत् अलंकार—भामह के अनुसार रसवत् अलंकार की परिभाषा है—**रसवद् दर्शित-स्पष्टशृंगारादिरसम्** (का.अ. 3.6), अर्थात् रसवद् अलंकार उसे कहते हैं जहाँ शृंगार आदि रस स्पष्ट रूप से निर्दिष्ट किये गये हों। दण्डी के शब्दों में इस अलंकार की परिभाषा अत्यन्त सीधी-सादी और संक्षिप्त है—**रसवद् रसपेशलम्** (का.आ. 2.375), अर्थात् रस से सुन्दर कथन रसवद् अलंकार कहाता है।

1. देखिए आगे 'रस की महत्ता' (पृष्ठ 208)।

उद्भट ने भामह के ही शब्दों को अपनाते हुए उसमें रस के अवयव—भूत पाँच साधनों की ओर भी निर्देश कर दिया है—

रसवद्दर्शितस्पष्टशृङ्गारादिरसादयम् ।
स्वशब्दस्थायिसंचारिविभावाभिनयास्पदम् ।। का.स.सा. 4.3

अर्थात् रसवद् अलंकार वहाँ माना जाता है जहाँ शृंगार आदि रसों के स्वशब्द, स्थायिभाव, संचारिभाव, विभाव तथा अभिनय—इन पाँच अवयवों का स्पष्ट रुप से निर्देश किया गया हो। इन पाँच साधनों से स्थायी, संचारी और विभाव तो रससम्प्रदाय द्वारा स्वीकृत हैं, 'अभिनय' भरत-समस्त आंगिक आदि चार प्रकार के अभिनयों का पर्याय है। इस साधन की गणना से प्रतीत होता है कि उद्भट को या तो भरत के अनुसार केवल नाटक को ही रस का विषय मानना अभीष्ट है, काव्य के अन्य अंगों को नहीं; या फिर उद्भट के समय तक केवल नाटक को ही रस का विषय माना जाता रहा होगा। पाँचवाँ साधन है—'स्वशब्द'। प्रतिहारेन्दुराज की व्याख्या के अनुसार इसका अर्थ है शृंगारादि रसों, रत्यादि स्थायिभावों और औत्सुक्य आदि संचारिभावों की 'स्वशब्दवाच्यता'।[1] स्वयं उद्भट ने रसवत् अलंकार के उदाहरण में स्थायिभाव-वाची कन्दर्प (रति) और सचारिभाव-वाची औत्सुक्य, चिन्ता तथा प्रमोद (हर्ष) शब्दों का प्रयोग किया है।[2] रस के उदाहरणों में रस, भाव आदि शब्दों का प्रयोग, उद्भट के समय में, सम्भवतः अनुचित न माना जाता हो, जिसका कि आगामी आचार्यों ने खण्डन करते हुए इसे रस-दोष माना है।[3]

प्रेयस्वत् अलंकार—प्रेयः (प्रेयस्वत्) की परिभाषा भामह ने प्रस्तुत नहीं की। दण्डि-प्रस्तुत परिभाषा **'प्रेयः प्रियतराख्यानम्'** (का.आ. 2.275) को रसध्वनिवादियों द्वारा सम्मत 'भाव' के निकट खींचतान कर लाया जा सकता है। उद्भट की परिभाषा कहीं अधिक स्पष्ट और विषयानुकूल है—'अनुभाव आदि के द्वारा रति आदि स्थायिभावों का काव्य में कथन प्रेयस्वत् का विषय है।'[4] दूसरे शब्दों में, वह काव्य जिसमें स्थायिभावों को रसावस्था तक नहीं पहुँचाया गया, प्रेयस्वत् अलंकार कहाता है। निस्सन्देह रसध्वनि वादियों को ऐसे काव्य में ही 'भाव' की विद्यमानता अभीष्ट है, पर वहीं जहाँ 'भाव' अंगीभूत रूप में वर्णित न होकर अंगभूत रूप में वर्णित किया जाये।

ऊर्जस्वि अलंकार—ऊर्जस्वि अलंकार के भामह और दण्डी द्वारा प्रस्तुत उदाहरणों से प्रकट होता है कि इस अलंकार का सम्बन्ध केवल ऊर्जस्वि वचनों के कथन से है; रस और भाव सम्बन्धी किसी अनौचित्य से नहीं है।[5] दण्डि-प्रस्तुत परिभाषा—

1,2. का.सा.सं. (टीकाभाग), पृ. 53

3. का.प्र. 7.60

4. **रत्यादिकानां भावानामनुभावादिसूचनैः ।**
यत्काव्यं बध्यते सद्भिस्तत्प्रेयस्वदुदाहृतम् ।। का.सा.सं. 4.2

5. का.अ. 3.7; का.आ. 2.283-285

ऊर्जस्वि रूढाहंकारम्' (का.आ. 2.275) भी ऊर्जस्वि के वास्तविक स्वरूप अर्थात् रस और भाव के आभास को स्पष्ट शब्दों में प्रकट नहीं करती। पर उद्भट ने ऊर्जस्वि के इस रूप को अपनी परिभाषा और उदाहरण दोनों में निस्सन्देह स्पष्ट रूप में प्रस्तुत किया है—काम, क्रोध आदि कारणों से रसों और भावों का अनौचित्य रूप से प्रवर्त्तन ऊर्जस्वि अलंकार का विषय है।[1] उदाहरणार्थ, शिव जी के काम का वेग इतना बढ़ गया कि वे सन्मार्ग को छोड़ कर पार्वती को बलपूर्वक पकड़ने को उद्यत हो गये।[2]

उद्भट की यह परिभाषा रसध्वनिवादियों द्वारा सम्मत परिभाषा से मेल खाती है। अन्तर इतना है कि रसध्वनिवादी अंगभूत रसाभास-भावाभास को ऊर्जस्वि अलंकार मानते हैं और उद्भट अंगीभूत रसाभास-भावाभास को। ऐसा प्रतीत होता है कि भामह और दण्डी के समय में ऊर्जस्वि अलंकार का जो स्वरूप था, वह उद्भट के समय तक आते-आते रसध्वनिवादियों के उदीयमान प्रभाव के कारण बदल गया।

समाहित अलंकार—समाहित की परिभाषा में उद्भट ने रस, भाव, रसाभास और भावाभास की शान्ति को, इतनी अधिक शान्ति को, इस अलंकार का विषय माना है कि जिसमें (समाधि-अवस्था के समान) अन्य किसी रस, रसाभास आदि के अनुभावों की प्रतीति न हो।[3] रसध्वनिवादी आचार्यों और उद्भट की धारणा में यहाँ भी वही प्रधान अन्तर है, जिसका पीछे प्रयस्वत् और ऊर्जस्वि अलंकार के निरूपण में उल्लेख किया जा चुका है।

समाहित का अर्थ है एक भाव का परिहार अथवा शान्ति। 'समाधि' और 'समाहित' शब्दों में प्रत्यय-भेद के अतिरिक्त और कोई अन्तर नहीं है।[4] यही कारण है कि भामह और विशेषतः दण्डी द्वारा प्रस्तुत समाहित अलंकार का उदाहरण तथा दण्डिसम्मत इस अलंकार का लक्षण भी रसध्वनिवादी मम्मट के समाधि अलंकार का ही रूप प्रस्तुत करता है।[5] यदि अलंकारवादी आचार्य उद्भट ने इस अलंकार के निरूपण में भी भामह और दण्डी का अनुकरण न करके रसध्वनिवादियों का ही अनुकरण किया है, तो इसका श्रेय रस-सम्प्रदाय के वर्द्धमान प्रभाव को ही मिलना चाहिए।

उदात्त अलंकार—इस प्रसंग में उद्भट-प्रस्तुत उदात्त **अलंकार** का एक भेद भी अवेक्षणीय है, जिसमें उन्होंने और उनके ग्रन्थ के व्याख्याता प्रतिहारेन्दुराज ने अंगभूत

---

1. **अनौचित्यप्रवृत्तानां कामक्रोधादिकारणात्।**
   भावानां च रसानां च बन्ध ऊर्जस्वि कथ्यते।। का.सा.सं. 4.5
2. **तथा कामोऽस्य ववृधे यथा हिमगिरेः सुताम्।**
   संग्रहीतुं प्रववृते हठेनापास्य सत्पथम्। का.सा.सं. 4.5
3. **रसभावतदाभासवृत्तेः प्रशमबन्धनम्।**
   अन्यानुभावनिश्शून्यरूपं यत्तत् समाहितम्।। का.स.सं. 4.7
4. (क) सम्+आङ्+धा+क्त = समाहित।
   (ख) सम्+आङ्+धा+क्तिन्= समाधि।
5. का.अ. 3.10; का.आ. 2.298-299; का.प्र. 10.112 (सूत्र), 534 (पद्य-संख्या)

रसादि को द्वितीय उदात्त अलंकार के अन्तर्गत सम्मिलित किया है।[1] उनके इस कथन का अनुमोदन आगे चलकर अलंकार-सर्वस्व के प्रणेता रुटयक ने भी किया है—

यत्र यस्मिन् दर्शने वाक्यार्थीभूता रसादयो रसवदाद्यलंकाराः, तत्रांगभूत- रसादिविषये द्वितीय उदात्तालंकारः। —अलं. सर्व., पृ. 233

(जहाँ रस आदि अंगीभूत अर्थात् प्रधान रूप में वर्णित हों, वहाँ रसवद् आदि अलंकार मानने चाहिए, और जहाँ रस आदि अंगभूत अर्थात् गौण रूप में वर्णित हों, वहाँ द्वितीय उदात्त अलंकार मानना चाहिए।)

उपर्युक्त विवेचन का निष्कर्ष यह है कि अलंकारवादी आचार्य—

(1) **अंगीभूत रस, भाव, रसाभास-भावाभास और भावशान्ति को क्रमशः रसवद्, प्रेयस्वत्, ऊर्जस्वि और समाहित अलंकारों से अभिहित करते हैं, और**

(2) **अंगभूत रसादि को द्वितीय उदात्त अलंकार से।**

रसवादियों द्वारा अलंकारवादियों का खण्डन

अलंकारवादी आचार्यों का दृष्टिकोण रसध्वनिवादी आचार्यों के दृष्टिकोण से नितान्त भिन्न है। अलंकारवादियों के मत में काव्य के सभी अंग—गुण, रीति, वृत्ति, रस आदि—इसके शोभाकारक धर्म हैं, और ये सभी धर्म 'अलंकार' नाम से अभिहित होते हैं।[2] सम्भवतः, इनसे प्रभावित होकर रीतिवादी वामन ने अलंकार को न केवल सौन्दर्यजनक धर्म कहा; अपितु 'सौन्दर्य' को भी अलंकार की संज्ञा दी। निष्कर्ष यह कि अलंकारवादी आचार्य 'अलंकार' को काव्य का 'सर्वेसर्वाः' मानते हैं। पर इधर रसवादी इसे सौन्दर्यवर्द्धन का साधन-मात्र कहते हैं। इनके मत में इसका साध्य रस है। सौन्दर्यवर्द्धन की प्रक्रिया इस प्रकार है—अलंकार प्रत्यक्ष रूप से शब्दार्थ रूप शरीर को शोभित करते हुए भी मूलतः रसरूप आत्मा का ही उपकार (शोभावर्द्धन) कहते हैं। किन्तु यह नितान्त आवश्यक नहीं कि वे इसका उपकार सदा ही करें, कभी नहीं भी करते। दृष्टिकोण की यही विभिन्नता ही रस को इधर गौण स्थान और उधर प्रधान स्थान देने का प्रमुख कारण है।

उपर्युक्त दृष्टिकोण रसवदादि अलंकारों और रस, भाव आदि के पारस्परिक सम्बन्ध पर भी घटित होता है। रसवादी रस, भाव रसाभास-भावाभास और भावशान्ति को क्रमशः रसवद्, प्रेयस्वत्, ऊर्जस्वि और समाहित अलंकारों से तभी अभिहित

---

6. **उदात्तमृद्धिमद्वस्तु चरितं च महात्मनाम्।**
उपलक्षणता प्राप्तं नेतिवृत्तत्वमागतम्।।
———— यत्र च रसास्तात्पर्येणाऽवगम्यन्ते तत्र तेषां ———— रसवदलंकारो भवति।
('उवाच च यतः क्रोडे' इत्याद्युदात्तालंकारोदाहरणे) कुतोऽत्र रसवदलंकारगन्धोऽपि।
तदुक्तम् उपलक्षणतां प्राप्तमिति। —का.सा.सं. 4.8 (वृत्ति)

2. काव्यशोभाकरान् धर्मान् अलंकरान् प्रचक्षते। (दण्डी, काव्यादर्श, 2.1)

करते हैं जब ये अंगी (प्रधान) रूप से वर्णित न हो कर अंग (गौण) रूप से वर्णित किये गये हों।[1] यही कारण है कि प्रायः सभी रसवादी आचार्य इन अलंकारों को गुणीभूतव्यंग्य-काव्य के 'अपरस्यांग' नामक भेद के अन्तर्गत निरूपित करते हैं; न कि चित्र-काव्य के अनुप्रास, उपमा आदि अलंकारों के साथ। रसध्वनिवादियों द्वारा अंगभूत रसादि को रसवदादि अलंकारों में अन्तर्भूत कर लेने पर उद्भट-सम्मत द्वितीय उदात्तालकार-सम्बन्धी आधार भी स्वतः अमान्य सिद्ध हो जाता है।[2]

इस प्रकार रसवादी आचार्य अलंकारवादियों की इस धारणा से किसी भी स्थिति में सहमत नहीं हैं कि अंगीभूत रसादि को अलंकारों के अन्तर्गत माना जाये। इनके मत में रसादि अलकार्य हैं और उपमादि अलंकार। अलंकार का कार्य है अलंकार्य को चमत्कृत करना। यदि रसादि को ही अलंकार मान लिया जाये, तो फिर वह किस के चारुत्व को बढ़ाते हैं। भला कोई स्वयं अपना भी कभी चारुत्व-हेतु हो सकता है।[3] अतः अलंकार तो अलंकार्य (रस) से सदा भिन्न ही रहेगा।[4]

रस एवं ध्वनिवादियों के अनुसार उपर्युक्त विवेचन का सार–

1. जिन स्थलों में रस, भाव आदि आठों, अंगी (प्रधान) रूप में, वर्णित रहते हैं वहाँ उन्हें क्रमशः रस, भाव आदि नामों से पुकारा जाता है।
2. किन्तु जिन स्थलों में रस, भाव आदि आठों, अंग (गौण) रूप में वर्णित रहते हैं, अर्थात् जहाँ वे अंगीभूत (प्रधान) रस का उपकार करते हैं, वहाँ उन्हें अलंकार नाम से इस प्रकार पुकारा जाता है–
   (क) अंगभूत रस को रसवद् अलंकार,
   (ख) अंगभूत भाव को प्रेयस्वद् अलंकार,
   (ग) अंगभूत रसाभास और भावाभास को ऊर्जस्वि अलंकार,
   (घ) अंगभूत भावशान्ति को समाहित अलंकार, और
   (ङ) अंगभूत भावोदय, भावशान्ति और भावशबलता, इन तीनों को क्रमशः भावोदय आदि अलंकार।

उक्त दोनों वर्गों के आचार्यों के दृष्टिकोण को समझने के लिए ध्यातव्य है कि किसी भी काव्य से, यथा अभिज्ञानशाकुन्तल से, गृहीत–

---

1. **प्रधानेऽन्यत्र वाक्यार्थे यत्राङ्गन्तु रसादयः।**
   काव्ये तस्मिन्नलंकारो रसादिरिति मतिः।। (ध्वन्या. 2.5)
2. **रसादीनामङ्गित्वे रसवदाद्यलंकारः, अंगत्वे तु द्वितीयोदात्तालंकारः, तदपि परास्तम्।** (सा.द. 10.97 वृत्ति)
3. **यत्र च रसस्य वाक्यार्थीभावस्तत्र कथमलंकारत्वम्। अलंकारो हि चारुत्वहेतुप्रसिद्धः।**
   न त्वसावात्मैवाऽऽत्मनश्चारुत्वहेतुः। (ध्वन्या. 2.5 वृत्ति)
4. **रसभावतदाभासभावशान्त्यादिरक्रमः।**
   भिन्नो रसाद्यलंकारादलंकार्यतया स्थितः।। (का. प्र. 4.26)

(1) अंगीभूत शृंगार रस का कोई भी स्थल अलंकारवादियों के अनुसार तो रसवद् अलंकार माना जायेगा, पर रस एवं ध्वनिवादियों के अनुसार इसे शृंगार रस ही कहा जायेगा।

(2) किन्तु इसी नाटक से गृहीत अंगभूत वीर, वात्सल्य आदि रसों के उदाहरणों को अलंकारवादियों के मत में द्वितीय उदात्त अलंकार माना जायेगा, पर रस एवं ध्वनिवादियों के अनुसार इन्हें 'रसवद् अलंकार' नाम दिया जायेगा।

कुन्तक द्वारा अलंकारवादियों का खण्डन–

रसध्वनिवादियों के उपर्युक्त निष्कर्ष से वक्रोक्तिवादी कुन्तक पूर्ण रूप से सहमत हैं, किन्तु निम्नोक्त भिन्न आधार पर। भामह, दण्डी और उद्भट के उपर्युक्त मत का खण्डन करते हुए रसवादियों के समान उन्होंने भी रस आदि को अलंकार का विषय नहीं माना। इस सम्बन्ध में उन्होंने दो प्रमुख तर्क उपस्थित किये हैं–

–पहला तर्क यह कि रस अलंकार्य है। उसे रसवदादि अलंकार मान लेने पर अपने में ही क्रिया का विरोध हो जायेगा–अलंकार्य भला अपना अलंकरण क्या करेगा? क्या कभी कोई अपने कन्धे पर स्वयं भी चढ़ सकता है।[1] वस्तुतः रस से, अपने स्वरूप के अतिरिक्त, किसी अन्य (अलंकार आदि) तत्त्व की प्रतीति नहीं हो सकती, फिर उसे अलंकार कैसे मान लिया जाये?

–इस सम्बन्ध में कुन्तक का दूसरा तर्क यह है कि 'रसवदलंकार' इस पद के शब्दार्थ की संगति नहीं बैठती। इस पद के दो विग्रह सम्भव हैं–(क) रस जिसमें रहता है, वह रसवत्; उस रसवत् का अलंकार= रसवदलंकार। (ख) जो रसवान् भी है और अलंकार भी= रसवदलंकार।[2] पर ये दोनों विग्रह रस (अलंकार्य) को अलंकार सिद्ध करने में संगत नहीं हो सकते–

अलंकारो न रसवत् परस्याऽप्रतिभासनात्।
स्वरूपादतिरिक्तस्य शब्दार्थासंगतेरपि।। वा.जी. 3.11

किन्तु कुन्तक अलंकारवादियों का खण्डन करते हुए भी रसवत् अलंकार के स्वरूप के विषय में रसवादियों से सहमत नहीं है कि अंगभूत रस को इस अलंकार की संज्ञा दे दी जाये। उन्होंने यहाँ एक नितान्त नवीन धारणा प्रस्तुत की है। 'रसवत्' का उन्होंने सीधा सा अर्थ लिया है–जो अलंकार (आह्लाद की दृष्टि से) रस के तुल्य रहता है, उसे 'रसवत्' अलंकार कहते हैं। अलंकार की यह स्थिति तभी सम्भव है, जब रसवत्ता के विधान से वह सहृदयों को आह्लाद प्रदान करने का कारण बन जाये–

---

1. **शरीरं चेदलंकारः किमलंकुरुते परम्।**
आत्मैव नात्मनः स्कन्धं क्वचिदप्यधिरोहति।। व.जी. 1.13

2. **(क) रसो विद्यते तिष्ठइति यस्येति मत्प्रत्यये विहिते तस्यालंकार इति षष्ठीसमासः क्रियते।**
(ख) रसवांश्चासावलंकारश्चेति विशेषणसमासो वा। –व.जी., पृष्ठ 347

रसेन वर्त्तते तुल्यं रसवत्त्वविधानतः।

यो अलंकारः स रसवत् तद्विदाह्लादनिर्मितेः।। व.जी. 3.15

और इसी समानता के कारण उन्होंने रसवत् अलंकार को सब अलंकारों का 'जीवित' स्वीकार किया है–

यथा स रसवन्नाम सर्वालंकारजीवितम्। व.जी. 3.14

कुन्तक का अभिप्राय यह है कि उपमादि अलंकार यदि केवल कोरी कल्पना की ही सृष्टि करते हैं, तब तो वे (साधारण) अलंकार मात्र हैं; पर जब वे विशिष्ट चमत्कारयुक्त विषय-सामग्री को–इतनी विशिष्ट कि जो 'रसवत्ता' के ही निकट पहुँच जाती है–प्रस्तुत करके सहृदयों को आह्लादित करते हैं तो वहाँ वही उपमादि अलंकार 'रसवदलंकार' नाम से पुकारे जाते हैं–

यथा रसः काव्यस्य रसवत्तां तद्विदाह्लादं च विदधाति एवमुपमादिरन्तुभयं निष्पादयन् भिन्नो रसवदलंकारः सम्पद्यते। –व.जी. 3.16

निष्कर्ष यह कि कुन्तक के मत में–

(1) उपमादि अलंकार सामान्य स्थिति में तो अपने-अपने नामों से पुकारे जाते हैं।

(2) परन्तु जब वे सरस रचना के तुल्य आह्लाद-दायक सामग्री प्रस्तुत करते हैं, तब वे 'रसवदलंकार' नाम से अभिहित होते हैं।

(3) रसवदलंकार रस के तुल्य आह्लादक होने के कारण सब अलंकारों का जीवित (सर्वोत्तम अलंकार) है; पर साक्षात् रस नहीं है।

(4) उल्लेख्य है कि कुन्तक ने उपर्युक्त विग्रह के आधार पर रसवत् अलंकार के विषय में जो नवीन धारणा उपस्थित की है, वह 'प्रेयस्वत्' आदि अन्य तीन अलंकारों के विषय में उपस्थित नहीं की। कारण यह हो सकता है कि 'प्रेयस्वदलंकार' आदि पदों का विग्रह अथवा शाब्दिक अर्थ उनकी धारणा पर इतना चरितार्थ नहीं हो सकता जितना कि 'रसवदलंकार' का उपर्युक्त विग्रह। किन्तु फिर भी, इन अलंकारों के विषय में भी उन्हें यही धारणा अभीष्ट होगी, इसमें नितान्त सन्देह नहीं है।

कुन्तक की उक्त धारणा मौलिक और नवीन होते हुए भी हमारी दृष्टि में मनस्तोषक नहीं है। प्रथम तो कोरा अलंकार-प्रयोग जो किसी भी (वस्तु, अलंकार अथवा रस के) चमत्कार का प्रदर्शन नहीं करता, 'काव्य' संज्ञा से अभिहित होने का वास्तविक अधिकारी नहीं है; और दूसरे, यदि चमत्कार-प्रदर्शक अतएव सहृदयाह्लादक अलंकार-प्रयोगों को 'रसवदलंकार' से अभिहित किया जायेगा, तो शुद्ध रस के उदाहरण नितान्त दुर्लभ हो जायेंगे। जिस किसी भी काव्य-स्थल में अलंकार के सैकड़ों भेदोभेदों में से किसी भी एक भेद के कारण चमत्कारोत्पादन होगा, वहीं 'रसवदलंकार' की ही स्वीकृति प्रकारान्तर से यह धारणा मानने को बाध्य कर देती है कि शुद्ध रस का स्थल अलंकार-प्रयोग-रहित होना चाहिए।

वस्तुतः, अलंकारवादियों का मत रसवादियों से केवल बाह्य रूप से ही भिन्न है; आन्तरिक रूप से नहीं। अन्तर केवल संज्ञा-भिन्नता का है—(क) अंगीभूत रस, भाव आदि को वे रस, भाव आदि नामों से न पुकार कर वे 'रसवदलंकार' नाम से पुकारते हैं, और अंगभूत रसादि को 'द्वितीय उदात्त अलंकार' नाम से; (ख) और इधर, रस-ध्वनि वादी आचार्य अंगीभूत रसादि को अलंकार की संज्ञा देने के पक्ष में नहीं हैं, अंगभूत रसादि को भले ही ये रसवदादि अलंकार नाम से अभिहित कर लें।

इस प्रकार कुन्तक 'रसवदलंकार' की नवीन धारणा समुपस्थित करके हमारे विचार में अलंकारवादियों से भी एक पग पीछे हटे हैं; आगे नहीं बढ़े। अलंकार-जन्य काव्य-चमत्कार एवं काव्याह्लाद को रसवद् अलंकार मान लेना मनस्तोषक नहीं है।

रसवदादि अलंकारों की अपेक्षाकृत उत्कृष्टता

अब फिर, अपने मूल विषय पर आएँ—यद्यपि अलंकारवादी आचार्य अलंकारों के नाम से रस भाव आदि को रसवद्, प्रेयस्वद् अलंकार आदि अभिहित करते हैं, किन्तु रस की महत्ता को उन्होंने मुक्तकण्ठ से स्वीकृत किया है। अतः इस आधार पर यह माना जा सकता है कि ये आचार्य रसवद् आदि अलंकारों को उपमा आदि अन्य अलंकारों की अपेक्षा कुछ अंश तक उत्कृष्ट कोटि के शोभाकारक धर्म अवश्य मानते होंगे। आगे चल कर कुन्तक ने भी रसवत् अलंकार को अन्य अलंकारों का 'जीवित' मानकर इसकी उत्कृष्टता स्पष्ट शब्दों में घोषित की है।[1] ध्वनिवादी मम्मट आदि आचार्यों ने रसवदादि अलंकारों को उपमादि के साथ चित्र-काव्य में स्थान न देकर गुणीभूतव्यंग्य-काव्य के 'अपरस्यांग' नामक भेद के अन्तर्गत निरूपित करके प्रकारान्तर से इन्हें उपमादि की अपेक्षा उच्च कोटि का काव्य स्वीकृत किया है।

परन्तु इधर आगे चलकर विश्वनाथ ने 'अपरस्यांग गुणीभूतव्यंग्य' के प्रकरण में मम्मट-प्रस्तुत उदाहरणों के समकक्ष उदाहरण प्रस्तुत करते हुए भी रसवदादि अलंकारों को चित्रकाव्य के अन्तर्गत उपमादि अलंकारों के साथ निरूपित किया है और प्रकारान्तर से इन्हें सम-कोटि के ही अलंकार माना है। इस सम्बन्ध में विश्वनाथ द्वारा प्रस्तुत विचार-विमर्श अवेक्षणीय है—

रसवद् आदि को अलंकारत्व के साथ सम्बद्ध करने के विषय में चार विकल्प सम्भव हैं—

(क) रसवदादि अलंकार नहीं हैं;

(ख) रसवदादि को गौण रूप से अलंकार कहना चाहिए;

(ग) रसवदादि को प्रधान रूप से अलंकार मानना चाहिए;

(घ) रसवदादि उपमा आदि के समकक्ष अलंकार हैं।

---

1. देखिए, पृष्ठ 211

इनमें से प्रथम तीन विकल्पों को विश्वनाथ ने अज्ञात आचार्यों के नाम से उद्धृत करके अन्त में चतुर्थ विकल्प को अपना मन्तव्य ठहराया है—

(क) अलंकार वे होते हैं जो वाच्य और वाचक (अर्थ और शब्द) की शोभा को उत्पन्न करते हुए रसादि के उपकारक हों[1] पर रस, भाव आदि तो शब्द और अर्थ के उपकार्य हैं, उपकारक नहीं हैं; अतः वे (अंगरूप से वर्णित किये जाने पर भी) अलंकार नहीं हो सकते।[2]

(ख) रसवदादि को उपमादि के समान मुख्य रूप से न सही, पर गौण रूप से तो अलंकार मानना ही चाहिए, क्योंकि अंगभूत रसादि भी अंगीभूत रसादि का उपकार ही करते हैं।[3]

(ग) यदि अलंकार का प्रमुख उद्देश्य रसोपकारत्व है, तब तो केवल रसवदादि को ही अलंकार कहना चाहिए। उपमा, रूपक आदि को अलंकार कहना तो ऐसे ही व्यर्थ है जैसे बकरी के गले में लटकते हुए मांसखंड को स्तन कहना।[4]

पर विश्वनाथ को न तो रसवदादि को अलंकार न मानना अभीष्ट है; न वे इन्हें गौण रूप से अलंकार मानते हैं, और न केवल रसवदादि को ही अलंकार मानना उन्हें स्वीकृत है। वे उन्हें उपमादि अलंकारों के समकक्ष अलंकार मानते हैं। उनका तर्क है कि—

—अलंकार का अलंकारत्व केवल रसोपकार पर निर्भर नहीं है। रसोपकार तो वाचक आदि— पद, पदांश, वाक्य, अर्थ आदि—भी करते हैं; पर इन्हें अलंकार नहीं कहा जाता।[5]

—वस्तुतः, अलंकार का अलंकारत्व, शब्द और अर्थ के उपकार के माध्यम से, रस के उपकार करने में निहित है। यह धारणा जैसे उपमादि अलंकारों पर घटित होती है, वैसे रसवदादि अलंकारों पर भी घटित होती है। इस स्थिति में **अंगभूत रसादि अपने व्यंजक शब्द और अर्थ से स्वयं उपकृत होकर, प्रधान रस के व्यंजक शब्द और अर्थ के उपकार के द्वारा प्रधान रस का उपकार करते हैं,**[6] न कि शब्द और अर्थ का उपकार किये बिना। एक उदाहरण लीजिए—

---

1. सा.द. 10.1
2. **केचिदाहुः—वाच्यवाचकारूपालंकरणमुखेन रसाद्युपकारका एवालंकाराः। रसादयस्तु वाच्यवाचकाभ्यामुपकार्या एवेति न तेषामलंकारता भवितुं युक्ताः।** —सा.द. 10.97-क (वृत्ति)
3. **अन्ये तु— रसाद्युपकारमात्रेणेहालंकृतिव्यपदेशो भाक्तश्चिरन्तनप्रसिद्ध्यांगीकार्य एव।** (वही)
4. **अपरे च— रसाद्युपकारमात्रेणलंकारत्वं मुख्यतो रूपकादौ तु वाच्याद्युपधानम् अजागलस्तनन्यायेन।** (वही)
5. **यदि च रसाद्युपकारमात्रेणालंकृतित्वं तदा वाचकादिष्वपि तथा प्रसज्येत।**
6. **अभियुक्तास्तु— स्वव्यंजकवाच्यवाचकाद्युपकृतैरंगभूतै रसादिभिरंगिनो रसादेर्वाच्यवाचकोपस्कार-द्वारेणोपकुर्वद्भिरलंकृतिव्यपदेशो लभ्यते।** (वही)

अयं स रशनोत्कर्षी पीनस्तनविमर्दनः।
नाभ्यूरुजघनस्पर्शी नीवीविस्रंसन करः।।[1]

विश्वनाथ के शब्दों में इस पद्य में अंगभूत शृंगार रस अपने व्यंजक शब्दार्थ से उपकृत होकर अंगीभूत (प्रधान) करुण रस के व्यंजक शब्दार्थ के उपकार के द्वारा उस प्रधान (करुण) रस का उपकार करता है, न कि (माधुर्य आदि गुणों के समान) रस का साक्षात् उपकार करता है। तात्पर्य यह कि उक्त पद्य में यद्यपि शृंगार रस चमत्कारपूर्ण है, किन्तु वह करुण रस का अंग बनकर उसका पोषक है, अतः यहाँ रसवत् अलंकार है।

विश्वनाथ द्वारा अलंकार की परिभाषा को रसवदादि अलंकारों पर घटित करने का यह प्रयास निस्सन्देह स्तुत्य है; किन्तु यदि देखा जाये तो ये अलंकार उपमा आदि अलंकारों की अपेक्षा एक पग और आगे बढ़े हुए हैं। रसवद् आदि अलंकारों के उदाहरणों में रसादि में से किसी एक को गौण बनकर ही अन्य प्रधान रस के शब्दार्थ के उपकार द्वारा उसका उपकार करना पड़ता है, पर उधर उपमा आदि अलंकारों द्वारा रसादि के गौण होने का प्रश्न ही उपस्थित नहीं होता। अतः रसवदादि अलंकार उपमादि अलंकारों की अपेक्षा उच्च कोटि पर अवस्थित हैं। इसी कारण हमारे विचार में इन्हें विश्वनाथ के मतानुकूल चित्र-काव्य का विषय न मानकर, मम्मट के मतानुकूल गुणीभूतव्यंग्य-काव्य का ही विषय मानना अधिक तर्कसंगत एवं युक्तियुक्त प्रतीत होता है।

---

1. महाभारत के युद्ध में भूरिश्रवा के, कट कर अलग पड़े हुए, हाथ को देखकर उसकी पत्नी का विलाप— 'यह वह हाथ है, जो (सम्भोगावसर पर) करधनी को खींचा करता था; पीनस्तनों का विमर्दन करता था; नाभि, ऊरु, जघन का स्पर्श करता था और नीवी-बन्धन को खोला करता था।

8. ध्वनि-सिद्धान्त और रस

ध्वनि-सिद्धान्त के प्रवर्त्तक आचार्य आनन्दवर्धन माने जाते हैं और ध्वनि-निरूपक प्रमुख आचार्य हैं—मम्मट तथा जगन्नाथ। यों तो रसवादी विश्वनाथ ने भी अपने ग्रन्थ में ध्वनि-प्रकरण को स्थान दिया है, तथा हेमचन्द्र, विद्याधर और विद्यानाथ ने भी ध्वनि का निरूपण किया है, पर उनके इन स्थलों में विशेष नवीनता नहीं है।

मम्मट और जगन्नाथ ने आनन्दवर्धन के अनुकरण में ध्वनि के एक भेद 'असंलक्ष्यक्रमव्यंग्य' के अन्तर्गत रस, भाव आदि का प्रतिपादन किया है, पर विश्वनाथ ने रसादि को उक्त ध्वनि-भेद का समानार्थक स्वीकार करते हुए भी रसादि का विस्तृत निरूपण ध्वनि-प्रकरण से पूर्व ही प्रस्तुत किया है। सम्भवतः इसका कारण यह है कि विश्वनाथ ने ध्वनि के स्थान पर रस को काव्य की आत्मा के रूप में स्वीकृत किया है।

रस : ध्वनि का एक भेद—रस, भाव, रसाभास, भावाभास आदि को ध्वनि का एक भेद स्वीकृत करने में आनन्दवर्धन का प्रमुख तर्क यह है कि रसादि की अनुभूति व्यंजना वृत्ति (ध्वनि) द्वारा होती है; न कि अभिधा वृत्ति द्वारा।[1] अतः ये वाच्य न होकर व्यंग्य ही हैं—

—इस तर्क की पुष्टि में एक प्रमाण तो यह है कि 'किसी भी रचना में विभावादि की परिपक्व सामग्री के अभाव में रस, स्थायिभाव और विभावादि, अथवा इनके विभिन्न प्रकारों में से एक अथवा अनेक काव्य-तत्त्वों का नामोल्लेख मात्र कर देने से रसानुभूति नहीं हो जाती।'[2] उदाहरणार्थ—

(क) **तामुद्वीक्ष्म कुरंगाक्षीं रसः नः कोऽप्यजायत।**
(उस मृगाक्षी को देख के हम में विचित्र-सा रस उत्पन्न हो गया।)

(ख) **चन्द्रमण्डलमलोक्य शृङ्गारे मग्नमन्तरम्।**
(शशि-मण्डल को देखते ही मन शृङ्गार में मग्न हो गया।)

---

1. **रसादिलक्षणः प्रभेदो वाच्यसामर्थ्यक्षिप्तः प्रकाशते, न तु साक्षाच्छब्दव्यापारविषय इति वाच्याद् विभिन्न एव।** —ध्वन्या. 1.4 (वृत्ति)
2. **न हि शृङ्गारादिशब्दमात्रभाजि विभावादिप्रतिपादनरहिते काव्ये मनागपिसवत्त्वप्रतीतिरस्ति।** —ध्वन्या. 1.4 (वृत्ति)

(ग) **अजायत रतिस्तस्यास्त्वयि लोचनगोचरे।**
(जब उसने तुझे देख लिया, तो उसके मन में रति जाग गयी।)

(घ) **जाता लज्जावती मुग्धा प्रियस्य परिचुम्बने।**
(जब प्रिय ने उसका मुख चूम लिया तो वह भोली-भाली प्रिया लज्जाशील हो गयी।)

उपर्युक्त वाक्यों में रस, शृंगार, रति और लज्जा शब्दों की विद्यमानता होने पर भी अलौकिक चमत्कारजनक रसादि की प्रतीति नहीं होती।

—इस तर्क की पुष्टि में दूसरा प्रमाण यह है कि 'विभावादि की संयुक्त सामग्री का व्यंजना (ध्वनि) द्वारा प्राप्य व्यंग्यार्थ ही रसानुभूति कराने में समर्थ है; न कि अभिधा द्वारा प्राप्य वाच्यार्थ।[1] उदाहरणार्थ, **'शून्य वासगृहं विलोक्य शयनादुत्थाय किंचिच्छनैः.....'**[2] इत्यादि शृंगाररस-युक्त रचना में विभावादि-सामग्री के संयोग की वाच्यार्थता चारुत्वोत्पादक नहीं है; अपितु नायक-नायिका के उल्लास और आवेग-पूर्ण प्रणय की प्रतीति-रूप व्यंग्यार्थ ही चमत्कार का कारण है। हाँ, वाच्यार्थ साधन अवश्य है; पर इसका साध्य तो व्यंग्यार्थ ही है।

रसध्वनि : ध्वनि का सर्वोत्कृष्ट भेद—ध्वनिवादियो के मतानुसार ध्वनि के प्रमुख दो भेद हैं—लक्षणामूला ध्वनि और अभिधामूला ध्वनि। लक्षणामूला ध्वनि के दो प्रमुख भेद हैं—अर्थान्तर-संक्रमित-वाच्य-ध्वनि और अत्यन्त-तिरस्कृत-वाच्य-ध्वनि। अभिधामूला ध्वनि के भी प्रमुख दो भेद हैं—असंलक्ष्यक्रमव्यंग्य अथवा रसादि ध्वनि (रस, भाव, रसाभास, भावाभास, भावोदय आदि आठ) और संलक्ष्यक्रमव्यग्य। मव्यंग्य के प्रमुख दो भेद हैं—वस्तु-ध्वनि और अलंकारध्वनि। इस प्रकार कुल मिलाकर ध्वनि के प्रमुख पाँच भेद हैं।[3] पर इन भेदों में से ध्वनिवादियों ने यत्र-तत्र अपने ग्रन्थों में रसादिध्वनि की न केवल सर्वोत्कृष्टता घोषित की है,[4] अपितु अन्य भेदों के चमत्कार को भी रसादिध्वनि पर अवलम्बित माना है।[5]

ध्वनिवादियों द्वारा प्रस्तुत रसादिध्वनि के उदाहरणों से यदि शेष चार ध्वनि-भेदों के उदाहरणों की तुलना की जाये तो रसादिध्वनि की उत्कृष्टता स्वतःसिद्ध हो जाती है। रसादिध्वनि के उदाहरणों में वाच्यार्थ के ज्ञान के पश्चात् व्यंग्यार्थ की प्रतीति के लिए सहृदय को क्षण भर के लिए भी रुकना नहीं पड़ता; पर शेष चार भेदों के उदाहरणों में व्यंग्यार्थ-प्रतीति के लिए सहृदय को कुछ न कुछ आक्षेप करना पड़ता

---

1. **यतश्च स्वाभिधानमन्तरेण केवलेभ्योऽपि विभावादिभ्यो विशिष्टेभ्यो रसादीनां प्रतीतिः। तस्मात्——— अभिधेयसामर्थ्याक्षिप्तत्वमेव रसादीनाम्। न त्वभिधेयत्वं कथंचित्।** —ध्वन्या. 1.4 (वृत्ति), पृष्ठ 27
2. देखिए पृष्ठ 95, पा.टि. 1
3. ध्वनि-भेदों के लिए देखिए पृष्ठ 88-89।
4. देखिए, आगे 'रस-महत्ता' प्रसंग।
5. **प्रतीयमानस्य चाऽन्यभेददर्शनेऽपि रसभावमुखेनैवापेक्षणं प्राधान्यात्।** ध्वन्या. 15 (वृत्ति)

है; जिसके लिए उसे कहीं अधिक अथवा कहीं थोड़े क्षणों के लिए अवश्य रुकना पड़ता है। उदाहरणार्थ–

(क) अर्थान्तरसंक्रमितवाच्यध्वनि के–

'मैं कठोर-हृदय राम हूँ, सब कुछ सहन करूँगा',[1] इस उदाहरण में 'राम' शब्द का **'दुःखतिशय-सहिष्णु' रूप ध्वन्यर्थ;**

(ख) अत्यन्ततिरस्कृतवाच्यध्वनि के–

'आप ने बहुत उपकार किया है, आपकी सुजनता के क्या कहने?'[2] इस उदाहरण में **'उपकार' का 'अपकार' रूप, और सुजनता का 'खलता' रूप ध्वन्यर्थ;**

(ग) वस्तुध्वनि (संलक्ष्यक्रमव्यंग्य) के–

'हे पथिक! इन उन्नत पयोधरों को देखकर यदि बिछौना आदि सुख-साधनों से रहित इस घर में रात बिताना चाहते हो तो रह जाओ',[3] इस उदाहरण में कामुकी ग्रामीणा का 'निमन्त्रण' रूप ध्वन्यर्थ; तथा

(घ) अलङ्कारध्वनि (संलक्ष्यक्रमव्यंग्य) के–

'हे सखि! प्रिय-सङ्गम के समय विश्रब्ध होकर सैकड़ों मधुर वचन बोल सकने के कारण तू धन्य है; पर मैं तो नितान्त संज्ञाहीन हो जाती हूँ',[4] इस उदाहरण में **'तू तो अधन्य है, पर मैं धन्य हूँ' यह व्यतिरेकालङ्कारमूलक ध्वन्यर्थ;**

–ये सभी, वाच्यार्थ-प्रतीति के तुरन्त बाद प्रतीत नहीं होते। इन उदाहरणों में व्यंग्यार्थ की प्रतीति के लिए कुछ क्षण अपेक्षित रहते हैं; और साथ ही अपनी ओर से कहीं-कहीं आक्षेप भी करना पड़ता है, परन्तु **'शून्य वासगृहं विलोक्य शयनाद्....बाला चिरं चुम्बिता'**[5] इत्यादि रसध्वनि के उदाहरणों में नायक-नायिका की प्रणयातिशय-रूप व्यंग्यार्थ-प्रतीति त्वरित और प्रायः बिना अधिक आक्षेप किये हो जाती है। वस्तुतः, रसध्वनि की सर्वोत्कृष्टता का यही प्रमुख कारण है।

इसके अतिरिक्त एक गौण कारण भी है–ध्वनि के अन्य भेदों के उदाहरण, 'रस' शब्द के व्यापक अर्थ में, रस, भाव आदि में से किसी-न-किसी के उदाहरण-स्वरूप, उपस्थित किये जा सकते हैं। उदाहरणार्थ–

---

1. स्निग्धश्यामलकान्तिलिप्त———— रामोऽस्मि सर्वं सहे। —ध्वन्या. 2.1 (वृत्ति)
2. उपकृतं बहु तत्र किमुच्यते सुजनता————। —का.प्र. 4.24
3. पथिक नात्र स्रस्तरमस्ति मनाक् प्रस्तरस्थले ग्रामे।
   उन्नतपयोधरं प्रेक्ष्य यदि वससि तद् वस।। —का.प्र. 4.58
4. धन्यासि या कथयसि प्रियसंगमेऽपि, विस्रब्धचाटुकशतानि रतान्तरेषु।
   नीवीं प्रति प्रणिहिते तु करे प्रियेण, सख्यः शपामि यदि किञ्चिदपि स्मरामि।। —का.प्र. 4.61
5. शून्यं वासगृहं विलोक्य शयनादुत्थाय किञ्चिच्छनै-
   र्निद्राव्याजमुपागतस्य सुचिरं निर्वर्ण्य पत्युर्मुखम्।
   विस्रब्धं परिचुम्ब्य जातपुलकामालोक्य गण्डस्थलीं
   लज्जानम्रमुखी प्रियेण हसता बाला चिरं चुम्बिता।। —का.प्र. 4.30

एवं वादिनि देवर्षौ पार्श्वे पितुरधोमुखी।
लीलाकमलपत्राणि गणयामास पार्वती।। ध्वन्याचं 2.22 (वृत्ति)

(हिमालय के आगे नारद मुनि द्वारा पार्वती के विवाह-प्रसङ्ग की चर्चा चलने पर पार्वती मुख नीचा करके लीला-कमल की पंखुड़ियाँ गिनने लगीं।)

आनन्दवर्धन द्वारा प्रस्तुत 'संलक्ष्यक्रमव्यंग्य-ध्वनि' के इस उदाहरण में 'लीला-कमल की पंखुड़ियाँ गिनना' वाच्यार्थ है, और अपस्मार अथवा 'लज्जा का आविर्भाव' व्यंग्यार्थ है। निस्सन्देह प्रथम और द्वितीय अर्थ की प्रतीति में थोड़े क्षणों का व्यवधान अवश्यम्भावी है; पर फिर भी, इस कथन को रसादिध्वनि में से 'भाव' (पूर्वराग विप्रलम्भ शृंगार-भाव) का उदाहरण बड़ी सरलता के साथ माना जा सकता है।

इसी प्रकार अर्थान्तरसंक्रमितवाच्यध्वनि और अत्यन्त-तिरस्कृतवाच्यध्वनि, वस्तुध्वनि, अलंकारध्वनि, के भेदों में भी रस, भाव, रसाभास, भावाभास, भावोदय, भावसन्धि, भावशबलता और भावशान्ति का अंश किसी-न-किसी रूप में निहित रहता है। इसी आधार पर रसध्वनि (रसादिध्वनि) की सर्वोत्कृष्टता स्वतः सिद्ध समझी जा सकती है। इतना ही नहीं; गुणीभूतव्यंग्य-काव्य और चित्र-काव्य के भी भेदोपभेदों में भी रसादि– ध्वनि का अंश किसी-न-किसी रूप में स्वीकृत किया जा सकता है।

किन्तु आनन्दवर्धन, फिर भी 'रसध्वनि' की सत्ता सर्वत्र स्वीकृत नहीं करते। उनके कथनानुसार 'असंलक्ष्यक्रमव्यंग्यध्वनि' अर्थात् रसादिध्वनि वहीं स्वीकृत करनी चाहिए, जहाँ विभाव, अनुभाव और व्यभिचारिभाव, ये तीनों, साक्षात् शब्द[1] से, अर्थात् स्पष्टतः, निवेदित हों, अन्यथा नहीं– **न चायमलक्ष्यक्रमव्यंग्यस्यैव ध्वनेर्विषयः। यतो यत्र साक्षाच्छब्दनिवेदितेभ्यः विभावानुभावव्यभिचारिभ्यो रसादीनां प्रतीतिः स तस्य केवलस्य मार्गः।** (ध्वन्या. 2.22, वृत्ति)

इस प्रकार आनन्दवर्धन ध्वनि (व्यंग्यार्थ) के तारतम्य के आधार पर विभिन्न काव्य-भेदों का नामकरण किसी विशेष काव्यतत्व की प्रधानता के आधार पर ही करते है।[2] उदाहरणार्थ, वस्तुध्वनि अथवा अलंकारध्वनि के उदाहरणों में यद्यपि रसादि में से कोई-न-कोई तत्त्व गौण रूप से ही सही, अवश्य विद्यमान रहता है, पर फिर भी इन्हें क्रमशः 'वस्तुध्वनि' और 'अलंकारध्वनि' ही कहा जायेगा। इन्हें 'रसादिध्वनि' नाम इसलिए नहीं दिया जाता, क्योंकि इनमें क्रमशः वस्तु अथवा अलंकार की व्यंजकता की ही प्रधानता रहती है, 'रसध्वनि' तो इनमें गौण रूप से ही होती है।

फिर भी, इतना अवश्य है कि काव्य के सभी प्रकारों–ध्वनि-काव्य, गुणीभूतव्यंग्य- काव्य और चित्र-काव्य–के सभी भेदोपभेदों में से केवल 'रसादि' नामक काव्यतत्त्व ही है, जोकि सर्वत्र, किसी-न-किसी रूप में, विद्यमान रहता है,

1. 'साक्षात् शब्द' से तात्पर्य यहाँ विभावादि की 'स्वशब्दवाच्यता' नहीं है।
2. प्राधान्येन व्यपदेशाः भवन्ति।

अन्य कोई ऐसा काव्य-तत्त्व नहीं है। इसी में ही रस (रसादि-ध्वनि) की महत्ता निहित है। इस ध्वनि-भेद की सर्वोत्कृष्टता का एक प्रमाण यह भी है।

इसके अतिरिक्त ध्वनिवादियों ने रस (रसध्वनि) की महत्ता एक अन्य रूप में भी उपस्थित की है। उन्होंने काव्य (शब्दार्थ) के सभी चारुत्व-हेतुओं—गुण, रीति और अलंकार—को रसध्वनि के साथ सम्बद्ध कर दिया है[1]—

चारुत्वहेतूनां विविधात्मनाम्।
रसादिपरता यत्र स ध्वनेर्विषयो मतः।। ध्वन्या. 24

(अर्थात्, जहाँ नाना प्रकार के शब्द और अर्थ तथा उनके चारुत्वहेतु—शब्दालंकार और अर्थालंकार—रसपरक अर्थात् रसादि के अंग होते हैं, वह ध्वनि का विषय है।) और परिणामतः—

—दण्डि-सम्मत वैदर्भ मार्ग के प्राणभूत 'गुण' अब रस के उत्कर्षक तत्त्व मान लिए गये।[2]

—वामन-सम्मत काव्य की आत्मरूप 'रीति' की सार्थकता अब रसादि की अभिव्यक्ति अथवा उपकर्त्री रूप में स्वीकार कर ली गयी।[3]

—यही स्थिति अलंकार की हुई। भामहादि अलंकारवादियों के अनुसार 'अलंकार' व्यापक अर्थ में प्रयुक्त होने के कारण काव्य का सर्वस्व तत्त्व था, किन्तु अलंकार अब शब्दार्थ के धर्म बन कर परम्परा-सम्बन्ध से रस के ही उपकारक मात्र घोषित कर दिये गये; और वह भी अनिवार्य रूप से नहीं।[4] इतना ही नहीं, जिन स्थलों में अलंकार-सौन्दर्य के आधिक्य के कारण 'व्यंग्यार्थ' अस्फुट बन कर रह जाये, वहाँ 'अलंकार' को 'चित्र-काव्य' अथवा 'अधम-काव्य' कह कर इसके प्रति अवहेलना प्रकट की गयी।

निष्कर्ष यह कि रस की सर्वोत्कृष्टता और महत्ता की सिद्धि में ध्वनिवादियो ने अपना पूर्ण बल लगा दिया, यहाँ तक कि 'दोष' की परिभाषा भी उन्होंने रस के अपकर्ष पर आधृत की,[5] और दोष के नित्यानित्य रूप को भी रस के अपकर्ष अथवा अनपकर्ष पर अवलम्बित किया।[6] धीरे-धीरे इस धारणा का परिणाम यह हुआ कि आगे चलकर विश्वनाथ ने रस को 'काव्य की आत्मा' के रूप में घोषित कर दिया। किन्तु ध्वनिवादियो को ध्वनि को ही काव्य की आत्मा मानना अभीष्ट था, क्योंकि उनकी दृष्टि में रस अपनी शास्त्रीय परिभाषा में परिबद्ध है, तथा वह व्यंग्यार्थ (ध्वनि) पर ही अवलम्बित है।[7]

---

1. देखिए आगे 'रस की महत्ता' प्रसंग, पृ. 208
2. का.प्र. 8.66
3. ध्वन्या. 3.6; सा.द. 9.1
4. का.प्र. 8.67
5. का.प्र. 7.49
6. ध्वन्या 2.11
7. विशेष विवरण के लिए देखिए 'रस की महत्ता' तथा 'काव्य की आत्मा'। (पृ. 546)

9. रस की महत्त

1. रस तथा अन्य काव्य-तत्त्व

[1]

भारतीय काव्यशास्त्र के सामान्य सर्वेक्षण से यह आपततः लक्षित हो जाता है कि आदि से अन्त तक जितना समादर रस नामक काव्य-तत्त्व को मिला, उतना किसी अन्य काव्य-तत्त्व को नहीं। कतिपय प्रमाण लीजिए–

(1) भरत को रस-तत्त्व का प्रवर्तक समझा जाता है। उन्होंने इसे नाटक के अनिवार्य धर्म के रूप में स्वीकार किया,[1] तथा कतिपय काव्य-तत्त्वों– अलंकार, गुण, दोष के रस-संश्रयत्व पर भी उन्होंने प्रकाश डाला।[2]

(2) अलंकारवादी आचार्यों– भामह, दण्डी और उद्‌भट ने यद्यपि रस, भाव आदि को रसवद्, प्रेयस्वद् आदि अलंकारों के नाम से अभिहित किया, तथापि उन्होंने अपने दृष्टिकोण से इसे समुचित समादर भी प्रदान किया–

(क) भामह और दण्डी ने इसे महाकाव्य के लिए 'एक आवश्यक तत्त्व' के रूप में स्वीकृत किया।[3]

(ख) भामह के अनुसार कटु ओषधि के समान कोई शास्त्र-चर्चा भी रस के संयोग से मधुवत् बन जाती है।[4]

---

1. (क) **एतद् रसेषु भावेषु सर्वकर्मक्रियासु च।**
सर्वोपदेशजननं नाट्यमेतद् भविष्यति।। ना.शा. 1.110
(ख) **बहुरसकृतमार्गं सन्धिसन्धानयुक्तम्।**
भवति जगति योग्यं नाटकं प्रेक्षकाणाम्।। वही, 17.123
2. **एवमेते ह्यलंकारा गुणाः दोषाश्च कीर्तिताः।**
प्रयोगमेषां च पुनः वक्ष्यामि रससंश्रयम्।। वही, 17.108
3. (क) **युक्तं लोकस्वभावेन रसैश्च सकलैः पृथक्।** का.अ. 1.21
(ख) **अलंकृतमसंक्षिप्तं रसभावनिरन्तम्।** का.आ. 1.18
4. **स्वादुकाव्यरसोन्मिश्रं शास्त्रमप्युपयुंजते।**
प्रथमालीढमधवः पिबन्ति कटु भेषजम्।। का.अ. 5.3

(ग) दण्डी का माधुर्य गुण 'रसवत्' ही है, तथा इसकी यह रसवत्ता मधुपों के समान सहृदयों को प्रमत्त बना देती है।[1]

(घ) दण्डी के 'माधुर्य' गुण का एक भेद वस्तुगत माधुर्य कहाता है, जिसका अपर नाम 'अग्राम्यता' है। दण्डी के शब्दों में यही अग्राम्यता काव्य में रस-सेचन के लिए सर्वाधिक शक्तिशाली अलंकार है।[2]

(ङ) इसके अतिरिक्त रुद्रट ने भी, जो एक ओर अलंकार-सिद्धान्त से और दूसरी ओर ध्वनि-सिद्धान्त से प्रभावित थे, रस को मुक्तकण्ठ से स्वीकार किया। भामह और दण्डी के समान इन्होंने भी रस को महाकाव्य के लिए आवश्यक तत्त्व माना।[3] प्रथम वार इन्होंने ही वैदर्भी, पांचाली आदि रीतियों, और मधुरा, ललिता आदि वृत्तियों के रसानुकूल प्रयोग का निर्देश किया,[4] तथा श्रृंगार रस का प्राधान्य स्वीकार किया।[5]

इसके अतिरिक्त रुद्रट ने रस के ही आधार पर काव्य और शास्त्र में एक स्पष्ट विभाजन-रेखा खींची है—'काव्य' में रस के लिए कवि को महान् प्रयत्न करना चाहिए, अन्यथा वह (नीरस) शास्त्र के समान उद्वेजक रह जायेगा।[6] इन्होंने रस के औचित्यपूर्ण प्रयोग करने पर भी बल दिया है। उनके कथनानुसार प्रसंगानुकूल रस के स्थान पर किसी अन्य रस का अनुचित प्रयोग अथवा प्रसंगानुकूल भी रस का निरन्तर (सीमातिशय) प्रयोग 'विरसता' दोष कहाता है।[7] स्पष्ट है कि रुद्रट का उक्त दृष्टिकोण परवर्ती रसवादियों के ही अनुकूल है।

3. रीतिवादी वामन के ग्रन्थ में यद्यपि रस का विवेचन नहीं किया गया, तथापि उनके द्वारा प्रस्तुत अर्थगत कान्ति गुण का लक्षण रस पर ही आधारित है—जहाँ रस दीप्त हों वहाँ कान्ति गुण माना जाता है।[8]

4. इन आचार्यों के पश्चात् ध्वनिवादी आचार्य आनन्दवर्धन ने ध्वनि को काव्य की आत्मा तथा रस को ध्वनि का एक भेद 'असंलक्ष्यक्रमव्यंग्यध्वनि' नाम से स्वीकृत करते हुए भी रस को ध्वनि का सर्वोत्कृष्ट रूप घोषित किया। यथा—

---

1. **मधुरं रसवद् वाचि, वस्तुन्यपि रसस्थितिः।**
   येन माद्यन्ति धीमन्तो मधुनेव मधुव्रताः।। का.आ. 1.51
2. **कामं सर्वोऽप्यलंकारो रसमर्थे निषिञ्जतु।**
   तथाप्यग्राम्यतैवैनः भारं वहति असा।। का.आ. 1.62
3. काव्यालंकार 16.1, 5

4,5. काव्यालंकार 14.37; 14.38

6. **तस्मात्तत्कर्तव्यं यत्नेन महीयसा रसैर्युक्तम्।**
   उद्वेजनमेतेषां शास्त्रवदेवाऽन्यथा हि स्यात्।। का.अ. 12.2
7. काव्यालंकार 11.12, 14
8. **दीप्तरसत्वं कान्तिः।** का.सू.वृ. 3.2.15
   इसके अतिरिक्त वामन ने 'यतिभ्रष्ट' नामक दोष के लक्षण में भी 'विरस' शब्द का प्रयोग किया है, किन्तु यहाँ 'रस' शब्द रोचकता का वाचक है, अपने विशिष्ट पारिभाषिक अर्थ का द्योतक नहीं है—**'विरसविरामं यतिभ्रष्टम्'** (का.सू.वृ. 2.2.3), अर्थात् अरुचिकर स्थलों में विराम-प्रयोग 'यतिभ्रष्ट' दोष कहाता है।

—वाच्यार्थों की बहुविध रचना रस के आश्रय से ही सुशोभित होती है।[1]

—यों तो व्यंग्यार्थ (ध्वनि) के कई भेद हैं, किन्तु रस, भाव आदि (नामक भेद) उनकी अपेक्षा कहीं (अधिक) प्रधान हैं।[2]

—रस के सम्पर्क से प्रचलित अर्थ उस प्रकार नूतन रूप में आभासित होने लगते हैं जिस प्रकार वसन्त के सम्पर्क से द्रुम।[3]

—रस, भाव आदि के विषय से सम्बद्ध रहकर ही वाच्य और वाचक की औचित्यपूर्वक (योजना होती है, और ऐसी) योजना करना महाकवि का मुख्य कर्म है।[4]

—इस व्यंग्य-व्यंजक भाव (अर्थात् ध्वनि-तत्त्व) के अनेक भेदों के होने पर भी कवि को केवल रसादिमय ध्वनि-काव्य में ही अवधानवान् रहना चाहिए।[5]

इसी प्रकार आनन्दवर्धन के प्रख्यात अनुकर्ता मम्मट ने भी रस को काव्य का सर्वोपरि प्रयोजन निदिष्ट किया।[6]

5. आनन्दवर्धन के बाद वक्रोक्तिवादी कुन्तक ने वक्रोक्ति को काव्य का 'जीवित' स्वीकार करते हुए भी रस को काव्य का अमृत एवं अन्तश्चमत्कार का वितानक मानते हुए प्रकारान्तर से इसे सर्वप्रमुख काव्य-प्रयोजन के रूप में घोषित किया।[7] उन्होंने उपसर्गगत और निपातगत पदवक्रता के प्रसंग में रस की चर्चा की,[8] प्रकरण-वक्रता और प्रबन्ध-वक्रता के लिए रस की अनिवार्यता का अनेक रूपों में निर्देश किया,[9]

---

1. **अवस्थादि-विभिन्नानां वाच्यानां विनिबन्धनम्।**
   भूम्नैव दृश्यते लक्ष्ये तत्तु भाति रसाश्रयात्।। ध्वन्या. 4.8
2. **प्रतीयमानस्य चान्यभेददर्शनेऽपि रसभावमुखेनैवोपलक्षण प्राधान्यात्।** ध्वन्या. 1.5 वृत्ति
3. **दृष्टपूर्वा अपि ह्यर्थाः काव्ये रसपरिग्रहात्।**
   सर्वे नवा इवाभान्ति मधुमास इव द्रुमाः।। ध्वन्या. 4.4
4. **वाच्यानां वाचकानां च यदौचित्येन योजनम्।**
   रसादिविषयेणैतत् कर्म मुख्यं महाकवेः।। ध्वन्या. 3.32
5. **व्यंग्यव्यंजकभावेऽस्मिन् विविधे सम्भवत्यपि।**
   रसादिमय एकस्मिन् कविः स्यादवधानवान्।। ध्वन्या. 4.5
6. **सकलप्रयोजनमौलिभूतं समनन्तरमेव रसास्वादनसमुद्भूतं विगलितवेद्यान्तरम् आनन्दम्।** का.प्र. 1 म. उ.
7. **चतुर्वर्गफलास्वादमप्यतिक्रम्य तद्विदाम्।**
   काव्यामृतरसेनाऽन्तश्चमत्कारो वितन्यते।। व.जी. 1.5
8. **रसादिद्योतनं यस्यामुपसर्गनिपातयोः।**
   वाक्यैकजीवितत्वेन साऽपरा पदवक्रता।। व.जी. 2.33
9. (क) **तथा, यथा प्रबन्धस्य सकलस्यापि जीवितम्।**
   भाति प्रकरणं काष्ठाधिरूढरसनिर्भरम्।।
   (ख) **अन्यूननूतनोल्लेखरसालंकरणोज्ज्वलः।**
   बध्नाति वक्रतोद्भेदभंगीमुत्पादिताद्भुताम्।।
   (ग) **यत्राङ्गिरसनिष्यन्दनिकषः कोऽपि लक्ष्यते।**
   पूर्वोत्तरसम्पाद्यः साङ्गादेः कापि वक्रता।।
   (घ) **इतिवृत्तान्यथावृत्तरससम्पदुपेक्षया।**
   रसान्तरेण रम्येण यत्र निर्वहणं भवेत्।।
   (ङ) **तत्रैव तस्य निष्पत्तेः निर्निबन्धरसोज्ज्वलाम्।**
   प्रबन्धस्यानुबध्नाति नवां कामपि वक्रताम्।। —व.जी. 4.4, 8, 10, 16, 21

और रसवत् अलंकार को 'सब अलंकारों का जीवित' कहते हुए प्रकारान्तर से रस की उत्कृष्टता मुक्तकण्ठ से स्वीकृत की।[1]

6. कुन्तक के पश्चात् इस दिशा में अग्निपुराणकार ने काव्य में रस की अनिवार्यता का संकेत करते हुए कहा कि जिस प्रकार लक्ष्मी त्याग (दान) के बिना शोभित नहीं होती, उसी प्रकार वाणी रस के बिना शोभित नहीं होती।[2]

रस के प्रति उक्त समादर-भाव अग्निपुराणकार के समय के आस-पास और भी अधिक उच्च रूप ग्रहण कर गया। अब रस को 'आत्मा' के पद पर आसीन कर दिया गया—**'वाग्वैदग्ध्यप्रधानेऽपि रस एवाऽत्र जीवितम्।'** अर्थात् काव्य में यद्यपि वाणी की विदग्धता की प्रधानता (अनिवार्यता) रहती है, किन्तु उसका जीवित (आत्मा) तो 'रस' ही है।

7. इसी प्रकार महिमभट्ट ने भी रस को सर्वसम्मति से ही काव्य की आत्मा स्वीकृत करने का निर्देश किया— **काव्यस्यात्मनि संगिनि....... रसादिरूपे न कस्यचिद् विमतिः।**[3]

8. इधर इसी बीच 'काव्यपुरुष-रूपक' भी पूर्णतः स्थिर हो चुका था—जिसके बीज दण्डी और वामन के समय में मिलना प्रारम्भ हो गये थे।[4] राजशेखर और उनके बाद विश्वनाथ ने इसी रूपक के अन्तर्गत काव्य को आत्मा रूप में घोषित किया,[5] और विश्वनाथ ने तो सर्वप्रथम अपना काव्य-लक्षण भी इसी मान्यता के आधार पर प्रस्तुत किया—**वाक्यं रसात्मकं काव्यम्।**[6]

2. रस : काव्य की आत्मा

किसी काव्य-तत्त्व को काव्य की आत्मा स्वीकृत करने के दो आधार सम्भव हैं। पहला आधार है उसी काव्य-तत्त्व में काव्य के अन्य तत्त्वों का अन्तर्भाव समझना, और दूसरा आधार है अन्य काव्य-तत्त्वों द्वारा इसी तत्त्व की पुष्टि समझना। निस्सन्देह दूसरा आधार अधिक मान्य है क्योंकि यह अपेक्षाकृत अधिक तर्कपूर्ण है। रस को काव्य की आत्मा स्वीकृत करने का एक कारण यह भी है कि आनन्दवर्धन और

---

1. यथा स रसवन्नम सर्वालकारजीवितम्।
   काव्यैकसारतां याति तथेदानीं विवेच्यते।। व.जी. 3.14
2. लक्ष्मीरिव विना त्यागान्न वाणी भाति नीरसा। अ.पु. 339.9
3. साहित्यदर्पण (प्रथम परिच्छेद) से उद्धृत।
4. दण्डी ने 'काव्य-शरीर' की ओर संकेत किया था तो वामन ने 'काव्यात्मा' की ओर—
   (क) शरीरं तावद् इष्टार्थव्यवच्छिन्ना पदावली। का.आ. 1.10
   (ख) रीतिरात्मा काव्यस्य। का.सू.वृ. 1.2.6
5. **काव्यस्य शब्दार्थौ शरीरम्, रसादिश्चात्मा, गुणाः शौर्यादिवत्, दोषाः काणत्वादिवत्, रीतयोऽवयवसंस्थानविशेषवत्, अलंकाराः कटककुण्डलादिवत् इति।** —सा.द., 1 म परि.
6. विश्वनाथ से पूर्व मम्मट ने भी गुण के लक्षण के प्रसंग में रस को काव्य की आत्मा मानने का संकेत रूपक का आश्रय लेते हुए, प्रकारान्तर से किया था। (देखिए पा.टि. 5-ख)

उनके अनुकर्त्ताओं—मम्मट और विश्वनाथ ने, तथा इनके परवर्ती संग्रहकर्त्ता आचार्यों ने, अन्य काव्य-तत्त्वों—अलंकार, गुण और रीति—को रस के साथ सम्बद्ध करते हुए इन्हें उसके पोषक रूप में प्रस्तुत किया। इन्होंने इन तीनों का लक्षण तो रस के आधार पर स्थिर किया ही, दोष का लक्षण भी 'रस' के अपकर्ष पर स्थिर किया—जहाँ दोष रस का अपकर्षक है वही वह दोष है, अन्यथा नहीं है।[1]

इस प्रकार हमने देखा कि पहले रस के प्रति समादर-भाव प्रकट किया गया, (2) पुनः रस के साथ अन्य काव्य-तत्त्वों का स्वरूप सम्बद्ध किया गया, और (3) अन्ततः उसे 'आत्मा' रूप में उद्घोषित कर दिया गया, और इस सबका एक मात्र कारण है कि रस अन्य तत्त्वों की अपेक्षा कहीं अधिक आन्तरिक तत्त्व है—यहाँ तक कि वह 'ध्वनि' के प्रमुख पाँच भेदों में से शेष चार भेदों की अपेक्षा भी कहीं अधिक आन्तरिक है।

किन्तु यह सब स्वीकार कर लेने पर भी रस को काव्य की आत्मा के रूप में नहीं माना जा सकता। इसका एक मात्र कारण यह है कि रस अपनी शास्त्रीय परिधि में सीमित एवं परिबद्ध है। विभाव, अनुभाव और संचारिभाव की परिपक्व स्थिति में ही इसकी सिद्धि सम्भव है, अन्यथा नहीं। 'आत्मा' शब्द से यहाँ अभिप्रेत है काव्यानन्द-प्राप्ति का अनिवार्य, अन्तरिक एवं व्यापक साधन। किन्तु रस एक तो 'काव्यानन्द' का वाचक होने के कारण साधन न होकर स्वयं साध्य अथवा सिद्धि है। और दूसरे, यदि आनन्दवर्धन के अनुसार रस को ध्वनि का एक भेद मानने के कारण इसे रसध्वनि का वाचक मानते हुए, साधन रूप में स्वीकार कर भी लें, तो भी रस (अथवा रसादि आठों) के अन्तराल में ध्वनि के अन्य भेदों—वस्तुध्वनि, अलंकार-ध्वनि आदि को, तथा इनके अतिरिक्त गुणीभूतव्यंग्य-काव्य तथा चित्र-काव्य को समाविष्ट नहीं कर सकते। इसका कारण उपर्युक्त है कि रस अपनी शास्त्रीय परिधि में सीमित है। अतः रस को काव्य की आत्मा स्वीकार नहीं करना चाहिए। इस निकष पर ध्वनि-तत्त्व ही खरा उतरता है, क्योंकि यह काव्य का अनिवार्य, आन्तरिक एवं व्यापक साधन है।[2] और यही कारण है कि निम्नोक्त सिद्धान्त सामान्यतः स्वीकार किया जाता है कि **जहाँ-जहाँ** रस है, वहाँ-वहाँ ध्वनि (व्यंग्यार्थ) अवश्य है, किन्तु जहाँ-जहाँ ध्वनि है, वहाँ रस भी हो, यह आवश्यक नहीं है।

---

1. **(क) उपकुर्वन्ति तं सन्तं येऽङ्गद्वारेण जातुचित्।**
   हारादिवदलंकारास्तेऽनुप्रासोपमादयः।। का. प्र. 8.67
   (ख) ये रसस्याङ्गिनो धर्माः शौर्यादय इवात्मनः।
   उत्कर्षहेतवस्ते स्युरचलस्थितयो गुणाः।। का. प्र. 8.66
   (ग) पदसंघटना रीतिरङ्गसंस्थाविशेषवत्।
   उपकर्त्री रसादीनाम् x x x ।। सा.द. 9.1
   (घ) रसापकर्षकाः दोषाः। सा.द. 7.1
2. विशेष विवरण के लिए देखिए 'काव्य की आत्मा'। (पृष्ठ .....)

तृतीय खण्ड

10. श्रृंगार का रसराजत्व

हिन्दी के रीतिकालीन आचार्यों में से कतिपय आचार्यों ने श्रृंगार रस को स्पष्टतः अथवा प्रकारान्तर से 'रसराज' माना है।[1] किन्तु उधर संस्कृत के काव्यशास्त्रियों ने यद्यपि श्रृंगार रस को 'रसपति' अथवा 'रसराज' आदि की उपाधि से विभूषित नहीं किया,[2] पर वे इसे, स्पष्टतः अथवा प्रकारान्तर से, एक मात्र रस अथवा अन्य रसों की अपेक्षा सर्वोत्कृष्ट रस घोषित करते रहे हैं। भरत, रुद्रट, आनन्दवर्धन और अभिनवगुप्त ने इसे सर्वोत्कृष्ट रस माना। भोजराज और अग्निपुराणकार ने इसे एक मात्र रस माना, तथा रामचन्द्र-गुणचन्द्र ने इसी धारणा की पुष्टि की। इसके साथ-साथ पहली धारणा भी प्रचलित रही– विश्वनाथ आदि अनेक अन्य आचार्यों ने भी इसे सर्वोत्कृष्ट रस स्वीकृत किया।

श्रृंगार : एक मात्र रस

संस्कृत के काव्याचार्यों में सम्भवतः एक वर्ग ऐसा भी रहा होगा जिसे न केवल रस की संज्ञा अकेले 'श्रृंगार' रस को देनी अभीष्ट होगी, तथा इसे वीर आदि अन्य रसों का आधार भी मानना स्वीकृत होगा। उपलब्ध स्रोतों के अनुसार केवल भोजराज और अग्निपुराणकार के ही एतत्सम्बन्धी मत को प्रमाण-स्वरूप उपस्थित किया जा सकता है।

भोजराज

भोजराज ने श्रृंगार, वीर आदि दस रसों के स्थान पर रस की संज्ञा केवल

1. उदाहरणार्थ–
   केशव : सब को केसवदास कहि नायक है सिंगार। –र.प्रि. 1.17
   सोमनाथ : नव रस को पति सरस अति रस सिंगार पहिचानि। –र.पी.नी. 8.1
   वेद : भूलि कहत नव रस सुकवि सकल मूल सिंगार। –भ.वि. 10
2. हाँ, रूपगोस्वामी ने 'मधुर' रस को 'भक्तिरसराट्' अवश्य कहा है। –उ.नी.म., पृ. 4

शृंगार को ही दी है।[1] शृंगार को इन्होंने 'अहंकार' और 'अभिमान' का पर्याय माना है।[2]

—भोज द्वारा प्रयुक्त 'अहंकार' शब्द मिथ्या गर्व अथवा उत्तेजना-जन्य अभिमान का वाचक न होकर मनुष्य का अपने प्रति 'सहज अनुराग' का द्योतक है। इसी अहंभाव (आत्मानुराग) के कारण वह अपने स्नेहार्द्र व्यक्तित्व का आभास करने लगता है। किसी कोमलांगी द्वारा स्निग्ध दृष्टि से देखे जाने पर एक पुरुष में आत्मविश्वास और आत्मानुराग की जो भावना जागरित होकर उसे सहज सुख में आत्मविभोर कर देती है वही 'अहंकार' की स्थिति है, और तभी उस पुरुष का मनमयूर नाच उठता है, वह अपने आपको धन्य, कृतकृत्य एवं स्नेहभाजन मानने लग जाता है—

अहो अहो नमो मह्यं यदहं वीक्षितोऽनया।
मुग्धया त्रस्तसारंगतरलायतनेत्रया।। शृ.प्र.(रा.) पृष्ठ 464

बस, भोज इसी 'अहंकार' को रस कहते हैं। उनके अनुसार रस की परिभाषा है— 'मनोनुकूलदुःखादि भावों में (भी) आत्मगत सुखद अभिमान की प्रतीति।'[3] इसी अहंकार का अपर नाम शृंगार है, क्योंकि यही भाव सामाजिक को शृंग अर्थात् सुख की चोटी (पराकाष्ठा) तक पहुँचा देता है।[4] अतः भोज को केवल 'अहंकार' अथवा उसके पर्यायवाची 'शृंगार' को ही रस की संज्ञा देनी अभीष्ट है, अन्य तथाकथित रसों को नहीं।[5]

—'अहकार' नामक यह मूल प्रवृत्ति प्रत्येक व्यक्ति को सुलभ नहीं है। यह पुण्यात्माओं द्वारा पूर्वजन्म के निर्मल कर्मों और अनुभवों से प्राप्त होती है। यही मनुष्य की आत्मा की सम्पत्ति है और श्रेष्ठ गुणों के उदय का कारण भी।[6] सहृदय, रसिक अथवा सामाजिक कहलाने का अधिकारी भी केवल वही है जिसमें यही 'अहंकार' नामक प्रवृत्ति जागरित हो चुकी है। जिस व्यक्ति में अहंकार अथवा शृंगार

---

1. **शृंगारवीरकरुणाद्भुतरौद्रहास्य-**
   बीभत्सवत्सलभयानकशान्तनाम्नः।
   आम्नासिषु दशरसान् सुधियो, वयं तु
   शृंगारमेव रसनाद्रसमामनामः।। —शृं.प्र., पृष्ठ 470
2. **रसोऽभिमानोऽहंकार-शृंगार इति गीयते।** स.क.भ. 5.1
3. **मनोऽनुकूलेषु दुःखादिषु आत्मनः सुखाभिमानः रसः।**
   उदाहरणार्थ— दुःखदातापि सुखं जनयति यो यस्य वल्लभो भवति।
   दयितनखदूयमानयोः विवर्धते स्तनयोः रोमांचः।। —शृं.प्र., पृष्ठ 46
4. **येन शृंगं रीयते (गम्यते) स शृंगारः।** वही, पृष्ठ 477
5. **(क) स शृंगारः सोऽभिमानः स रसः।**
   (ख) रसः शृंगार एव एकः। वही, पृष्ठ 477
6. **सत्त्वात्मनाममलधर्मविशेषजन्मा, जन्मान्तरानुभवनिर्मितवासनोत्थः।**
   सर्वात्मसंपदुदयातिशयैकहेतुः, जागर्ति कोऽपि हृदि मानमयो विकारः।। वही, पृष्ठ 464

का अस्तित्व है, वही रसिक कहाता है, अन्यथा वह व्यक्ति नीरस कहा जायेगा।[1] अहंकारी– दूसरे शब्दों में शृंगारी– कवि अथवा सामाजिक ही जगत् को रसमय बना सकता है,[2] और काव्यानन्द प्राप्त कर सकता है। अहंकारी अथवा शृंगारी व्यक्ति में ही रति, हास, उत्साह आदि भावों का उदय होता है, न कि अनहंकारी, अशृंगारी अथवा अरसिक व्यक्ति में। अतः भरतादि के अनुसार रत्यादि से रस की उत्पत्ति मानना उचित नहीं है, अपितु आत्मा के अहकार-विशेष शृंगाराख्य रस से ही रत्यादि की उत्पत्ति मानना उचित है।[3]

विषय की स्पष्टता के लिए इस प्रकरण में भोजमतानुसार रत्यादि भावों पर अहंकार (अथवा शृंगार) तथा रत्यादि के पारस्परिक सम्बन्ध पर, और रसों की संख्या पर प्रकाश डालना अपेक्षित है

—भोज के मत में भरतादि के अनुसार रत्यादि आठ भावों को स्थायी, निर्वेद आदि तेतीस भावों को संचारी,[4] तथा स्तम्भादि आठ भावों को सात्त्विक नामों से पुकारना उचित नहीं है। ये सभी भाव परिस्थिति और समय के अनुसार स्थायी और संचारी भी बन जाते हैं, तथा सत्त्व अर्थात् मन से प्रभूत होने के कारण ये सभी सात्त्विक भी कहाते हैं।[5]

—उपर्युक्त 49 भाव मनुष्य के अहंकार-तत्त्व से प्रकट होकर इसी अहंकार (अथवा शृंगार) ही को उस प्रकार प्रकाशित करते हैं, जिस प्रकार अग्नि से उत्पन्न ज्वालाएँ स्वयं अग्नि को ही चारों ओर से प्रकाशित करती हैं,[6] अथवा 'अहंकार' एक नृप के समान है, और 'भाव' उसे सामन्तवर्ग के समान चारों ओर से घेर कर उसकी शोभा बढ़ाते हैं।[7]

---

1. **शृंगारो हि नाम x x x आत्मनोऽहंकारविशेषः सचेतसा रस्यमानो रस इत्युच्यते, यदस्तित्वे रसिकोऽन्यथात्वे नीरस इति।** —वही, पृष्ठ 517
2. **तुलनार्थ– अग्निपुराणकार का 'शृंगारी' शब्द भी रसिक का ही वाचक है, न कि रतिप्रिय का–**
   शृंगारी चेत् कविः काव्ये जात रसमय जगत्।
   स चेत् कविर्वीतरागो नीरसं व्यक्तमेव तत्।। अ.पु. 339.8
   (तुलनार्थ—ध्व. 3.43 (वृति), स.क.भ. 5.3)
3. **'न हि रत्यादिभूमा रसः' किं तर्हि? शृंगारः। शृंगारो हि नाम—— आत्मनोऽहंकारविशेषः ——। रत्यादीनामयमेव प्रभवः इति। शृंगारिणो (अहंकारिणो) हि रत्यादयो जायन्ते, न अशृंगारिणः। शृंगारी ही रमते, रमयते, उत्सहते, स्निह्यतीति।** – शृं.प्रं. (रा.) पृष्ठ 47
4. भोज ने संचारिभावों की संख्या तो तेतीस मानी है, पर भरतादि-सम्मत अपस्मार और मरण के स्थान पर उन्होंने ईर्ष्या और शर्म को गिनाया है। —वही, पृष्ठ 450, 517
5. वही, पृष्ठ 471, 517
6. **रत्यादयोऽर्धशतमेकविवर्जिता हि, भावाः पृथग्विधविभावभुवो भवन्ति।**
   शृंगारतत्त्वमभितः परिवारयन्त;, सप्तार्चिषं द्युतिचया इव वर्धयन्ति।। —वही, पृष्ठ 461
7. वही, पृष्ठ 471

—भोज के मत में उपर्युक्त सभी के सभी 49 भाव—न कि भरतादि के अनुसार केवल रत्यादि आठ स्थायिभाव—अहंकार के अनुप्रवेश के कारण विभावादि के द्वारा प्रकृष्टावस्था को पहुँचकर आनन्दप्रद बन जाते हैं, और इन्हें यदि 'रस' नाम से पुकारा भी जाता है, तो केवल उपचार द्वारा ही। पर वस्तुतः ये प्रमुख रूप से तो 'भाव' ही हैं, क्योंकि एक तो ये भोज-सम्मत रस-परिभाषा 'मनोनुकूल दुःखादि में आत्मगत सुखाभिमान की प्रतीति' की कसौटी पर खरे नहीं उतरते; और दूसरे, ये सभी भाव अपने व्यापार द्वारा 'अहंकार' रूप रस को ही प्रकाशित करने के कारण 'रस' नहीं कहे जा सकते। भाव और रस में स्पष्ट अन्तर है—भाव भावना-पथ पर आरूढ़ हैं, पर रस भावनापथ से अतीत है।[1]

—इस प्रकार भोज को केवल एक ही 'अहंकार' (शृंगार) रस स्वीकार्य है। हाँ, यदि रत्यादि—भाव-जन्य आनन्द-प्रदान को भी उपचार द्वारा 'रस' कहना है, तो सभी भावों में आनन्द-प्रदान की क्षमता होने के कारण रसों की संख्या 49 तक पहुँचनी चाहिए।[2]

भोज ने 'रस' को तीन कोटियों में विभाजित किया है—रूढाहंकारता, अर्थात् मानव में अहंकार की अवस्थिति, यह रस का प्रथम कोटि है। रत्यादि 49 भावों की परप्रकर्षता को (उपचार द्वारा) रस नाम से व्यपदिष्ट करना, यह दूसरी कोटि है। रति, हास, शोक, उत्साह आदि भावों की प्रेमरूप में परिणति, यह तीसरी (परम) कोटि है।[3] तीसरी कोटि को भोज ने 'प्रेमन्' रस की भी संज्ञा दी है।[4]

सम्भवतः, ऐसी स्थलों से प्रेरणा प्राप्त कर कविकर्णपूर ने 'प्रेमन्' रस में सब

1,2.(क) **यच्चोक्तम् 'विभावानुभावव्यभिचारिसंयोगात् स्थायिनो रसत्वम्' इति तदपि मन्दम्, हर्षादिष्वपि विभावानुभावव्यभिचारिसंयोगस्य विद्यमानत्वात्। तस्माद् रत्यादयः सर्व एवैते भावाः। शृंगार एव एको रस इति। तैश्च सविभावानुभावैः प्रकाशमानः शृंगारः विशेषतः स्वदते।** —वही, पृ. 517

(ख) **यद्यपि शृंगार एव एको रस; तथापि तत्प्रभावा ये रत्यादयः तेऽप्युद्दीपनविभावैरुद्दीप्यमानाः, तदनुप्रवेशादेव, संचारिणाम् अनुभावानां च निमित्तभावमुपयन्तः रसव्यपदेशं लभन्ते।** —वही, पृष्ठ 472

(ग) **आभावनोदयमनन्यधिया जनेन यो भाव्यते मनसि भावनया स भावः।**
यो भावनापथमतीत्य विवर्त्तमानः साहंकृतौ हृदि परं स्वदते रसोऽसौ।। —वही, पृष्ठ 520

ते (रत्यादयः) तु भाव्यमानत्वाद् भवा एव न रसाः। यावत्सम्भवं हि भावनया भाव्यमानो भाव एवोच्यते, भावनापथमतीतस्तु रसः। मनोऽनुकूलेषु दुःखादिषु आत्मनः सुखाभिमानो रसः। स तु पारम्पर्येण सुखहेतुत्वाद् रत्यादिभूमसु उपचारेण व्यवह्रियते। अतो न रत्यादीनां रसत्वम्, अपितु भावनाविषयत्वाद् भावत्वमेव। —वही, पृष्ठ 517

(घ) **रत्यादीनामेकोनपंचाशतोऽपि विभावानुभावव्यभिचारिसंयोगात् परप्रकर्षाऽधिगमे रसव्यपदेशार्हता।** —वही, पृष्ठ 450

3. शृं. प्र. (रा.), 462, 527

4. **रसं तु इह प्रेमाणमेवामनन्ति सर्वेषामपि रत्यादिप्रकर्षाणां रतिप्रियो रणप्रियोऽमर्षप्रियः परिहासप्रियः इति प्रेम्ण्येव पर्यवसानात्।** —वही, 463

रसों का अन्तर्भाव स्वीकृत किया है[5], और हिन्दी के आचार्यों में देव कवि ने भी यही धारणा प्रकट की है।[6]

भोज-सम्मत उपर्युक्त का निष्कर्ष यह है कि–

रत्यादि सभी (49) भाव, जो मानव के 'अहंकार' की उपज हैं, काव्य-नाटकादि में वर्णित अथवा दर्शित होने पर, विभावादि की सहायता से रसिक के अहंकार को जागरित और पुष्ट करते हैं। उनके मत में 'अहंकार' शब्द 'रस' का पर्यायवाची भी है और शृंगार का भी। भोज रस को 'अहंकार' शब्द का पर्याय मानकर निस्सन्देह मानव-हृदय की अतल गहराई तक पहुँच गये हैं। 'आत्मनस्तु कामाय सर्वं प्रियं भवति' बृहदारण्यक उपनिषद् (2.4.5) के इस कथन के अनुसार मानव-हृदय द्वारा किसी के प्रति प्रकटित स्नेह, शोक, उपहास, उत्साह, क्रोध, घृणा, विस्मय, भय, निर्वेद आदि भाव उसके अपने ही सन्तोष के लिए होते हैं। इसी सन्तोष अथवा आत्मानुराग का वाचक ही भोज का पारिभाषिक शब्द 'अहंकार' अथवा 'अभिमान' है। 'अहंकार' ही की जागर्ति और सुतृप्ति काव्य का चरम लक्ष्य है।

भोज का उपर्युक्त मौलिक चिन्तन काव्यशास्त्र और मनोविज्ञान दोनों के लिए असंदिग्ध रूप से एक अभूतपूर्व देन है। भरतादि का 'रस' अलौकिक आनन्द का वाचक था, पर भोज का 'सुखाभिमानः रसः' काव्यगत लोकोत्तर आनन्द अर्थात् 'रस' के मूल कारण का भी द्योतक है। अतः प्रकारान्तर से 'अहंकार' को 'रस' का पर्याय मानना तो ठीक है, पर **'येन शृङ्गं रीयते (गम्यते)'** इस व्युत्पत्ति के आधार पर 'शृंगार' को चरमावस्था-वाचक 'अहंकार' तथा 'रस' इन दोनों का पर्याय स्वीकार करना एक दृष्टि से समुचित होते हुए भी, 'शृंगार' के परम्परागत रत्युत्कर्ष-रूप अर्थ का उल्लंघन होने के कारण भ्रामक अवश्य है। वस्तुतः, इन व्युत्पत्ति से प्रतीत होता है कि–

–भोज 'शृंगार' को ही सर्वस्व और सब रसों (उनके अनुसार भावों) का आधार मानने वाले आचार्य-वर्ग से प्रभावित था। अतः एक ओर उसने इसे उपर्युक्त व्युत्पत्ति के द्वारा व्यापक रूप से 'रस' का समानार्थक माना; और दूसरी ओर, इसे 'प्रेमन्' का पर्याय मानकर सब रसों का आधार घोषित किया। उनके मत में रति ही भरतादि-सम्मत तथाकथित शृंगारादि रसों का मूल प्राण है। उदाहरणार्थ, रतिभावापन्न व्यक्ति रति-प्रिय है, तो युद्धोत्साह-सम्पन्न व्यक्ति रणप्रिय।

–इस प्रकार क्रोध, हास आदि भावों से युक्त व्यक्ति क्रमशः अमर्षप्रिय और परिहासप्रिय है। स्पष्ट है कि शृंगार को 'सभी भावों का आधार' मानने के लिए ही, वर्गगत पक्षपात के बल पर, इसे इतना व्यापक रूप दे दिया गया है। इस प्रकार से वीर

---

1. **उन्मज्जन्ति निमज्जन्ति प्रेम्ण्यखण्डरसत्वतः।**
   सर्वे रसाश्च भावाश्च तरंगा इव वारिधौ।। अ. कौस्तुभ, पृष्ठ 147-8
2. **भूलि कहत नवरस सुकवि सकल मूल सिंगार।**
   तेहि उछाह निरवेद लै वीर सान्त संचार।। भ.वि. 10

रस का पक्षपाती भी कोई आचार्य रत्युत्साही, रणोत्साही, अमर्षोत्साही, परिहासोत्साही आलम्बनों की कल्पना कर सकता है।

—और फिर, एक ही 'शृंगार' शब्द को शृंगार : रस : प्रेमन् (रस की तीसरी कोटि) —इन सब का समानार्थक मानना जितना मौलिक धारणा का सूचक है, उससे कहीं अधिक अव्यवस्था का द्योतक है।

भोज ने अहंकार रूप रस की उपर्युक्त तीन कोटियाँ मानी हैं—(क) रूढाहंकारता, (ख) रत्यादि 49 भावों की उपचार द्वारा रस-व्यपदिष्टता; और (ग) भरतादि-सम्मत शृंगारादि रसों का 'प्रेमन्' रस में अन्तर्भाव।

इन्होंने उक्त कोटियों में अन्य आचार्यों द्वारा प्रस्तुत रस-सम्बन्धी लगभग सम्पूर्ण विषय—सामग्री को 'अहंकाररूपैक-प्रवृत्तिमूलक' बना कर यथासम्भव सीमित अवश्य कर दिया है, पर पहली दो कोटियों में 'अहंकार' तत्त्व के अतिरिक्त कोई विशेष नवीनता नहीं है—

—रूढाहंकारता नामक प्रथम कोटि में 'रूढत्व' भाव भरतादि-सम्मत 'वासना' के ही समकक्ष ठहरता है।

—द्वितीय कोटि में विभावादि द्वारा प्रकृष्ट रत्यादि की भाव-रूप, और उन भावों द्वारा जागरित अभिमान की रस-रूप स्वीकृति में लगभग वैसा ही पूर्वापरसम्बन्ध है, जैसा कि भरतादि ने स्थायिभावों की 'व्यक्ति' अर्थात् चर्वणा, और चर्वणा के आस्वाद अर्थात् रस में माना है।

इसी दूसरी कोटि में भोज ने संचारी और सात्त्विक भावों की भी प्रकृष्टता को उपचार रूप से 'रस' की संज्ञा दी है; पर उनकी यह धारणा भी नितान्त मौलिक नहीं है। भरतादि के मत में प्रधानता से व्यंजित संचारिभावों द्वारा प्राप्त आस्वादन की भी स्वीकृति हुई है, जिसे विषय की स्पष्टता के लिए 'रस' के स्थान पर 'भाव' की संज्ञा दी गयी है। हाँ, सात्त्विक भावों की प्रधान रूप से व्यंजकता को यद्यपि भरत आदि ने अलग नाम से नहीं पुकारा, पर केवल अनुभाव-वर्णनात्मक स्थलों में विभाव और संचारिभावों के अध्याहार द्वारा रसास्वाद की प्राप्ति इन्हें भी स्वीकार्य है।

—अब शेष रही भोज-सम्मत रस की अन्तिम कोटिप्रेमन् (शृंगार) में सब रसों का अन्तर्भाव। किन्तु इस कोटि की स्वीकृति में तो फिर संसार के किसी भी आभ्यन्तर अथवा बाह्य व्यवहार तथा कार्यकलाप का वर्गीकरण नितान्त व्यर्थ सिद्ध हो जायेगा।

निष्कर्षतः–

(1) 'अहंकार' निस्सन्देह सब मानसिक भावों का मूल और सब भावों से पोष्य माना जा सकता है। उसकी परिपुष्ट जागर्ति को 'रस' भी कह सकते हैं। 'येन शृङ्ग रीयते' इस व्युत्पत्ति के आधार पर शृंगार को व्यापक अर्थ में 'रस' अथवा 'अहंकार' का पर्याय भी प्रकारान्तर से, खींचतान कर ही सही, मान लिया जा सकता है।

(2) परन्तु भोज के अनुसार शृंगार को प्रेमन् का पर्याय मानकर सभी रसों (भावों) का शृंगार में अन्तर्भाव करके शृंगार (अथवा रति) को आधारभूत रस मानना समुचित प्रतीत नहीं होता।

अन्त में यह स्पष्ट कर देना आवश्यक है कि भोज ने शृंगार रस को अन्य रसों की अपेक्षा उत्कृष्ट रस सिद्ध करने का कहीं प्रयास नहीं किया।

अग्निपुराणकार

भोजराज के सिद्धान्त से लगभग मिलता-जुलता सिद्धान्त अग्निपुराणकार का भी है। उनके कथनानुसार—

—'आनन्द' परम ब्रह्म का सहजात है। आनन्द की अभिव्यक्ति 'चैतन्यचमत्कार' अथवा 'रस' कहलाती है; और चमत्कार अथवा रस की अभिव्यक्ति को 'अहंकार' कहा गया है। अहंकार से 'अभिमान' की उत्पत्ति होती है; और अभिमान से 'रति' की। यह रति व्यभिचारिभाव आदि के संयोग से 'शृंगार' नाम से पुकारी जाती है; और अपने-अपने स्थायिभावों से परिपुष्ट हास्य आदि इसी (रति अथवा शृंगार) के ही भेद हैं।[1]

—अग्निपुराणकार ने भरत के समान शृंगार, रौद्र, वीर और अद्भुत नामक चार मूल रसों को मानते हुए भी रति को ही इन चारों का मूल माना है। रति के चार रूप हैं—राग, तैक्षण्य, अवष्टम्भ और संकोच। इनसे क्रमशः शृंगार आदि उक्त चार रसों की उत्पत्ति होती है; और इन चारों से क्रमशः हास्य, करुण, अद्भुत और भयानक की।[2]

भोज और अग्निपुराणकार के मन्तव्यों में प्रमुख अन्तर इस प्रकार है—

—भोज ने 'अहंकार' से रत्यादि सभी (49) भावों की उत्पत्ति मानी थी; पर अग्निपुराणकार ने एक शृंखला और मान ली—अलंकार से रति की उत्पत्ति होती है; और रति से अन्य रसों की।

—अग्निपुराणकार ने अहंकार और अभिमान में; तथा अभिमान और रति में उत्पादकोत्पाद्य-सम्बन्ध का स्पष्ट उल्लेख किया है, पर भोज ने अहंकार, अभिमान और शृंगार को परस्पर पर्याय मानते हुए भी, अहंकार और शृंगार में प्रकारान्तर से ही उत्पादकोत्पाद्य-सम्बन्ध स्वीकृत किया है—

आत्मस्थितं गुणविशेषमहंकृतस्य
शृङ्गारमाहुरिह जीवितमात्मयोने।।[3] शृं.प्र., पृष्ठ 514

—इन दोनों आचार्यों के सिद्धान्त में एक अन्तर और भी है। भोज के मत में 'शृंगार' व्यापक अर्थ में 'रस' का पर्याय है, पर अग्निपुराणकार के मत में यह रस

1,2. अ.पु. 339.1-8

3. भोज द्वारा अहंकार और शृंगार में उत्पादकोत्पाद्य-सम्बन्ध की स्वीकृति करने पर इन दोनों शब्दों में समानार्थकता लाक्षणिक प्रयोग पर आधृत है।

का एक प्रमुख भेद है, जिसके हास्यादि अन्य भेद हैं। हाँ, रतिभाव से सब रसों की उत्पत्ति भोज को भी स्वीकृत थी, तभी 'प्रेमन्' रूप में रस (शृंगार) की तृतीय कोटि का भी उन्हें निर्माण करना पड़ा।

निष्कर्ष यह कि निरूपण-प्रकार के थोड़े-बहुत अन्तर के साथ भोजराज और अग्निपुराणकार शृंगार को ही अन्य रसों का उत्पादक मानते हैं।

इस प्रकार भोजराज और अग्निपुराणकार ने अहंकार एवं अभिमान को शृंगार रस से सम्बद्ध करते हुए अपने विलक्षण दृष्टिकोण से शृंगार रस को एकमात्र रस घोषित करते हुए अन्य रसों को इससे प्रादुर्भूत अथवा इसमें ही अनुस्यूत निर्दिष्ट किया। किन्तु इनकी धारणा में अपने मन्तव्य के प्रति जितना आग्रह है, उतना बल प्रतीत नहीं होता।

रामचन्द्र गुणचन्द्र

इसी प्रकार की धारणा की पुष्टि में रामचन्द्र-गुणचन्द्र ने एक मनोवैज्ञानिक कारण प्रस्तुत करने का प्रयास किया है। उनके अनुसार शृंगार रस सर्वप्रथम गणनीय रस है, क्योंकि 'काम' सब प्राणियों में सुलभ तत्त्व है। हास्य रस शृंगार रस का अनुगामी है, और करुण रस हास्य रस का विरोधी। रौद्र रस अर्थप्रधान है और वीर रस धर्मप्रधान—अर्थ की उत्पत्ति काम से होती है, धर्म की उत्पत्ति काम और अर्थ दोनों से, तथा शान्त रस सब धर्मों का मूल है। वीर रस से भयानक रस सम्बद्ध है, क्योंकि वीर रस का मुख्य उद्देश्य है भीत जनों को अभयदान। भयानक रस और बीभत्स रस स्पष्टतः परस्पर सम्बन्धित हैं। बीभत्स को अद्भुत से संयुक्त कर सकते हैं, क्योंकि विस्मय द्वारा घृणाभाव को दूर कर सकते हैं—इसे किंचित् अल्प कर सकते हैं।

—नाट्यदर्पण 3.1 (वृत्ति)

शृंगार : सर्वोत्कृष्ट रस

जैसा कि ऊपर कहा गया है, संस्कृत के काव्याचार्यों ने शृंगार रस को 'रसराज' की उपाधि से स्पष्ट शब्दों में भूषित न करते हुए भी इसे सर्वोत्कृष्ट रस अवश्य स्वीकृत किया है। इस सम्बन्ध में निम्नोक्त मन्तव्य उल्लेख्य हैं—

भरत—संसार में जो कुछ भी पवित्र विशुद्ध, उज्ज्वल एवं दर्शनीय है, उसकी उपमा शृंगार रस से दी जा सकती है।[1]

रुद्रट—शृंगार रस जैसी रस्यता को अन्य कोई रस उत्पन्न नहीं कर सकता। इस रस में आबल-वृद्ध सभी मानव ओतप्रोत हैं। इस रस के समावेश के बिना काव्य हीन कोटि का है। अतः इसके निरूपण में कवि के लिए विशेष प्रयत्न अपेक्षित है।[2]

1. **यत्किंचिल्लोके शुचि मेध्यं दर्शनीयं वा तच्छृंगारेणनुमीयते।** ना.शा. 6.45 (वृत्ति)
2. **सर्वरसेभ्यः शृंगारस्य प्राधान्यं प्रचिकटयिषुराह—**
अनुसरति रसानां रस्यतामस्य नान्यः सकलमिदमनेन व्याप्तमाबालवृद्धम्।
तदिति विरचनीयः सम्यगेष प्रयत्नाद् भवति विरसमेवानेन हीनं हि काव्यम्।। का.अ. (रु.) 14.38

आनन्दवर्धन–शृंगार ही सर्वाधिक मधुर और परम आह्लादक रस है।[1]

अभिनवगुप्त–शृंगार रस परम आह्लादक है, क्योंकि रति-रूप वासना सभी देव, पक्षी, मनुष्य आदि में अविच्छिन्न रूप से विद्यमान रहती है। रति के समान कोई अन्य भाव हृदय-संवाद (चमत्कार) धारण नहीं करता, यहाँ तक कि यति (साधु-संन्यासी) को भी रति में चमत्कार-प्राप्ति होती है।[2]

हेमचन्द्र, विद्याधर, रामचन्द्र-गुणचन्द्र आदि–शृंगार का प्रथम स्थान इस आधार पर है कि 'इसका सम्बन्ध न केवल मानव-जाति तक सीमित है, अपितु यह सकल-जाति-सामान्य, अत्यन्त परिचित एवं सकलमनोहारी है।'[3]

विश्वनाथ–शृंगार रस सर्वाधिक व्यापक है और इसका कारण यह है कि केवल यही एक रस है, जिसमें उग्रता, मरण और आलस्य को छोड़कर शेष सभी संचारिभावों, तथा जुगुप्सा को छोड़कर शेष सभी संचारिभावत्व को प्राप्त स्थायिभावों का, समय अथवा परिस्थिति के अनुसार, सम्बन्ध रहता है।[4] वस्तुतः देखा जाये तो उग्रता, मरण, आलस्य और जुगुप्सा का भी शृंगार रस के साथ किसी-न-किसी रूप में सम्बन्ध-स्थापित हो ही जाता है। शारदातनय ने भी सभी संचारिभावों का शृंगार रस से सम्बन्ध किया है।[5] किन्तु केवल स्थायिभाव और संचारिभाव ही क्यों, अनुभाव और सात्त्विक भावों की सर्वाधिक स्थिति भी शृंगार रस के दोनों भेदों, संयोग और विप्रलम्भ के साथ ही सम्भव है।

इस प्रकार उक्त आचार्यों के अनुसार शृंगार को सर्वोत्कृष्ट रस मानने के दो प्रमुख कारण हैं–

1. रति (काम) सर्वजनकाम्य है।
2. शृंगार रस में सर्वाधिक, अपितु सभी, स्थायिभावों और संचारिभावों का समावेश सम्भव है। केवल इतना ही नहीं; सभी अनुभावों और सात्त्विक भावों की स्थिति भी शृंगार रस के दोनों भेदों (संयोग और विप्रलम्भ) के साथ सम्भव है।

उक्त दो कारणें के अतिरिक्त शृंगार को उत्कृष्ट रस मानने के कतिपय अन्य गौण कारण भी हैं–

---

1. **शृंगार एव मधुरः परः प्रह्लादनो रसः।** ध्वन्या. 2.7
2. **(शृंगारः) परः प्रह्लादनः इति। रतौ हि समस्तदेवतिर्यङ्नादिजातिष्वविच्छिन्नैव वासनास्त इति न कश्चित्तत्र तादृग्यो न हृदयसंवादमयः, यतेरपि हि तञ्चमत्कारोऽस्सेव। अतएव मधुर इत्युक्तः।** ध्वन्यालोकलोचन 2.7 (वृत्ति)
3. **तत्र कामस्य सकलजातिसुलभतयाऽत्यन्तपरिचितत्वेन सर्वान् प्रति हृद्यतेति पूर्वं शृंगारः।** –का.अ., पृष्ठ 81; एकावली पृ. 99, ना.द. पृष्ठ 163
4. **त्यक्त्वौग्र्यमरणालस्यजुगुप्सा व्यभिचारिणः।** सा.द. 3.186
5. **समग्रवर्णनाधारः शृंगारो वृद्धिमश्नुते।** भा.प्र. पृष्ठ 91

(1) यह रस सर्वाधिक व्यापक है, और इसका प्रमाण हैं इस रस से सम्बन्धित निम्नोक्त काव्य-तत्त्व–

–विप्रलम्भ शृंगार रस के पाँच भेद : पूर्वराग, मान, प्रवास, करुण और शापहेतुक।

–काम की 'चक्षुःप्रीति' आदि बारह तथा 'अभिलाष' आदि दस अवस्थाएँ।[4]

–आलम्बनविभाव के अन्तर्गत नायक-नायिका, सखी, दूती आदि का विस्तृत भेद-निरूपण, तथा नायक-नायिका के भाव, हाव-हेला आदि सत्त्वज अलंकार।

(2) केवल यही एक रस है जिससे दोनों आलम्बनों (विषय और आश्रय) की चेष्टाएँ एक-दूसरे को उद्दीप्त करती हैं। अन्य रसों के आलम्बन-युगल परस्पर शत्रु अथवा उदासीन हैं, पर केवल इसी रस के ही आलम्बन परस्पर मित्र हैं।

(3) समय-समय पर विभिन्न आचार्यों द्वारा स्वीकृत सौहार्द, भक्ति आदि तथाकथित रसों का भी शृंगार रस की व्यापकता में अन्तर्भाव हो सकता है।[1]

निष्कर्ष यह कि–

1. इस प्रकार उक्त आधारों पर शृंगार रस को सर्वजनग्राह्य, सर्वाधिक कमनीय, सर्वाधिक आह्लादक, सर्वाधिक व्यापक तथा किसी एक सीमा तक परम्परा-सम्बन्ध से अन्य रसों का उत्पादक मानने के कारण इसे 'रसराज' अथवा 'रसपति' कह सकते हैं।
2. भोज के मतानुसार 'शृंगार' को रस का पर्याय स्वीकार करते हुए शृंगार आदि सभी रसों को इसी के 'प्रकार' अथवा रूप मानकर उनका 'शृंगार' में अन्तर्भाव करना तथा इसी आधार पर शृंगार को सर्वप्रमुख रस मानना समुचित नहीं है।
3. कुछ विद्वान् इस आधार पर भी शृंगार रस को सर्वोत्कृष्ट घोषित करना चाहेंगे कि सभी रस इसी से प्रसूत हैं, किन्तु इस धारणा की पुष्टि के लिए अत्यधि खींचतान से काम लेना पड़ेगा और अधिक से अधिक हम यही सिद्ध कर पाएंगे कि इससे सभी रस सम्बन्धित अवश्य हैं– कुछ रस मित्र रूप में और कुछ अमित्र रूप में, पर इससे प्रसूत नहीं हैं।[2]

---

1. प्रतापरुद्रयशोभूषण, पृष्ठ 194, सा.द. 3.190
2. देखिए 'रस-संख्या' प्रसंग। (पृष्ठ 269)
3. देखिए पृष्ठ 221, रामचन्द्र-गुणचन्द्र का मन्तव्य।

11. करुण आदि रसों का आस्वाद : रस की सुखदुःखात्मकता

सहृदय व्यक्ति शृंगार, हास्य आदि रसों द्वारा तो आस्वाद प्राप्त करता ही है, साथ ही उसे करुण, भयानक आदि रसों द्वारा भी आस्वाद की प्राप्ति होती है—यह कथन अपने आप में व्यावहारिक और तार्किक दृष्टि से विरोधात्मक और भ्रान्त प्रतीत होता है। अतः संस्कृत के कुछ काव्याचार्यों ने रस को सुख-दुःखात्मक कहा है। इन आचार्यों में से नाट्यदर्पण के कर्ता **रामचन्द्र-गुणचन्द्र** का नाम विशेष रूप से उल्लेख्य है, क्योंकि उन्होंने इस विषय पर सर्वाधिक सामग्री प्रस्तुत की है। अतः पहले उनका मन्तव्य लीजिए।

इस सम्बन्ध में इनका सिद्धान्त-कथन है—**सुखदुःखात्मको रसः**। इस कथन को स्पष्ट करते हुए इन ग्रन्थकारों का अभिमत है कि जहाँ शृंगार, हास्य, वीर, अद्‌भुत और शान्त, ये पांच रस सुखात्मक हैं, वहाँ करुण, रौद्र, बीभत्स और भयानक ये चार रस दुःखात्मक हैं।[1] प्रथम वर्ग के रस तो निर्विवाद रूप से सुखात्मक हैं ही, किन्तु द्वितीय वर्ग के रसों को भी यदि सुखात्मक मान लिया जाता है तो इसी पर रामचन्द्र-गुणचन्द्र को आपत्ति है। इस सम्बन्ध में उन्होंने निम्नोक्त चार तर्क उपस्थित किये हैं—

1. पहला तर्क यह है कि करुण, भयानक आदि रस सहृदयों को किसी अवर्णनीय क्लेश-दशा तक पहुँचा देते हैं। इससे सामाजिक उद्वेग प्राप्त करते हैं। सुखास्वाद से भी भला कहीं कोई उद्विग्न होता है?[2] सीता का हरण, द्रौपदी के वस्त्रों तथा केशों का कर्षण, हरिश्चन्द्र की चाण्डाल के यहाँ दासता, रोहिताश्व की मृत्यु आदि घटनाओं के अभिनय को देखकर कौन ऐसा सहृदय है जो सुखास्वाद प्राप्त करता हो?[3]

2. दूसरा तर्क यह है कि काव्य-नाटक में लौकिक आचार-व्यवहार का चित्रण यथार्थ रूप में किया जाता है। कविजन सांसारिक सुखों का वर्णन सुख-रूप में

---

1. हिन्दी नाट्यदर्पण, पृष्ठ 90
2. **भयानको बीभत्सः करुणो रौद्रो रसास्वादवताम् अनाख्येयां कामपि क्लेशदशामुपनयति। अतएव भयानकादिभिः उद्विजते समाजः। न नाम सुखाऽऽस्वादाद् उद्वेगो घटते।**

   —वही, पृष्ठ 291
3. वही, पृष्ठ 291-292

करते हैं, और दुःखों का वर्णन दुःख-रूप में। विरही राम-सीता आदि अनुकार्यों की करुण-दशाएँ निस्सन्देह दुःखात्मक होती हैं। अतः यदि उनके काव्य-नाटकगत अनुकरण को सुखात्मक माना जाये तो यह अनुकरण वास्तविक न होगा, क्योंकि यह लौकिक वस्तुस्थिति से विपरीत ही रहेगा।[1]

3. रस को सुखात्मक मानने वालों की ओर से यह कहा जा सकता है कि जैसे लोक में विरही एवं शोकाकुल जनों के सम्मुख अन्य जनों का कारुणिक प्रसंगों का वर्णन करने से इन्हें सहानुभूति जन्य सुख-सान्त्वना-सी मिलती है, इसी प्रकार काव्य-नाटक-गत करुण, भयानक आदि रस भी सुखात्मक ही हैं, दुःखात्मक नहीं है। किन्तु रामचन्द्र-गुणचन्द्र का कथन है कि वस्तुतः ऐसे प्रसंगों में भी दुःखी जनों को जो सुखास्वाद मिलता प्रतीत होता है, मूलतः वह भी दुःखास्वाद ही है, क्योंकि यदि वही व्यक्ति दुःखपूर्ण वार्ताओं से सुख-सा अनुभव प्रतीत करता है, तो प्रमोदपूर्ण वार्ताओं से (इतर जनों के समान) सुख का अनुभव न कर विकलित ही होता है। अतः वादियों का उक्त सहानुभूति-मूलक तर्क मनस्तोषक एवं मान्य नहीं है। वस्तुतः, करुण आदि रस दुःखात्मक हैं।[2]

4. यद्यपि भयानक, करुण आदि रस दुःखात्मक हैं, फिर भी यदि इनसे सहृदय परम आनन्द को प्राप्त करते हैं तो केवल-मात्र कवि एवं नट की कुशलता से चमत्कृत होकर ही।[3]

इस अन्तिम कथन से ग्रन्थकारों का तात्पर्य यह है कि कवि के व्यवस्थित एवं मार्मिक निरूपण को पढ़कर अथवा नट के सुन्दर एवं मार्मिक हृदयहारी अभिनय को देखकर हमें जो आस्वाद प्राप्त होता है, उसकी लोलुपता ही सहृदय को करुण, भयानक आदि रसों से युक्त भी काव्य-नाटकों से आनन्द प्राप्त कराती है, तथा उन्हें बार-बार पढ़ने-देखने की ओर प्रवृत्त करती है, अन्यथा ये रस तो दुःखात्मक ही हैं। एक उदाहरण द्वारा अपने कथन की पुष्टि करते हुए ग्रन्थकार कहते हैं कि जिस प्रकार लोक में वीर पुरुष अपने उस प्राण-घातक शत्रु को भी देखकर आश्चर्यचकित

---

1. (क) कवयस्तु सुखदुःखात्मकसंसाराऽऽनुरूप्येण रामादिचरित निबध्नन्तः सुखदुःखात्मकरसानुविद्धमेव ग्रथ्नन्ति।

(ख) तथाऽनुकार्यगताश्च करुणादयः परिदेवताऽनुकार्यत्वात् तावत् दुखात्मकाः एव। यदि चाऽनुकरणे सुखात्मनः स्युः न सम्यग् अनुकरणं स्यात्। विपरीतत्वेन भासनाद् इति। —वही, पृष्ठ 291-292

2. येऽपीष्टादिविनाशदुःखवतां करुणे वर्ण्यमानेऽभिनीयमाने वा सुखास्वादः सोऽपि परमार्थतो दुःखास्वाद एव। दुःखी ही दुःखवार्त्तया सुखमभिमन्यते प्रमोदवार्त्तया तु ताम्यति इति करुणादयो दुःखात्मन एव इति। —वही, पृष्ठ 292

3. यत् पुनरेभिरपि चमत्कारो दृश्यते स रसास्वादविरामे सति यथाऽवस्थितवस्तुप्रदर्शकेन कविनटशक्तिकौशलेन।— अनेनैव च सर्वाङ्गाऽऽह्लादकेन कविनटशक्तिजन्मना चमत्कारेण विप्रलब्धाः परमानन्दरूपतां दुःखात्मकेष्वपि करुणादिषु सुमेधसः प्रतिजानते। —वही, पृष्ठ 291

से रह जाते हैं जो प्रहार करने में अत्यन्त निपुण होता है,[1] उसी प्रकार प्रेक्षक भी कवि अथवा नट के कौशल द्वारा चमत्कृत होते रहते हैं।

उक्त तर्कों में से प्रथम तर्क मन के उद्वेग को लक्ष्य में रखकर प्रस्तुत किया गया है, और द्वितीय तर्क लौकिक व्यवहार और काव्य-रचना की पारस्परिक अन्विति को। तृतीय तर्क लौकिक सहानुभूति एवं सान्त्वना से सम्बद्ध है, और चतुर्थ तर्क काव्यत्व एवं अभिनय-जन्य बाह्य चमत्कार से। यदि गम्भीरतापूर्वक विचार करें तो इन चारों तर्कों के मूल में एक ही भ्रान्त धारणा सन्निहित है कि लौकिक व्यवहार और कविकृति में कोई अन्तर नहीं होता, ये दोनों एक ही धरातल पर अवस्थित हैं। यही कारण है कि—

—पहले तर्क में सहृदय को भी भयानक, करुण आदि रसों द्वारा वैसा ही उद्विग्न एवं विकल समझ लिया गया है जैसा कि सामान्य व्यवहार में भयभीत अथवा करुण-ग्रस्त व्यक्ति को। किन्तु वस्तुतः लौकिक रति, शोक आदि भावों में तथा काव्यगत इन भावों में सदा अन्तर रहता है। लौकिक भाव एक ही देश, काल एवं व्यक्ति तक सीमित रहते हैं, किन्तु काव्यगत भाव प्रत्येक प्रकार की सीमा से नितान्त विमुक्त होते हैं।

—इसी प्रकार दूसरे तर्क में भी उक्त धांरणा के बल पर लौकिक घटनाओं और काव्यगत घटनाओं को एक-समान समझ लिया गया है। किन्तु यह मन्तव्य अमान्य है। वस्तुतः दोनों में बहुविध अन्तर रहता है। एक अन्तर यह है कि काव्य में लौकिक घटनाओं के असमान केवल यथार्थ का चित्रण न होकर यथार्थ के साथ कल्पना-तत्त्व का सम्मिश्रण भी अनिवार्यतः रहता है। अतः 'लोक और काव्य की पारस्परिक अनुकूलता' को आधार मानकर अनुकार्य के ही अनुरूप सहृदय के सुख-दुःख का निर्णय करना मूलतः भ्रमपूर्ण है।

—अब तीसरे तर्क को लें। उधर लोक में पुत्र-विच्छेद-विह्वला माता के शोक में, और इधर ऐसी माता को रंगमंच पर देखकर अथवा इसके चरित्र को काव्य में पढ़कर शोकविह्वल सहृदय के शोक में निस्सन्देह अन्तर है। उधर लोक में सान्त्वना से दुःख का हल्का होना, इसका कुछ क्षणों के लिए लुप्त हो जाना अथवा इसका बढ़ जाना, आदि सभी स्थितियाँ सम्भव हैं, किन्तु इधर शोक स्थायिभाव से उद्विग्न अथवा आकुल सहृदय के लिए प्रथम तो सान्त्वना-प्रदान का प्रश्न ही उपस्थित नहीं होता, क्योंकि काव्य-नाटकगत घटनाओं से इतर घटनाओं के साथ उसका कोई सम्बन्ध नहीं होता, और यदि सात्त्वना दी भी जाती है तो उस समय यह व्यक्ति सहृदय न होकर सामान्य व्यक्ति-मात्र रह जाता है।

---

1. **विस्मयन्ते हि शिरश्छेदकारिणाऽपि प्रहारकुशलेन वैरिणा शौण्डीरमानिनः।** —वही, पृष्ठ 291

—चतुर्थ तर्क में सत्यता अवश्य है, पर एकांगी। कवि के रचना-कौशल से, और विशेषतः नट के अभिनय-कौशल से, जन्य चमत्कार निस्सन्देह सहृदय को अभिभूत कर देता है। इस कथन की पुष्टि में एक प्रत्युदाहरण लीजिए कि किस प्रकार एक अत्यन्त करुणोत्पादक एवं हृदयविदारक दृश्य भी एक अनाड़ी नट के असफल प्रदर्शन द्वारा 'करुण' के स्थान पर 'हास्य' का रूप धारण कर लेता है। अस्तु! कवि और नट की कुशलता से उत्पन्न चमत्कार से तो किसी भी स्थिति में इनकार नहीं किया जा सकता, किन्तु यह कौशल-जन्य चमत्कार कवि और नट के प्रति प्रेक्षक के हृदय में आश्चर्य, आदर आदि भाव उत्पन्न करता है, पर इन आश्चर्य, आदर आदि भावों को करुण, भयानक आदि रसों में सुख-प्राप्ति का कारण नहीं मानना चाहिए। ये भाव लौकिक होते हैं। इनसे लौकिक आह्लाद ही उत्पन्न हो सकता है, काव्यगत रस— सुखात्मक रस—उत्पन्न नहीं हो सकता।

[2]

रसों को सुखदुःखात्मक स्वीकार करने वाले प्रथम आचार्य रामचन्द्र-गुणचन्द्र नहीं हैं। इनसे पूर्व भी इस सम्बन्ध में कुछ इस प्रकार के स्पष्ट कथन उपलब्ध होते हैं—

(क) येन त्वभ्यधायि सुखदुःखजननशक्तियुक्ता विषयसामग्री बाह्यैव सुखदुःखस्वभावो रसः।

(अज्ञात आचार्य), अभिनवभारती, भाग 1, पृष्ठ 278

(ख) रसस्य सुखदुःखात्मकतया तदुभयलक्षणत्वेन उपपद्यते, अतएव तदुभय-जनकत्वम्।

—रसकलिका (रुद्रभट्ट), 'नम्बर आफ रसस्' (रा.), पृष्ठ 155

(ग) रसा हि सुखदुःखरूपाः। —शृं.प्र., 2य भाग (रा.), पृष्ठ 369

—इन कथनों से यद्यपि यह स्पष्टतः प्रतीत नहीं होता कि उक्त आचार्य सभी रसों को सुखात्मक और दुःखात्मक स्वीकार करते थे, अथवा कुछ को सुखात्मक और कुछ को दुःखात्मक, किन्तु फिर भी सम्भावना यही है कि वे भी रामचन्द्र-गुणचन्द्र के समान शृंगार, हास्य आदि को सुखात्मक मानते होंगे, और भयानक, करुण आदि को दुःखात्मक।

उपर्युक्त कथनों के अतिरिक्त वामन ने किसी आचार्य के नाम पर ऐसा कथन भी उद्धृत किया है जिससे यह स्पष्ट प्रतीत होता है कि वह स्वयं तथा सम्भवतः कुछ अन्य आचार्य भी करुण रस में सुख और दुःख दोनों का सम्मिश्रण मानते होंगे—

(घ) करुणप्रेक्षणीयेषु सम्प्लवः सुखदुःखयो।
यथाऽनुभवतः सिद्धस्तथैवोजःप्रसादयो॥ का.सू.वृ. 3.1.1 (वृत्ति)

अर्थात् जिस प्रकार करुण रस के नाटकों में सुख और दुःख का सम्प्लव (overlaping) सहृदय-जनों के अनुभव द्वारा सिद्ध है, उसी प्रकार ओज और प्रसाद का सम्प्लव भी उनके अनुभव द्वारा सिद्ध है। सुख पहले होता है अथवा दुःख पहले, इस ओर

इस श्लोक में कोई संकेत नहीं है, किन्तु ऐसा प्रतीत होता है कि उन्हें करुण रस में दुःख की स्थिति पूर्व मान्य होगी और सुख की बाद में। दूसरे शब्दों में, सहृदय लौकिक दुःख का अनुभव करता हुआ भी अन्ततः काव्यगत आनन्द का, लोकोत्तर सुख का, अनुभव करता है।

कुछ इसी प्रकार की धारणा की व्याख्या **मधुसूदन सरस्वती** ने सम्भवतः सर्वप्रथम मौलिक रूप से प्रस्तुत की है–

(ङ) सत्त्वगुणस्य सुखरूपत्वात् सर्वेषां भावनां सुखरूपत्वेऽपि रजस्तमोंऽशमिश्रणात् तारतम्यमवगन्तव्यम्। अतो न रसेषु तुल्यसुखाऽनुभवः।

नम्बर आफ रसस्, राघवन, पृष्ठ 156)

उनके कथन का अभिप्राय यह है कि सभी रसों से निस्सन्देह सुख का अनुभव होता है, परन्तु यह अनुभव सब रसों में तुल्य रूप से नहीं होता। इसका एक मात्र कारण यह है कि सत्त्वगुण की प्रधानता ही सुख का हेतु है, किन्तु ऐसा कभी नहीं होता कि किसी रस में रजोगुण और तमोगुण नितान्त अभिभूत हो जायें और सत्वगुण पूर्णतः आविर्भूत अथवा उद्रिक्त हो जाये, अपितु रजोगुण और तमोगुण किसी-न-किसी अंश तक अवश्य विद्यमान रहते हैं। यह किस रस में कितनी मात्रा में विद्यमान रहते हैं, इसका निर्णय कर सकना कठिन है, पर वे रहते अवश्य हैं। अतः उनके मिश्रण के तारतम्य के अनुसार सब रसों में सुख के साथ दुःख का मिश्रण भी समझना चाहिए। अस्तु!

इस प्रकार हमारे सम्मुख निम्नोक्त चार विकल्प उपस्थित होते हैं–

(क) सभी रस सुखात्मक हैं

(ख) सभी रस सुखदुःखात्मक हैं

(ग) शृंगार, हास्य, अद्भुत आदि रस सुखात्मक हैं, किन्तु करुण, भयानक, रौद्र आदि रस दुःखात्मक हैं।

(घ) शृंगार, हास्य, अद्भुत आदि रस सुखात्मक हैं, किन्तु करुण, भयानक, रौद्र आदि रस सुखदुःखात्मक हैं।

उक्त विकल्पों में से रामचन्द्र-गुणचन्द्र यद्यपि स्पष्टतः तीसरे विकल्प को स्वीकार करते हुए करुण आदि रसों को दुःखात्मक स्वीकार करते हैं, तथापि वे इन्हें अन्ततः सुखात्मक भी स्वीकार करते होंगे, कुछ इस प्रकार का स्पष्ट संकेत उन्होंने स्वयं भी दिया है–**पानकमाधुर्यमिव च तीक्ष्णाऽऽस्वादेन दुःखाऽऽस्वादेन सुखानि स्वदन्त इव इति** (हि.ना.द., पृष्ठ 261), अर्थात् जिस प्रकार पानक (खट्टे-मीठे-तीखे पेय) की मिठास दुःखास्वादजनक तीक्ष्ण पदार्थ के मिश्रण से और भी अधिक सुखास्वाद प्रदान करती है, उसी प्रकार करुण आदि रसों में भी दुःख का मिश्रण सुखास्वाद प्रदान करता है। किन्तु वस्तुतः, पानक पदार्थ और करुण रस में स्थापित यह उपमान-उपमेय-सम्बन्ध सुघटित प्रतीत नहीं होता, क्योंकि पानक में माधुर्य और तीक्ष्णता के मिश्रण में भले

ही पूर्वापर-सम्बन्ध हो, किन्तु उसके आस्वादन में पूर्वापर-सम्बन्ध नहीं रहता, किन्तु करुण रस के शोक (लौकिक दुःख) और इस रस के आस्वाद (सुख) में निःस्सन्देह पूर्वापर-सम्बन्ध बना रहता है, यद्यपि यह अलग बात है कि इनमें काल का अन्तर इतना त्वरित एवं क्षिप्र होता है कि यह कहते नहीं बनता कि इस दुःख और सुख में कोई काल-सम्बन्धी अन्तर है भी।

जो हो, रामचन्द्र-गुणचन्द्र का यह उद्धरण यह मानने के लिए पर्याप्त है कि वे उक्त चार विकल्पों में से तीसरे विकल्प को स्वीकार न कर चौथे विकल्प को स्वीकार करते होंगे कि भयानक, करुण आदि रस केवल दुःखात्मक न होकर सुखदुःखात्मक हैं। अथवा यों कहिए कि दुःखसुखात्मक हैं—पूर्व स्थिति में ये दुःखात्मक हैं और अन्तिम स्थिति में सुखात्मक। यदि यही उनकी मान्यता है तो इसकी व्याख्या उपस्थित की जा सकती है। यदि वे भयानक, करुण आदि को नितान्त दुःखात्मक स्वीकार करते हैं तो उनकी यह धारणा काव्यशास्त्र और मनोविज्ञान के तो प्रतिकूल है ही, व्यवहार के भी सर्वथा प्रतिकूल होने के कारण सर्वथा अमान्य है। इस दृष्टि से विश्वनाथ का केवल एक यही तर्क इसे अमान्य ठहराने के लिए पर्याप्त है कि करुण आदि रस इसलिए सुखात्मक हैं कि सहृदय-जन[1] इसे देखने के लिए सदा उन्मुख अर्थात् लालायित रहते हैं—

करुणादावपि रसे जायते यत्परं सुखम्।
सचेतसामनुभवः प्रमाणं तत्र केवलम्।।
किं च तेषु यदा दुःखं न कोऽपि स्यात्तदुन्मुखः।
तदा रामायणादीनां भविता दुःखहेतुता।। सा.द. 3.4, 5

रामचन्द्र-गुणचन्द्र का कोई सुविज्ञ पाठक उनके सम्पूर्ण ग्रन्थ के अवलोकन के पश्चात् यह मानने को कदापि उद्यत न होगा कि उन जैसे तत्त्ववेत्ता और चिन्तक आचार्य करुण आदि रसों को केवल दुःखात्मक ही मानते होंगे। यह इसे दुःखात्मक मानते अवश्य होंगे, किन्तु पूर्व स्थिति में, अन्ततः वे इन्हें सुखात्मक ही मानते होंगे।

उपर्युक्त मान्यता की व्याख्या कई रूपों में तथा कई दृष्टियों से की जा सकती है—

1. शृंगार, करुण आदि सभी प्रकार के रसों में रति, शोक आदि सभी स्थायिभाव जब तक विभावादि के संयोग द्वारा रस-रूप में परिणत अथवा अभिव्यक्त नहीं होते, तब तक उनसे लौकिक सुख अथवा दुःख का ही अनुभव होता है। उदाहरणार्थ, यदि किसी प्रेक्षक को शृंगार रस के नाटक में अपनी प्रेयसी की, अथवा करुण रस के नाटक में अपने मृत पुत्र की स्मृति हो आती है तो उसका रति अथवा शोक भाव उसे लौकिक सुख अथवा लौकिक दुःख की अनुभूति कराएगा। वह प्रेक्षक नाट्य-गृह में बैठा हुआ भी तत्क्षण के लिए सहृदय न होकर लौकिक व्यक्ति ही होता है।

1. यहाँ 'सहृदय' से तात्पर्य है—काव्यरसास्वादन-सक्षम व्यक्ति।

किन्तु जिस क्षण वही व्यक्ति निजत्व की भावना से ऊपर उठ जाता है, वही क्षण उसकी रस-दशा का है। उसी क्षण रतिजन्य लौकिक सुख अथवा शोकजन्य लौकिक दुःख इस दशा की पूर्वस्थिति बन जाते हैं और रस-दशा अन्तिम स्थिति बन जाती है। उल्लेख्य है कि काव्यगत सुख (रस) लौकिक सुख से भिन्न होता है।

2. काव्यशास्त्रीय आधार पर लौकिक कारण, कार्य एवं सहकारिकारण काव्य में इसीलिए क्रमशः विभाव, अनुभाव और संचारिभाव कहाते हैं कि वे अब लौकिक क्षेत्र से ऊपर उठकर लोकोत्तरता के क्षेत्र में जा पहुँचते हैं।[1] जब तक शोक भय, आदि भाव लौकिक कारण आदि से सम्पृक्त हैं (चाहे वह घटना-स्थल नाट्यगृह भी क्यों न हो), तब तक वे भाव निस्सन्देह दुःखात्मक हैं, किन्तु विभाव आदि से सम्पृक्त होने के कारण वे भाव करुण, भयानक आदि सुखात्मक रसों के रूप में परिणत हो जाते हैं।

3. भयानक, करुण आदि रसों को अपनी परिणति में सुखात्मक स्वीकार करने के लिए काव्याचार्यों का 'साधारणीकरण' सिद्धान्त एक प्रबल साधन है, जिसके बल पर सहृदय असाधारण (विशेष) से साधारण (सामान्य) भावभूमि पर उतर आता है।[2] उसका भय अथवा शोक किसी देश अथवा काल-विशेष से मुक्त हो जाता है।[3] वह अपने समस्त मोह, संकट आदि (से जन्य अज्ञान) से निवृत्त हो जाता है।[4] परिणामतः, काव्य-नाटक-गत कोई पात्र अब उसके लिए अपना विशिष्ट व्यक्तित्व खोकर मानव-मात्र बन जाता है—राम नामक पुरुष-पात्र पुरुषमात्र बन जाता है, और सीता नामक स्त्री-पात्र स्त्रीमात्र बन जाती है।[5] और, इसका अगला परिणाम यह होता है कि सहृदय निजत्व और परत्व दोनों प्रकार के विश्वासों से विनिर्मुक्त हो जाता है।[6] अतः इस प्रकार की परिस्थिति में सहृदय के लिए न तो शृंगार आदि रसों द्वारा लौकिक सुखानुभूति स्वीकार की जा सकती है, और न करुण आदि रसों द्वारा लौकिक दुःखानुभूति—यह अवस्था दोनों प्रकार के रसों में अलौकिक (लोकोत्तर) रूप में सुखात्मिका ही होती है।

इस प्रकार **निष्कर्ष** रूप में हम कह सकते हैं कि—

1. प्रत्येक स्थायीभाव अपरिपक्व अवस्था में लौकिक सुख अथवा दुःख का कारण बनता है, किन्तु परिपक्व अवस्था में वह केवल अलौकिक (लोकोत्तर) सुख का ही कारण बनता है।

---

1. का.प्र. 4.27, 28
2. **'असाधारणस्य साधारणकरणम्' इति साधारणीकरणम्।**
3. **—— भयमेव परं देशकालाद्यनालिंगितम्।** हिन्दी अभिनवभारती, पृ. 470
4. **काव्ये—— नाट्ये च—— निबिडनिजमोहसंकटतानिवारणकारिणा विभावादिसाधारणीकरणात्मना——।** —वही, पृष्ठ 464, 465
5. **तत्र सीतादिशब्दाः परित्यक्तजनकतनयादिविशेषाः स्त्रीमात्रवाचिनः।** —दशरूपक 4.40 (वृत्ति)
6. विशेष विवरण के लिए देखिए पृष्ठ 179-180

2. यह ठीक है कि लौकिक हर्ष, शोक, हर्ष आदि कारणों से लौकिक हर्ष, शोक, आदि उत्पन्न होते हैं, किन्तु काव्य-नाटक में तो विभावादि द्वारा दोनों स्थितियों में सहृदय को लोकोत्तर सुख ही मिलता है।[1]

3. करुण, भयानक आदि रसों में निस्सन्देह प्रेक्षक शोक, भय, आदि से जन्य दुःख का अनुभव करता है, किन्तु वह दुःख लौकिक होता है—ठीक उसी प्रकार जैसा वह शृंगार, हास्य आदि रसों में रति, हास आदि से जन्य लौकिक सुख का अनुभव करता है। किन्तु यह लौकिक सुख अथवा दुःख रस-दशा की पूर्ववर्ती अवस्था है और रस-दशा उसकी परवर्ती अवस्था है।

4. **निष्कर्षतः, करुण, भयानक आदि रस अन्ततः, अपने परिपाक रूप में, दुःखात्मक नहीं हैं, वे भी शृंगार आदि रसों के समान सुखात्मक ही हैं।**

करुण रस का आस्वाद : पाश्चात्य दृष्टि से[2]

करुण रस के आस्वाद के प्रश्न के सम्बन्ध में पाश्चात्य काव्यचार्यों ने भी अपने विचार प्रस्तुत किये हैं, जिन्हें प्रमुखतः दो रूपों में बाँट सकते हैं—अभावात्मक और भावात्मक।

अभावात्मक समाधान

अरस्तु के कथनानुसार त्रासदी में करुण तथा त्रास के उद्रेक द्वारा इन दोनों मनोविकारों का उचित विरेचन किया जाता है। इस कथन का अभिप्राय यह है कि त्रासदी में प्रेक्षक के अपने कटु मनोविकार सहसा उत्तेजित होकर अभिव्यक्त हो जाते हैं, और इस प्रकार उनके दंश का निराकरण हो जाता है, और फलस्वरूप प्रेक्षक का मन विशद हो जाता है, किन्तु अरस्तू की यह मान्यता स्वीकार्य नहीं रही, क्योंकि यह काव्यस्वाद के अभावात्मक रूप की व्याख्या करती है। प्रेक्षक वस्तुतः इस अभावात्मक उपलब्धि के लिए प्रेक्षागृह में त्रासदी देखने नहीं जाता। अरस्तू के प्रसिद्ध आलोचक **ल्यूकस** ने भी उक्त मान्यता का खण्डन इसी आधार पर किया है कि प्रेक्षक भावों के विरेचन के लिए नहीं, वरन् भोग (आनन्द-प्राप्ति) के लिए नाटक या काव्य की ओर प्रवृत्त होता है।

रूसो के अनुसार त्रासदी के प्रेक्षक या पाठक को एक प्रकार का द्वेषजन्य आनन्द प्राप्त होता है, जिसका आधार है—मानव की एक सहजवृत्ति—पर-पीड़न या स्व-पीड़न। किन्तु ये दोनों प्रवृत्तियाँ असाधारण (abnormal) या अवसाधारण (subnormal) मनःस्थिति की द्योतक हैं। सामान्य एवं स्वस्थ चित्तवृत्ति में पर-पीड़न या स्व-पीड़न की सम्भावना नहीं मानी जाती।

1. **लौकिकशोकहर्षादिकारणेभ्यो लौकिकहर्षादयो जायन्ते इति लोक एव प्रतिनियमः।**
काव्ये पुनः 'सर्वेभ्योऽपि विभावादिभ्यः सुखमेव जायते' इति। —सा.द. 3.7 (वृत्ति)
2. विशेष पठितव्य : रससिद्धान्त (डॉ. नगेन्द्र), पृष्ठ 127-133

अनेक विचारकों ने उक्त वृत्तियों के स्थान पर मानव-सहानुभूति की कल्पना की है। उनका कथन है कि कारुणिक दृश्यों में प्रेक्षक को मानव-सहानुभूति का सुख मिलता है, और पर-सहानुभूति वास्तव में आत्म-सहानुभूति का ही रूप है। इस प्रकार के विचारों के साथ अंग्रेज़ कवि **शैले** और फ्रांसीसी विचारक **फ़ोन्तनेल** के नाम सम्बद्ध हैं, जिनका विश्वास है कि सुख और दुःख का सहोदर-सम्बन्ध है। जर्मनी के **शोपेनहोर** भी लगभग ऐसे विचार को व्यक्त करते हुए कहते हैं कि त्रासदी जीवन के गम्भीर और दुःखमय पक्ष को महत्त्व देती है, जगत्-प्रपंच की असारता को व्यक्त करते हुए सत्य का उद्घाटन करना इसका प्रयोजन है।

श्लेगेल (जर्मन) के अनुसार त्रासदी को देखते अथवा पढ़ते समय हमारे मन में इस चेतना का उदय होता है कि पार्थिव जीवन का संचालन किसी अदृष्ट शक्ति के हाथ में है, जिसके समक्ष मानव का समस्त बल-वैभव तुच्छ है। इस धारणा से एक ओर अहंकार का शमन होता है और दूसरी ओर इससे हमें दुःख में धैर्य मिलता है।

स्पष्ट है कि उक्त सभी समाधान अभावात्मक ही हैं। इसी प्रकार के समाधान **ह्यूम** और **ड्यूबॉय** ने भी व्यक्त किये हैं। इनके अनुसार प्रेक्षक त्रासदी का अवलोकन या अध्ययन दैनिक जीवन की नीरसता से मुक्ति पाने के लिए करता है। त्रासदी से उसके जीवन में एक प्रकार की उत्तेजना आती है, और यह उत्तेजना भी एक प्रकार का विशेष आनन्द है।

भावात्मक समाधान

इससे अतिरिक्त पाश्चात्य विचारकों ने भावात्मक समाधान भी प्रस्तुत किये हैं—

निकल के अनुसार त्रासदी में मानव-हृदय की शूरता एवं उदारता आदि भव्यतर गुणों का प्रदर्शन होता है। वीरता के पतन में भी एक गरिमा निहित रहती है, जो शोक और त्रास को दैवी आभा से मण्डित कर देती है। इन प्रसंगों से हमारे मन में क्लेश के स्थान पर उदात्त अनुभूति उत्पन्न होती है, जो सुखद एवं प्रीतिकर होती है।

नीत्शे के अनुसार त्रासदी में जीवन के प्रकाश और अन्धकार दोनों का ही ऊर्जस्वी चित्रण रहता है। प्रेक्षक जीवन की इसी द्वन्द्वात्मक शक्ति का अनुभव करता हुआ त्रासदी का रस लेता है। **हीगेल** ने भी इसी द्वन्द्व को स्वीकार करते हुए प्रकारान्तर से इसे करुण रस के आस्वादन के समाधान के रूप में प्रस्तुत किया है।

आई.ए. रिचर्ड्स की मान्यता है कि काव्य का उद्देश्य है अन्तर्वृत्तियों का, विशेषतः परस्पर-विरोधी अन्तर्वृत्तियों का, सामंजस्य। त्रासदी की आधारभूत अन्तर्वृत्तियाँ हैं करुण और त्रास। करुण का धर्म है आकर्षण और त्रास का धर्म है विकर्षण। त्रासदी में इन दोनों विरोधी अन्तर्वृत्तियों के समंजन के कारण सहृदय को परितोष की प्राप्ति होती है।

ये भावात्मक समाधान अपेक्षाकृत अधिक पुष्ट और संगत हैं। फिर भी, इससे जिज्ञासा का शमन नहीं होता। यह सत्य है कि किसी वीर का बलिदान हमारे चित्त

में अवसाद और निराशा के स्थान पर उदात्त भावनाओं की उद्बुद्धि करता है, किन्तु यह तर्क एकांगी है। त्रासदी में केवल वीर का बलिदान ही नहीं होता, निरीह और सरल-सुन्दर व्यक्तियों का निर्मम उत्पीड़न एवं हनन भी होता है।

आधुनिक युग के अंग्रेज़ लेखक ल्यूकस ने अन्य मतों का खण्डन करते हुए नीत्शे के मत से अंशतः सहमति प्रकट की है। उनका तर्क है कि त्रासदी से जीवन के उत्थान-पतन का उदात्त चित्र हमारे सामने प्रस्तुत होता है, जिससे हम जीवन-सत्य का उसके भव्यतम रूप में रसास्वादन करते हैं।

किन्तु यह समाधान भी अंशतः स्वीकरणीय है, क्योंकि जीवन के उत्थान के साथ पतन को भी प्रीतिकर मान लेने की क्षमता सामान्य व्यक्ति में नहीं होती। इस समाधान की अपेक्षा **हीगेल** का तर्क अधिक विश्वसनीय है—त्रासदी से जीवन की जय-पराजय के द्वन्द्व का अनुभव हमारी चेतना की परस्पर-विरोधी वृत्तियों को उद्बुद्ध कर, अन्त में इन्हें समंजित कर देता है। परिणामस्वरूप हमारी आत्मा समाहित हो जाती है, और इस प्रकार प्रेक्षक की आत्मा को परितोष मिलता है। **रिचर्ड्स** ने इसी धारणा के ही आधार पर कहा है कि त्रासदी आकर्षक और विकर्षक वृत्तियों का समंजन करके हमारी चेतना को समाहित करती है। अतः उसका प्रभाव तृप्तिकर है। यह तो ठीक है, किन्तु यह समंजन कैसे घटित होता है, इसका समाधान करना भी आवश्यक है, जिसकी ओर संकेत नहीं किया गया।

निष्कर्षतः–

पाश्चात्य विचारकों के ये सभी समाधान अंशतः सत्य हैं, क्योंकि एक भी समाधान ऐसा नहीं है जो जिज्ञासा का समग्र रूप से परितोष कर सके। अतः हमें कई सिद्धान्तों का आश्रय लेना होगा—

(क) काव्य का शोक प्रत्यक्ष अनुभव का विषय न होकर कल्पनात्मक अनुभव का विषय है। अतः उसका दंश बहुत कम हो जाता है।

(ख) करुण-काव्य में प्रायः मानव-शूरता और मानव-गरिमा का भव्य दर्शन रहता है, जो कि सामाजिक की चेतना का उत्कर्ष करता है।

(ग) कला की प्रक्रिया भी दुःख आदि के लेश-मात्र को नष्ट कर देती है। कला अनेकता में एकता स्थापित करती है और इस कलात्मक अन्विति का रागात्मक आधार है—भेद में अभेद की प्रतीति जो निश्चिय ही सुखकर अनुभूति है।

(घ) काव्य का यह शोक व्यक्तिगत न रहकर साधारणीकृत हो जाता है। अतः ममत्वजन्य कुण्ठा और निराशा इसमें नहीं रह जाती। हमारी चेतना राग-द्वेषों से मुक्त होकर विशद हो जाती है, और यह मनःस्थिति सुखकर अनुभूति है।

इस प्रकार कोई अकेला तर्क करुण आदि रसों के आस्वाद का समाधान नहीं कर सकता। ये सभी तर्क समग्रतः इसे प्रस्तुत करने में सक्षम हो सकते हैं, विशेषतः अन्तिम तर्क (साधारणीकरण) तो प्रत्येक दृष्टि से अपेक्षित है ही।

12. एको रस : करुण एव

[1]

करुण रस ही मूल रस है, इस धारणा की पुष्टि के लिए उत्तररामचरित नाटक से भवभूति का यह कथन उद्धृत किया जाता है–

एकमात्र रस करुण ही है, जो निमित्त-भेद से विभिन्न रूप इस प्रकार धारण करता है जिस प्रकार जल मूलतः एक होते हुए भी विभिन्न आवर्तों, बुदबुदों तथा तरंगों का रूप धारण कर लेता है।[1]

अतः केवल इसी नाटक को ही लक्ष्य में रखकर उक्त विषय पर तथा प्रसंगवश इस नाटक के अंगी रस पर विचार-विमर्श करना अपेक्षित है।

विश्वनाथ के अनुसार करुण रस का स्थायिभाव है शोक और इसका प्रमुख तत्त्व है इष्ट का नाश और दूसरा तत्त्व है अनिष्ट की प्राप्ति।[2] 'अनिष्ट' से तात्पर्य ले सकते हैं पराधीनता, निर्धनता, भूकम्प, अनावृष्टि, अकाल-वृष्टि, 'सुनामी' (समुद्र में भयंकर उफान) आदि से जन्य दुर्दशा। इसके विपरीत विप्रलम्भ शृंगार वहाँ माना जाता है जहाँ इष्ट का नाश नहीं होता, पर उससे विरह हो जाता है, और साथ ही नायक-नायिका में मिलन की आशा बनी रहती है।[3]

अब प्रस्तुत नाटक लीजिए। इसमें पुनर्मिलन अर्थात् आशा-विषयक स्थिति किंचित् विचित्र है। कभी तो ऐसा प्रतीत होता है कि यह आशा न तो राम लगाये हुए हैं और न सीता। किन्तु साथ ही कुछ संकेत ऐसे भी मिल जाते हैं मानो राम ने अभी–अभी सीता की झलक देखी हो, और साथ ही ऐसे संकेत भी कि वह सीता की वन के हिंस्र पशुओं द्वारा विनष्ट हो जाने की आशंका करते हैं–यद्यपि अत्यन्त सन्देहपूर्ण मन से।[4] कभी ऐसा भी प्रतीत होता है कि उन दोनों ने मिलन की आशा नितान्त खो नहीं दी है।

1. **एको रसः करुण एव निमित्तभेदाद् भिन्नः पृथक् पृथगिवाश्रयते विवर्तान्**
   आदर्तबुद्बुदतरंगमयान् विकारानम्भो यथा सलिलमेव तु समग्रम्।। उत्तररामचरित 3.47
2. **इष्टनाशादनिष्टाप्तेः करुणाख्यो रसो भवेत्।** सा द. 3.222
3. **विप्रलम्भे रतिः स्थायी पुनः संभोगहेतुकः।** वही, 3.226
4. **क्रव्याद्भिरङ्गलतिका नियतं विलुप्ता।** उ.रा.च. 4.28

इस प्रकार की द्विविध स्थिति में इस नाटक में अंगी रस की स्वीकृति प्रेक्षक की दृष्टि से की जानी चाहिए। और यों भी, प्रेक्षक की सहृदयता ही रस का वास्तविक आधार मानी जाती है, शास्त्र का नियम तो सहायक मात्र ही होता है। प्रेक्षक यद्यपि अनेक स्थलों पर राम के साथ तादात्म्य करते हुए सीता के विनष्ट हो जाने की स्वीकृति कर लेता है, फिर भी, इन स्थलों से अतिरिक्त पूर्व एवं परवर्ती क्षणों में वह यह नहीं भुला पाता वे दोनों विरह-व्यथा से पीड़ित हैं, और उनमें से किसी का विनाश नहीं हुआ। उक्त स्थलों को छोड़कर प्रेक्षक उनके पुनर्मिलन की आशा अन्त तक बनाये चलता है। इस दृष्टि से नाटक का अंगी रस करुण को न मानकर विप्रलम्भ श्रृंगार को मानना चाहिए।[1] फिर भी, यदि नाटक के एक नारी-पात्र तमसा के मुख से भवभूति द्वारा 'एको रसः करुण एव........' यह कथन कहलाया गया है तो–

–इसकी एक व्याख्या यह हो सकती है कि यहाँ नाटककार को 'करुण रस' से तात्पर्य कोई विशेष रस अभीष्ट नहीं है, अपितु वह तमसा द्वारा उस कारुणिक दशा का निर्देश कर रहा है जो कि नाटक के उस दृश्य के वातावरण के अनुकूल तमसा, मुरला, वासन्ती, सीता और राम, इन सबके हृदय में व्याप्त थी। अर्थात् यहाँ करुण रस से तात्पर्य है कारुणिक दशा, पर यह अर्थ प्रचलित अर्थ से स्पष्टतः भिन्न है।

–और दूसरी व्याख्या श्री शंकुक की निम्नोक्त धारणा के आधार पर प्रस्तुत की जा सकती है–सदय-हृदयता को लोक में (सामान्य भाषा में) 'करुण' कहते हैं। यह अपने दृश्यमान रोदन-विलपन आदि लिंगों (चिह्नों) द्वारा अनुकर्ता (नट) में रहने वाले शोक को अनुभव करने वाले सामाजिकों (सहृदयों) में रहती है। इसलिए इस रस का 'करुण' यह सार्थक नाम है।''[2] इस कथन का तात्पर्य है कि प्रेक्षक करुण रस के नाटक में अनुकर्ता के सफल अभिनय के माध्यम से उस शोक का अनुभव कर रहा होता है जो कभी अनुकार्य ने प्राप्त किया था।

शंकुक के उपर्युक्त कथन में करुणा अथवा सदयहृदयता से तात्पर्य है–सहृदय और अनुकार्य के बीच सह-अनुभूति, सम-वेदना, समानावस्था, तादात्म्य आदि, अथवा सहृदय का अनुकार्य के प्रति दयाभाव, द्रवीभाव आदि, जो कि शास्त्रीय दृष्टि से न केवल करुण रस के क्षेत्र में अपेक्षित है, अपितु सभी रसों में अपेक्षित है, और

---

1. उल्लेख्य है कि इस नाटक के गर्भांक में चित्रित देवगणों और मानवों के एकत्रित हो जाने के आधार पर अद्भुत रस की, अथवा राम-सीता के अन्ततः मिलन के आधार पर संयोग श्रृंगार की, भी स्वीकृति नहीं करनी चाहिए, क्योंकि प्रेक्षक पर समग्र प्रभाव डालने की दृष्टि से यह दृश्य अत्यन्त नगण्य है। इस दृश्य के देखने के बाद भी सीता की विरह-दशा इस दृश्य पर अपना आधिपत्य बनाये रखती है। एक तथ्य और–और यों भी, संयोग श्रृंगार के स्थल रति की उत्कटता में ही स्वीकार्य होने चाहिए, न कि सामान्य मिलन में। राम-सीता के इस प्रकार के मिलन को संयोग श्रृंगार मानना किसी रूप में समुचित नहीं है, क्योंकि यहाँ रति की उत्कटता द्योतित नहीं होती।
2. **सदयहृदयता हि करुणेति लोके प्रसिद्धा। सा लिंगैरनुकर्तरि शोकं प्रतियतां सामाजिकानामिति तत्र करुणव्यपदेशः इति श्रीशंकुकः।** –हिन्दी अभिनवभारती, पृष्ठ 579

इसी आधार पर करुण रस को मूल रस माना जा सकता है। किन्तु इस प्रकार की व्याख्याएँ किसी विषय के प्रति अनुचित पक्षपात की, तथा उसके अतिव्याप्त रूप की ही द्योतक होने के कारण उसके वास्तविक स्वरूप को उद्घाटित करने में बाधक ही बनती हैं। करुण रस से तात्पर्य करुणा, और करुणा से तात्पर्य सदय-हृदयता— निःसन्देह यह अनावश्यक खींचतान ही है।

करुण रस को अपेक्षाकृत उत्कृष्ट घोषित करने के लिए उत्तररामचरित के टीकाकार वीर राघव के अनुसार एक तर्क और दिया जा सकता है कि 'करुण रस का अनुभव रागी और विरागी दोनों करते हैं।'[1] इसका अभिप्राय प्रकारान्तर से यह है कि शृंगार जैसे रस का अनुभव तो केवल रागी जन ही करते हैं। अतः करुण रस अपेक्षाकृत उत्कृष्ट सिद्ध हुआ। वस्तुतः, इस प्रकार के तर्क रस-सिद्धान्त के महनीय तत्त्व 'साधारणीकरण' पर खरे नहीं उतरते। इस आधार पर तो बीभत्स और भयानक आदि रस स्वीकृत नहीं किये जायेंगे, जिन्हें न रागी चाहेंगे और न विरागी। वस्तुतः, नाटक-प्रेक्षण (अथवा काव्य-पठन) के समय सहृदय व्यक्ति रागी और विरागी—इस प्रकार के सभी विशेषणों से ऊपर उठ जाता है।

[2]

हमारे विचार में इस नाटक के सन्दर्भ को ध्यान में रखते हुए भवभूति के उक्त कथन की केवल यही व्याख्या हो सकती है कि नाटककार को **'शोक' स्थायिभाव से, विशेषतः उस दृश्य में, व्यापक अर्थ अभीष्ट होगा**। उनके अनुसार शोक इष्ट-नाश से तो सम्बद्ध है ही, साथ ही रति-विषयक विरह-जन्य अत्यन्त कष्ट भी 'शोक' कहाता है, जो कि इस नाटक के अधिकांश कलेवर में व्याप्त है, तथा जिससे प्रेक्षक अन्त तक अभिभूत रहता है। भवभूति इस विरह-वेदना को विप्रलम्भ शृंगार न कहकर सम्भवतः करुण रस ही मानते होंगे।[2] इसका—

—एक प्रमाण तो यह है कि वह पुट-पारिपाक के समान बाहर से कठोर बने हुए, किन्तु अन्दर ही घुलते जा रहे, राम की विरह-दशा को करुण-रस कहते हैं।[3] इस प्रकार करुण रस का क्षेत्र व्यापक कर लेने पर ही इस रस को विवेच्य नाटक का अंगी रस माना जा सकता है, अन्यथा नहीं। किन्तु इसके प्रचलित लक्षण के आधार पर तो नाटक का अंगी रस विप्रलम्भ शृंगार को ही मान सकते हैं, करुण रस को नहीं।

—और इससे भी प्रबल दूसरा प्रमाण है कि भवभूति सीता को एक-साथ 'करुण की मूर्ति' अथवा 'शरीरिणी विरहव्यथा'[4] कहते हैं। स्पष्ट है कि वह 'विरह-व्यथा

---

1. **रागिविरागिसाधारण्यात्।**
2. सम्भवतः भवभूति के समय में विरह-वेदना भी करुणा रस का ही एक अंग हो, किन्तु आगे चलकर शताब्दियों पश्चात् विश्वनाथ के युग में यह धारणा-बदल गयी हो।
3. **पुटपाकप्रतीकाशो रामस्य करुणो रसः।** उत्तररामचरित
4. **करुणस्य मूर्तिरिव वा शरीरिणी विरहव्यथेव।** उत्तररामचरित 3.4

और करुण' दोनों से एक ही अभिप्राय लेते हैं–रतिविरह-जन्य अतिशय कष्ट भी उनके शब्दों में करुण ही है।

[3]

अच्छा चलिए, वादितोष-न्याय से, करुण रस का क्षेत्र व्यापक मानते हुए, उत्तररामचरित का अंगी रस करुण रस ही स्वीकार कर लेते हैं, किन्तु इससे फिर भी यह सिद्ध नहीं होता कि करुण रस मूल रस है, अर्थात् वह ही एक-मात्र रस है। इस दृष्टि से वह तो यहाँ अंगी है और अन्य रस श्रृंगार (संयोग एवं वियोग), वीर, अद्‌भुत आदि अंग रस हैं। अतः करुण रस को जल के समान, तथा अन्य रसों को आवर्तों के समान, उससे असम्पृक्त अर्थात् सर्वत्र मूलतः एक रस–करुण रस–नहीं मानना चाहिए। इस प्रकार की स्थिति में तो सर्वत्र ही कोई भी अंगी रस मूल रस घोषित हो जायेगा। उदाहरणार्थ, 'अभिज्ञानशाकुन्तलम्' में श्रृंगार (अंगी) रस 'जल' के समान मूल रस मान्य रहेगा, और हास्य, वीर आदि (अंग) रस 'आवर्तों' के समान उससे असम्पृक्त। हमारे विचार में भवभूति को तमसा द्वारा केवल इतना कहलाना अभीष्ट है कि इस नाटक में करुण रस अंगी है और अन्य रस उसके अंग, सहायक, पोषक एवं उपकारक हैं। उन्हें यह कहलाना अभीष्ट नहीं है कि करुण रस मूल रस है। 'जल-आवर्त' उपमान को तो केवल एक रूपकमात्र–कवि का अभिव्यक्ति-प्रकार मात्र–ही समझना चाहिए, इससे अधिक और कुछ नहीं।

इस प्रसंग में ज्ञातव्य है कि किसी एक रस को मूल रस तभी माना जा सकता है जब वह अन्य रसों का उत्पादक हो, अथवा अन्य रसों के साथ अनुकूल अथवा प्रतिकूल रूप से सम्बद्ध हो। करुण रस के विषय में इस सम्बन्ध को सिद्ध करने के लिए निम्नोक्त रूप में पर्याप्त खींचतान करनी पड़ेगी। उदाहरणार्थ, श्रृंगार रस के संयोग-पक्ष के बाद उसका विरह पक्ष 'करुण' को जन्म देता है। रौद्र और वीर रसों में शत्रुपक्ष की पराजय, दुर्दशा और मृत्यु से 'करुण' का उदय होता है। भयानक और बीभत्स रसों के दृश्य भी 'करुण' से सम्बद्ध रहते हैं। कारुणिक दृश्यों से वैराग्य भाव (शान्त रस) उत्पन्न होता है। इसी प्रकार चाहें तो अद्‌भुत और हास्य को भी करुण के साथ निम्न रूप से जोड़ सकते हैं। पर्वत की उच्च शिखर पर आरोहण करते जा रहे मानव के अद्‌भुत साहस के प्रति अथवा ऊँची-ऊँची अट्टालिकाएँ बना रहे शिल्पियों की अद्‌भुत क्षमता के प्रति करुणा-भाव भी जग सकता है। इसी प्रकार शत्रुपक्ष की दयनीय स्थिति पर परिस्थिति एवं वातावरण के अनुकूल, हास्य का उदय भी हो सकता है। पर इतना अधिक खींचतान करने पर भी उक्त सभी स्थितियाँ 'करुण' को किसी भी रूप में मूल रस सिद्ध नहीं कर सकतीं। क्योंकि, शास्त्रीय दृष्टि से उक्त सभी स्थितियों में करुण रस को अन्य रसों के प्रति अंग माना जायेगा, और 'शोक' स्थायिभाव को संचारिभाव।

[4]

अब अन्ततः इस विषय पर एक अन्य दृष्टि से विचार करें। जैसा कि पहले कह आये हैं कि शास्त्रीय दृष्टि से **उत्तररामचरित नाटक का अंगी रस करुण रस न होकर विप्रलम्भ शृंगार ही है,** किन्तु एक समस्या अब भी शेष है कि विप्रलम्भ शृंगार के पाँच भेदों में से किसे इस नाटक के साथ सम्बद्ध किया जाये। स्पष्ट है कि पूर्वराग, मान, प्रवास और शाप-हेतुक विप्रलम्भ शृंगार के इन चार भेदों में से किसी को भी यहाँ स्वीकार्य नहीं किया जा सकता। शेष रहा करुण-विप्रलम्भ शृंगार, इसे भी स्वीकृत नहीं कर सकते, क्योंकि इसकी भीं निजी सीमा है। नायक-नायिका में से किसी एक की मृत्यु हो जाने पर भी पुनर्मिलन की आशा बनाये रखने पर मन की जो दुःखी अवस्था रहती है वही करुण विप्रलम्भ 'शृंगार' माना जाता है।[1] जैसे कि कादम्बरी में पुण्डरीक-महाश्वेता के प्रसंग में। किन्तु उत्तररामचरित में तो यह स्थिति भी नहीं है, क्योंकि दोनों जीवित हैं। यदि किसी स्थिति में, राम की दृष्टि से ही सही, सीता को जीवित न भी मानें तो भी प्रेक्षक की दृष्टि से तो वे दोनों जीवित हैं ही। हमारे विचार में करुण-विप्रलम्भ शृंगार की परिधि को किंचित् व्यापक कर देना चाहिए– **आलम्बन की मृत्यु हो जाने के कारण अथवा किसी भी अन्य कारण से दोनों की पृथक् हो जाने की स्थिति में, पुनर्मिलन की आशा में, मन की दुःखपूर्ण अवस्था को भी करुण-विप्रलम्भ शृंगार मानना चाहिए।**

प्रश्न किया जा सकता है कि यदि व्यापक रूप ही देना है तो फिर क्यों न करुण रस को यह रूप देकर उत्तररामचरित नाटक का अंगी रस करुण को ही मान लिया जाये? उत्तर स्पष्ट है स्थायिभाव की स्पष्ट विभाजक रेखा ही इसका निर्णय कर सकती है कि नायक-नायिका की पुनर्मिलन की आशा 'रति' पर ही आधारित रह सकती है, न कि 'शोक' पर। किसी रस का एकमात्र निर्णायक आधार उसका स्थायिभाव ही होता है।

निष्कर्षतः

1. **'एको रसः करुण एव...'** इस श्लोक से भवभूति का अभिप्राय उनके अपने शास्त्रीय दृष्टिकोण से केवल इतना मात्र है कि उत्तररामचरित नाटक का अंगी रस करुण है और शेष रस इसके अंग हैं।

2. किन्तु शास्त्रीय आधार पर इसका अंगी रस विप्रलम्भ-शृंगार रस है न कि करुण रस। किन्तु करुण-विप्रलम्भ—शृंगार रस की सीमा बढ़ा देने पर ही यहाँ यह भेद स्वीकार करना चाहिए, **क्योंकि इस नाटक में रति स्थायिभाव की प्रधानता है, शोक तो केवल संचारिभाव ही है, यद्यपि अन्य संचारिभावों की अपेक्षा यह कहीं अधिक प्रबल है।**

3. करुण रस को मूल रस, अर्थात् एक मात्र रस नहीं मानना चाहिए, क्योंकि इस स्वीकृति में पर्याप्त खींचतान करनी पड़ेगी।

---

1. **यूनोरेकस्मिन् गतवति लोकान्तरं पुनर्लभ्ये।**
विमनायते यदैकस्तदा भवेत्करुणविप्रलम्भाख्यः।। साहित्यदर्पण 3.209

13. रौद्र और वीर रस में अन्तर

मूल रस कौन-कौन से हैं इस विषय पर प्रकाश डालते हुए नाट्यशास्त्र के प्रणेता भरतमुनि ने लिखा कि 'पहले शृंगार, रौद्र, वीर और बीभत्स, इन चार रसों की उत्पत्ति हुई। फिर शृंगार से हास्य, रौद्र से करुण, वीर से अद्भुत और बीभत्स से भयानक रस पैदा हुए।'[1] आगे चलकर शान्त और फिर वात्सल्य ये दो रस और भी मान लिए गये, और रसों की संख्या चार से नौ अथवा दस तक पहुँच गयी। शृंगार आदि मुख्य चार रसों से हास्य आदि चार रसों की उत्पत्ति क्यों मानी गयी, यह प्रश्न मनोवैज्ञानिक आधार पर कुछ सीमा तक सुलझाया जा सकता है। शृंगार और हास्य, रौद्र और करुण, वीर और अद्भुत, तथा बीभत्स और भयानक, इन रस-युग्मों में परस्पर कारण-कार्य सम्बन्ध है। अतः उक्त स्थिति स्वीकार करने में कोई आपत्ति नहीं की जा सकती।

अब यदि उक्त चार मूल रसों, शृंगार, रौद्र, वीर और बीभत्स, के अन्तर पर विचार करें तो शृंगार और बीभत्स में स्पष्ट अन्तर है। एक का सम्बन्ध 'रति' के साथ है और दूसरे का 'घृणा' के साथ। पर रौद्र और वीर रसों की लगभग एक-सी मूल प्रवृत्ति होने पर भी दोनों को मुख्य रसों में स्थान देना अवश्य खटकता है। रौद्र और वीर में से किसी एक को जनक मानकर दूसरे को बड़ी सरलता से जन्य माना जा सकता था। आखिर, इन दोनों में ऐसा कौन सा अन्तर है जिसके कारण दोनों को प्रधान स्थान दे कर मूल रसों की संख्या में एक और की वृद्धि कर दी गयी। इसी अन्तर को यहाँ स्पष्ट करना है।

साहित्यदर्पणकार विश्वनाथ ने रौद्र तथा वीर रस में साम्य-निर्देश करते हुए कहा है कि दोनों में शत्रुपक्ष आलम्बन है।[2] दोनों रसों में शत्रुओं की चेष्टाएँ उद्दीपनविभाव[3] हैं।

---

1. **शृंगाराद् हि भवेत् हास्यो रौद्रात्तु करुणो रसः।
वीराच्चौवाऽद्भुतोत्पत्तिर्बीभत्साच्च भयानकः।।** –नाट्यशास्त्र
2. **रौद्र : आलम्बनमरिस्तत्र। सा.द. 3.228**
वीर : आलम्बनविभावास्तु विजेतव्यादयो मताः। –वही, 3.233
3. **रौद्र : तच्चेष्टोद्दीपनं मतम्। –वही, 3.228**
वीर : विजेतव्यादि-चेष्टाद्यास्तस्योद्दीपनरूपिण। –वही, 3.233

इनमें अनुभाव भी लगभग एक-समान हैं, शस्त्रों को उठाना, शत्रु को ललकारना, भ्रूविभंग, बाहु-स्फोटन, तर्जन, गर्जन, मुख तथा नेत्रों का रक्त हो जाना, इत्यादि सभी अनुभाव दोनों रसों में समान हैं। धृति, मति, गर्व, स्मृति, तर्क, रोमांच, उग्रता, अमर्ष, आवेग, चापल्य इत्यादि संचारिभाव भी दोनों में एक-समान हैं।

किन्तु इस साम्य के होते हुए भी, दोनों रसों के स्थायिभाव भिन्न-भिन्न हैं– रौद्र रस का स्थायिभाव 'क्रोध' है और वीर रस का 'उत्साह'। इसी सम्बन्ध में विचारणीय प्रश्न यह कि क्या (1) क्रोध का उत्साह में अथवा (2) उत्साह का क्रोध में अन्तर्भाव स्वीकार करते हुए इनमें से किसी एक रस का दूसरे रस में अन्तर्भाव नहीं किया जा सकता?

पहले पूर्व पक्ष को लें। युद्धवीर रस के किसी भी उदाहरण में क्रोध का अंश अवश्य सम्मिलित रहता है, क्रोध युद्ध का सहचर है। क्रोध पहले आता है, उत्साह बाद में। इन दोनों में जनकजन्य-सम्बन्ध है–

सूर्यास्त से पहले न जो मैं कल जयद्रथ-बध करूँ।
तो शपथ करता हूँ स्वयं मैं ही अनल में जल मरूँ।।

यहाँ क्रोध की उत्पत्ति के बाद ही अर्जुन में युद्ध करने का उत्साह पैदा हुआ है। इसी प्रकार–

भो लंकेश्वर, दीयतां जनकजा, रामः स्वयं याचते,
कोऽयं ते मतिविभ्रमः, स्मर नयं, नाद्यापि किञ्चिद्गतम्।
नैवं चेत्खरदूषणत्रिशिरसां कण्ठासृजापंकिलः,
पत्री नैष सहिष्यते मम धनुर्ज्याबन्धबन्धूकृतः।। सा.द. 3.234

विश्वनाथ-प्रस्तुत वीर रस के इस उदाहरण में यह नितान्त स्पष्ट है कि श्रीरामचन्द्र क्रोध से अभिभूत होकर रावण को ललकार रहे हैं। युद्धवीर के उदाहरणों में ही क्यों, दानवीर के निम्नोक्त उदाहरण में दानी हरिश्चन्द्र की उक्ति में भी क्रोध का स्वर झंकृत हो रहा है–

बेचि देह दार सुअन, होइ दास हूँ मन्द।
रखिहौं, निज बच सत्य करि, अभिमानी हरिश्चन्द।।

यदि यही स्थिति है, तो फिर क्यों न रौद्र और वीर रस का एक ही स्थायिभाव 'क्रोध' मान लिया जाये, और परिणामतः, 'क्रोध' स्थायिभाव में उत्साह 'स्थायिभाव' का, और रौद्र रस में वीर रस का अन्तर्भाव स्वीकार कर लिया जाये?

'उत्साह' की स्थिति को निम्न धरातल पर ले जाने के लिए केवल इतना ही पर्याप्त नहीं है कि इसका 'क्रोध' में अन्तर्भाव किया जा सकता है, अपितु इसको मात्र वीर रस से सम्बद्ध न मान कर सभी रसों में सम्बद्ध माना जा सकता है, और इस तरह इसे स्थायिभाव के पद से च्युत करके 'संचारिभाव' के स्तर पर ले जाया जा सकता है। उत्साह का लक्षण है–

कार्यारम्भेषु संरम्भः स्थेयानुत्साह उच्यते।

अर्थात्, प्रत्येक प्रकार के कार्यारम्भ के लिए उत्साह की आवश्यकता पड़ती है। उदाहरणार्थ, सिंह से भीत होकर भागने के लिए कायर में 'उत्साह' चाहिए। भयानक परशुराम के भयानकतर कुठार को देखकर क्रोधपूर्ण उक्तियाँ कहने के लिए भी लक्ष्मण में उत्साह चाहिए। इतना ही क्यों? शकुन्तला के सौन्दर्य से आकृष्ट होने के बाद उसके प्रति प्रणय-निवेदन के लिए भी दुष्यन्त के हृदय में 'उत्साह' चाहिए। मृत पुत्र के शव को देख कर किसी पिता का करुण-क्रन्दन भी विशिष्ट प्रकार के 'उत्साह' की अपेक्षा रखता है। इस प्रकार 'उत्साह' की स्थिति सभी रसों में अनिवार्यतः ग्रहण की जा सकती है। यही कारण है कि उत्साह को कई आचार्यों ने केवल वीर रस का स्थायिभाव न मान कर इसे व्यभिचारिभाव मानते हुए सभी रसों के लिए आवश्यक ठहराया है।[1] जो भाव सभी रसों के लिए किसी-न-किसी रूप में अपेक्षित है, उसे केवल एक रस—वीर रस—का स्थायिभाव बनने का गौरव क्यों प्रदान किया जाये? क्यों न उसे संचारिभाव ही मान लिया जाये? और फिर, क्यों न 'क्रोध' को ही रौद्र तथा वीर रस का स्थायिभाव मानकर रौद्र में वीर का अन्तर्भाव कर दिया जाये। यदि अन्तर्भाव न भी किया जाये, पर वीर को रौद्र का भेद अथवा अंग तो अवश्य स्वीकार किया जा सकता है।

किन्तु इधर इसके विपरीत वीर रस में ही रौद्र रस का अन्तर्भाव करने के पक्ष में भी एक प्रबल हेतु उपस्थित किया जा सकता है कि क्रोध पूर्वावस्था है, युद्धोत्साह उत्तरावस्था। क्रोध कारण है, युद्धोत्साह कार्य। कारण और कार्य में कारण सदा गौण माना जाता है और कार्य सदा प्रधान। रौद्र रूपी कारण के परिणामस्वरूप ही वीर रस रूपी कार्य की उत्पत्ति होती है, तो फिर क्यों न वीर रस में रौद्र रस का अन्तर्भाव कर दिया जाये? अथवा रौद्र रस को वीर रस की प्रथमावस्था स्वीकार करते हुए इसे वीर रस का अंग स्वीकार किया जाये?

परन्तु रौद्र रस और वीर रस को एक मानने में जो तर्क दिये गये हैं वे अति शिथिल हैं। वस्तुतः ये दोनों रस परस्पर भिन्न हैं। विश्वनाथ ने इनके साम्य का तो निर्देश किया ही है जिसका उल्लेख ऊपर किया जा चुका है, उन्होंने इनकी भिन्नता पर भी प्रकाश डाला है कि रौद्र रस का वर्ण रक्त है तो वीर का हेम; रौद्र का देवता रुद्र है तो वीर का महेन्द्र। किन्तु वर्ण और देवताओं की यह विभिन्नता वस्तुतः कवि-परम्परा अथवा शास्त्र-परम्परामात्र ही है। यदि इन पर तनिक भी ध्यान न दें तो भी दोनों रसों में स्पष्ट अन्तर है—

—रौद्र रस का स्थायिभाव क्रोध है। क्रोध इस रस में स्थिर होकर रहता है, यहाँ वह युद्धोत्साह की ओर अग्रसर नहीं होता।

---

1. **उत्साहविस्मयौ सर्वरसेषु व्यभिचारिणौ** (संगीतरत्नाकर)

—वीर रस का स्थायिभाव उत्साह है। वीर रस में क्रोध उत्पन्न तो होता है, पर स्थिर न रह कर युद्धोत्साह की ओर अग्रसर हो जाता है। यहाँ क्रोध प्रेरक अथवा साधन रूप में आता है और युद्धोत्साह प्रेरणीय अथवा साध्य रूप में। क्रोध पोषक रहता है, उत्साह पोष्य; क्रोध गौण रहता है, उत्साह प्रधान। अतः वीर रस का स्थायिभाव उत्साह ही है, क्रोध नहीं। वस्तुतः, स्थायिभाव भी किन्हीं परिस्थितियों में संचारिभाव बन जाते हैं, क्रोध यहाँ संचारी रूप में रहता है, अथवा इस क्रोध को 'अमर्ष' संचारिभाव का नाम दे सकते हैं। माना कि प्रत्येक रस में उत्साह की आवश्यकता रहती है, पर 'प्राधान्येन व्यपदेशाः भवन्ति' के अनुसार प्रत्येक रस में उसका अपना-अपना स्थायिभाव ही प्रधान रहता है, और उत्साह की स्थिति संचारिभाव के रूप में रहती है। ठीक वैसे, जैसे वीर रस में उत्साह तो स्थायिभाव है और क्रोध संचारिभाव।

—रौद्र रस के स्थायिभाव 'क्रोध', और वीर रस के संचारिभाव 'क्रोध' में आकाश-पाताल का अन्तर है। रौद्र रस में पाशव क्रोध रहता है, पर वीर रस में भावात्मक क्रोध रहता है। पाशव क्रोध में क्रोधी अपने आपे में नहीं रहता, उसे क्रोध के अतिरिक्त और कुछ नहीं सूझता, पर भावात्मक क्रोध में वीर पुरुष सोत्साह होता है, उसमें वीरता, प्रसन्नता, हिताहित-विमर्श आदि अनेक गुण विद्यमान रहते हैं।

—रौद्र रस में क्रोधी पुरुष निर्बल, असहाय, अपांग अथवा मन्दबुद्धि व्यक्ति पर भी उबल पड़ता है, पर वीर रस के वर्णन में वीर का युद्धोत्साह अपने समकक्ष अथवा अपने से प्रबल शत्रु पर ही दिखाया जाता है।

ठीक इसी प्रकार रौद्र रस के स्थायिभाव 'क्रोध' और वीर रस के स्थायिभाव 'उत्साह' में भी बहुत दूर तक का अन्तर है—

—क्रोध रजोगुण-प्रसूत है[1], पर उत्साह सत्त्वगुण-प्रसूत, तभी तो क्रोध में विवेक का नाश हो जाता है और उत्साह में विवेक बना रहता है।

—क्रोधी व्यक्ति में प्रतिक्रिया की भावना रहती है, पर वीर में नहीं।

—क्रोधी मनुष्य में क्रोध करते समय अथवा शत्रु की प्रबलता का ज्ञान होने पर भय का मिश्रण बना रहता है, पर वीर पुरुष किसी भी स्थिति में भयभीत नहीं होता।

—क्रोधी अन्याय पर उतारू हो जाता है, पर वीर पुरुष कभी न्याय का साथ नहीं छोड़ता।

—क्रोधी पुरुष जितनी चपलता, उछल-कूद आदि आङ्गिक क्रियाएँ अथवा डींग हाँकना आदि वाचिक क्रियाएँ करता है, उतना वीर नहीं। वीर पुरुष भी चापल्य और स्वशौर्य का प्रदर्शन अवश्य करता है, पर अपने बल से बढ़कर कदापि नहीं।

---

1. **काम एष क्रोध एष रजोगुणसमुद्भवः**। श्रीमद्भगवद्गीता 3.37

—क्रोधी और वीर दोनों के मुख और नेत्र क्रोध अथवा युद्धोत्साह के कारण रक्त हो जाते हैं, पर दोनों की रक्तता में अन्तर रहता है। क्रोधी की रक्तता दिखाती है कि अब वह अपने आपे से बाहर हो रहा है अथवा हो गया है; अब वह शत्रु का कुछ-न-कुछ बिगाड़ कर रहेगा। स्वयं शत्रु का न सही तो उसके बच्चों का सही, उसके मकान का सही। यदि किसी का कुछ नहीं बिगाड़ पाएगा तो झुँझलाकर अपना मुँह-सिर तो अवश्य पीट डालेगा, किन्तु इसके विपरीत वीर पुरुष की रक्तता में उसकी गम्भीरता और विवेक की झलक मिलती है, शत्रु से पूर्णतया लोहा लेने का दृढ़ निश्चय प्रकट होता है। वीर पुरुष, क्रोधी पुरुष के समान, न तो शत्रु के मकानों अथवा बच्चों से बदला लेगा और न अपना मुँह-सिर पीट डालेगा। रक्तता दोनों में रहती है, पर उसका कारण और परिणाम नितान्त भिन्न-भिन्न होता है। सम्भवतः विश्वनाथ की इस पंक्ति **'रक्तास्यनेत्रता चास्य भेदिनी युद्धवीरतः'** का आशय भी यही लिया जा सकता है। क्रोधी का मुख रक्तिमा से तमतमा उठता है, मुँह से झाग निकलती है, पर वीर का मुख रक्तिमा से आभान्वित हो जाता है, यही दोनों की रक्तिमा में अन्तर है। वस्तुतः उक्त पंक्तियों का अर्थ यह नहीं लेना चाहिए कि क्रोधी का मुख तथा नेत्र तो रक्त हो जाते हैं, पर वीर के नहीं होते।

उपर्युक्त विवेचन से स्पष्ट है कि वीर और रौद्र दोनों रस एक दूसरे से नितान्त भिन्न हैं, एक का दूसरे में अन्तर्भाव नहीं हो सकता। किन्तु कुछ चिन्तक रौद्र तथा वीर रस दोनों का 'अमर्ष' नामक स्थायिभाव मानकर दोनों को एक समझने के पक्ष में हैं। अमर्ष का लक्षण विश्वनाथ ने निम्न रूप से दिया है—

निन्दाक्षेपापमानादेरमर्षो अभिनिविष्टता।
नेत्ररागशिरकम्पभ्रूभंगो तर्जनादिकृत्।। सा.द. 3.156

अर्थात् निन्दा, आक्षेप, अपमान आदि के कारण उत्पन्न चित्त के अभिनिवेश का नाम 'अमर्ष' है। इससे आँखों में लालिमा, सिर में कम्प, त्योरी चढ़ना, तर्जन आदि होते हैं।

किन्तु जैसा कि ऊपर कहा जा चुका है, अमर्ष भी क्रोध का ही एक रूप है। यह रौद्र रस तथा वीर रस का संचारिभाव तो रह सकता है, पर उनका स्थायिभाव नहीं बन सकता। वस्तुतः 'अमर्ष' रौद्र रस का जितना पोषक है, उतना वीर रस का नहीं। निन्दा, आक्षेप, अपमान आदि के कारण क्रोध तो उत्पन्न होता है, पर केवल इनसे युद्धोत्साह उत्पन्न नहीं होता। शकुन्तला द्वारा की गयी अवहेलना से दुर्वासा को अपने प्रति आदर का अभाव खटका और उसमें क्रोध की उद्धावना हुई, न कि युद्धोत्साह की। 'हर्षचरित' में ब्रह्मा की पुत्री सरस्वती की निन्दा तथा आक्षेप-पूर्ण हँसी पर दुर्वासा क्रोध में पुकार उठा—**'अयि विद्यालवावलेपदुर्विदग्धे किं मामुपहससि?'** इन शब्दों में भी 'अमर्ष' क्रोध का सूचक है, न कि युद्धोत्साह का। अमर्ष के विश्वनाथ-प्रस्तुत निम्नोक्त उदाहरण से यह तथ्य और अधिक स्पष्ट हो जायेगा—

प्रायश्चित्तं चरिष्यामि पूज्यानां वो व्यतिक्रमात्।
न त्वेवं दूषयिष्यामि शस्त्रग्रहमहाव्रतम्।। सा.द., 3.156 (उ.)

अर्थात् 'मैं ऋषियों के प्रति किये गये व्यतिक्रम (आज्ञोल्लंघन) का तो प्रायश्चित्त कर लूँगा, पर शस्त्र-ग्रहण रूप महाव्रत को दूषित न करूँगा', परशुराम की इस उक्ति में राम-लक्ष्मण के प्रति क्रोध की मात्रा झलकती है, न कि उनके प्रति युद्धोत्साह की। अतः अमर्ष वीर रस का स्थायिभाव कभी नहीं बन सकता। निन्दा, आक्षेप, अपमान आदि के कारण चित्त का अभिनिवेश अर्थात् अमर्ष, क्रोध का उत्पादक तो हो सकता है, पर 'युद्धोत्साह' का कदापि नहीं।

निष्कर्ष यह कि–

1. रौद्र और वीर ये दोनों रस नितान्त भिन्न हैं।

2. इन दोनों का एक-दूसरे में अन्तर्भाव नहीं किया जा सकता, क्योंकि न तो रौद्र रस का स्थायिभाव 'क्रोध' वीर रस का स्थायिभाव बन सकता है, और न वीर रस का स्थायिभाव 'उत्साह' रौद्र रस का–यद्यपि ये दोनों स्थायिभाव अपने से इतर रस के संचारिभाव बन सकते हैं।

3. इसके अतिरिक्त इन दोनों का एक ही स्थायिभाव 'अमर्ष' मानते हुए इन्हें एक रस भी नहीं माना जा सकता, क्योंकि अमर्ष नामक भाव संचारिभाव के ही रूप में, दोनों रसों में विद्यमान रह सकता है–यद्यपि इसका अवकाश रौद्र रस के क्षेत्र में वीर रस की तुलना में अपेक्षाकृत कहीं अधिक है।

14. अद्‌भुत रस की स्थिति : अद्‌भुत तत्त्व की महत्त

अद्भुत रस का स्थायिभाव 'विस्मय' है। अलौकिक वस्तु आलम्बन-विभाव है, उस वस्तु के गुण का वर्णन उद्दीपन-विभाव है। बाह्य चेष्टाओं का वर्णन आंगिक अनुभाव है। उसका आकार-वर्णन आहार्य अनुभाव है। स्तम्भ, स्वेद, रोमाञ्च, गद्‌गद्ता, वेपथु आदि इसके सात्त्विक भाव हैं। इस प्रकार अद्भुत रस की अभिव्यक्ति की प्रक्रिया भी बिल्कुल वही है जो अन्य रसों की है, किन्तु कतिपय आचार्यों ने इस रस को अन्य रसों की अपेक्षा अधिक महत्वपूर्ण स्वीकार करते हुए इसे अन्य रसों का आधार घोषित किया है। इस दिशा में रामचन्द्र-गुणचन्द्र, धर्मदत्त, नारायण और विश्वनाथ नामक आचार्यों के कथन विशेषतः उल्लेखनीय हैं।

रामचन्द्र-गुणचन्द्र ने अद्भुत रस की महत्ता एवं स्थिति पर प्रकाश डालते हुए कहा है कि 'नाटक' नामक रूपक में एक रस अंगीरूप में होना चाहिए तथा अन्य रस अंगरूप में। इसके अन्त में अद्भुत रस होना चाहिए—**'एकाङ्गिरसम् अन्याङ्गम् अद्भुतान्तम्'**। 'अद्भुतान्तम् ' पद का विग्रह करते हुए आचार्य कहते हैं कि 'अद्भुत एव रसोऽन्ते निर्वहणे यत्र', अर्थात् नाटक के अन्त में (निर्वाहण सन्धि में) अद्भुत रस होना चाहिए। इसकी व्याख्या में कहा गया है कि 'नाटक में एक ओर शृंगार, वीर, रौद्र आदि रसों में स्त्रीरत्न, पृथ्वी-लाभ, शत्रुक्षय-रूप सम्पत्तियों की प्राप्ति दिखायी है, और दूसरी ओर करुण, भयानक तथा बीभत्स रसों में इन सबकी अप्राप्ति। किन्तु नाटक के अन्त में अद्भुत रस द्वारा लोकोत्तर एवं असम्भाव्य फल की प्राप्ति दिखानी चाहिए, क्योंकि प्रत्येक क्रिया का कोई न कोई फल तो अवश्य होता ही है, अतः यदि नाटक में असाधारण वस्तु-रूप-फल की कल्पना न की गयी तो फिर उसके निर्माण में परिश्रम करने से क्या लाभ?'[1]

---

1. एकाङ्गिरसमन्यांगमद्भुतान्तं रसोर्मिभिः।

——अद्भुत एव रसोऽन्ते निर्वहणे यत्र। यतः शृंगारवीररौद्रैः स्त्रीरत्नपृथ्वीलाभशत्रुक्षय-सम्पत्तिः। करुणभयानकबीभत्सैः तन्निवृत्तिः। इति इयता क्रमेण लोकोत्तराऽसम्भाव्यफलप्राप्तौ भवितव्य-मन्तेऽद्भुतेनैव। अपि च नाटकस्याऽसाधारणवस्तुलाभः फलत्वेन यदि न कल्प्यते, तदानीं क्रियायाः फलमात्रं किञ्चिदस्त्येवेति किं तत्रोपायव्युत्पादनक्लेशेन। —ना.द. 1.15 तथा वृत्ति।

इस कथन का अभिप्राय यह है कि नाटक (तथा प्रबन्धकाव्य में) अंगी रस चाहे कोई भी हो, किन्तु उस रस से सम्बद्ध फल (अन्तिम परिपाक) 'अद्भुत' से मिश्रित होना चाहिए। 'अद्भुत' से यहाँ तात्पर्य है ऐसा फल जो एक ओर तो असम्भाव्य हो, अर्थात् जो सामान्य परिस्थितियों में सुलभ न हो, अथवा जिसके लिए नायक को लोकाचार से किंचिद् विलक्षण आचरण करना पड़े, अथवा घोर विपत्तियों का सामना करना पड़े; और दूसरी ओर वह असाधारण हो, अर्थात् जिसकी प्राप्ति सामान्य जन के लिए प्रायः असम्भव-सी होती हुई भी सब की लालसा एवं कामना का विषय बनी रहे। इस सम्बन्ध में कुछ उदाहरण लीजिए–

सामान्य लोकव्यवहार में केवल विवाह-सम्बन्ध द्वारा नायिका की प्राप्ति में अद्भुत तत्त्व का समावेश नहीं होता। अतः इस प्रकार की साधारण-सी घटनाएँ नाटक का विषय नहीं होतीं। हाँ, दुष्यन्त-शकुन्तला का प्रेम-प्रसंग नाटक का विषय बन सकता है, क्योंकि इस प्रकार की घटनाओं में एक ओर लोकाचार से विलक्षण आचरण रहता है, और दूसरी ओर अनिन्द्य सुन्दरी शकुन्तला-रूप फल-प्राप्ति प्रत्येक सहृदय की लालसा एवं कामना का विषय बन जाती है। यही स्थिति 'पृथ्वीराज-संयोगिता-स्वयंवर' की भी है, जो कि असामान्य वरमाला-प्रसंग के कारण नाटक का विषय बन सकता है।

इसी प्रकार वीर रस के नाटकों के लिए भी ऐसी ही घटनाएँ अपेक्षित हैं। उदाहरणार्थ, नैपोलियन का यह कथन कि 'मैं गया, मैंने देखा और मैंने जीत लिया' ('I went, I saw and I conquered') उसी स्थिति में नाटक का विषय बन सकता है, जब कि या तो शत्रुपक्ष का कायरतापूर्ण पलायन भी साथ ही दिखाया जाये, या फिर यह दिखाया जाये कि जनशून्य शत्रुनगरी में शत्रुओं के रक्त की प्यासी तलवार ज्यों की त्यों खिंची रह गयी, और 'बेचारा' आक्रान्ता हाथ मलता रह गया। किन्तु इस सबसे बढ़कर आदर्श स्थिति 'राम-रावण-युद्ध' जैसे प्रसंग की समझनी चाहिए, जिसमें राम ने रावण पर आक्रमण करके उसकी सेना तथा उसके सहयोगी वीर-योद्धा सम्बन्धियों का मूलोच्छेदन करके लंका-विजय के पश्चात् सीता का उद्धार किया।

उपर्युक्त घटनाओं में शृंगार अथवा वीर रस अंगीभूत रूप में निस्सन्देह स्वीकार किये जायेंगे। यदि इनमें अन्य रसों की अवस्थिति रहेगी तो वे अंगी के पोषक होने के कारण अंगरूप में ही स्वीकार रहेंगे। किन्तु अंगी (पोष्य) रस के चमत्कार का मूल कारण यह अंग (पोषक) रस नहीं होते, अपितु 'अद्भुत रस' का समावेश ही इस चमत्कार का मूल कारण होता है। रामचन्द्र-गुणचन्द्र के उक्त कथन की व्याख्या इसी अभिप्राय को लेकर की जा सकती है।

सम्भवतः, इसी प्रकार की धारणाओं से अनुप्रेरित होकर **धर्मदत्त** नामक आचार्य ने निम्नलिखित कथन में अद्भुत रस की सर्वत्र (सब सरस रचनाओं में) स्वीकृति की थी–

रसे सारः चमत्कारः सर्वत्राऽप्युनुभूयते।
तच्चमत्कारसारत्वे सर्वत्राऽप्यद्भुतो रसः।। सा.द. 3. 3 (वृत्ति)

और इसी आधार पर **नारायण** नामक आचार्य (आचार्य विश्वनाथ के प्रपितामह) ने केवल अद्भुत रस को ही एकमात्र रस घोषित किया था—

तस्माद् अद्भुतमेवाह कृती नारायणो रसम्। सा.द. 3. 3 (वृत्ति)

निस्सन्देह रस में 'चमत्कार' ही सारभूत तत्त्व है। इसी चमत्कार को विश्वनाथ ने 'विस्मय' का अपर पर्याय कहा है, जिससे सहृदय के चित्त का विस्तार होता है—**चमत्कारः चित्तविस्ताररूपो विस्मयापरपर्यायः।** (सा.द. 3.3 वृत्ति), और इस चमत्कार, अथवा विस्मय को 'अद्भुत' का भी पर्याय मान लेने में कोई आपत्ति नहीं होनी चाहिए, और यही अद्भुत तत्त्व सभी रसों में एक अनिवार्य तत्त्व भी है, क्योंकि इसके बिना रस की सिद्धि ही सम्भव नहीं है। किन्तु यह सब स्वीकार करते हुए भी—

(1) रामचन्द्र-गुणचन्द्र के समान इस 'अद्भुत' तत्त्व को 'अद्भुत रस' नाम से अभिहित नहीं करना चाहिए, और

(2) न ही आचार्य नारायण के समान इस 'अद्भुत' को ही एकमात्र रस स्वीकार करना चाहिए—

क्योंकि यह 'चमत्कार' अथवा 'अद्भुत' नामक तत्त्व किसी भी रचना के मूल रस का केवल साधन-मात्र ही है, साध्य तो शृंगार वीर आदि अन्य रस ही होते हैं। केवल इतना ही क्यों, यहाँ तक कि जिस रचना में अद्भुत रस साध्य रूप में रहेगा, वहाँ भी साधन रूप में 'अद्भुत तत्त्व' की स्थिति अनिवार्यतः रहेगी, उदाहरणार्थ, 'रामाभ्युदय' नाटक (लेखक : सम्भवतः यशोवर्मा) में सीता-ज्वलन-प्रकरण के अन्तर्गत सीता को गोद में लिए अग्निदेव के प्रवेश करने का दृश्य देखिए—

धूम्रवातं वितानीकृतमुपरि शिखादोर्भिरभ्रंलिहाग्रैः,
बिभ्रद भ्राजिष्णु रत्नं ततमुरसि तथा चर्म चामूरवं च।
भूयस्तेजः प्रतानैर्विरहमलिनतां क्षालयन्नङ्कभाजो,
देव्याः सप्तर्चिराविर्भवति विफलयन् वाञ्छितान्यन्तकस्य।।[1]

—हिन्दी ना.द., पृष्ठ 188

यह श्लोक अद्भुत रस का उदाहरण प्रस्तुत करता है। इसका स्थायिभाव 'विस्मय' है। गोद में लिए अग्निदेव का बाह्य आकार अनुभाव है। आवेग, दैन्य, त्रास, औत्सुक्य, विषाद, चपलता आदि संचारिभाव हैं। 'विस्मय' नामक स्थायिभाव इन विभाव आदि के संयोग से अद्भुत रस के रूप में अभिव्यक्त हो रहा है, और अद्भुत रस की अभिव्यक्ति की यही स्थिति, ठीक, अन्य रसों की ही अभिव्यक्ति के समान है। शेष रहा 'अद्भुत' तत्त्व के समावेश का प्रश्न, तो यह तत्त्व जिस प्रकार

---

1. आकाश को चुम्बित करने वाली ज्वाला-रूप बाहुओं से धूम-समूह को वितान बनाकर, छाती पर चमकते हुए रत्न को तथा मृगचर्म को धारण किये हुए अपने तेज-समूह के द्वारा गोद में बैठी हुई सीतादेवी की विरह-जन्य मलिनता को दूर करते हुए वह्निदेव काल के मनोरथ को विफल करके प्रकट हो रहे हैं।

शृंगार, वीर, करुण आदि रसों में अनुस्यूत रहता है उसी प्रकार अद्भुत रस में भी रहता है।

हमारे विचार में समुचित यह रहेगा कि इस 'अद्भुत तत्त्व' को न तो रामचन्द्र-गुणचन्द्र के समान 'अद्भुत' नाम देना चाहिए, और न विश्वनाथ के समान इसे 'विस्मय' का अपर पर्याय मानना चाहिए, क्योंकि इनसे क्रमशः 'अद्भुत' नामक रस और 'विस्मय' नामक स्थायिभाव का भ्रम होता है। स्पष्टता के लिए इसे धर्मदत्त के समान केवल 'चमत्कार' नाम ही देना चाहिए।

निष्कर्षतः

- अद्भुत रस अन्य रसों के समान एक रस है।
- शृंगार आदि सभी रसों में, जिनमें अद्भुत रस भी एक रस है, 'अद्भुत रस' अनुस्यूत नहीं रहता, अपितु 'अद्भुत' नामक तत्त्व अनुस्यूत रहता है।
- विषय के स्पष्ट अवबोध के लिए इस तत्त्व को 'चमत्कार' नाम से अभिहित करना चाहिए, न 'अद्भुत' नाम से, और न 'विस्मय' नाम से।

15. शान्त रस

शान्त रस के सम्बन्ध में तीन प्रमुख प्रश्न उपस्थित होते हैं। पहला यह कि इसका स्थायिभाव किसे माना जाये, दूसरा यह कि क्या इस रस को काव्य के समान नाटक का भी विषय माना जाये, और तीसरा यह कि क्या शान्त रस को मूल रस मान सकते हैं। यहाँ इन्हीं प्रश्नों पर विचार-विमर्श किया जायेगा।

1. शान्त रस का स्थायिभाव

शान्त रस का स्थायिभाव 'निर्वेद' को माना जाये अथवा 'शम' को, यह एक विचारणीय प्रश्न है। मम्मट ने 'निर्वेद' नामक भाव की गणना स्थायिभावों में भी की है और संचारिभावों में भी। उन्हें इसी भाव को शान्त रस का स्थायिभाव भी मानना अभीष्ट है और संचारिभाव भी।[1] उन्होंने सभी स्थायिभावों और संचारिभावों की सूची प्रस्तुत करके इनका लक्षण प्रस्तुत नहीं किया। अतः उनके अनुसार 'निर्वेद' नामक स्थायिभाव और संचारिभाव के स्वरूप में कोई स्पष्ट विभाजन-रेखा नहीं खींची जा सकती। इस रेखा को आगे चलकर रामचन्द्र-गुणचन्द्र ने स्पष्ट किया, किन्तु प्रकारान्तर से। प्रकारान्तर से इसलिए कि उन्होंने शान्त रस का स्थायिभाव निर्वेद न मानकर 'शम' माना, और 'निर्वेद' को संचारिभाव माना। उनके अनुसार–

–शम कहते हैं निःस्पृहता अर्थात् इच्छा के अभाव को– **'निःस्पृहत्वं शमः।'**[2]

–काम, क्रोध, लोभ, मान, माया आदि से रहित विषय-संलग्नता से विमुक्त अभीष्ट चित्तवृत्ति रूप 'शम' नामक स्थायिभाव शान्त रस (के रूप में अभिव्यक्त) होता है।[3]

–जन्म-मरण से युक्त संसार से, भय तथा वैराग्य से, जीव, अजीव (परमात्मा और प्रकृति),

---

1. (क) मम्मट ने 'निर्वेद' को संचारिभावों में प्रथम स्थान दिया ही इसीलिए है कि वह शान्त रस का स्थायिभाव है : **'निर्वेदस्य प्रथमम् उपादानं व्यभिचारित्वेऽपि स्थायिताविधानार्थम्।'**
   (ख) **निर्वेदस्थायिभावोऽस्ति शान्तोऽपि नवमो रसः।** –वही, 4.34, 35
2. हिन्दी नाट्यदर्पण, पृष्ठ 330
3. **कामक्रोधलोभमानमायाद्यनुपरक्तपरोन्मुखता-विवर्जिताऽक्लिष्टचेतोरूपशमस्थायी शान्तो रसो भवति।** –वही, पृष्ठ 317

पाप-पुण्य आदि तत्त्वों तथा मोक्ष के उपायों के प्रतिपादक शास्त्रों के विमर्शन से शान्त रस की उत्पत्ति होती है।[1]

—दरिद्रता, व्याधि, अपमान, ईर्ष्या, भ्रम, आक्रोश (फटकार), ताडन, इष्ट-वियोग, परविभूति-दर्शन आदि (सांसारिक) क्लेशों के कारण विरसता (वैराग्य-भाव) तथा तत्त्वज्ञान 'निर्वेद' कहाता है।[2]

रामचन्द्र-गुणचन्द्र के उक्त वक्तव्यों का अभिप्राय यह है कि विषय-संलग्नता से वास्तविक विरक्ति तो 'शम' है, परन्तु दरिद्रता, कान्ता-पुत्र-स्मरण आदि व्याधियों से उत्पन्न वैराग्य भाव 'निर्वेद' है। शम स्थायिभाव है और निर्वेद संचारिभाव। इन आचार्यों ने मम्मट के उक्त मन्तव्य को इसी प्रसंग में स्पष्टतः अस्वीकृत करते हुए कहा है कि एक ही भाव (निर्वेद) को स्थायिभाव और संचारिभाव इन दोनों नामों से अभिहित करना स्ववचन-विरोध है।[3]

किन्तु वस्तुतः निष्पक्ष रूप से देखा जाये तो मम्मट को भी वही अभीष्ट है, जो इन आचार्यों को है। मम्मट के शान्त रस के प्रख्यात उदाहरण **'अहौ वा हारे वा कुसमशयने वा दृषदि वा'** से निस्सन्देह यही प्रतीत होता है कि 'निर्वेद' नामक स्थायिभाव विषय-विमुक्ति से उत्पन्न विरक्ति-भाव है, न कि सांसारिक क्लेशों के कारण उत्पन्न विरक्ति भाव। हाँ, इसका दूसरा रूप इसे संचारिभाव की ही संज्ञा देगा, स्थायिभाव की नहीं।

मम्मट की इसी धारणा को मम्मट के टीकाकारों ने भी समझा था, और स्पष्टतः लिखा था—

स्थायी स्याद् विषयेष्वेष तत्त्वज्ञानाद् भवेत् यदि।
इष्टानिष्टवियोगाप्तिकृतस्तु व्यभिचार्यसौ।।

—का.प्र. (बालबोधिनी टीका), पृष्ठ 116

किन्तु फिर भी, रामचन्द्र-गुणचन्द्र ने 'निर्वेद' और 'शम' का स्वरूप अलग-अलग दिखाकर विषय की स्पष्टता में पूर्ण सहयोग दिया है, और सम्भवतः इनके ग्रन्थ से अथवा इसी के अनुरूप किसी अन्य ग्रन्थ से प्रेरणा प्राप्त कर विश्वनाथ ने भी (काव्यप्रकाश के समान 'निर्वेद' को दोनों रूपों में स्वीकृत न कर) इन्हीं के अनुरूप शम तथा निर्वेद दोनों भावों की अलग-अलग स्वीकृति की है।[4] वस्तुतः स्वच्छ प्रतिपादन के लिए समुचित है भी यही।

---

1. हि. ना. द. 3.20 तथा वृत्ति, पृष्ठ 317
2. वही, 3. 28 (सूत्र 183) तथा वृत्ति, पृष्ठ 331
3. **मम्मटस्तु व्यभिचारिकथनप्रस्तावे निर्वेदस्य शान्तरसं प्रति स्थायितां, 'प्रतिकूल-विभावादिपरिग्रहः' इत्यत्र तु तमेव प्रति व्यभिचारितां च ब्रुवाणः स्ववचनविरोधेन प्रतिहत इति।** —हि. ना. ए., पृष्ठ 332
4. साहित्यदर्पण 3.142, 175, 245

इधर हिन्दी के रीतिकालीन आचार्यों में कुलपति ने भी अत्यन्त असमर्थ एवं शिथिल गद्यशैली में मम्मट-सम्मत धारणा को ही व्यक्त करने का प्रयास किया है—
यह (शान्त रस) रस ही कहाता है, भावध्वनि नहीं। तत्त्वज्ञान से निर्वेद उपजता तो स्थायी है, और जहाँ स्थायी प्रधानता करके व्यंग होवे सो वही रस है।

—रसरहस्य 6.12 (वृत्ति)

इस कथन से कुलपति का आशय यह है कि संसार की असारता-रूप तत्त्वज्ञान अर्थात् वैराग्य से उत्पन्न निर्वेद ही शान्त रस का प्रतिपाद्य विषय है, न कि आपद्, ईर्ष्या, गृहकलह आदि से उत्पन्न निर्वेद। प्रथम प्रकार का निर्वेद स्थायिभाव कहाता है, और द्वितीय प्रकार का संचारिभाव। स्थायिभाव 'निर्वेद' शान्त रस का विषय है और संचारिभाव 'निर्वेद' भाव-ध्वनि का, जिसमें प्रधान रूप से निर्वेदादि संचारिभावों की ही व्यञ्जना होती है, रत्यादि स्थायिभावों की नहीं।

निष्कर्षतः 'शम' को ही शान्त रस का स्थायिभाव मानना चाहिए। जहाँ 'निर्वेद' नामक संचारिभाव का वर्णन होगा, वहाँ शान्त रस न स्वीकार किया जाकर भावध्वनि (शान्त-भाव अथवा शान्त-भावध्वनि) स्वीकार की जानी चाहिए।

2. शान्त रस नाटक का विषय है अथवा नहीं?

[1]

इस प्रसंग पर सम्भवतः सर्वाधिक प्रकाश दशरूपककार धनञ्जय और उसके वृत्तिकार धनिक ने डाला है। धनञ्जय का इस सम्बन्ध में मूल कथन है—

शममपि केचित्प्राहुः पुष्टिर्नाट्येषु नैतस्य। दशरूपक 4.35

(अर्थात् शम नामक स्थायिभाव की स्वीकृति तो की गयी है, पर (इसे काव्य का विषय तो माना जाता है, किन्तु) इसे नाटक का विषय नहीं माना जाता।) धनञ्जय के इस कथन पर धनिक ने शान्त रस को नाटक का विषय न होने का कारण यह दिया है कि शम में सभी व्यापारों का विलय हो जाने के कारण नाटकों में इसका अभिनय नहीं हो सकता,[1] और वादी रूप में इस रस के काव्य का विषय होने का कारण यह दिया है कि काव्य में सूक्ष्मातिसूक्ष्म विषय भी शब्द द्वारा प्रतिपादित हो सकने के कारण शान्त रस के लिए काव्य का विषय बनने में कोई आपत्ति नहीं की जा सकती।[2]

पर वस्तुतः, सिद्धान्त रूप में धनिक को शान्त रस का काव्य में प्रधान रूप से प्रयोग स्वीकार नहीं है। इस सम्बन्ध में उनके कथन का तात्पर्य इस प्रकार है—'शान्त

---

1. **सर्वथा नाटकादौ अभिनयात्मनि स्थायित्वमस्माभिः शमस्य निषिध्यते। तस्य समस्तव्यापारप्रविलयरूपस्याऽभिनयाऽयोगात्।** —दशरूपक 4.35 वृत्ति
2. **ननु शान्तरसस्याऽनभिनेयत्वाद् यद्यपि नाट्येऽनुप्रवेशो नास्ति, तथापि सूक्ष्मातीतादिवस्तूनां सर्वेषामपि शब्दप्रतिपाद्यताया विद्यमानत्वात् काव्यविषयत्वं न निवार्यते।** —दशरूपक 4.44 (वृत्ति)

रस का विषय, सुख-दुःख, राग-द्वेष एवं किसी भी प्रकार की चिन्ता से विनिर्मुक्त होने के कारण, मूलतः, मोक्षावस्था में आत्मस्वरूपता का ही विषय है, अतः (काव्य आदि में) वह अनिर्वचनीय है। यही कारण है कि स्वयं श्रुति को भी 'नेति-नेति' प्रक्रिया का समाश्रय ग्रहण कर प्रकारान्तर से ऐसे विषयों की अनिर्वचनीयता घोषित करनी पड़ी। वस्तुतः, शान्त रस का आस्वादन लौकिक विषयों के रसिक जनों की शक्ति से बाहर है। x x x फिर भी, यदि काव्यादि में शान्त रस के आस्वाद का निरूपण किया जाता है, तो केवल औपचारिक रूप से ही।'[1]

इस प्रसंग में धनिक ने शान्त रस की अस्वीकृति के सम्बन्ध में तीन धारणाएँ प्रस्तुत की हैं—

(क) कई आचार्य इस रस को अस्वीकार करते हैं और इसके प्रमाण-स्वरूप भरत की साक्षी देते हैं, जिन्होंने इस रस का लक्षण प्रस्तुत नहीं किया।[2]

(ख) दूसरे आचार्य शम अथवा निर्वेद की नितान्त अस्वीकृति करते हैं, यहाँ तक कि साधारण व्यवहार में भी इसे स्वीकार नहीं करते। इसका कारण यह है कि शम की स्थिति तभी सम्भव है जब राग-द्वेष आदि द्वन्द्व-भावों का नितान्त विनाश हो जाये, पर संसारोत्पत्ति से लेकर अद्यावधि किसी सांसारिक प्राणी के लिए ऐसी स्थिति न तो कभी सम्भव हो पायी है और न होने की सम्भावना है। इस प्रकार 'शम' अथवा 'निर्वेद' स्थायिभाव की संसार में सत्ता ही नहीं है। अतः शान्त रस के अस्तित्व का प्रश्न ही उपस्थित नहीं होता।[3]

(ग) अन्य आचार्य शम स्थायिभाव अथवा शान्त रस की स्वीकृति करते हुए भी इसका अन्तर्भाव बीभत्स रस अथवा वीर रस में मानते हैं।[4] संसार के प्रति घृणाभाव शान्त रस का एक अनिवार्य तत्त्व है, अतः यह बीभत्स रस में अन्तर्भूत हो सकता है।

---

1. **शान्तो हि यदि तावत्—**

न यत्र दुःखं न सुखं न चिन्ता न द्वेषरागौ, न च काचिदिच्छा।
रसस्तु शान्तः कथितो मुनीन्द्रैः, सर्वेषु भावेषु शमप्रधानः।।

इत्येवंलक्षणः, तदा तस्य मोक्षावस्थायामेवात्मस्वरूपापत्तिलक्षणायां प्रादुर्भावात्तस्य च स्वरूपेणाऽनिर्वचनीयता। तथाहि श्रुतिरपि स एष नेति नेति इत्यन्यापोहरूपेणाह। न च तथाभूतस्य शान्तरसस्य सहृदयाः स्वादयितारः सन्ति। x x x तदुक्त्यैव शान्तरसास्वादो निरूपितः। —दशरूपक 4.45 (वृत्ति)

2. **तत्र केचिदाहुः नास्त्येव शान्तो रसः, तस्याचार्येण विभावाद्यप्रतिपादनाल्लक्षणाऽकरणात्।** —द.रू. 4.35 (वृत्ति)

(यहाँ यह ज्ञातव्य है कि भरत ने केवल शृंगारादि आठ ही रसों के विभावादि-साधनों का वर्णन किया है। नाट्यशास्त्र में शान्त रस के न तो विभावादि वर्णित हैं, और न इस रस का लक्षण तक दिया गया है।)

3. **अन्ये तु वस्तुतस्तस्याऽभावं वर्णयन्ति अनादिकालप्रवाहाऽऽयतरागद्वेषयोश्च्छेत्तुम-शक्यत्वात्।** —द. रू. 4.35 (वृत्ति)

4. **अन्ये तु वीरबीभत्सादौ अन्तर्भावं वर्णयन्ति। एवं वदन्तः शममपि नेच्छन्ति।** —वही।

'शम' नामक स्थायिभाव की अन्तिम परिणति है—परमात्मतत्त्व अथवा मोक्ष की प्राप्ति। दूसरे शब्दों में, शम साधन है और मोक्ष-प्राप्ति साध्य है। इस प्राप्ति के सभी साधनों को, जिनमें शम का प्रमुख स्थान है, एक प्रकार का 'उत्साह' नामक स्थायिभाव स्वीकार कर लेने से शान्त रस का अन्तर्भाव वीर रस में हो सकता है।

[2]

इधर हिन्दी के रीतिकालीन आचार्यों में कुलपति ने भी सम्भवतः धनञ्जय के ही इसी कथन का अनुकरण करते हुए निम्नोक्त वक्तव्य प्रस्तुत किया है—

"यह रस (शान्त रस) काव्य में ही होता है, नाट्य में नहीं होता। सो इसके न होने के कारण कहते हैं। निर्वेदवासनावंत सहृदय की नाट्य देखने की इच्छा नहीं होती, इस डर से कि नृत्य (नाटक) में बहुतेरे विषय हैं, कदाचित् किसी से विकार उपजै, और काव्य तो एक विषय ही है, इससे इसके श्रवण करने में कुछ अटक नहीं, इस कारण कवित्त में इसको कहो।" —रसरहस्य 3.92 वृत्ति

स्पष्ट है कि कुलपति को न तो अभाववादियों के समान शान्त रस की अस्वीकृति अभीष्ट है, न अन्तर्भाववादियों के समान इस रस का वीर अथवा बीभत्स रस में अन्तभवि करना स्वीकार्य है, और न धनिक के समान उसे इस रस को काव्य का प्रधान रूप में विषय मानना अस्वीकार है। इनके सामने तो दशरूपक की उपर्युक्त पक्ति के शब्द हैं— **पुष्टिर्नाट्येषु नैतस्य,** और सम्भवतः, इन्हीं शब्दों के आधार पर, अथवा धनिक के वादिपक्ष के उपर्युक्त कथन द्वारा, अथवा गुरुमुख द्वारा इन्होंने शान्त रस की केवल काव्य में प्रयोग-स्वीकृति कर ली है, नाटक में नहीं। पर अपनी इन दोनों धारणाओं की पुष्टि में धनिक-सम्मत उपर्युक्त कारण उपस्थित न कर इन्होंने दो नवीन कारण उपस्थित किये हैं कि (1) नाटक बहुविषयी है, और काव्य एकविषयी, (2) निर्वेद-वासनावंत अर्थात् वैराग्यवान् व्यक्ति इस भय से (शान्तरस-प्रधान भी) नाटक नहीं देखता कि कहीं कोई विषय उसके लिए विकारोत्पादक न बन जाये।

किन्तु कुलपति ने शान्त रस की नाटक में अस्वीकृति के सम्बन्ध में जो कारण प्रस्तुत किये हैं, वे काव्य पर भी घटित हो जाते हैं। शान्त रस से सम्बद्ध भी कोई काव्य आरम्भ से अन्त तक एक-विषयी कभी नहीं रह सकता, अन्यथा वह काव्य न रह कर उपदेशात्मक ग्रन्थ बन जायेगा। अतः शान्तरसात्मक काव्य से भी विकारोत्पत्ति की, यदि वह होती है तो, उतनी ही सम्भावना है जितनी कि नाटक से। यह अलग प्रश्न है कि श्रव्य और दृश्य काव्यों द्वारा प्राप्त प्रभाव की क्षिप्रता में काल का तारतम्य सदा और अवश्य बना रहता है।

कुलपति की यह धारणा भी हमारे विचार में भ्रान्त है कि बहु-विषयात्मक होने के कारण शान्तरस-प्रधान भी नाटक निर्वेदवासनात्मक सहृदय के लिए विकारोत्पादक है। वस्तुतः, सफल नाटकों (और काव्यों में भी) प्रधान रस का पर्यवसान इतनी प्रबल

शक्ति और हृदयहारिणी युक्ति से होता है कि पूर्व-पक्ष स्वयं ही दब कर न केवल प्रधान रस के विरुद्ध स्वप्रभावोत्पादन की क्षमता खो बैठता है, अपितु प्रधान रस की प्रभावशील चमत्कारोत्पादकता में और भी सहायक बन जाता है। उदाहरणार्थ–

वीररस-प्रधान किसी नाटक (अथवा काव्य) में प्रमुख स्थायिभाव 'उत्साह' की पूर्ण परिणति हो जाने पर, पूर्ववर्णित भृत्य आदि नीच पात्रों द्वारा सम्पन्न कायरता-प्रदर्शक क्रिया-कलापों का प्रभाव नितान्त विनष्ट हो जाता है, और यह प्रभाव न केवल वीर अपितु कायर सहृदयों को भी उद्वेलित करता है, साथ ही विलोम रूप से 'उत्साह' स्थायिभाव को और अधिक पुष्ट करता है। ठीक इसी प्रकार शान्तरस-प्रधान नाटक अथवा काव्य में भी प्रमुख स्थायिभाव शम की पूर्ण परिणति हो जाने पर, पूर्ववर्णित संसार-मोहोत्पादक प्रसंगों का प्रभाव नितान्त विनष्ट हो जाता है। वह भी शान्त रस की विभावादि-सामग्री के उपस्थित रहते समय तक, सहृदय के स्थायिभाव 'शम' (विरक्तिभाव) को और अधिक पुष्ट कर देता है। अतः शान्त रस को नाटक के विषय के रूप में अस्वीकृत करना युक्ति-संगत नहीं है।

शंका अब भी शेष रह जाती है कि कितने सन्त-हृदय हैं जो नाटक देखते फिरते हैं जिनके लिए शान्तरस-प्रधान नाटकों का निर्माण किया जाये। इस शंका का समाधान अभावात्मक रूप में करने से सहल हो जायेगा। अनेक व्यक्ति ऐसे हैं जो वीर होते हुए भी वीररस-प्रधान नाटक और काव्य देखने-सुनने में रुचि नहीं रखते, और अनेक वीतराग व्यक्ति ऐसे हैं जो अन्य रसों के प्रति रुचि रखते हुए भी, शृंगार के प्रति रुचि नहीं रखते–**तर्हि वीतरागाणां शृङ्गारो न श्लाध्य इति सोऽपि रसाच्यवतामिति।**

वस्तुतः, नाटक और काव्य सहृदय-समाज के विषय हैं, जिसके लिए सन्तहृदय अथवा असन्त-हृदय होना अनिवार्य नहीं है। ऐसी एक आपत्ति और भी की जा सकती है। शान्त रस में यथार्थ रुचि रखने वाले व्यक्ति संसार भर में मिलेंगे ही कितने? किन्तु एक तो, यही आपत्ति शान्तरस-प्रधान काव्य पर भी की जा सकती है, और दूसरे, इसी आपत्ति के आधार पर शान्त रस की अस्वीकृति न केवल इस रस के प्रति अन्यायमूलक है, अपितु समाज को निर्वेद जैसी उदात्त वासना की अनुभूति और तज्जन्य शान्ति से वंचित रखना है। अतः सहृदयों के वर्गविशेष अथवा उनकी बहुसंख्या को लक्ष्य में रख कर किसी रस को नाटक अथवा काव्य में स्थान न देना उचित नहीं है।

[3]

शान्त रस की अस्वीकृति पर धनिक के दो आक्षेप शेष रह जाते हैं–इस रस की नाटक में अनभिनेयता और काव्य में अनिर्वचनीयता। इन दोनों आक्षेपों का कारण एक ही है–निर्वेद (शम) में शेष सभी व्यापारों का विलय। अभिनवगुप्त ने भी वादी

के मुख से इसी आशय का कथन कहलवाया है—**न हि चेष्टाव्युपरमः प्रयोगयोग्यः**।[1] निःसन्देह की पर्यवसान-भूमि का, जिसमें सभी विकार विलीन हो जाते हैं, अभिनय अथवा वर्णन कर सकना नितान्त असम्भव है, पर यह स्थिति केवल निर्वेद तक ही सीमित नहीं है, अपितु रत्यादि सभी वासनाओं पर घटित होती है। यही कारण है कि रति की सुरत-क्रीड़ा-रूप, अथवा क्रोध की हत्या-रूप पर्यवसान-भूमि का नाटक में प्रदर्शन वर्जित है। इसी प्रकार निर्वेद की अन्तिमावस्था का—सुखदुःखादि द्वन्द्वों से निर्लिप्तता का—न तो अभिनय सम्भव है और न वर्णन। फिर भी संसार को असार, मिथ्या और मायाजाल में आविष्ट, अतएव त्याज्य प्रदर्शित करने वाले कारणों अर्थात् विभावों, उनसे मुक्त होने के अभिलाषी निर्वेदवासनोद्रिक्त बुद्ध जैसे सन्त एवं मनीषी व्यक्ति के उत्तरोत्तर वृद्धिशील संघर्षों अर्थात् अनुभावों, तथा उसके हृदयस्थ चिन्ता, हर्ष आदि मनोभावों अर्थात् संचारिभावों का तो नाटक में वर्णन एवं अभिनय भी, उसी प्रकार सहज-सम्भव है जिस प्रकार शृंगार आदि अन्य रसों के विभाव, अनुभाव और संचारिभावों का। सम्भवतः, यही रुद्रट-प्रणीत काव्यालंकार के टीकाकार नमिसाधु को शान्त रस में भी विभावादि की स्वीकृति करते तुए अभाववादियों को उत्तर देना पड़ा होगा— **कश्चिच्छान्तस्य रसत्वं नेष्टम्। तदयुक्तम्। भावादिकारणानामत्रापि विद्यमानत्वात्**।[2]

[4]

अतः 'शम' को तत्त्वतः अनिर्वाच्य मानते हुए भी व्यवहार रूप में उसे काव्य और नाटक दोनों का वर्ण्य-विषय स्वीकृत करना संगत है। स्वयं धनञ्जय ने इसी प्रसंग में 'शम' की प्रतीति के सम्बन्ध में चार विभिन्न उपायों का उल्लेख किया है—मुदिता, मैत्री, करुणा तथा उपेक्षा, और धनिक ने इनका सम्बन्ध क्रमशः इन चित्तवृत्तियों के साथ जोड़ा है—विकास, विस्तार, क्षोभ और विक्षेप।[3] इस कथन का आशय यह है कि विकासादि सूक्ष्म एवं आन्तरिक वृत्तियाँ हर व्यक्ति में विद्यमान हैं, पर इनकी परिणति उपर्युक्त मुदिता आदि स्थूल एवं बाह्य रूप में जिस व्यक्ति में हो जाती है वह व्यक्ति 'शान्त', कहाता है। अब इसका शम (निर्वेद) मुदिता, मैत्री आदि बाह्य रूप में प्रकट हो जाने के कारण काव्य, नाटक आदि का विषय बन सकता है। वस्तुतः, 'शम' की यह स्थिति अन्य स्थायिभावों की तुलना में किसी भी रूप में भिन्न नहीं है। काव्यशास्त्रीय एवं मनोवैज्ञानिक सिद्धान्तों के अनुसार रति, हास आदि स्थायिभाव, तथा निर्वेद, लज्जा आदि संचारिभाव हर व्यक्ति में वासना रूप

1. हिन्दी अभिनवभारती (नाट्यशास्त्र) पृष्ठ 612
2. काव्यालंकार 15.16 (टीकाभाग)
3. **धनञ्जय— शमप्रकर्षोऽनिर्वाच्यः मुदितादेस्तदात्मता।**

धनिक— अथापि तदुपायभूतो मुदितामैत्रीकरुणोपेक्षादि-विलक्षणस्तस्य च विकासविस्तारक्षोभविक्षेपरूपतैवेति तदुकात्यैव शान्तरसास्वादो निरूपितः। —दशरूपक, 4.45 तथा वृत्ति

से विद्यमान रहते हुए भी काव्य, नाटक आदि के विषय तब तक नहीं बन सकते, जब तक वे किसी प्रकार से बाह्य रूप में प्रकट नहीं हो जाते। ठीक यही यथार्थता शम (निर्वेद) के सम्बन्ध में भी है। अतः अन्य रसों के समान शान्त रस भी काव्य और नाटक दोनों का समान रूप से प्रतिपाद्य विषय बन सकता है। और यदि शम की प्रकर्षता का—दूसरे शब्दों में, मोक्षावस्थाप्राप्ति का—वर्णन काव्य-नाटक आदि का विषय नहीं बन सकता—**शमप्रकर्षोऽनिर्वाच्यः**, तो इसकी यह स्थिति भी रति आदि अन्य स्थायिभावों के ठीक अनुरूप ही है। उनकी पराकाष्ठा को भी न केवल नाटक में अपितु काव्य में भी प्रस्तुत करना ग्राम्यता नामक वर्ज्य दोष का सूचक है।

इस प्रकार 'शम' की स्थिति भी अन्य भावों के समान ही है। इन सभी भावों—रति, हास, शोक आदि स्थायिभावों, तथा लज्जा, अमर्ष, वितर्क आदि संचारिभावों—की न तो नितान्त आन्तरिकता का वर्णन एवं अभिनय सम्भव है, और न ही नितान्त प्रकर्षता का। जब ये भाव किसी आलम्बन-विभाव का बाह्य विषय बन जाते हैं, तभी इनका काव्य में वर्णन अथवा रंगमंच पर अभिनय सम्भव होता है। ठीक यही स्थिति 'शम' एवं निर्वेद भावों की भी है।

निष्कर्षतः, अन्य रसों के समान शान्त रस भी काव्य और नाटक दोनों काव्यरूपों का वर्ण्य विषय बन सकता है।

3. शान्त रस : मूल रस

शान्त रस को मूल रस मानने के पक्ष में नाट्यशास्त्र में उद्धृत (सम्भवतः प्रक्षिप्त) निम्नोक्त अंश प्रस्तुत किया जाता है— 'रति आदि अन्य भाव तो विकार मात्र हैं और शान्त (शम) इन सबकी प्रकृति है। विकार प्रकृति से उत्पन्न होकर उसी में लीन हो जाते हैं। यही स्थिति रत्यादि भावों की भी है। ये भी अपने-अपने निमित्तों (विभावादि) को प्राप्त कर शान्त से प्रवर्तित होते हैं और निमित्त के दूर हो जाने पर फिर शान्त में ही लीन हो जाते हैं।'[1] अभिनवगुप्त ने इसी आशय को आगे बढ़ाते हुए शान्त रस के स्थायिभाव आत्मज्ञान अथवा तत्त्वज्ञान को समस्त स्थायिभावों का आधार बताया, और अन्य स्थायिभावों को इसका व्यभिचारिभाव। आत्मज्ञान (तत्वज्ञान) से तात्पर्य है—परिकल्पित विषय—भोग आदि वासना से मुक्त शुद्ध आनन्दमयता।[2]

---

1. **भावा विकारा रत्याद्याः शान्तस्तु प्रकृतिर्मतः।**
विकारः प्रकृतेर्जातः पुनस्तत्रैव लीयते।।
स्वं स्वं निमित्तमासाद्य शान्ताद् भावः प्रवर्तते।
पुनर्निमित्तापाये च शान्त एवोपलीयते।। —नाट्यशास्त्र 7.83 (वृत्ति)

2. **(क) तेनात्मैव ज्ञानानन्दादिविशुद्धधर्मयोगी परिकल्पितविषयभोगरहितोऽत्र स्थायि।**
(ख) तत्त्वज्ञानन्तु सकलभावान्तरभित्तिस्थानीयं सर्वस्थायिभ्यः स्थायितमं सर्वा रत्यादिकाः स्थायिचित्तवृतीर्व्यभिचारिभावयत् निसर्गत एव सिद्धस्थायिभावमिति।
—हिन्दी अभिनवभारती, पृष्ठ 623, 624

उक्त उद्धरणों का निष्कर्ष यह है कि आत्मज्ञान (तत्त्वज्ञान) से तात्पर्य है– रति, शोक आदि भावों में से लौकिक विषय-व्यापार का अपाकरण होकर उनका शुद्ध आनन्दमय बन जाना। वस्तुतः यही 'रस' शब्द से अभिप्रेत है। इस प्रकार आत्मज्ञान अथवा तत्त्वज्ञान अथवा शान्त शब्द 'रस' का पर्याय बन जाते हैं। इस दृष्टि से यदि शान्त को मूल रस सिद्ध करना है तो यह 'शान्त' शब्द का अतिरिक्त अर्थ है। किन्तु अपनी शास्त्रीय परिधि में तो यह शब्द केवल तत्त्वज्ञान से जन्य वैराग्य-भाव तक सीमित है, और काव्य-नाटक में वर्णित होने पर शृंगार, करुण आदि रसों के समान केवल एक रस का द्योतक है, **यह सब रसों के मूल रूप का वाचक नहीं है**। अतः काव्यशास्त्रीय क्षेत्र में इसे अपने सीमित अर्थ में ही ग्रहण करना चाहिए, व्यापक अर्थ में नहीं।

16. भक्ति : रस अथवा भाव

भक्ति-काव्य का साहित्य में अपना विशिष्ट स्थान है। इसकी आह्लादकता को काव्य-शास्त्रीय दृष्टि से क्या नाम दिया जाये, इस सम्बन्ध में तीन विकल्प उपस्थित होते हैं—

(1) भक्ति को स्वतन्त्र काव्यतत्त्व स्वीकार न कर इसे किसी रस, स्थायिभाव अथवा संचारिभाव के अन्तर्भूत किया जाये,

(2) इसे स्वतन्त्र काव्य-तत्त्व के रूप में स्वीकार करते हुए 'रस' की संज्ञा दी जाये, अथवा

(3) 'भाव' की संज्ञा दी जाये।

इस विषय पर प्रकाश डालने से पूर्व रस और भाव का पारस्परिक अन्तर जानना आवश्यक है।

जहाँ रति, हास, शोक आदि स्थायिभाव विभाव, अनुभाव और व्यभिचारिभाव का संयोग प्राप्त करते हैं, वहाँ वे 'रस' रूप में अभिव्यक्त होते हैं। किन्तु इसके विपरीत—

(क) जहाँ उपयुक्त सामग्री के अभाव में रति, हास, शोक आदि स्थायिभाव उद्बुद्ध मात्र रह जाते हैं, वहाँ इन्हें 'रस' न कहा जाकर 'भाव' कहा जाता है।

(ख) जहाँ रति स्थायिभाव नायक-नायिका से सम्बन्धित न होकर किसी देवता, राजा, गुरु, राष्ट्र आदि से सम्बन्धित हो, वहाँ यह रति चाहे विभावादि की अभीष्ट सामग्री से परिपुष्ट भी क्यों न हो, रस रूप में अभिव्यक्त न मानी जाकर भाव रूप में अभिव्यक्त मानी जाती है।

(ग) जहाँ निर्वेद, ग्लानि, शंका आदि संचारिभाव प्रधानता से व्यंजित रहते हैं, वहाँ भाव स्वीकार किया जाता है।

अब प्रतिपाद्य विषय पर विचार करें। ईश्वर या किसी देवता के प्रति अनुराग को 'भक्ति' कहते हैं। अतः इसका स्थायिभाव 'भगवदनुराग' माना गया है। इस सम्बन्ध में प्रस्तुत धारणाएँ इस प्रकार हैं—

धनञ्जय ने सम्भवतः पूर्व-धारणाओं से प्रेरणा प्राप्त कर भक्ति का उल्लेख करते हुए इसे 'सामान्य भाव' कहा, और 'हर्ष' नामक संचारिभाव अथवा 'उत्साह' नामक स्थायिभाव में इसे अन्तर्भूत करने का संकेत किया।[1]

अभिनवगुप्त के अनुसार भक्ति की गणना एक पृथक् रस के रूप में नहीं करनी चाहिए। रस उसे मानना चाहिए जो पुरुषार्थोपयोगी हो तथा जिससे अतिशय रंजना होती हो। अतः भक्ति को स्मृति, मति, धृति आदि संचारिभावों में, अथवा उत्साह स्थायिभाव में अन्तर्भूत करना चाहिए, अथवा इसे प्रसंगानुकूल अन्य रसों का अंग मानना चाहिए।[2]

भानुदत्त ने प्रचलित नौ रसों के अतिरिक्त कतिपय अन्य रस भी माने, जिनमें भक्ति को भी उन्होंने एक स्वतन्त्र रस के रूप में स्वीकृत किया।

भक्ति एक स्वतन्त्र रस है, इस धारणा के सर्वाधिक पृष्ठपोषक हैं रूपगोस्वामी। इनसे पूर्व धनंजय ने भक्ति को एक 'सामान्य भाव' कहा था। रूपगोस्वामी ने सम्भवतः इसी धारणा को अस्वीकृत करते हुए कहा कि 'भक्ति कोई सामान्य भाव न होकर एक उदात्त एवं उच्च भाव है, क्योंकि भक्त की तन्मयता की स्थिति ही भक्ति है। इसी आनन्दातिरेक के वशीभूत होकर वे मोक्ष तक की स्पृहा नहीं करते।[3] उनके कथनानुसार भक्ति जैसे अनुभव-सिद्ध तथा सहस्रगुणा आनन्द देने वाले रस को रस न मानना मानो किसी जड़ व्यक्ति का अपलाप है।[4] वस्तुतः भक्ति रस में अन्य रसों की स्थिति संचारिभाव के समान है।[5] इसी प्रकार के आधारों के अन्तर्गत पर रूपगोस्वामी अन्ततः शृंगार को 'शृंगारभक्ति रस', तो हास्य को 'हास्यभक्ति रस' आदि मानते हैं।[6] इसी सम्बन्ध में **मधुसूदन** सरस्वती का मन्तव्य उल्लेख्य है—'भगवद्रति

1. **प्रीतिभक्त्यादयो भावा मृगयाक्षादयो रसाः।**
   हर्षोत्साहादिषु स्पष्टमन्तर्भावान्न कीर्तिताः।। (दशरूपक 4.83)
2. **(क) एत नवैव रसाः पुरुषार्थोपयोगित्वेन रंजनाधिक्येन वा इयतामेव उपदेश्यत्वात्।**
   (ख) अतएव ईश्वरप्रणिधानविषये भक्तिश्रद्धे स्मृतिमतिधृत्युसाहानुपविष्ठे
   अन्यथैव वा अंगमिति न तयोः पृथक्-रसत्वेन गणनम्। (अभिनवभारती)
3. **अतः मोक्षाय भक्तानां न कदापि स्पृदा भवति।**
4. **(क) इहाऽनुभवसिद्धेऽपि सहस्र-गुणितो रसः। जडेनैव त्वया कस्माद् अकस्मात् अपलप्यते।**
   (ख) इनके अनुसार भक्ति रस के पाँच रूप हैं—
   1. शान्त-भक्ति रस, स्थायिभाव 'शान्ति'।
   2. प्रीति-भक्ति रस, स्थायिभाव 'प्रीति'।
   3. प्रेयान्-भक्ति रस, स्थायिभाव 'सख्य'।
   4. वत्सल-भक्ति रस, स्थायिभाव 'वात्सल्य'।
   5. मधुर-भक्ति रस, स्थायिभाव, 'मधुरा रति'।
5. **परिपूर्णरसा क्षुद्ररसेभ्यो भगवद्रतिः।**
   खद्योतेभ्य इवादित्यप्रभेव बलवत्तरा।। (भगवद्भक्तिरसायन, पृष्ठ 278)
6. **हासादीनां व्यभिचारिषु पर्यवसानात्।** (भक्तिरसामृतसिन्धु, पृष्ठ 74)

परिपूर्णरसा है। यह श्रृंगार आदि रसों की अपेक्षा वैसी ही अत्यधिक बलवती है जैसे खद्योत की अपेक्षा सूर्य बलवान् होता है।

आगे चलकर **मम्मट और विश्वनाथ** ने भक्ति को देव-विषयक रति स्वीकृत करते हुए इसे रस न कह कर भाव कहा[1], तथा जगन्नाथ ने भी इसे रति का ही एक रूप माना।[2]

आधुनिक युग में हिन्दी के भी कतिपय आचार्यों ने इस विषय में अपने मन्तव्य प्रस्तुत किये हैं–

'हरिऔध' ने भक्ति को रस मानते हुए यह तर्क दिया कि इस रस पर 'वेद्यान्तरस्पर्शशून्य', 'ब्रह्मास्वादसहोदर' आदि विशेषण विशेष एवं पूर्ण रूप से घटित होते हैं।

कन्हैयालाल पोद्दार ने भक्ति और ब्रह्मानन्द को पर्यायवाची मानते हुए कहा कि श्रृंगार आदि को, जो ब्रह्मानन्द-सहोदर माने गये हैं, रस मान लेने पर भक्ति को रस मानने में कोई आपत्ति नहीं होनी चाहिए। उनका दूसरा तर्क है कि यदि करुण, भयानक, आदि रसों की आस्वादकता का प्रमाण-सहृदय है तो भक्ति रस की आस्वादकता का प्रमाण भक्त है। अतः इसे रस मानना चाहिए।

इस प्रसंग में **डॉ. नगेन्द्र** ने निम्नोक्त दो प्रश्न उपस्थित करते हुए इस समस्या पर सर्वाधिक प्रकाश डाला[3]–

(क) भक्ति-काव्य का आस्वादयिता सहृदय है अथवा भक्त?

(ख) रति, शोक आदि की भाँति क्या 'भगवद्रति' भी स्थायिभाव है, अर्थात् क्या यह भाव मानव के हृदय में वासना रूप से विद्यमान रहता है?

पहले प्रश्न के उत्तर में उन्होंने कहा कि भक्ति-काव्य का आस्वादयिता शुद्ध सहृदय नहीं होता। भक्त की सहृदयता विशिष्ट संस्कारों से वासित होती है, अतः इसे शुद्ध नहीं कह सकते। उदाहरणार्थ, सूरदास, मीरा आदि के पद्यों से किसी भक्तजन तथा सामान्य सहृदय इन दोनों को एक-समान आस्वाद प्राप्त नहीं होता। इसी दृष्टि से भक्ति को रस नहीं मानना चाहिए, क्योंकि रस का भोक्ता सहृदय होता है, न कि विशिष्ट संस्कारों में पला हुआ व्यक्ति।

दूसरे प्रश्न के उत्तर में उनका कहना है कि आस्तिक जन तो मानेंगे कि 'हाँ, भगवद्रति एक स्थायिभाव है, क्योंकि आत्मा और परमात्मा का नित्य हो जाता है, फिर भी सदा विद्यमान रहता है।' किन्तु आधुनिक विचारक के लिए ऐसी धारणा की स्वीकृति आसान नहीं है। यह सत्य है कि परोक्ष सत्ता के प्रति जिज्ञासा, विस्मय,

---

1. **(क) रतिर्देवादिविषया....... भावः प्रोक्तः।** (काव्यप्रकाश, 4.34)
   (ख) साहित्यदर्पण 3.26
2. **स्नेहभक्तिवात्सल्यमिति रतेरेव विशेषाः।** (रसगंगाधर)
3. रससिद्धान्त, पृष्ठ 267-269

प्रच्छन्न भय, अधीनता का भाव, महत्त्व-स्वीकृति तथा तज्जन्य आदरभाव—ये सभी मानव-संस्कार के अंग हैं, और इन्हीं से ही भक्त विचारकों ने दास्य, सख्य, वात्सल्य, दाम्पत्य आदि भावों की स्वीकृति की है, किन्तु फिर भी, भगवद्रति भाव मौलिक एवं स्थायी नहीं है। यह संसर्ग तथा अभ्यास एवं परम्परा तथा साधना द्वारा अर्जित होता है। अतः भक्ति को रस नहीं मानना चाहिए।

इन धारणाओं को प्रस्तुत करते हुए भी डॉ. नगेन्द्र अन्ततः भक्ति को रस रूप में स्वीकार करते हैं। उनका तर्क यह है कि भक्ति-काव्य का—उदाहरणार्थ, सूरदास के विनय के आत्मसमर्पण का रहस्य है—'समर्पणभाव', और इसे उन्होंने भक्ति का स्थायिभाव माना है। यद्यपि यह भाव मिश्र भाव है, किन्तु रति, भय आदि भाव भी तो मिश्र ही होते हैं, और इधर यह 'भगवद्रति' सामान्य रति न होकर उदात्त रति है—

इस पक्ष में उनका एक तर्क और है कि सामान्य रस-प्रक्रिया में विभावों की लौकिकता रूपी विघ्नों का कवि-कल्पना द्वारा निराकरण कर लिया जाता है, किन्तु भक्ति रस में तो विभाव आदि अलौकिक होते हैं। अतः उक्त प्रकार की बाधा का प्रश्न ही उपस्थित नहीं होता। अतः इसे रस ही मानना चाहिए। इसका अन्तर्भाव अन्य रसों में भी नहीं किया जा सकता, क्योंकि भगवद्रति शुद्ध प्रकार का स्थायिभाव है, यह विस्मय, भय, शम अथवा रति आदि का अंग नहीं है।

किन्तु हमारे विचार में डॉ. नगेन्द्र का पूर्व पक्ष ही कहीं अधिक संगत तथा शास्त्र-सम्मत है कि भक्तिकाल का भोक्ता शुद्ध सहृदय नहीं होता और न ही इसका स्थायिभाव मौलिक एवं जन्मजात होता है। वस्तुतः समर्पण-भाव भी जिसे उन्होंने एक स्थायिभाव कहा है, भगवद्रति-जन्य भाव ही है, और स्वयं यह भाव भी अपने आप में मौलिक भाव नहीं है, एक अर्जित भाव है।

उपर्युक्त समग्र धारणाओं के सम्बन्ध में हमारी प्रतिक्रिया इस प्रकार है—

भक्ति-काव्य से आह्लाद प्राप्त होता है, यह एक निर्विवाद सत्य है। किन्तु इस आह्लाद को शृंगार, करुण, हास्य, भयानक आदि रसों से सम्बद्ध आह्लाद से भिन्न मानना चाहिए। इसके निम्नोक्त कारण हैं—

(1) भक्ति-काव्य के आह्लाद को एक भक्तजन—विशिष्ट प्रकार के संस्कारों में पला हुआ व्यक्ति—जिस रूप में ग्रहण करता है, उस रूप में भक्तेतर व्यक्ति ग्रहण नहीं करता। स्पष्टतः, इस प्रकार का द्विविध विभाजन शृंगार आदि रसों में नहीं किया जा सकता।

(2) भक्ति-काव्य का प्राणतत्त्व है—भगवद्विषयक रति, किन्तु यह भाव रति, शोक, हास, भय आदि भावों के समान सहज एवं प्राकृतिक भाव नहीं है, यह एक अर्जित भाव है, यह स्वतः उद्भूत नहीं होता, इसका शिक्षण दिया जाता है, तब यह भाव किन्हीं-किन्हीं व्यक्तियों में अपना स्थान बना लेता है। अतः भगवद्-विषयक रति को रति, शोक आदि के समान स्थायिभाव नहीं कहना चाहिए।

(3) काव्यशास्त्रीय दृष्टि से नायक-नायिका-विषयक रति से सम्बन्धित काव्याह्लाद 'रस' कहाता है, और देवता, गुरु, राजा-विषयक रति से सम्बन्धित काव्याह्लाद 'भाव'। प्रथम को 'शृंगार-रस' कहेंगे, और दूसरे को 'शृंगार-भाव'।

(4) यहाँ यह उल्लेख्य है कि देवविषयक रति को 'रस' न कहकर 'भाव' कह देने से भक्ति-काव्य की अवहीनता किसी भी रूप में घोषित नहीं होती। यह तो केवल शास्त्रीय परिधि एवं मर्यादा मात्र है, ठीक वैसे, जैसे रति के अभिव्यंजक पद्यों को 'रस' कहते हैं और लज्जा के अभिव्यंजक पद्यों को 'भाव'। और फिर, यह सदा आवश्यक नहीं है कि 'रस' के उदाहरण 'भाव' के उदाहरणों की अपेक्षा काव्य-चमत्कार की दृष्टि से सदा उत्कृष्ट कोटि के हों, स्थिति इससे विपरीत भी हो सकती है।

(5) सम्भव है कि कुछ विद्वान् 'भाव' शब्द से आशय लौकिक मनोभाव लेते हों, और इसी कारण वे भक्ति को 'रस' मानते हों, 'भाव' नहीं। पर 'भक्ति रस नहीं, अपितु भाव है' इस कथन में 'भाव' से तात्पर्य न तो लौकिक मनोभाव है, न स्थायिभाव और न संचारिभाव, अपितु यह अपनी शास्त्रीय परिधि में सीमित एक विशिष्ट काव्य-तत्त्व है जिसका स्थान रस के बाद है। रस, भाव आदि ये आठों मूलतः एक ही हैं, जिन्हें 'असंलक्ष्यक्रमव्यंग्य-ध्वनि' कहा गया है—केवल अनुशीलन की सुबोधता के लिए ही ये भेद कर दिये गये हैं।

निष्कर्षतः, भक्ति भाव है, रस नहीं।

17. प्रेयान् रस

[1]

प्रेयान् रस पर सर्वप्रथम रुद्रट ने प्रकाश डाला और इनके बाद केवल भोजराज ने। रुद्रट के शब्दों में–

स्नेहप्रकृतिः प्रेयान् संगतशीलार्यनायको भवति।
स्नेहस्तु साहचर्यात्प्रकृतेरुपचारसम्बन्धात्।।
निर्व्याजमनोवृत्तिः सनर्मसद्भावपेशलालापः।
अन्योन्यं प्रति सुहृदोर्व्यवहारोऽयं मतस्तत्र।।
प्रस्यन्दिप्रमदाश्रुः सुस्निग्धस्फारलोचनालोकः।
आर्द्रान्तःकरणतया स्नेहपदे भवति सर्वत्र।। —काव्यालंकार 15.17-19

(प्रेयान् रस की प्रकृति स्नेह है। इसका नायक संगतशील अर्थात् सौहार्द-सम्पन्न तथा आर्य अर्थात् सुष्ठु स्वभाव वाला व्यक्ति होता है। स्नेह कहते हैं निश्छल मनोवृत्ति को, जो कि प्रकृति के साहचर्य अर्थात् आश्रय और आलम्बन, दोनों के स्वभाव की समानता के कारण तथा (पारस्परिक) उपचार अर्थात् शिष्ट व्यवहार के कारण उत्पन्न होती है। इस स्नेहभाव में एक-दूसरे के प्रति इस प्रकार का व्यवहार होता है, जिसमें पारस्परिक प्रेम एवं विश्वास, सद्भाव तथा कोमल आलाप होता है। अन्तःकरण के आर्द्र होने के कारण अत्यन्त आह्लाद की अनुभूति होती है जिससे नेत्र आँसुओं से भीग जाते हैं, तथा पूर्ण एवं विकसित नेत्रों से परस्पर अवलोकन होता है।

इस रस का स्वरूप उपस्थित करने के बाद रुद्रट ने अन्य रसों के ही समान इसका भी उदाहरण प्रस्तुत नहीं किया, अन्यथा 'स्नेह' नामक स्थायिभाव के स्वरूप को समझने में और भी अधिक सहायता मिलती। 'स्नेह' से इनका तात्पर्य है– सुहृदों का पारस्परिक निश्छल एवं प्रेमपूर्ण सम्बन्ध। रुद्रट-प्रयुक्त सुहृद् शब्द को यदि 'मित्र' का पर्यायवाची मान लिया जाये तो काव्यशास्त्र में प्रेयान् रस की परिकल्पना मौलिक एवं मनोहारी समझी जानी चाहिए। रुद्रट यदि एक ऐसा उदाहरण भी प्रस्तुत कर देते, जिसमें दो मित्रों की मिलनोत्सुकता के समय आकुलता दिखायी जाती,

अथवा मिलन-काल में कण्टकित भाव दिखाया जाता तो निःसन्देह प्रेयान् रस के आलम्बनविभाव (नायक) की प्रधान विशेषता होती उसका मित्र-प्रेमी होना। उदाहरण के अभाव में हम यह निश्चय नहीं कर पाते कि स्नेह से उनका तात्पर्य दो मित्रों के पारस्परिक स्नेह से है, अथवा नायक-नायिका के।

परन्तु आगे चलकर रुद्रट के परवर्ती आचार्य भोजराज द्वारा प्रस्तुत प्रेयान् रस के उदाहरण एवं समन्वय से प्रतीत होता है कि भोजराज को इस रस में दो मित्रों के नहीं, अपितु नायक-नायिका के ही, पारस्परिक स्नेह का वर्णन अभीष्ट है। भोज-प्रस्तुत उदाहरण है—

यदेव रोचते मह्यं तदेव कुरुते प्रिया।
इति वेत्ति न जानाति तत्प्रियं यत्करोति सा।।

(मेरी प्रिया तो इतना जानती है कि वह वही कुछ करती है जो मुझे रुचिकर है, किन्तु वह यह नहीं जानती कि वह जो कुछ भी करती है वही मुझे प्रिय है।)

उक्त उदाहरण का समन्वय करते हुए वे कहते हैं कि इस रस का स्थायिभाव स्नेह है। इसका नायक वत्सल-प्रकृति का होने के कारण धीरललित होता है। वह और इसकी प्रिया इस रस का 'आलम्बनविभाव' है। इस रस का उद्दीपनविभाव है—इन दोनों की एक-दूसरे के प्रति स्नेह-विषयक सुकुमारतापूर्ण प्रकृति। इसके व्यभिचारिभाव हैं—मोह, धृति, स्मृति आदि, और इसके अनुभाव हैं उक्त प्रकार के नायक की बाह्य चेष्टाएँ—

अत्र वत्सलप्रकृतेर्धीरतया ललितनायकस्य प्रियालम्बनविभावादुत्पन्नः स्नेहस्थायिभावो विषयसौकुमार्यात्मप्रकृत्यादिभिरुद्दीपनविभावैरुद्दीप्यमानः समुपजायमानैर्मोहधृति स्मृत्यादिभिर्व्यभिचारिभावैरनुभावैश्च संसृज्यमानो निष्पन्नः प्रेयानिति प्रतीयते।

भोज ने इसी प्रसंग के अन्तर्गत भवभूति के शब्दों में स्नेह का परिणाम दिखाते हुए प्रकारान्तर से इसका स्वरूप भी निर्दिष्ट कर दिया है। किसी व्यक्ति के प्रति किया गया जो निष्कारण पक्षपात होता है, उसकी कोई प्रतिक्रिया नहीं होती, अर्थात् विनिमय में किसी प्रतिफल की कामना नहीं की जाती। यह एक ऐसा स्नेहात्मक तन्तु है जो (दूसरे व्यक्ति के उधड़े) अन्तर्मर्मों को सी देता है :

अहेतुः पक्षपातो यस्तस्य नास्ति प्रतिक्रिया।
स हि स्नेहात्मकस्तन्तुरन्तर्मर्माणि सीव्यति।।

(स.क.आ. 5.75, उ.रा.च. 5.17)

इसी प्रसंग में भोज-सम्मत यह कथन भी उल्लेखनीय है—

रतिप्रीत्योरपि चायमेव मूलप्रकृतिरिष्यते।

(स्नेह नामक स्थायिभाव रति और प्रीति की भी मूल प्रकृति है।)

इसका तात्पर्य यह है कि स्नेह से रति अथवा प्रीति का जन्म होता है।

दूसरे शब्दों में, स्नेह पूर्ववर्ती भाव है और रति अथवा प्रीति परवर्ती हैं। भोज के शब्दों में 'मन के अनुकूल विषयों में सुख की अनुभूति को रति कहते हैं'–

मनोऽनुकूलेष्वर्थेषु सुखसंवेदनं रतिः। सा.क.आ. 5.128

प्रीति 'साभ्यासिकी' होती है, अर्थात् मृगया आदि कर्मों (खेल-तमाशों) में किया गया अभ्यास 'प्रीति' कहाता है, और वह शब्दादि से बहिर्भूत होती है, अर्थात् यह काव्य का विषय नहीं है–

शब्दादिभ्यो बहिर्भूता या कर्माभ्यासलक्षणा।
प्रीतिः साभ्यासिकी ज्ञेया मृगयादिषु कर्मसु।। सा.क.आ. 5.97

उपर्युक्त 'शब्दादिभ्यो बहिर्भूता' से यह तात्पर्य ले सकते हैं कि जिस प्रकार रति का सम्बन्ध शृंगार रस के साथ है, स्नेह का सम्बन्ध प्रेयान् रस के साथ है, उसी प्रकार प्रीति का सम्बन्ध किसी रस-विशेष के साथ नहीं है। वस्तुतः यह एक ऐसा भाव-मात्र है जिसे हम अभिरुचि (शौक, मशग़ला, hobby आदि) का पर्याय मान सकते हैं। भोज-प्रस्तुत प्रीति का उदाहरण है–

इति विस्मृतान्यकरणीयमात्मनः
सचिवावलम्बितधुरं नराधिपम्।
परिवृद्धरागमनुबद्धसेवया
मृगया जहार चतुरेव कामिनी।। सा. क. आ. 5.97 (श्लोक)

(इस मृगया ने चतुर कामिनी के समान इस राजा का हरण कर लिया है, जिसने अपने कर्त्तव्य को भुला दिया है, जिसने अपना सम्पूर्ण कार्यभार सचिवों पर छोड़ रखा है और जिसका मृगया के प्रति राग (शौक) इसका अधिक अभ्यास करने के कारण बढ़ गया है।)

निष्कर्षतः

(1) रुद्रट के कथनानुसार स्नेह 'निर्व्याजि मनोवृत्ति' है और भोज के अनुसार यह 'हेतु पक्षपात' है। वस्तुतः, यह दोनों कथन एक-समान ही हैं।
(2) रुद्रट ने स्नेह का सम्बन्ध सम्भवतः दो मित्रों (दो पुरुषों अथवा दो नारियों अथवा एक पुरुष और एक नारी) के पारस्परिक स्नेह के साथ स्थापित किया है और भोज ने नायक-नायिका के साथ।
(3) भोज के अनुसार स्नेह नामक भाव रति और प्रीति की मूल प्रकृति है।

[2]

रुद्रट से पूर्व प्रेयान् रस का उल्लेख यद्यपि किसी आचार्य ने नहीं किया, किन्तु प्रेयः (प्रेयस्वद्) अलंकार के लक्षण एवं उदाहरण से इस रस के संकेत अवश्य मिल जाते हैं। **भामह**–प्रस्तुत प्रेयस्वद् अलंकार का स्वरूप इस प्रकार है–

प्रेयो गृहागतं कृष्णमवादीद् विदुरो यथा।।
अद्य या मम गोविन्द जाता त्वयि गृहागते।
कालेनैषां भवेत्प्रीतिस्त्वैवागमनात् पुनः।। —का.अ. 4.5

(विदुर ने घर आये कृष्ण को जो कुछ कहा वह प्रेयस् अलंकार है। यथा—हे गोविन्द! आज तुम्हारे घर आने से मुझे जो प्रीति (प्रसन्नता) मिली है, वह समय आने पर तुम्हारे आगमन पर फिर होगी।)

आगे चलकर **दण्डी** ने भामह के ही उक्त कथन का परिवर्द्धित रूप उपस्थित किया है—

प्रेयः प्रियतराख्यानम्........................।
अद्य या मम गोविन्द जाता स्त्वयि गृहागते।
कालेनैषा भवेत् प्रीतिस्त्वैवाऽऽगमनाद् पुनः।।
इत्याह युक्तं विदुरो नान्यतस्तादृशी धृतिः।
भक्तिमात्रसमाराध्यः सुप्रीतश्च ततो हरिः।। का.आ. 2.275-277

(प्रियतर कथन को प्रेयः अलंकार कहते हैं। x x x उदाहरणार्थ, 'हे गोविन्द! आपके मेरे इस घर में आने पर मुझे जो प्रीति अर्थात् प्रसन्नता मिली है, वह फिर भी किसी अन्य समय आपके पुनः आगमन पर मुझे मिलेगी।' यह कथन विदुर ने भगवान् कृष्ण के प्रति ठीक ही कहा था कि उनको किसी भी दूसरे से इतना धैर्य (आनन्द) न मिलता। तभी भगवान् जो भक्तिभाव से आराध्य हैं, अति प्रसन्न हुए।)

इसी प्रसंग में दण्डी ने निम्नोक्त एक अन्य उदाहरण भी प्रस्तुत किया है—

सोमः सूर्यो मरुद् भूमिव्योमि होतानलो जलम्।
इति रूपाण्यतिक्रम्य त्वां द्रष्टुं देव! के वयम्।।
इति साक्षात्कृते देवे राज्ञो यद् राजवर्मणः।
प्रीतिप्रकाशनं तच्च प्रेय इत्यवगम्यताम्।। —का.आ. 2.278-79

(राजवर्मा नामक नृपति का महादेव के प्रति वचन—हे देव! सोम, सूर्य, मरुद्, भूमि, आकाश, यजमान, अनल और जल—सब रूपों का अतिक्रमण करके, तुमको देख सकने में समर्थ हम भला होते कौन हैं? इस प्रकार राजवर्मा नामक राजा द्वारा महादेव के दर्शन किये जाने पर जो देव-विषयक प्रीति की अभिव्यक्ति हुई है, इसे भी प्रेय अलंकार समझना चाहिए।)

भामह और दण्डी के लगभग एक-समान उदाहरणों से स्पष्ट है कि विदुर का कृष्ण के प्रति समादर-भाव, जिसे भक्तिभाव भी कह सकते हैं, प्रेयस्वत् अलंकार का विषय है। दण्डि-प्रस्तुत दूसरे उदाहरण से तो यह मान्यता और भी अधिक स्पष्ट हो जाती है कि विशेषतः भक्तिभाव ही प्रेयस्वत् अलंकार का विषय है। परन्तु आगे चलकर उद्भट ने रत्यादि (स्थायी) भाव, अनुभाव आदि के साथ इस अलंकार को सम्बद्ध कर दिया—

रत्यादिकानां भावानामनुभावादिसूचनैः।
यत्काव्यं बध्यते सद्भिस्तत् प्रेयस्वद उदाहृतम्।। —का.सा.सं. 4.2

अधिक सम्भावना यही है कि स्थायिभाव एवं अनुभाव आदि के साथ इस अलंकार को जोड़ना भामह और दण्डी को भी अभीष्ट रहा होगा, किन्तु इसका स्पष्ट निर्देश सर्वप्रथम उद्भट ने किया। इस अलंकार के उदाहरण में इन्होंने पुत्र-वत्सला माता के वात्सल्य भाव को प्रस्तुत किया है—

इयं च सुतवात्सल्यान्निर्विशेषा स्पृहावती।
उल्लापयितुमारब्धा कृत्वेयं क्रोड आत्मनः।।

(पुत्र के वात्सल्य के कारण अत्यधिक उत्सुक बनी हुई इस जननी ने अपनी गोद में लेकर इसे लोरी सुनाना आरम्भ कर दिया।)

[3]

भामह, दण्डी और उद्भट के इन उदाहरणों से स्पष्टतः ज्ञात होता है कि प्रेयस्वत् (प्रेयः) अलंकार समादरभाव एवं भक्तिभाव के अतिरिक्त वात्सल्य का भी ज्ञापक रहा। दूसरे शब्दों में, इन भावों को रति के अन्तर्गत स्वीकार न कर इनका पृथक् अस्तित्व स्वीकार किया गया है, और यह समुचित ही हुआ। इसका स्पष्ट कारण यह है कि रतिभाव तो नर-नारी के बीच प्रणय-सम्बन्ध का द्योतक है, और इधर ये भाव प्रणयेतर सम्बन्ध के द्योतक हैं। किन्तु केवल यही भाव ही क्यों, इसी प्रकार के अन्य कई भाव इसी अलंकार में अन्तर्भूत किये जा सकते हैं। रुद्रट और भोजराज ने प्रेयान् रस के निरूपण में जिस स्नेहभाव की चर्चा की है, उसका मूल स्रोत इन उदाहरणों में ढूँढ़ा जा सकता है। उल्लेख्य है कि अलंकारवादी आचार्यों—भामह, दण्डी एवं उद्भट ने रति (स्थायी) भाव को रसवत् अलंकार से सम्बद्ध किया है, और रति से मिलते-जुलते प्रणयेतर सभी भावों को प्रेयस्वत् से। उदाहरणार्थ, दो मित्रों के बीच पारस्परिक स्नेहभाव को भी रति में अन्तर्भूत नहीं किया जा सकता। इतना ही क्यों, नायक-नायिका का ही पारस्परिक स्नेहभाव (साहचर्यभाव) रति के अन्तर्गत नहीं रखा जा सकता। भोजराज द्वारा प्रस्तुत उपर्युक्त पद्य (यदेव रोचते.....)[1] को बड़ी सरलता के साथ अलंकारवादी आचार्यों की धारणा के अनुकूल प्रेयस्वत् अलंकार का उदाहरण मान सकते हैं जिसे आगे चलकर रुद्रट और भोज ने 'प्रेयान् रस' नाम दे दिया, और इसी आधार पर प्रेयस्वत् अलंकार को प्रेयान् रस का मूल स्रोत स्वीकरणीय है। और यों भी, 'प्रेयस्वत्' तथा 'प्रेयान्' दोनों 'प्रेयस्' शब्द के ही रूप हैं—पहला प्रेयस् का वतुप्-प्रत्ययान्त रूप है और दूसरा प्रेयस् शब्द की प्रथमा विभक्ति का एकवचनान्त रूप।

---

1. देखिए, पृष्ठ 264

[4]

अन्ततः विचारणीय है कि क्या प्रेयान् की रस-रूप में स्वीकृति की जाये? भगवान् के प्रति अनुराग, देश के प्रति प्रेम, नृप एवं किसी महापुरुष के प्रति समादर एवं श्रद्धा, शिशु के प्रति वात्सल्य—ये सभी भाव रति से सम्बद्ध तो हैं, किन्तु स्वयं रति नहीं हैं, क्योंकि रति का सम्बन्ध केवल नर-नारी के बीच प्रणय-सम्बन्ध के साथ ही जोड़ा जाता है, और समुचित भी यही है। किन भावों को 'रस' की संज्ञा दी जाये और किन भावों को 'भाव' की, यहाँ यह विचारणीय विषय है। इसका एकमात्र साधन यह है कि यह देखा जाये कि किस भाव को स्थायिभाव कहा जाये और किस भाव को नहीं, और इस निर्णय का निकष यह है कि जो भाव सहज तथा स्वाभाविक हैं वे तो स्थायिभाव कहे जाने चाहिए, शेष नहीं। उदाहरणार्थ, भगवदनुराग, देश-प्रेम, राज-रति—ये तीनों भाव सहज नहीं हैं, अपितु अर्जित हैं, क्योंकि ये मानवमन में स्वतः उद्‌भूत नहीं होते, किसी अन्य व्यक्ति द्वारा प्रशिक्षण के पश्चात् उत्पन्न होते हैं। अतः इनसे सम्बद्ध काव्य को काव्यशास्त्रीय शब्दावली में 'रस' न कह कर 'भाव' कहा जाता है। किन्तु वात्सल्य (शिशु-प्रेम) सहज-भाव है। इसी प्रकार अपस्मार ('लज्जा') भाव यद्यपि है तो स्वतः उद्‌भूत, किन्तु यह 'रति' के बाद उत्पन्न होता है। अतः इससे सम्बद्ध काव्य को भी 'रस' न कहकर 'भाव' कहा जाता है।[1] किन्तु इसके विपरीत वात्सल्य (शिशु-प्रेम) सहज एवं स्वाभाविक भाव है। अतः इससे सम्बद्ध काव्य को 'वत्सल रस' की संज्ञा दी जाती है।

ठीक यही स्थिति **प्रेयान्** रस की भी है। रुद्रट के अनुसार प्रेयान् रस का स्थायिभाव है स्नेहभाव (साहचर्यभाव) जो दो मित्रों के बीच हो चाहे वे एक लिंग के हों, अथवा विभिन्न लिंगों के। अनेक विद्वान् इसे मित्र-विषयक रति स्वीकार करके प्रेयान् को 'रस' न मानकर 'भाव' मानेंगे, परन्तु हमारे विचार में मैत्री-विषयक स्नेह सहजभाव ही है, देव-विषयक रति के समान अर्जित भाव नहीं है, और न ही लज्जा के समान यह रति आदि में से किसी स्थायिभाव से उद्धृत है। **अतः प्रेयान् को एक स्वतन्त्र रस ही मानना चाहिए।** यद्यपि इसके उदाहरण बहुत ही कम मिलेंगे, पर सिद्धान्ततः, यह पृथक् रस के रूप में स्वीकरणीय है, यों, उदाहरण तो हास्य, भयानक, बीभत्स, शान्त आदि के भी बहुत नहीं मिलते, पर स्वतन्त्र रस तो उन्हें भी माना जाता है।

---

1. देखिए पृष्ठ 95, 'एवं वादिनि देवर्षौ...'

चतुर्थ खण्ड

18. रस-संख्या

रसों की संख्या के सम्बन्ध में यद्यपि अधिकतर आचार्य एकमत हैं कि रस नौ हैं, तथापि अनेक आचार्यों ने इस सम्बन्ध में विभिन्न दृष्टिकोण प्रस्तुत किये हैं—

भरत ने द्रुहिण नामक किसी प्राचीन महात्मा के नाम पर रसों की संख्या आठ मानी है, यद्यपि उनके ग्रन्थ नाट्यशास्त्र के एक संस्करण में शान्त रस को मिला कर रसों की संख्या नौ भी निर्दिष्ट की गयी है।

इनके पश्चात् **दण्डी** ने आठ रसों का उल्लेख किया है, किन्तु उद्‌भट ने स्पष्ट शब्दों में नौ रसों का। इनके परवर्ती आचार्य रुद्रट ने प्रेयान् रस की अभिवृद्धि करके रस-संख्या दस गिनायी है। **आनन्दवर्द्धन** ने नौ रस माने। धनंजय ने काव्य में तो नौ रसों की स्वीकृति की है, किन्तु नाटक में शान्त रस की स्वीकृति नहीं की। इसी प्रसंग में उन्होंने प्रीति अर्थात् प्रेयान् तथा भक्ति का भी खण्डन किया है। सम्भवतः इनसे पूर्व मृगया तथा अक्ष (द्यूत) आदि रसों की भी परिकल्पना की गयी होगी, इसको भी उन्होंने स्वीकार नहीं किया। वे इनका अन्तर्भाव हर्ष नामक संचारिभाव तथा उत्साह नामक स्थायिभाव में करने के पक्ष में हैं।

अभिनवगुप्त ने भी नौ रस माने हैं। इनके अतिरिक्त उन्होंने तीन अन्य रसों का उल्लेख करते हुए इनकी पृथक् सत्ता स्वीकार नहीं की—(1) स्नेह रस (स्थायी भावः आर्द्रता), (2) लौल्य रस (स्थायी भावः गर्ध) और (3) भक्ति रस (स्थायी भावः भगवद्‌भक्ति)। स्नेह एक प्रकार का आकर्षण है। माता-पिता का पुत्र के प्रति, युवकों का अपने मित्रों के प्रति, राम का लक्ष्मण आदि भाइयों के प्रति 'स्नेह' को रति में अन्तर्भूत समझना चाहिए। उन्होंने भक्ति का अन्तर्भाव उत्साह स्थायिभाव तथा स्मृति, मति, धृति नामक संचारिभाव में माना जाता है। इसी प्रकार 'गर्ध' का भी अन्तर्भाव प्रसंगवश कभी हास में और कभी रति में हो सकता है।

भोज ने नाटकों के नायकों के आधार पर प्रेयान्, शान्त, उदात्त और उद्धत इन चारों रसों की परिगणना की—(1) धीरललितः प्रेयान् रस, (2) धीरप्रशान्तः शान्त रस, (3) धीरोदात्तः उदात्त रस, (4) धीरोद्धतः उद्धत रस। इनके अतिरिक्त उन्होंने स्वातन्त्र्य, आनन्द, प्रशम और पारुष्य के साथ-साथ साध स्व, विलास,

अनुराग तथा संगम रसों का भी उल्लेख किया है। इतना ही नहीं, उनका तो यहाँ तक कहना है कि न केवल स्थायिभाव, अपितु सभी संचारिभाव और सात्त्विक भाव (कुल 49 भाव) रसत्व को प्राप्त कर सकते हैं।[1]

रामचन्द्र-गुणचन्द्र ने व्यसन (तृष्णा: स्थायिभाव), दुःख (अरति: स्थायिभाव) और सुख (सन्तोष : स्थायिभाव) की परिगणना करते हुए कहा कि इनका अन्तर्भाव नौ रसों में से किसी-न-किसी में हो सकता है।

विश्वनाथ ने नौ रसों के अतिरिक्त वत्सल रस (वात्सल्य स्थायिभाव) को स्पष्ट शब्दों में स्वीकार किया और रस-संख्या दस मानी।

भानुदत्त ने रस को पहले दो वर्गों में बाँटा—लौकिक और अलौकिक। लौकिक से उनका तात्पर्य है मधुर आदि षड् रस। अलौकिक रस के तीन रूप हैं—स्वापनिक (स्वप्न में प्राप्त), मानोरथिक (मनोरथ-जन्य) और औपनयिक अर्थात् काव्य-रस या नाट्य-रस। इनमें से पहले दो सुख-दुःखमय हैं। इस प्रसंग में हमें रस के उक्त तीन रूपों में इसका केवल तीसरा रूप अभीष्ट है। इसके अन्तर्गत इन्होंने नव रस को स्वीकार करते हुए भी वात्सल्य, लौल्य और भक्ति के अतिरिक्त कार्पण्य और माया इन दो नवीन रसों की गणना की है। कार्पण्य का स्थायिभाव है—स्पृहा। किन्तु उन्हीं के एक संकेत के अनुसार स्पृहा व्याभिचारिभाव है, स्थायिभाव नहीं है। माया का स्थायिभाव मिथ्या ज्ञान है।[2]

रूपगोस्वामी ने उक्त कतिपय आचार्यों के समान भक्ति को रति का एक रूप स्वीकार न करके इसे एक स्वतन्त्र रस घोषित किया है।

इस प्रकार रसों की संख्या परिवर्द्धित होती चली गयी। वस्तुतः देखा जाये तो वत्सल, प्रेयान्, शान्त और भक्ति के अतिरिक्त शेष सभी तथाकथित रसों में से अधिकतर को रति का, और कुछ-एक को हर्ष, उत्साह आदि का एक रूप मान लिया जाये तो काव्यशास्त्र और मनोविज्ञान दोनों के आधार पर अनुचित नहीं होगा। शेष समस्या—उक्त चारों रसों की। आइए, इन पर विचार करें

1. **वत्सल-रस** का शृंगार-रस में अन्तर्भाव नहीं किया जा सकता, क्योंकि नायक-नायिका की रति पितृ-वात्सल्य अथवा मातृ-वात्सल्य से निःसन्देह भिन्न है। वात्सल्य नामक स्थायी भाव की परिपक्व अभिव्यक्ति को 'भाव' की संज्ञा देना भी शास्त्रीय दृष्टि से उचित नहीं है। इसे एक स्वतन्त्र रस के रूप में स्वीकार करना चाहिए। 'वात्सल्य' भी रति के समान एक सहज तथा स्वाभाविक मनोभाव है। लज्जा आदि के समान यह किसी स्थायी भाव से उत्पन्न भी नहीं है और न ही यह देव-विषयक रति के समान अर्जित भाव है। अतः वात्सल्य स्थायिभाव की अभिव्यक्ति वत्सल रस के रूप में स्वीकार करनी चाहिए।

---

1. **रत्यादीनामेकोनपंचाशतोऽपि विभावानुभावव्यभिचारिसयोगात् परप्रकर्षधिगमे रसव्यपदेशार्हता।**
(शृंगारप्रकाश, पृष्ठ 472)

2. रसतरंगिणी, पृष्ठ 161

2. ठीक यही स्थिति **प्रेयान् रस** की भी है। रुद्रट के अनुसार प्रेयान् रस का स्थायिभाव है स्नेहभाव (साहचर्यभाव) जो दो मित्रों के बीच हो[1]– चाहे वे एक-लिंगीय हों, अथवा विभिन्न-लिंगीय। रुद्रट के अतिरिक्त भोजराज ने भी प्रेयान् रस की स्वीकृति की है।[2] अनेक विद्वान् इसे मित्र-विषयक रति स्वीकार करके प्रेयान् को रस न मानकर भाव मानेंगे, परन्तु हमारे विचार में मैत्री-विषयक स्नेह सहज भाव है, देवविषयक, राजविषयक, राष्ट्रविषयक आदि रति के समान यह अर्जित भाव नहीं है। अतः प्रेयान् को स्वतन्त्र रस मानना चाहिए। यद्यपि इसके उदाहरण बहुत कम मिलेंगे[3], पर सिद्धान्ततः इसे पृथक् रस स्वीकृत करने में कोई आपत्ति नहीं होनी चाहिए—यों उदाहरण तो हास्य, भयानक, बीभत्स, शान्त आदि रसों के भी बहुत नहीं मिलते, पर स्वतन्त्र रस तो उन्हें भी माना जाता है।

3. **शान्त रस** को धनंजय ने काव्य में तो स्वीकार किया है, पर नाटक में नहीं। नाटक में अस्वीकृत करने के सम्बन्ध में उनका तर्क है कि शम नामक स्थायिभाव में सभी व्यापारों का विलय हो जाता है। दूसरे शब्दों में, निर्वेद की परप्रकर्षता है सुख-दुःख आदि द्वन्द्वों से निर्लिप्तता और इसका अभिनय कर सकना नितान्त असम्भव है। इसी ओर अभिनवगुप्त ने भी वादी के मुख से इसी आशय का कथन कहलवाया था—**'न हि चेष्टाव्युपरमः प्रयोगयोग्यः।'**

वस्तुतः, यह तर्क तनस्तोषक नहीं है। जिस प्रकार क्रोध स्थायिभाव की हत्या-रूप, भय स्थायिभाव की मृत्यु-रूप पर्यवसान-भूमि (अन्तिम पराकाष्ठा) का भारतीय नाट्यशास्त्र के अनुसार नाटकों में अभिनय दिखाना वर्जित है, इसी प्रकार शम के अन्तर्गत अन्य व्यापारों के प्रविलय-रूप पर्यवसान-भूमि का भी अभिनय नहीं दिखाया जा सकता। किन्तु फिर भी अन्य रसों के समान (1) इसके विभावों, अर्थात् संसार को असार, मिथ्या और त्याज्य प्रदर्शित करने वाले कारणों को तथा बुद्ध जैसे मनीषियों को, (2) इसके अनुभावों, अर्थात् उन मनीषियों के उत्तरोत्तर वृद्धिशील संघर्षों को, और (3) इसके संचारिभावों, अर्थात् उनके हृदयस्थ चिन्ता आदि मनोभावों को नाटक में अभिनीत करना उस प्रकार सहज-सम्भव है जिस प्रकार शृंगार आदि अन्य रसों के विभाव आदि को। अतः अन्य रसों के समान शान्त रस को भी नाटक का प्रतिपाद्य विषय बनाना शास्त्रसंगत एवं तर्कसम्मत है।

4. **भक्ति** को एक स्वतन्त्र रस न मानकर इसे 'भाव' मानना चाहिए, क्योंकि देव-विषयक रति कोई सहज भाव नहीं है, अपितु एक अर्जित भाव है।[4]

---

1. काव्यालंकार (रुद्रट), 15.17-19
2. सरस्वतीकण्ठाभरण 5.75
3. **यदेव रोचते मह्यं तदेव कुरुते प्रिया।**
   इति वेत्ति, न जानाति तत्प्रियं यत् करोति सा।। (स.क.)
4. देखिए 'भक्ति रस है अथवा भाव'। (पृष्ठ 258)

रस-संख्या के सम्बन्ध में इधर आगे चलकर आधुनिक मनीषियों ने भी अपना योग प्रदान करते हुए **आनन्द (प्रमोद), प्रकृति, देशभक्ति, क्रान्ति, उद्वेग और प्रक्षोभ** रसों की परिगणना की है।[1]

आनन्द या प्रमोद (सरकस का तमाशा, रस दो पहलवानों का मल्लयुद्ध, दो साँड़ों की लड़ाई आदि से जन्य आनन्द) को भारतेन्दु हरिश्चन्द्र ने माना। हमारे विचार में इस प्रकार का मनोरंजन लोक के स्तर पर ही अवस्थित है, काव्य के स्तर पर नहीं।

प्रकृति रस की स्थापना रामचन्द्र शुक्ल ने की। जीवन में प्राकृतिक दृश्यों द्वारा प्राप्त आनन्द को उन्होंने प्रकृति रस कहा। किन्तु शास्त्रीय दृष्टि से प्रत्यक्ष अनुभव को 'रस' नाम से अभिहित नहीं किया जाता। मराठी के कतिपय चिन्तकों, रा.भि. जोशी, विद्याधर भिंडे आदि, ने काव्य में वर्णित प्राकृतिक दृश्यों से प्राप्त आनन्द को उदात्त रस कहा, किन्तु वस्तुतः इस प्रकार के स्थल प्रबन्ध-काव्यों में वर्ण्य रस के —शृंगार, भयानक, अद्भुत, आदि रसों के—उद्दीपनविभाव ही माने जाने चाहिएँ, और मुक्तक रचननाओं में जहाँ प्रकृति आलम्बन रूप में वर्णित रहती है, वहाँ इसे अद्भुत रस के अन्तर्गत माना जा सकता है।

देशभक्ति रस को हिन्दी में गुलाबराय और मराठी में परांजपे, जोग आदि ने स्वीकार किया। स्पष्टतः, देशभक्ति को भी देवविषयक रति के समान 'भाव' ही मानना चाहिए।

क्रान्ति, उद्वेग और प्रक्षोभ आदि रसों की कल्पना भी मराठी के चिन्तकों ने की, किन्तु इन्हें स्पष्टतः विषयानुसार किसी संचारिभाव में अन्तर्भूत किया जा सकता है। अस्तु!

इस प्रकार यह रससंख्या-समस्या का यह एक पहलू है। इसका दूसरा पहलू भी है कि किसी एक रस को केवल एक-मात्र, प्रधान या मूल रस मानते हुए उसी से ही अन्य रसों की उद्भावना स्वीकार करना। इस दृष्टि से शृंगार, करुण, अद्भुत तथा शान्त रसों के अतिरिक्त भक्ति और माया—इन छह रसों का नाम उल्लेख्य है।

1. **शृंगार** को एक मात्र रस मानने वालों में भोज का नाम सर्वप्रथम उल्लेख्य है। उनके अनुसार मानव का अपने प्रति सहज अनुराग 'अहंकार' अथवा 'अभिमान' कहाता है, और इसे उन्होंने मानव की मूल प्रवृत्ति माना। इस प्रसंग में उन्होंने अहंकार, अभिमान, शृंगार तथा रस—इन चारों शब्दों को परस्पर पर्यायवाची स्वीकार करते हुए शृंगार को भी मानव की मूल प्रवृत्ति माना और इसी आधार पर केवल शृंगार को एक-मात्र रस अथवा मूल रस मानते हुए अन्य रसों एवं स्थायिभावों तथा संचारिभावों को इसी से, साक्षात् रूप से अथवा प्रकारान्तर से, सम्बद्ध स्वीकार किया। स्पष्टतः, उनका यह दृष्टिकोण सम्भवतः किसी विद्वद्वर्ग के विशिष्ट सम्प्रदाय के प्रति पक्षपात

---

1. देखिए रस-सिद्धान्त (डॉ. नगेन्द्र), पृष्ठ 245-246

एवं आग्रह का द्योतक है। शृंगार एक सर्वोत्कृष्ट रस है, इसमें कोई सन्देह नहीं है, क्योंकि, इसी के साथ अन्य सभी रस किसी-न-किसी रूप से सम्बन्धित हैं। अन्य रसों की अपेक्षा यह सर्वाधिक व्यापक है तथा इसी में ही कतिपय अन्य रसों—वत्सल रस, भक्ति रस, प्रेयान् रस आदि को अन्तर्भूत करने का प्रयत्न किया गया है।

2. **करुण रस** को एक-मात्र रस स्वीकार करने का आधार है—भवभूति का निम्नोक्त कथन—'एक ही करुण रस, निमित्त-भेद से उसी प्रकार विभिन्न रूप धारण कर लेता है जिस प्रकार 'जल' आवर्त, बुदबुद और तरंगों का रूप ग्रहण कर लेने पर भी समग्र रूप से जल ही रहता है।' यह कथन उत्तररामचरित नाटक में तमसा के मुख से कहलाया गया है, जो कि वस्तुतः एक दृश्य-विशेष की कारुणिक दशा का चित्रण करता है, न कि समग्र नाटक के अंगी रस की ओर संकेत करता है। स्वयं उत्तररामचरित नाटक का अंगी रस शास्त्रीय दृष्टि से विप्रलम्भ शृंगार है, न कि करुण रस, क्योंकि इसमें प्रेक्षक की दृष्टि में इष्ट का नाश नहीं हुआ, राम और सीता दोनों विरह-जन्य पीड़ा से पीड़ित हैं। करुण रस को मूल रस अथवा एक-मात्र सिद्ध करने के लिए निम्न प्रकार से पर्याप्त खींचतान करनी पड़ेगी—'करुण' शब्द से अभिप्रेत है—करुणा अर्थात् सहृदयता, अथवा अनुकार्य के प्रति तादात्मयभाव अथवा दयाभाव, जो कि सभी रसों के लिए अपेक्षित है, अतः करुण रस मूल रस अथवा एक-मात्र रस है। स्पष्टतः, इस प्रकार की व्याख्याएँ किसी विशिष्ट पक्ष के प्रति अनुमोदन की सूचक हैं। वस्तुतः करुण को मूल रस नहीं मानना चाहिए।[1]

3. **अद्भुत रस** के सम्बन्ध में धर्मदत्त और नारायण नामक दो आचार्यों के निम्न कथन उल्लेख्य हैं—'रस का सार है चमत्कार जो कि सब प्रकार की काव्य-रचनाओं में अनुभव किया जाता है। चमत्कार को ही सार रूप में स्वीकृत किये जाने पर सर्वत्र अद्भुत रस की यह स्वीकृति की जानी चाहिए, और इसी मान्यता के आधार पर केवल अद्भुत को ही एक-मात्र रस मानना चाहिए'।[2] किन्तु वस्तुतः उक्त कथन से इन आचार्यों का आशय अद्भुत रस से न हो कर 'अद्भुत' तत्त्व से है, जो कि सभी रसों में अनिवार्यतः अनुस्यूत रहता है। यदि ये आचार्य 'अद्भुत' के स्थान पर चमत्कार, लोकोत्तरता आदि शब्दों का प्रयोग करते तो इस प्रकार के सन्देह का अवकाश न रहता।

4. नाट्यशास्त्र के एक स्थल के आधार पर शान्त रस को मूल रस माना जाता है कि शान्त 'प्रकृति' अर्थात् मूल रस है और शेष रस उसके विकार अर्थात् उससे उत्पन्न हैं। आगे चलकर अभिनवगुप्त ने शान्त रस का स्थायिभाव आत्मज्ञान (तत्व-ज्ञान) को माना। आत्मज्ञान से उनका तात्पर्य है—परिकल्पित विषयभोग आदि वासना से मुक्त शुद्ध आनन्दमयता।

---

1. देखिए 'एको रसः करुण एव' नामक लेख। (पृष्ठ 234)

2. (क) **रसो सारः चमत्कारः सर्वत्राप्यनुभूयते।**
तच्चमत्कारसारत्वे सर्वत्राप्यद्भुतो रसः।।
(ख) **तस्माद् अद्भुतमेवाह कृती नारायणो रसम्।।** (साहित्यदर्पण 3.3, वृत्ति)

इस प्रकार के लक्षण से आत्मज्ञान अथवा शान्त, ये दोनों शब्द 'रस' के पर्यायवाची ठहरते हैं। इसी अर्थ के आधार पर शान्त को मूल रस माना जा सकता है, किन्तु यह उसका व्यापक अर्थ है, काव्यशास्त्रीय प्रचलित अर्थ नहीं है।

5. **भक्ति** को रस मानते हुए रूपगोस्वामी ने इसे प्रधान रस घोषित किया तथा अन्य रसों को गौण मानकर उन्हें इससे सम्बद्ध करते हुए इन्हें 'शृंगार-भक्तिरस', 'हास्य-भक्तिरस' आदि नाम दिया। किन्तु वस्तुतः भक्ति स्वयं रस नहीं है, क्योंकि देवविषयक रति सहज भाव (स्थायिभाव) न होकर अर्जित भाव है। अतः इसके मूल रस अथवा एक-मात्र रस होने का प्रश्न ही उपस्थित नहीं होता।[1]

6. **माया रस** की गणना भानुदत्त ने की थी। उनके अनुसार–'जिस प्रकार निवृत्ति नामक चित्तवृत्ति में शान्त रस होता है, उसी प्रकार प्रवृत्ति नामक चित्तवृत्ति में माया रस की प्रतीति होती है। माया रस का स्थायिभाव है मिथ्या ज्ञान। इस रस में विभाव है–सांसारिक भोगों के उत्पादक धर्म और अधर्म। अनुभाव हैं–पुत्र, कलत्र, विजय, साम्राज्य आदि। माया रस का लक्षण है–जहाँ मिथ्या-ज्ञान की वासना विभाव आदि का संयोग पाकर प्रबुद्ध एवं उपचित हो जाती है वहाँ माया रस कहाता है।[2]

भानुदत्त के अनुसार 'माया' का अन्तर्भाव रति में नहीं किया जा सकता, क्योंकि इसकी स्थिति परस्पर अनुकूल तथा प्रतिकूल (जैसे शृंगार तथा भयानक) रसों में समभाव से होती है। ऐसा कोई स्थायिभाव नहीं है जो विपरीत रसों में भी समभाव से संचरण कर सके। इतना ही नहीं, इसमें तो रति, हास, शोक आदि आठों भाव विद्युत् की तरह उत्पन्न और विलीन होते रहते हैं। अतः वे ही इसके व्यभिचारिभाव हैं।

किन्तु हमारे विचार में माया को रस मानना और फिर उसे ही एक-मात्र रस मानना समुचित नहीं है। एक तो प्रवृत्ति नामक चित्तवृत्ति की स्थिति सभी रसों में एक-समान सम्भव नहीं है, और दूसरे, इसे अन्य रसों के स्थायिभावों का उद्दीपक कारण अथवा संचारिभाव स्वीकार करना चाहिए। केवल इसे ही प्रमुख भाव मानकर अन्य स्थायिभावों को इसी का संचारिभाव स्वीकार करने से शास्त्रीय वर्गीकरण-पद्धति का कोई मूल्य एवं महत्त्व शेष नहीं रहेगा।

इस प्रकार भारतीय काव्यशास्त्र में रसों की संख्या में समय-समय पर वृद्धि और न्यूनता की जाती रही। निष्कर्षतः, रस उसे मानना चाहिए जिसका स्थायिभाव हो, वह किसी अन्य भाव से जन्य न हो तथा वह अर्जित भी न हो। इस आधार पर हमारे विचार में शृंगार आदि आठ रसों के साथ शान्त, वत्सल और प्रेयान्–इन तीन रसों को मिलाकर कुल ग्यारह रस मानने चाहिएँ, तथा इनसे इतर रसों की स्वीकृति नहीं करनी चाहिए।

---

1. देखिए 'भक्ति रस है अथवा भाव' नामक लेख। (पृष्ठ 258)
2. रसतरंगिणी, पृष्ठ 165

19. मित्र और अमित्र रस

जीवन की विभिन्न घटनाओं को लेकर ही कोई कवि अथवा नाटककार उन्हें अपनी कृति का रूप देता है, और उन्हीं के औचित्य के अनुरूप उन्हें अपने काव्य अथवा नाटक में अनस्यूत करता चला जाता है। जीवन के ये दो रूप लीजिए। माँ अपनी गोदी में मुस्काते शिशु पर अपनी सारी ममता और वत्सलता उंडेल रही है, स्वयं प्रफुल्लित होती है और उसे भी मुकुलित करने और हँसाने का प्रयास करती है। वह किलकारी मारता है, यह और भी अधिक प्रसन्न होती है। यहाँ वात्सल्य और हास परस्पर-सहगामी हैं। वात्सल्य-भाव की पुष्टि हाव-भाव द्वारा हो रही होती है। यहाँ वात्सल्य-भाव अंगी है और हाव-भाव उसका अंग।

किसी बात के लिए अथवा किसी पदार्थ के लिए किशोर मचल रहा है। माता का वात्सल्य उसे लाड़-प्यार और दुलार दे रहा है। वह और भी अधिक मचल उठता है, और अपनी बात मनवाने के लिए ज़िद करता है। माँ उसे पुचकारती है, प्यार करती है, पर वह नहीं मानता। फिर वह उसे डराती-धमकाती है, कोई भयावनी-सी मुखाकृति बनाकर उसे झूठ-मूठ भयभीत करना चाहती है। यों, वात्सल्य-भाव और भय-भाव परस्पर विरोधी होते हुए भी यहाँ सहगामी बन गये हैं। इनमें परस्पर कोई विरोध नहीं रहा। भय वात्सल्य का पोषक बन गया है। वात्सल्य-भाव अंगी है और भय-भाव अंग।

इस प्रकार जीवन में मित्र और अमित्र भाव, एक-दूसरे के प्रति मित्र और शत्रु होते हुए भी। किन्हीं स्थितियों में परस्पर मित्र बन जाते हैं। सफल कवि अपनी रचना में इन्हें इसी रूप में प्रस्तुत करता चलता है।

[1]

मित्र और अमित्र रस के सम्बन्ध में आनन्दवर्धन ने सर्वप्रथम विशद चर्चा की और आगे चलकर उनके अनुकरण पर मम्मट ने। इन्होंने रस-दोषों पर प्रकाश डालते हुए रस-विरोध (रस-भंग) के अनेक कारणों में से एक कारण गिनाया–

'विरोधी रस-सम्बन्धी विभाव आदि का ग्रहण।'[1] इसका तात्पर्य यह है कि कुछ रस[2] परस्पर मित्र होते हैं और कुछ शत्रु अर्थात् विरोधी।

परस्पर मित्र रस ये हैं–(1) शृंगार और हास्य, (2) शृंगार और अद्भुत, (3) करुण और शान्त, (4) करुण, भयानक और बीभत्स (कोई दो अथवा तीनों), आदि। इन रसों के एक-साथ वर्णन से कोई व्याघात नहीं होता। काव्यास्वाद-प्राप्ति में किसी प्रकार की बाधा नहीं पड़ती। ज्ञातव्य है कि परस्पर मित्र रसों में से किसी एक रस को अंगी (प्रकृत तथा प्रमुख) माना जायेगा और शेष एक अथवा दो अथवा तीन को अंग (अप्रकृत, गौण अथवा सहायक)।

अब अमित्र (विरोधी) रस लीजिए। (1) शृंगार रस के विरोधी रस हैं–करुण, बीभत्स, रौद्र, वीर, भयानक, शान्त आदि। इसी प्रकार (2) भयानक और करुण का हास्य से विरोध है, (3) हास्य और शृंगार का करुण से, (4) रौद्र का हास्य और भयानक से, (5) भयानक का शृंगार, वीर, रौद्र, हास्य और शान्त से, (6) वीर का शान्त से, (7) शान्त का शृंगार, रौद्र, भयानक और हास्य से, आदि।[3]

आनन्दवर्धन के कथनानुसार परस्पर शत्रु रसों के विभाव, अनुभाव और संचारिभावों का ग्रहण करना सदोष माना गया है। उदाहरणार्थ, शृंगार रस के प्रसंग में शान्त रस के ग्रहण का उदाहरण लीजिए–

कामिनी ने प्रणय-कलह से कुपित होकर प्रणय-मान किया। प्रिय ने बहुत मनाया, किन्तु वह न मानी। प्रिय ने उसे वैराग्य का उपदेश दे डाला–

प्रसादे वर्तस्व, प्रकटय मुदं, सन्त्यज रुषम्।
न मुग्धे प्रत्येतुं प्रभवति, गतः कालहरिणः।।

(रहो प्रसन्न तुम मुग्धे मेरी, खुशी मनाओ, रोष को त्यागो।
काल-हरिण भाग गया तो, नहीं लौट के आना सम्भव इसका।।)

इस प्रकार–

मानं मा करु तन्वंगि, ज्ञात्वा यौवनमस्थिरम्।

(मत मान करो कृशांगी मेरी, यह यौवन तो बस अस्थिर है।)

निःसन्देह इस प्रकार के प्रसंग परस्पर-विरोधी हैं और रस-भंग का कारण हैं। इसी प्रकार, प्रणय-मान में प्रिया के प्रसन्न न होने की स्थिति में कोप के आवेश में आकर नायक के क्रोध के अनुभावों का वर्णन करना भी रसभंग का कारण है।

रसों का परस्पर विरोध तीन रूपों में सम्भव है[4]–

1. ध्वन्यालोक 3.18
2. इस प्रसंग में 'रस' शब्द से तात्पर्य स्थायिभाव लेना चाहिए–**रसशब्देनाऽत्र स्थायिभाव उपलक्ष्यते।** (का.प्र., 7म उल्लास, अन्तिम पंक्ति)
3. देखिए साहित्यदर्पण 3.254-258
4. साहित्यदर्पण 7.30, वृत्ति

(1) **आलम्बन की एकता में**–जैसे (क) शृंगार और वीर रस, एक आलम्बन में होने पर ही परस्पर-विरुद्ध होते हैं। जिस आलम्बन के प्रति शृंगार उत्पन्न हो, यदि उसी के प्रति वीर की उत्पत्ति होना भी वर्णित किया जाये तो यह दोष कहाता है। इसी प्रकार (ख) हास्य, रौद्र और बीभत्स रस के साथ सम्भोग शृंगार का, तथा (ग) वीर, करुण, रौद्र और भयानक आदि के साथ विप्रलम्भ शृंगार का आलम्बन एक हो तो यह दोष कहाता है।

(2) **आश्रय की एकता में**–वीर और भयानक रसों का एक आश्रय में समावेश करना परस्पर रस-विरोध का कारण है। नायक का एक-साथ वीर और भीत वर्णित करना स्पष्टतः दोष है।

(3) **निरन्तरता और विभावों की एकता में**–जैसे शान्त और शृंगार का वर्णन व्यवधान के बिना करना दोष है।

[2]

किन्तु ऐसा होने पर भी किन्हीं स्थितियों में परस्पर-विरोधी रस अंगी रस के सहायक बन कर काव्य में अपेक्षाकृत कहीं अधिक चमत्कार उत्पन्न कर देते हैं। उदाहरणार्थ, विप्रलम्भ शृंगार में 'व्याधि' नामक संचारिभाव का वर्णन करना दोष नहीं है, अपितु गुण है, यद्यपि 'व्याधि' संचारिभाव करुण आदि रसों के लिए उचित है। किन्तु इस प्रकार के प्रसंगों में भी सीमा का उल्लंघन कर देना उचित नहीं है। उदाहरणार्थ, विप्रलम्भ शृंगार में 'व्याधि' का वर्णन तो सह्य है, पर 'मरण' का सह्य नहीं है, क्योंकि इससे प्रकृत रस विप्रलम्भ शृंगार का परिपोष न होकर करुण रस का परिपोष होने लगेगा जो कि अप्रकृत है। हाँ, यदि प्रकृत रस करुण है तो वहाँ 'मरण' संचारिभाव का वर्णन नितान्त संगत है।[1]

आनन्दवर्धन के अनुसार विरोधी रसों के दोष-परिहार के निम्नोक्त दो उपाय है[2]–

(1) जब विरोधी रस अंगी रस के बाध्य रूप में वर्णित हों।

(2) जब विरोधी रस अंगी रस के अंगभाव को प्राप्त होकर वर्णित हों।[3]

आनन्दवर्धन के इस कथन तथा इससे सम्बद्ध अन्य धारणाओं से प्रेरणा प्राप्त कर मम्मट ने इस प्रकरण को निम्नोक्त रूप में प्रस्तुत किया–

प्रकृत रस के विरोधी रस यदि बाध्य रूप में वर्णित हों तो वे दोष न रह कर गुण बन जाते हैं[4] यह स्थिति दो उपायों में सम्भव है–

1. ध्वन्यालोक 3.20 (वृत्ति)
2. **विवक्षिते रसे लब्धप्रतिष्ठे तु विरोधिनाम्।**
बाध्यानामङ्गभावं वा प्राप्तानामुक्तिरच्छला।। (ध्वन्यालोक 3.20)
3. यह अंगरूपता तीन रूपों में सम्भव है–
(क) स्वाभाविक अंगरूपता, (ख) समारोपित अंगरूपता, (ग) प्रधान रस के प्रति दो विरोधी रसों अथवा भावों की अंगरूपता।
4. **संचायदिर्विरुद्धस्य बाध्यस्योक्तिर्गुणावहा।** (काव्यप्रकाश 7.63)

(क) जो विरोधी रस एक ही आश्रय (अथवा आलम्बन) में वर्णित हों, उन्हें भिन्न आश्रय (अथवा आलम्बन) में वर्णित करना चाहिए। जैसे वीर और भयानक रसों का एक आश्रय (अथवा आलम्बन) में होना परस्पर-विरोध है। किन्तु भयानक रस का प्रतिनायक में वर्णन कर दिया जाये तो यह दोष नहीं रहेगा।

(2) शान्त और शृंगार रसों का निरन्तर साथ-साथ वर्णन किया जाये तो यह दोष है, किन्तु इन दोनों के बीच कोई दूसरा रस वर्णित कर देने से यह दोष दूर हो जायेगा।[1]

उक्त दो उपायों के अतिरिक्त मम्मट ने तीन अन्य उपाय भी निर्दिष्ट किये हैं, जिनके बल पर विरोधी रसों का प्रयोग दोष न रह कर गुण बन जाता है–

(1) यदि विरोधी रस स्मर्यमाण रूप में वर्णित हो।

(2) यदि विरोधी रस को प्रकृत रस के साम्य से वर्णित करना अभीष्ट हो।

(3) यदि विरोधी रस अंगी (प्रकृत) रस के अंगरूप में वर्णित हो।

[3]

वस्तुतः उक्त पाँच उपायों में से अन्तिम उपाय ही प्रमुख तथा पर्याप्त है–अंगी रस के प्रति विरोधी रस का अंग रूप में वर्णित करना, और शेष चारों उपाय इसी के पोषक तथा सहायक तत्त्व हैं। किन्तु इन सहायक तत्त्वों की संख्या निर्धारित नहीं की जा सकती। कवि की कल्पना एवं वर्णन-कौशल के आधार पर ये अनेक रूपों में सम्भव हैं।

अंगी रस विरोधी-रस के सम्पर्क में आकर किन्हीं स्थितियों में तो अत्यधिक चमत्कृत हो उठता है–ऐसे, जैसे उज्ज्वल गौर वर्ण आनन काले तिल के सम्पर्क से कहीं अधिक निखर उठता है। शेक्सपीयर के नाटकों में हास्य के साथ अद्भुत, करुण और भयानक रसों का सम्मिश्रण इसका स्पष्ट प्रमाण है। इधर, संस्कृत का आचार्य भी इस दिशा में जागरूक था। कवि को शान्त रस प्रकृत रूप में अभीष्ट है, किन्तु वह इसमें शृंगार रस की मधुरिमा मिला देता है–

सत्यं मनोरमा रामाः सत्यं रम्या विभूतयः। किन्तु मत्ताङ्गनापाङ्गमङ्गलोलं हि जीवितम्।।

(है यह सत्य कि होती मनोरम नारी,
यह भी सत्य कि सम्पद होती मनोरम है,
क्षणभंगुर यह जीवन किन्तु ऐसा–
चपल कटाक्ष होते जैसे मदमाती रमणी के।)

इस पद्य के विषय में भारतीय आचार्य का कहना है कि यद्यपि शान्त और शृंगार रसों में विरोध है, किन्तु यहाँ शान्त रस का वर्णन शृंगार रस के सम्पर्क से चमत्कृत

1. उदाहरणार्थ, नागानन्द नाटक में **'अहो गीतम् अहो वादित्रम्'** यह पद्य अद्भुत रस का द्योतक है। यह रस एक ओर जीमूतवाहन की शान्तरस-प्रधान भावना, और दूसरी ओर उसके मलयवती के प्रति अनुराग के बीच प्रस्तुत किया गया है। इससे शान्त और शृंगार रसों में परस्पर विरोध मिट गया है।

एवं सहज-ग्राह्य हो उठा है। जीवन की अस्थिरता का सन्देश किसी धर्माचार्य के उपदेशों में शुष्क रूप ग्रहण कर लेता है, किन्तु यहाँ कवि के शृंगार-चषकों से ग्राह्य बन गया है। और इस स्थिति में, शान्त-शृंगार जैसे परस्पर-विरोधी रसों में कोई दोष नहीं है। यहाँ शृंगार अपने विरोधी शान्त का अंग (सहायक) बन कर कोई बाधा उपस्थित नहीं करता। इस प्रकार के वर्णन दोष न रहकर गुण-कोटि में आ जाते हैं।

20. 'रसस्योक्तिः स्वशब्देन' : एक रसदोष

आनन्दवर्धन ने 'ध्वनि' को काव्य का अनिवार्य तत्त्व स्वीकार करते हुए न केवल उसे आत्म-पद से विभूषित किया, अपितु रस जैसे महनीय तत्त्व को भी उन्होंने ध्वनि के एक भेद के रूप में ही प्रस्तुत किया, जिसका अपर नाम है 'असंलक्ष्यक्रमव्यंग्यध्वनि।' काव्याचार्यों–विशेषतः आनन्दवर्धन और उसके परवर्ती काव्याचार्यों–का 'रस' से तात्पर्य केवल रस नहीं है, अपितु इससे तात्पर्य है रसादि अर्थात् निम्नोक्त आठों काव्य-तत्त्व–रस, भाव, रसाभास, भावाभास, भावशान्ति, भावोदय, भावसन्धि और भावशबलता। आनन्दवर्धन ने रस को, यों कहिए 'रस आदि' को, यदि ध्वनि का एक भेद स्वीकार किया तो इसका एकमात्र कारण यह है कि रस आदि के सभी उदाहरणों में व्यंग्यार्थ (ध्वनि-तत्त्व) अनिवार्यतः विद्यमान रहता है, केवल वाच्यार्थ की प्रतीति के बाद सहृदय को रस का आस्वाद प्राप्त नहीं हो सकता।

'रसस्य स्वशब्दोक्ति' नामक रस-दोष उक्त धारणा से सम्बद्ध है। 'स्वशब्दता' का सर्वप्रथम उल्लेख उद्भट ने रसवद् अलंकार का लक्षण प्रस्तुत करते हुए इन शब्दों में किया था–

रसवद्दर्शितस्पष्टश‍ृंगारादिरसादयम्
स्वशब्दस्थायिसंचारिविभावाभिनयास्पदम्।। का.सा.सं. 4.3

इस कथन से उनका अभिप्राय है कि रसवद् अलंकार वहाँ होता है जहाँ श‍ृंगार आदि स्पष्ट (प्रधान अथवा अङ्गी) रूप से दिखाये गये हों, तथा साथ ही स्थायिभाव, संचारिभाव, विभाव तथा अभिनय अर्थात् अनुभाव और सात्त्विक भाव (के विभिन्न प्रकारों) का 'स्वशब्द' से आस्पद (कथन) भी किया गया हो। इस अलंकार के उदाहरण-स्वरूप उन्होंने निम्नोक्त तीन पद्य प्रस्तुत किये–

इति भावयतस्तस्य समस्तान् पार्वतीगुणान्।
संभृतानल्पसंकल्पः कन्दर्पः प्रबलोऽभवत्।।
स्विद्यताऽपि स गात्रेण बभार पुलकोत्करम्।
कदम्बकलिकाकोशकेसरप्रकरोपमम्।।
क्षणमौत्सुक्यगर्भिण्या चिन्तानिश्चलया क्षणम्।
क्षणं प्रमोदालसया दृशाऽस्याऽऽस्यमभूष्यत।। का.सा.सं. 4.2 -4

यह उदाहरण रसवादियों के मत में रस का है और अलंकारवादियों के मत में रसवत् अलंकार का। किन्तु यहाँ विचारणीय विषय यह विभिन्न दृष्टिकोण नहीं है, अपितु यह है कि क्या किसी सरस रचना में रस आदि की 'स्वशब्दोक्ति' अनिवार्य है। उद्भट के टीकाकार प्रतिहारेन्दुराज ने उक्त पद्यों में विभाव आदि पाँचों तत्त्वों की 'स्वशब्दोक्ति' का निर्देश करते हुए लिखा है कि यहाँ कन्दर्प अर्थात् 'रति' नामक स्थायिभाव, औत्सुक्य, चिन्ता, प्रमोद (हर्ष) नामक संचारिभाव, स्वेद और पुलक (रोमाञ्च) नामक सात्त्विक भाव—ये सभी, तथा इनके अतिरिक्त पार्वती और 'तस्य' अर्थात् महादेव, ये दोनों विभाव भी 'स्वशब्द' द्वारा कथित हैं। इस प्रकार यहाँ उद्भट-सम्मत रसवत् अलंकार का उक्त लक्षण घटित हो जाता है। उद्भट और प्रतिहारेन्दुराज के इन वक्तव्यों से यह निष्कर्ष निकाल सकते हैं कि उद्भट के समय तक रसवत् अलंकार के (अथवा यों कहिए, रस के) उदाहरणों में विभावादि की स्वशब्दोक्ति अनिवार्यतः स्वीकृत की जाती थी।

उद्भट के पश्चात् आनन्दवर्धन ने यद्यपि उक्त रसदोष का स्पष्टतः उल्लेख नहीं किया, पर हाँ, रस वाच्य पर आधृत न होकर व्यंग्य पर आधृत होता है—इस प्रसंग में उन्होंने प्रकारान्तर से इस दोष की चर्चा अवश्य की है। इस सम्बन्ध में उनका कथन है कि किसी भी रचना में विभाव आदि की परिपक्व सामग्री के अभाव में रसादि के नामोल्लेख मात्र से रसानुभूति नहीं हो जाती—

न हि केवलं शृङ्गारादिशब्दमात्रभाजि विभावादिप्रतिपादनरहिते काव्ये मनागपि रसवत्त्वप्रतीतिरस्ति।

—ध्वन्यन. 1.4 वृति

आगे चलकर कुन्तक ने उद्भट के उक्त कथन का उल्लेख करते हुए उसका खण्डन किया। उनके मत का सार यह है कि रस आदि की 'स्वशब्दोक्ति' द्वारा ही यदि रस-चर्वणा का चमत्कार स्वीकार किया जाये तब तो घृतपूर आदि (मिष्ठान्न) का नाम लेने मात्र से ही उनका आस्वाद प्राप्त हो जाना चाहिए, किन्तु ऐसा होता नहीं है।[1]

कुन्तक के बाद मम्मट ने 'रस आदि की स्वशब्दवाच्यता' को रस-दोषों में परिगणित किया। उन्हें इस दोष की प्रेरणा आनन्दवर्धन और सम्भवतः कुन्तक के उक्त प्रसंगों से मिली होगी। उन्होंने इस प्रसंग में अनेक उदाहरण भी प्रस्तुत किये हैं,[2] जिनमें से केवल एक उदाहरण **'सव्रीडा दयितानने सकरुणा.......'** (का.प्र. 7.322, श्लोक) का हिन्दी-रूपान्तर लीजिए :

जो प्रियतम के सम्मुख होते ही, बन जाती लज्जाशीला,
हो जाती करुणामय जो, जब देखे गज-चर्म के अम्बर को,
त्रास से है भर जाती जो, जब देखे साँप गले में उनके,
विस्मय रस में डूबती जाती, जब देखे अमृतवाही चन्दा वह,
ईर्ष्या से जल भुन जाती वह, जब देखे गंगा उनके मस्तक पर,
और बन जाती दीना-हीना, जब झाँके कपाल के भीतर,

हो ऐसी, नव संगम की उत्सुक दृष्टि ऊमा की–

सुकल्याणी, तुम सब, हम सब के कल्याण के हेतु।।

इस पद्य में लज्जा, करुणा, त्रास, विस्मय, ईर्ष्या, दीनता, और उत्सुकता नामक भावों का अपने नाम से उल्लेख होने के कारण 'रसस्य शब्दोक्ति' दोष है।

मम्मट के अनुकरण पर विश्वनाथ ने इस दोष की स्वीकृति करते हुए निम्नोक्त उदाहरण प्रस्तुत किये–

(क) तामुद्वीक्ष्य कुरंगाक्षीं रसो नः कोऽप्यजायत।[1]

(ख) चन्द्रमण्डलमालोक्य शृङ्गारे मग्नमन्तरम्।[2]

(ग) अजायत रतिस्तस्याः त्वयि लोचनगोचरे।[3]

(घ) जाता लज्जावती मुग्धा प्रियस्य परिचुम्बने।[4]

मम्मट के बाद रामचन्द्र-गुणचन्द्र ने सम्भवतः मम्मट के इस प्रसंग से प्रेरणा प्राप्त कर उनसे असहमति प्रकट करते हुए इस दोष की नितान्त अस्वीकृति की है– **केचित्तु व्यभिचारिरसस्थायिनां स्वशब्दवाच्यत्वं रसदोषमाहुः तदयुक्तम्। व्यभिचार्यादीनां स्ववाचकप्रयोगेऽपि विभावपुष्टौ,** अर्थात्, कई आचार्य रस, व्यभिचारिभाव और स्थायिभाव की स्वशब्दवाच्यता को एक रसदोष मानते हैं, किन्तु यह कोई दोष नहीं है, क्योंकि इनके प्रयोग में भी विभावादि की ही पुष्टि होती है। उदाहरणार्थ– **'दूरादुत्सुकमागते......'** (हि.ना.द., पृष्ठ 329, का.प्र. 4.29) आदि पद्य में 'उत्सुकता' नामक संचारिभाव के 'स्वशब्दवाच्य' रूप में प्रयुक्त होने पर भी रस की उत्पत्ति होती ही है। इस पद्य का अर्थ लीजिए, इसमें नायिका के नेत्रों का चित्रण है–

दूर से नायक को आता देख नायिका के नेत्र उसे मिलने के लिए अति उत्सुक हो जाते हैं, उसके समीप आते ही लज्जा-वश नत हो जाते हैं। उसके प्यार-भरे बोल से ये खिल उठते हैं और आलिंगन करते ही उनमें लालिमा छा जाती है। नायक ने आँचल खींचा कि इनकी भृकुटि तन जाती है, और जब वह, नायिका के चरणो को नमस्कार करता है तो इनसे टप-टप आँसू गिरने लगते हैं। सचमुच प्रपंच-रचना में चतुर हो गयीं हैं मानिनी नायिका की आँखें– जब से इसे ज्ञात हुआ है कि उसका प्रीतम पर-नारी-सम्पर्क का अपराधी है।

इस प्रकार इस रसदोष के सम्बन्ध में महत्त्वपूर्ण सामग्री उपस्थित करने के पश्चात् अब हम कतिपय निष्कर्षों पर पहुँच सकते हैं–

---

1. **यदपि कश्चित् 'स्वशब्दस्थायिसंचारिविभावाभिनयास्पदम्' इत्यनेन पूर्वमेव लक्षणं विशेषितम्। तत्र स्वशब्दास्पदत्वं रसानामपरिगतपूर्वमस्माकम्। x x x यत् स्वशब्दैरभिधीयमानाः श्रुतिपथमवतरन्तः चेतनानां चर्वणचमत्कारं कुर्वन्तीत्यनेन न्यायेन घृतपूरप्रभृतयः पदार्थाः स्वशब्दैरभिधीयमानाः तदास्वादसम्पदं सम्पादयन्ति x x x । –हि. वक्रोक्तिजीवित, पृष्ठ 343-344**

2. का.प्र. 7.322-325

3,4. इनके हिन्दी अनुवाद के लिए देखिए पृष्ठ 203।

1. जहाँ विभाव आदि सामग्री अपूर्ण एवं अपरिपक्व रूप में प्रस्तुत की जाती है, अथवा इसका अभाव ही रहता है, वहाँ यदि रस, शृङ्गार, रति, लज्जा आदि शब्दों द्वारा कथन को 'सरस' बनाने की चेष्टा की जाये तो निस्सन्देह ऐसे कथन न तो सरस कहलाएँगे और न काव्यतत्त्व की किसी कोटि में अन्तर्भूत होंगे। वे केवल साधारण वार्तामात्र ही होंगे, जैसे कि विश्वनाथ द्वारा प्रस्तुत उक्त चार वाक्य।

2. जहाँ विभाव आदि की सम्पूर्ण सामग्री का उपस्थापन सम्यक् रूप से किया जाये, और यदि वहाँ 'रस' आदि में से किसी एक का नाम-निर्देश भी अनायास हो जाये तो इन सरस प्रसंगों में यह दोष प्रथम तो स्वीकृत नहीं करना चाहिए, और यदि स्वीकृत किया जाये तो उसे क्षम्य समझना चाहिए, क्योंकि इससे रस-प्राप्ति में कोई व्याघात उपस्थित नहीं होता। उदाहरणार्थ, रामचन्द्र-गुणचन्द्र द्वारा प्रस्तुत उक्त पद्य में मानिनी के नेत्रों का प्रपंच-चातुर्य-पूर्ण वर्णन काव्याह्लादकता का उत्पादक है, किन्तु केवल 'उत्सुकम्' नामक संचारिभाव के प्रयोग से इसमें रस-दोष मानकर काव्यत्व की अस्वीकृति अथवा हीन काव्यत्व की स्वीकृति करना समुचित नहीं है।

इसी प्रकार एक ओर उद्भट तथा दूसरी ओर स्वयं मम्मट द्वारा प्रस्तुत उदाहरण ('इति भावयतस्तस्य...' तथा 'सव्रीडा दयितानने...') केवल वार्त्तामात्र न होकर काव्य-चमत्कार के उत्पादन में समर्थ हैं, क्योंकि इनसे सहृदय को, जो इस पारिभाषिक काव्य-दोष से नितान्त अपरिचित है, इस शब्दों के प्रयोग के कारण, काव्याह्लाद प्राप्ति में तनिक भी व्याघात नहीं पहुँचता।

3. काव्यप्रकाश के टीकाकारों ने इस प्रसंग में यह भी संकेत किया है कि स्थायिभाव, संचारिभाव आदि के प्रचलित नामों के स्थान पर यदि उनका पर्यायवाची शब्द रख दिया जाये तो वहाँ दोष नहीं रहता। उदाहरणार्थ, **'ठणत्कारैः श्रुतिगतैरुत्साहस्तस्य कोऽप्यभूत्'** में 'उत्साह' नामक स्थायिभाव का प्रयोग दोष का कारण है, किन्तु यदि यह पाठ कर दिया जाये तो यह दोष न रहेगा— **प्रमोदतस्य कोऽप्यभूत्**। किन्तु यह धारणा भी समुचित नहीं है। वस्तुतः, इस दोष का एकमात्र आधार है काव्यचमत्कार की अपुष्टि। मम्मट-प्रस्तुत पद्य इस आधार पर भले ही सदोष हो, पर इस कारण इसे कदापि सदोष नहीं मानना चाहिए कि इसमें 'उत्साह' शब्द का प्रयोग हुआ है, और न यह मानना चाहिए कि 'प्रमोद' शब्द रख देने से यह दोष दूर हो जायेगा।

4. वस्तुतः, इस दोष की स्वीकृति का मूल उद्देश्य व्यंग्यार्थ की महत्ता स्पष्ट करना है। अतः यदि रस, स्थायिभाव आदि का प्रयोग न किया जाये तो यह आदर्श स्थिति है, किन्तु विभाव आदि की परिपक्वता में इनका प्रयोग सदोष नहीं है। हाँ, विभावादि की अपरिपक्वता में इनका प्रयोग सदोष है ही।

अतः मम्मट एवं रामचन्द्र-गुणचन्द्र की उक्त धारणाएँ आंशिक रूप से ग्राह्य हैं, पूर्ण रूप से नहीं।

पंचम खण्ड

21. नायक-नायिका-भेद

1. नायक-नायिका-भेद-निरूपक ग्रन्थ

संस्कृत-साहित्यशास्त्र में नायक-नायिका-भेद को नाट्यशास्त्र, काव्यशास्त्र और कामशास्त्र-सम्बन्धी ग्रन्थों में स्थान मिला है—

(क) नाट्यशास्त्र-सम्बन्धी चार ग्रन्थ सुलभ हैं—भरत का नाट्यशास्त्र, **धनंजय** का दशरूपक, **सागरनन्दी** का नाटकलक्षणरत्नकोष और **रामचन्द्र-गुणचन्द्र** का नाट्यदर्पण। इन सब में नायक-नायिका-भेद का यथास्थान निरूपण हुआ है।

(ख) नायक-नायिका-भेद की दृष्टि से काव्यशास्त्र-सम्बन्धी ग्रन्थों के दो वर्ग हैं—

(1) शृंगार रस के अन्तर्गत नायक-नायिका-भेद-निरूपक ग्रन्थ—इन ग्रन्थों में से रुद्रट का काव्यालंकार, **भोज** का सरस्वतीकण्ठाभरण और शृंगारप्रकाश तथा **विश्वनाथ** का साहित्यदर्पण विशेषतः उल्लेखनीय हैं। इनके अतिरिक्त **रुद्रभट्ट, अग्निपुराणकार, श्रीकृष्णकवि, वाग्भट्ट प्रथम, हेमचन्द्र, शारदातनय, विद्यानाथ, शिंगभूपाल, वाग्भट्ट द्वितीय और केशव मिश्र** के ग्रन्थों में भी नायक-नायिका-भेद-प्रकरण को स्थान मिला है, पर इन सब में इस विषय-सम्बन्धी कोई उल्लेखनीय नवीनता उपलब्ध नहीं होती।

(2) केवल नायक-नायिका-भेद निरूपक ग्रन्थ—इस वर्ग में दो ग्रन्थ अति प्रसिद्ध हैं—**भानुमिश्र** का 'रसमंजरी' और **रूपगोस्वामी** का 'उज्ज्वलनीलमणि।' तीसरा ग्रन्थ **सन्त अकबरशाह 'बड़े साहब'** का 'शृंगारमंजरी', प्रसिद्धि की दृष्टि से न सही, पर विषय-व्यवस्था और मौलिक मान्यताओं की दृष्टि से, अत्यन्त सम्मान के साथ उल्लेखनीय है।

(ग) कामशास्त्र-सम्बन्धी चार प्रख्यात ग्रन्थ सुलभ हैं—**वात्स्यायन** का 'कामसूत्र'; **कक्कोक (कोका-पण्डित)** का 'रतिरहस्य'; **महाकवि कल्याण मल्ल** का 'अनंगरंग' और ज्योतिरीश्वर का 'पंचसायक'। अन्तिम दो ग्रन्थों में नायक-नायिका-भेद का निरूपण रति-रहस्य पर आधृत है तथा अति संक्षिप्त एवं साधारण कोटि का और लगभग एक सा है।

2. प्रमुख काव्यशास्त्रियों द्वारा नायक-नायिका-भेद का निरूपण

1. भरत

भरतप्रणीत नाट्यशास्त्र में 'सामान्याभिनय' नामक 24वें अध्याय में 'स्त्री-पुरुष-संभोग' (शृंगार) के स्वरूप-निर्देश[1] के बाद नायक-नायिका-भेद का निरूपण है। 'बाह्योपचार' नामक 25वें तथा 'प्रकृति-भेद' नामक 34वें अध्याय में भी इसी प्रसंग पर प्रकाश डाला गया है। यद्यपि आचार्य का लक्ष्य नाटक की अभिनेयता के विषय में सिद्धान्त-प्रतिपादन करना है, पर साथ ही नर और नारी के पारस्परिक रति-सम्बन्धों तथा मुख्यतः इसी आधार पर विभिन्न भेदों की चर्चा भी की गयी है। स्थान-स्थान पर आचार्य कामशास्त्र-सम्बन्धी विषयों पर भी अपने समकालीन अथवा पूर्ववर्ती कामशास्त्र के किसी ग्रन्थ के आधार पर प्रकाश डालते गये हैं।

अभिनय-सिद्धान्तों का निर्माण ही प्रधान लक्ष्य होने के कारण भरत साथ-साथ यह चेतावनी भी देते जाते हैं कि स्त्री-पुरुष के अमुक-अमुक व्यवहार रंगमंच पर नहीं दिखाने चाहिए। तात्पर्य यह कि नाट्यशास्त्र में नायक-नायिका-भेद तथा तत्सम्बन्धी आख्यान यद्यपि गौण रूप में प्रस्तुत हुआ है, फिर भी आगामी आचार्यों द्वारा प्रस्तुत लगभग सभी नायक-नायिका-भेदों, और उनके उदाहरणों के मूल स्रोत, भरत के इन्हीं प्रसंगों में यत्र-तत्र छिपे पड़े हैं। इसी में ही ग्रन्थ और उसके प्रणेता आचार्य का गौरव निहित है।

(क) नायक-भेद–

नाट्यशास्त्र में निम्नोक्त आधारों पर नायक-भेदों की परिगणना हुई है–

(1) **प्रकृति के आधार** पर पुरुष (नायक) के तीन भेद–उत्तम, मध्यम और अधम।[2]

(2) **शील के आधार** पर नायक के चार भेद–धीरोद्धत, धीरललित, धीरोदात्त और धीरप्रशान्त।[3]

(3) नारी के प्रति **रति-सम्बन्धी तथा अन्य व्यवहार के आधार पर** पुरुष के पाँच भेद–चतुर, उत्तम, मध्यम, अधम और सम्प्रवृद्ध।[4]

(4) नायिका नायक के प्रति प्रेम अथवा क्रोध के आवेश में आने पर जिन सम्बोधनों का प्रयोग करती है, उन सबका स्वरूप भरत ने अलग-अलग दिखाया है। इन **सम्बोधनों के आधार पर** भी नायक के भरत-सम्मत निम्नलिखित अन्य भेद माने जा सकते हैं–

(1) स्नेहावेश-जन्य सम्बोधनों के आधार पर नायक के सात भेद–प्रिय, कान्त, विनीत, नाथ, स्वामी, जीवित और नन्दन।[5]

(2) क्रोधावेश जन्य-सम्बोधनों के आधार पर नायक के सात भेद–दुश्शील, दुराचार, शठ, वाम, विरूपक, निर्लज्ज और निष्ठुर।[6]

1. ना.शा. 24.92
2-4. ना.शा. 34.2; 34.17; 25.54
5,6. ना.शा. 24.292; 24.293; 24.294, 95

(ख) नायिका-भेद–

नाट्यशास्त्र में निम्नोक्त आधारों पर नायिका-भेदों का उल्लेख हुआ है–

(1) निम्नलिखित **अलौकिक और लौकिक जातियों के शील के आधार पर** नारी (नायिका) के 21 भेद– देवताशीला, असुरशीला, गन्धर्वशीला, यक्षशीला, नागशीला, पतत्रीशीला, पिशाचशीला, व्यालशीला, नरशीला, वानरशीला, हस्तिशीला, मृगशीला, मीनशीला, उष्ट्रशीला, मकरशीला, वनशीला, सूकरशीला, वाजीशीला, महिषाशीला, अजाशीला और गौशीला।[1]

(2) **सामाजिक व्यवहार के आधार पर नारी के तीन भेद**–बाह्या (कुलीना), आभ्यान्तरा (वेश्या) और बाह्याभ्यन्तरा (अथवा कृतशौचा, अर्थात् वेश्यावृत्ति त्याग कर शुद्ध रूप में प्रेमी के साथ रहने वाली);[2] और इसी आधार पर दो अन्य भेद–कुलजा और कन्यका।[3]

(3) नायक के साथ **संयोग अथवा वियोग की अवस्थानुसार** नायिका के आठ भेद–वासकसज्जा, विरहोत्कण्ठिता, स्वाधीनपतिका, कलहान्तरिता, खण्डिता, विप्रलब्धा, प्रोषितभर्तृका और अभिसारिका।[4]

इसी प्रकरण में भरत ने खण्डिता, विप्रलब्धा, कलहान्तरिता और प्रोषितपतिका की अन्तर्वेदना का भी उल्लेख किया है, तथा स्वाधीनपतिका के उल्लास और अभिसारिका के अभिसरण-प्रकार की भी चर्चा की है।[5]

(4) नायक के प्रति **प्रेम के आधार पर** नारी के तीन भेद–मदनातुरा, अनुरक्ता और विरक्ता।[6]

(5) **प्रकृति के आधार पर** नारी के तीन भेद– उत्तमा, मध्यमा और अधमा।[7]

(6) **यौवन-लीला के आधार पर** नारी के चार भेद–प्रथमयौवना, द्वितीययौवना, तृतीययौवना और चतुर्थयौवना।[8]

(7) **गुण के आधार पर** नायिका के चार भेद–दिव्या, नृपपत्नी, कुलस्त्री और गणिका।[9]

(8) राजाओं के **अन्तःपुर में समाश्रित नारियों के प्रकार**–महादेवी, देवी, स्वामिनी, स्थापिता, भोगिनी, शिल्पकारिणी, नाटकीया, नर्तिका, अनुचारिका, परिचारिका, संचारिका, प्रेषणचारिका, महत्तरी, प्रतिहारी, कुमारी, स्थविरा और आयुक्तिका।[10]

(ग) **दूती-भेद**–कामाग्नि की प्रशान्ति के लिए नायक अथवा नायिका द्वारा अपर पक्ष को सन्देश भेजने के लिए भरत ने दूती को सम्प्रयुक्त करने का विधान किया है।[11] पर दूती मूर्खा, सुन्दरी, धनी अथवा रुग्ण नहीं होनी चाहिए। यह प्रोत्साहन देने में कुशल, मधुरभाषिणी, अवसर को पहचानने वाली, व्यवहार-निपुणा और रहस्य को गुप्त रखने वाली हो। पुरुष दूत भी यह कार्य कर सकते हैं।[12]

---

1. ना.शा. 24.292; 24.293; 24.294, 95
2,3. ना.शा. 24.142-145
4. ना.शा. 24.204
5. ना.शा. 24.216-221
6,7,8. वही, 25.19-27; 25.36-42; 34-1,2; 25.43-52
9. ना.शा. (नि.सा.प्रे.) 24.7
10. ना.शा. 34.29-31
11. ना.शा. 24.190-192
12. ना.शा. 25.11-12

उच्च जाति की अपेक्षा निम्न जाति की दूतियाँ परस्पर-सम्मेलन-कार्य में अधिक निपुण होती हैं। इसी कारण भरत ने सखि, प्रतिवेश्या तथा कुमारी के अतिरिक्त इन दूतियों के नाम भी गिनाये हैं–कथनी, लिंगनी, रंगोपजीवना, दासी, दारुशिल्पिका, धात्री, पाखंडिनी और ईक्षणिका (भविष्यवक्त्री)।[1]

(घ) **नायक-सखा**–नाटकीय पात्रों की सूची में विट, विदूषक और चेट की भी भरतमुनि ने गणना की है।[2] यही पात्र भावी आचार्यों द्वारा नायक-सखा माने गये हैं, पर भरत ने इनके स्वरूपाख्यान में कहीं भी इन्हें नायक-सखा के रूप में अभिहित नहीं किया।

2. रुद्रट

रुद्रट-प्रणीत काव्यालंकार के 22वें अध्याय में शृंगार रस के अन्तर्गत नायक-नायिका-भेद का निरूपण है। यह प्रकरण इतना सुव्यवस्थित है कि आगे चल कर शताब्दियों पर्यन्त इसी भेद-योजना को ही मूल रूप में अपनाया गया। पर इस सुव्यवस्था का सारा श्रेय रुद्रट को नहीं दिया जा सकता। भरत और रुद्रट के बीच लगभग एक सहस्र वर्ष के सुदीर्घ काल में काल-कवलित अनेक ग्रन्थों में इस प्रसंग की चर्चा हुई होगी, जिसका विकसित और परिष्कृत रूप रुद्रट के ग्रन्थ में स्थान पा गया। जो हो, आज तक की खोजों के अनुसार काव्यालंकार प्रथम काव्यशास्त्रीय ग्रन्थ है,[3] जिसके नायक-नायिका-भेद को मूल रूप में अपना कर समय-समय पर उसमें परिवर्द्धन और परिष्करण होता रहा।

(क) नायक तथा नायक-सहायक के भेद–

नायक के नायिका के प्रति **प्रेम-व्यवहार के आधार पर** रुद्रट-निरूपित चार भेद–अनुकूल दक्षिण, शठ और धृष्ट।[4] भरत-सम्मत धीरोदात्त आदि चार भेदों का उल्लेख रुद्रट ने सम्भवतः जानबूझ कर नहीं किया। वस्तुतः, यह भेद शृंगार रस के नायक के हैं भी नहीं।

नायक के नर्मसचिव (गुप्त बातों में सहायक) के तीन भेद हैं– पीठमर्द, विट और विदूषक।[5] भरत-सम्मत चेट को सम्भवतः हीन पात्र समझकर रुद्रट ने अपने ग्रन्थ में स्थान नहीं दिया।

1,2. ना.शा. 25.9, 10; 35.55; 57; 58

3. भरत और रुद्रट के बीच रुद्रभट्ट के 'शृंगारतिलक' ग्रन्थ में रुद्रट के अनुकूल ही नायक-नायिका-भेद का निरूपण किया गया है। इन दोनों आचार्यों में रुद्रट पूर्ववर्ती माने गये हैं। अतः नायक-नायिका-भेद को व्यवस्थित रूप देने का श्रेय रुद्रट को ही मिलना चाहिए।

4. का.अ. (रु.) 12.9

5. का.अ. 12.14

(ख) नायिका-भेद–

रुद्रट के अनुसार नायिका के **(सामाजिक बन्धन के आधार पर)** प्रमुख तीन भेद हैं–आत्मीया, परकीया और वेश्या।[1]

आत्मीया के **रति-विकास** के आधार पर तीन भेद हैं–मुग्धा, मध्या और प्रगल्भा। एक ओर मुग्धा जहाँ 'नवयौवनजनित-मन्मथोत्साह' होती है, मध्या 'आविर्भूत-मन्मथोत्साहा' और 'किंचिद्धृतसुरत-चातुर्या' होती है, वहाँ प्रगल्भा 'रति-कर्म-पण्डिता' होती है, तथा नायक के अंक में द्रवित होकर वह विवेक खो बैठती है कि यह कौन है, मैं कौन हूँ और यह सब कुछ क्या हो रहा है।[2]

इनमें से मध्या और प्रगल्भा के (पति द्वारा प्राप्त प्रेम के आधार पर) पहले दो-दो भेद हैं–ज्येष्ठा और कनिष्ठा;[3] फिर इन दोनों के (मान-व्यवहार के आधार पर) तीन-तीन भेद हैं–धीरा, अधीरा और मध्या।[4] इस प्रकार यह बारह भेद, और मुग्धा का एक भेद मिला कर आत्मीया के कुल तेरह भेद हुए।

परकीया के दो भेद हैं–कन्या और अन्योढा; तथा वेश्या का एक ही रूप है। इस प्रकार नायिका के कुल 16 भेद हुए।

आत्मीया के रुद्रट ने भी दो भेद माने हैं–स्वाधीनपतिका और प्रोषितपतिका।[5] ये दोनों भेद परकीया और वेश्या के किसी भी रूप में सम्भव नहीं हैं।

आत्मीया, परकीया और वेश्या के दो-दो भेद रुद्रट ने माने हैं–अभिसारिका और खण्डिता।[6] वस्तुतः इन दोनों भेदों की संगति इन तीनों नायिकाओं के साथ घटित होना सम्भव नहीं है। अभिसरण का क्षेत्र परकीया तक ही सीमित है, न वेश्या को इसकी आवश्यकता है और न आत्मीया को। परिस्थितिवश कभी इन्हें अभिसरण करना भी पड़े, तो काव्यशास्त्र द्वारा तत्क्षण के लिए इन्हें 'परकीया' नाम से अभिहित करना चाहिए। 'खण्डिता' का सम्बन्ध आत्मीया के साथ है, परकीया के साथ भी यह संगत हो सकता है, पर वेश्या के साथ यह भेद तर्कसम्मत प्रतीत नहीं होता। वेश्या किस-किस वैशिक के लिए खण्डिता बन कर दुखडे रोती रहेगी। यदि किसी स्थिति में वैशिक और वेश्या एक दूसरे के प्रति निष्ठापूर्वक अनुरक्त हों भी, तो वे प्रेमी और प्रेमिका कहाएंगे, न कि वैशिक और वेश्या।

नायिका के भरत-सम्मत[7] स्वाधीनपतिका आदि आठ भेद तथा उत्तम, मध्यम और अधम, तीन भेद काव्यालंकार में भी परिगणित हुए हैं, उपर्युक्त 16 प्रकार की नायिकाओं के साथ इन भेदों का गुणनफल नायिका-भेद को (16x8x8=) 384 की

1. का.अ. 12.17,30,39; 17,18,21,25; 28; 23,26,27 41
2. का.अ. 12.17,30,39; 17,18,21,25; 28; 23,26,27; 41
3-6. का.अ. 12.17,30,31; 17,18,21,25; 28; 23,26,27; 41
7. का.अ. 12.40 (10)

संख्या तक पहुँचा देता है। किन्तु काव्यालंकार के टीकाकार नमिसाधु ने इस स्थल को क्षेपक माना है।[7] हम नमिसाधु से सहमत हैं, क्योंकि एक तो स्वाधीनपतिका आदि सभी भेदों का आत्मीया, परकीया और वेश्या के साथ सम्बन्ध स्थापित नहीं हो सकता, और दूसरे, इन भेदों में से उपर्युक्त चार भेदों—स्वाधीनपतिका, प्रोषितपतिका, अभिसारिका और खण्डिता—का एक ही प्रसंग में दो बार उल्लेख तर्कसम्मत और मनस्तोषक नहीं है।

अगम्या नारियाँ—रुद्रट ने निम्नलिखित अगम्या नारियों का उल्लेख भी किया है— सम्बन्धिनी, सखि (मित्रभाव से परिचित), श्रोत्रिया (वेद में निपुण), राजदारा, उत्तमवर्णदारा, निर्वसितदारा, भिन्नरहस्या, व्यंगा (विकृतांगा) और प्रव्रजिता।[1]

3. भोजराज

भोजराज के सरस्वतीकण्ठाभरण ग्रन्थ के 'रसविवेचन' नामक पाँचवें परिच्छेद में और शृंगारप्रकाश के 'रत्यालम्बनविभावप्रकाश' नामक पन्द्रहवें परिच्छेद में नायक-नायिका-भेद का निरूपण हुआ है। भोजराज के प्रतिपादन की एक विशेषता है— अपने समय तक प्रचलित अथवा अप्रचलित लगभग सभी काव्य-सिद्धान्तों का यथासम्भव वर्गबद्ध संकलन और सम्पादन। यह अलग बात है कि आगामी आचार्यों ने, सम्भवतः उनके विस्तृत निरूपण को अनावश्यक समझ, उनका अनुकरण नहीं किया। उनके नायक-नायिका-भेद-प्रकरण की भी यही स्थिति है। भेदों की भरमार होते हुए भी इन्हें वर्गबद्ध करने और संक्षिप्त लक्षणों में निर्दिष्ट करने का उनका प्रयास निस्सन्देह स्तुत्य है। अन्य आचार्यों ने भेदों के गुणन द्वारा परस्पर असम्बद्ध प्रकारों को भी परस्पर सम्बद्ध करके विषय को जटिल बनाने के साथ-साथ विषय को असगंत और लोकाचार-विरुद्ध बना दिया है। भोजराज के सरस्वतीकण्ठाभरण में तो यह भूल नहीं हुई, पर शृंगारप्रकाश में वे इस लोभ का संवरण नहीं कर सके। किन्तु जो हो, कोश का भी अपना महत्त्व होता है। भोजराज के नायक-नायिका-भेद का एक महत्त्व यह भी है।

(क) नायक-भेद

सरस्वतीकण्ठाभरण[2]—इस ग्रन्थ में निम्नोक्त आधारों पर नायक-भेद प्रस्तुत हुए हैं—

(1) **कथावस्तु के आधार पर**—नायक (कथा में व्याप्त), प्रतिनायक, उपनायक, नायकाभास, उभयाभास, तिर्यगाभास।

(2) **गुण के आधार पर**—उत्तम, मध्यम, अधम।

(3) **प्रकृति के आधार पर**—सात्त्विक, राजस, तामस।

(4) **परिग्रह के आधार पर**—साधारण (अनेकानुरक्त), अनन्यजाति (अनन्यानुरक्त)।

---

1. एताश्चतुर्दशार्या मूले प्रतिक्षिप्ता। का.अ., 10.40, टीकाभाग
2. का.अ. 12.14
3. स.का. आ. 5.101-102, 107-109

(5) **धैर्यवृत्ति अथवा प्रवृत्ति के आधार पर**–उद्धत, ललित, शान्त, उदात्त।

शृंगारप्रकाश[1]–इस ग्रन्थ के नायक-भेद प्रकरण में विशेष नवीनता नहीं है। इसमें भरत-सम्मत धीरोदात्त आदि चार प्रकार के नायकों का सरस्वतीकण्ठाभरण में परिगणित उक्त बारह प्रकार के नायकों (उत्तमादि तीन, सात्त्विकादि तीन, साधारणादि दो तथा उद्धतादि चार) के गुणनफल द्वारा नायकों की संख्या 104 निर्दिष्ट की गयी है। पर भोजराज के मत में इस संख्या की समाप्ति यहीं नहीं हो जाती। उनके कथनानुसार मनीषी इन भेदों के मिथःमिश्रण से अनेक अन्य भेद भी जान सकते हैं।[2]

(ख) नायिका-भेद–

सरस्वतीकण्ठाभरण[3]–इस ग्रन्थ में निम्नोक्त आधारों पर नायक-भेदों को प्रस्तुत किया गया है–

(1) **कथावस्तु के आधार पर**–नायिका (कथाव्यापिनी), प्रतिनायिका, उपनायिका, अनुनायिका, नायिकाभास।
(2) **गुण के आधार पर**–उत्तम, मध्यम, अधम।
(3) **वयः और कौशल के आधार पर**–मुग्धा, मध्या, प्रगल्भा।
(4) **धैर्य के आधार पर**–धीरा, अधीत।
(5) **परिग्रह के आधार पर**–स्वीया, अन्यदीया।
(6) **उपयमन के आधार पर**–ज्येष्ठा, कनीयसी।
(7) **मान के आधार पर**–उद्धता, उदात्ता, शान्ता, ललिता।
(8) **वृत्ति के आधार पर**–सामान्या, पुनर्भू (पत्यन्तरे प्राप्ता), स्वैरिणी।
(9) **आजीविका के आधार पर**–गणिका, रूपाजीवा, विलासिनी।
(10) **अवस्था के आधार पर**–भरत-सम्मत स्वाधीनपतिका आदि आठ।

शृंगारप्रकाश[4]–इस ग्रन्थ में नायिका के प्रमुख भेदों तथा अवस्थानुसार भेदों का उल्लेख है–

(1) **प्रमुख चार भेद**–स्वकीया, परकीया, पुनर्भू (पुनर्विवाहिता विधवा) और सामान्या।

–स्वकीया और परकीया के भेद–

गुण के आधार पर–उत्तमा, मध्यमा, कनिष्ठा।

परिणय के आधार पर–ऊढा, अनूढा।

धैर्य के आधार पर–धीरा, अधीरा।

वयः के आधार पर–मुग्धा, मध्यमा, प्रगल्भा।

---

1. शृंगारप्रकाश (राघवन), पृष्ठ 32-33
2. **एवमन्येऽपि विज्ञेयाः भेदाः संभेदतो मिथः।** शृं. प्र. पृष्ठ 33
3. स.क.आ. 5.101, 1.2, 105-107, 110-113
4. शृं.प्र. (राघवन), पृष्ठ 33

–**पुनर्भू के भेद**–अक्षता, क्षता, यातायाता, यायावरा।

–**सामान्या के भेद**–ऊढा, अनूढा, स्वयंवरा, स्वैरिणी, वेश्या।

वेश्या के भेद–गणिका, विलासिनी, रूपाजीवा।

फिर, न जाने किस प्रकार स्वकीया और परकीया नायिकाओं के उपर्युक्त दस-दस भेद भोजराज के कथनानुसार परस्पर गुणनक्रिया द्वारा 143-143 की संख्या तक पहुँच जाते हैं,[1] ग्रन्थ के उपलब्ध संस्करण से यह स्पष्ट नहीं होता। इसी प्रकार भोज के कथनानुसार पुनर्भू और सामान्या के भेद भी सैकड़ों तक जा पहुँचते हैं।[2]

(2) **नायिका के अवस्थानुसार 8 भेद**[3]–भरत द्वारा परिगणित वासकसज्जा आदि।[4]

(ग) **नायक-सहायक**–शकार, ललक, पीठमर्द, विदूषक, विट, चेट, पताका, आपताका और प्रकरी।[5]

(घ) **नायिका-सखी**–सहजा, पूर्वजा, आगन्तुः।[6]

4. विश्वनाथ

विश्वनाथ-प्रणीत साहित्यदर्पण के तीसरे परिच्छेद में आलम्बनविभाव के अन्तर्गत नायक-नायिका-भेद का निरूपण है।[7] इस प्रकाण में स्वकीया नायिका के उपभेदों की और दूत-दूती के नये भेदों ('निसृष्टार्थ, मितार्थ और सन्देशहारक') के अतिरिक्त और कोई नवीनता नहीं है, पर विषय का इतना सुव्यवस्थित और सरल निरूपण इनसे पूर्व नहीं हो पाया था। अपने समय तक की विस्तृत सामग्री में से सार ग्रहण करके, उसे संक्षिप्त रूप में, पाठकों के लिए उपयोगी रूप में प्रस्तुत कर देना विश्वनाथ जैसे प्रौढ़ और सुलझे हुए आचार्य का ही काम था। 'गुणन-रीति' द्वारा विश्वनाथ-सम्मत नायक-भेद-संख्या 48 है;[8] और नायिका-भेद-संख्या 384।[9] स्वकीया के निम्नलिखित नये उपभेद[10] इस संख्या में सम्मिलित नहीं हैं–

मुग्धा स्वकीया के 5 भेद–प्रथमावतीर्ण-यौवना; प्रथमावतीर्णमदन-विकारा, रति में वामा, मान में मृदु, समधिक-लज्जावती।

मध्या स्वकीया के 4 भेद– विचित्र-सुरता, प्ररूढस्मर-यौवना, ईषत्प्रगल्भ-वचना, मध्यम-वीडिता।

प्रगल्भा स्वकीया के 6 भेद– स्मरान्धा, गाढतारुण्या, समस्तरतकोविदा, भावोन्नता, स्वल्पव्रीडा, आक्रान्त-नायका।

---

1. **शतमेतत् स्वकीयानां त्रिचत्वारिंशदुत्तरम्।**
   अमुग्रन्थ परकीयासूक्तवत् कीर्त्तयामः।। –शृं.प्र., पृष्ठ 33
2. **एवं पुनर्भूसामान्ययोः यथासम्भवमुत्तमा भेदोऽभ्यूहनीयः।** –शृं.प्र., पृष्ठ 33
3. शृं.प्र. पृष्ठ 33
4. देखिए पृष्ठ 289

5,6. स.क. आ. पृष्ठ 692-695

7. सा.द. 3.29-87

8,9. सा.द. 2.38, 87

10. वही 3.58, 59, 60

5. भानुमिश्र

भानुमिश्र के दो ग्रन्थों, रसतरंगिणी और रसमंजरी, में क्रमशः रस और नायक-नायिका-भेद का स्वतन्त्र रूप से निरूपण किया गया है। यह प्रसंग रस-प्रकरण का ही एक प्रभाग है, रसमंजरी में सर्वप्रश्रम उन्होंने इस ओर संकेत किया है–

तत्र शृंगारस्याभ्यर्हितत्वेन तदालम्बनविभावत्वेन नायिका तावन्निरूप्यते।

–र.म. पृष्ठ 4

भानुमिश्र से पूर्ववर्त्ती काव्यशास्त्र-प्रणेताओं के ग्रन्थों में शृंगार रस के प्रकरण में आलम्बन-विभाव के अन्तर्गत 'नायक-नायिका-भेद' जैसा विस्तृत प्रसंग रस-निरूपण में अवांछित सी बाधा और विषय के अनुपात में एक अनुचित सी विषमता उपस्थित करता आया है। पर भानुमिश्र के इस स्वतन्त्र निरूपण से इनके ग्रन्थों में ये दोष नहीं रहे। इसका प्रभाव हिन्दी के रीतिकालीन आचार्यों पर भी पड़ा।[1] इस व्यवस्था से यह मान्यता प्रायः सिद्धान्त की कोटि तक पहुँच गयी है कि काव्य के तथाकथित दस अंगों में से नायक-नायिका-भेद भी एक स्वतन्त्र अंग है।

भानुमिश्र का नायक-नायिका-भेद-प्रकरण उनके समय तक का विकसित रूप प्रस्तुत करता है। विषय के विस्तार और व्यवस्था की दृष्टि से यह प्रकरण अत्यन्त उपादेय है। भरत और भोजराज के ग्रन्थों में विषय का विस्तार था, पर इतनी सुव्यवस्था नहीं थी; रुद्रट और विश्वनाथ के ग्रन्थों में व्यवस्था अवश्य थी, पर विषय-सामग्री संक्षिप्त और अस्वतन्त्र रूप में प्रतिपादित की गयी थी। किन्तु भानुमिश्र के निरूपण में विषय का स्वतन्त्र विस्तार भी है और उसका सुव्यवस्था-पूर्ण प्रतिपादन भी।

रसमंजरी में नायक-नायिका-भेदों के लक्षण इतने संयत हैं कि ग्रन्थकार आत्मविश्वास के साथ उनमें अव्याप्ति और अतिव्याप्ति दोषों के अभाव की सूचना भी आवश्यकतानुसार देते चलते हैं।[2] इसके अतिरिक्त स्थान-स्थान पर तर्कसम्मत आख्यान इस ग्रन्थ की अन्य विशेषता है।[3] इन्हीं सुपुष्ट विशिष्टताओं के बल पर ही, आगे चलकर यह ग्रन्थ हिन्दी के नायक-नायिका-भेद-निरूपक लगभग सभी रीतिकालीन आचार्यों का प्रमुख आधार-ग्रन्थ रहा है।

---

1. रसराज (मतिराम), सुखसागरतरंग (देव), शृंगारनिर्णय, रससारांश (दास) आदि अनेक ग्रन्थों में रसमंजरी के समान नायक-नायिका-भेद को स्वतन्त्र रूप से स्थान मिला है, न कि साहित्यदर्पण के समान रस-प्रकरण के अन्तर्गत।
2. उदाहरणार्थ–**तत्र स्वामिन्येवानुरक्ता स्वीया। न च परिणीतायां परगामिन्यामव्याप्तिः, अत्र पतिव्रताया एव लक्ष्यत्वात्।** –र.म., पृष्ठ 5
3. उदाहरणार्थ–
   (क) **धीरत्वमधीरत्वं तदुभयं वा माननियमतम् परकीयायां मानश्चेत् तेषामावश्यक त्वात्। मानश्च न परकीयायामिति वक्तुमशक्यत्वात्।** –र.मं., पृष्ठ 30
   (ख) **स्वीयायास्तु प्रकृत एव क्रमः। अलक्ष्यतासम्पादकस्य श्वेताद्याभरणस्य स्वीया भिसारिकायामसम्भवात्।** –र.मं., पृष्ठ 140

(क) नायक-भेद[1]–

भानुमिश्र के अनुसार नायक के प्रमुख भेद तीन हैं–पति, उपपति और वैशिक।

–इनमें से प्रथम दो नायक-भेद नायिका के प्रति व्यवहार के आधार पर चार-चार प्रकार के हैं–अनुकूल, दक्षिण, धृष्ट और शठ। शठता उपपति का नियत धर्म है। शठ के अन्तर्गत 'मानी' और 'चतुर' नायकों का भी भानुमिश्र ने समावेश माना है। अतः इनके मत में किसी अज्ञात आचार्य द्वारा सम्मत इन दो भेदों की गणना पृथक् रूप से नहीं करनी चाहिए। चतुर नायक दो प्रकार का होता है–वाक्चतुर और चेष्टा-चतुर। इन्होंने वैशिक के तीन भेद माने हैं–उत्तम, मध्यम और अधम। वस्तुतः यही तीनों भेद पति और उपपति के भी सम्भव हैं।

–प्रोषण (विदेश-गमन) के आधार पर नायक तीन प्रकार का होता है–प्रोषितपति, प्रोषितोपपति और प्रोषितवैशिक।

–जाति के आधार पर श्रीकृष्ण कवि ने नायक के तीन भेद स्वीकार किये थे–दिव्य, अदिव्य और दिव्यादिव्य।[2] भानुमिश्र को यह भेद स्वीकार नहीं है, पर उन्होंने इस अस्वीकृति का कोई पुष्ट कारण प्रस्तुत नहीं किया।[3]

भोजराज ने नायकाभास को भी नायक का एक प्रकार माना था।[4] नायकाभास का भानुमिश्र के शब्दों में अपर पर्याय है 'अनभिज्ञ', अर्थात् 'सांकेतिक चेष्टाज्ञान शून्य पुरुष'। 'अनभिज्ञ नायकाभास एव'[5] इस वाक्य में भानुमिश्र द्वारा प्रयुक्त 'एव' शब्द नायकाभास को प्रमुख नायकों की पंक्ति से बहिष्कृत-सा कर रहा है।

(ख) नायिका-भेद–

भानुमिश्र के अनुसार नायिका के तीन भेद हैं–स्वीया, परकीया और सामान्य।[6]

(1) **स्वीया**[7]–स्वीया के प्रमुख तीन भेद हैं–मुग्धा, मध्या और प्रगल्भा। मुग्धा के दो भेद हैं–अज्ञातयौवना और ज्ञातयौवना, और फिर पति के प्रति विश्रब्धता के आधार पर दो अन्य भेद–अविश्रब्धनवोढा और विश्रब्धनवोढा। मध्या-नायिका विश्रब्धनवोढा तो होती ही है, प्रायः अतिविश्रब्धनवोढा की सीमा तक भी पहुँच जाती है। प्रगल्भा के दो भेद हैं–रतिप्रीतिमती और आनन्दसम्मोहवती। मध्या और प्रगल्भा नायिकाओं के मानावस्था–जन्य तीन-तीन भेद हैं–धीरा, अधीरा और धीराधीरा। फिर इन छहों नायिकाओं के पतिस्नेह के आधार पर दो-दो भेद हैं–ज्येष्ठा और कनिष्ठा। इस प्रकार स्वीया के कुल 13 प्रमुख भेद हुए।

1. र.मं. पृष्ठ 171-187
2. मं.म.च. पृष्ठ 84
3. र.म. पृष्ठ 93
4. स.क.आ. 5.102
5. र.मं. पृष्ठ 187
6. र.मं. पृष्ठ 5
7. रं.मं. पृष्ठ 7-44

(2) **परकीया**–परकीया के दो भेद हैं–परोढा और कन्यका।[1] अपने समय में प्रचलित गुप्ता, विदग्धा, लक्षिता, कुलटा, अनुशयाना और मुदिता आदि नायिका-भेदों और उनके उपभेदों का अन्तर्भाव भानुमिश्र ने परकीया और अन्तर्गत माना है।[2]

सामान्या के उपभेदों की चर्चा भानुमिश्र ने नहीं की।

इस प्रकार नायिका के कुल प्रमुख भेद 13+2+1= सोलह हुए।[3] यही सोलह भेद भरत-सम्मत स्वाधीनपतिका आदि आठों भेदों तथा उत्तमादि तीन भेदों के साथ गुणन द्वारा भानुमिश्र के मत में 384 तक पहुँच जाते हैं।[4] उक्त संख्या में भानुमिश्र-निरूपित नायिका के अन्य तीन भेद–अन्यसम्भोगदुःखिता, वक्रोक्तिगर्विता (प्रेमगर्विता, सौन्दर्यगर्विता) तथा (लघु-मध्यम-गुरु) मानवती[5] सम्मिलित नहीं है। अवस्था के अनुसार प्रवत्स्यत्-पतिका नामक नवीं नायिका भी इन्होंने गिनायी है।[6] श्रीकृष्ण कवि द्वारा परिगणित नायिका के दिव्या, अदिव्या और दिव्यादिव्या भेद इन्हें स्वीकृत नहीं हैं।[7]

(ग) नर्मसचिव भेद–

पीठमर्द, विट, चेटक, विदूषक।[8]

(घ) दूती-निरूपण–

सखी के कर्म हैं–मण्डन, उपालम्भ, शिक्षा, परिहास आदि,[9]
तथा दूती के कर्म हैं–संघटन, विरह-निवेदन आदि।[10]

6. रूपगोस्वामी

रूपगोस्वामी का 'उज्ज्वलनीलमणि' अपने ढंग का निराला ग्रन्थ है। इस पर जितना गर्व वैष्णव-सम्प्रदाय वालों को है, उससे कहीं अधिक काव्यशास्त्र के प्रेमियों को भी हो सकता है। नायक-नायिका-भेद जैसे शुद्ध शृंगार रस के प्रसंग को इन्होंने 'मधुर' रस के रूप में ढाल कर नवीन पथप्रदर्शन तो किया है; साथ ही, नायक-नायिका-भेद से प्रभावित भक्तकवियों को शृंगारी कवि कहाने के लांछन से मुक्त करने का सुप्रयास भी किया है। रूपगोस्वामी ने भक्तिरसामृतसिन्धु नामक ग्रन्थ में श्रीकृष्ण-भक्ति के विविध रूपों के आधार पर भक्ति-परक पाँच रस माने हैं–शान्त, प्रीति, प्रेयः, वत्सल और उज्ज्वल। उज्ज्वल रस का अवर पर्याय है–मधुर रस। इसे इन्होंने भक्तिरसराट् कहा है।[11] मधुर रस का स्थायिभाव मधुरा रति है, और आलम्बन-विभाव स्वयं कृष्ण

1-3. र.मं. पृष्ठ 51, 55-89 4-6. रं.मं. पृष्ठ 151; 88

7. मं.म.च. पृष्ठ 84; र.म. पृष्ठ 92-93

8-10. र.मं. पृष्ठ 191; 162; 168

11. **मुख्यरसेषु पुरा यः संक्षेपेणोदितो रसस्यत्वात्।**
पृथगेव भक्तिरसराट् स विस्तरेणोच्यते मधुरः।।
शान्तप्रीतिप्रयोवत्सलोज्ज्वलनामसु मुख्येषु यः पुरा रसामृतसिन्धौ संक्षेपेणोदितः, स एवोज्ज्वलापरपर्यायो भक्तिरसानां राजा मधुराख्यो रसः पुनरत्र———उच्यते। –उ.नी.म. 1.2 तथा टीका भाग

और उसकी वल्लभाएँ हैं।[1] उज्ज्वलनीलमणि में नायक-नायिका का सारा भेद-प्रपंच कृष्ण, राधा और अन्य गोपियों पर सुघटित करने का सुप्रयास किया गया है।[2]

(क) नायक-भेद

उज्ज्वलनीलमणि में नायक-भेदों की संख्या 96 मानी गयी है, जिनका विवरण इस प्रकार है—धीरोदात्तादि चारों पूर्णतम, पूर्णतर और पूर्ण रूप से तीन-तीन प्रकार के हैं। ये बारह भेद हुए। फिर ये भेद पति और उपपति दो रूपों, तथा अनुकूलादि चार रूपों के साथ गुणन-क्रिया द्वारा 96 भेदों की संख्या तक जा पहुँचते हैं।[3] रूपगोस्वामी ने कृष्ण को रुक्मणी आदि वल्लभाओं के पति-रूप में, और कुब्जा आदि के उपपति-रूप में वर्णित किया है।[4] नायक का 'वैशिक' नामक भेद अस्वीकार कर इन्होंने अपने इष्टदेव के प्रति न्याय ही किया है, अन्यथा कृष्ण और उनकी वल्लभाओं के बीच वैशिक-वेश्या-सम्बन्ध की स्थापना करके आचार्य निस्सन्देह 'भक्तिरसराट् मधुर रस' के निरूपण में सदा के लिए एक अपरिमार्ज्य लांछन छोड़ जाते।

(ख) नायिका-भेद[5]

उज्ज्वलनीलमणि में परम्परागत नायिका-भेद के अतिरिक्त हरिप्रिया, वृन्दावनेश्वरी तथा यूथेश्वरी के भेदों का भी निरूपण है[6], पर ये भेद हमारी विषय-सीमा के अन्तर्गत नहीं आते।

इस ग्रन्थ के अनुसार नायिका के प्रमुख दो भेद हैं—स्वकीया और परकीया। परकीया के दो उपभेद हैं— कन्या और परोढा। मुग्धादि तथा धीरादि भेदों में ये दो नायिकाएँ 15 प्रकार की हो जाती हैं, जिनका विवरण इस प्रकार है[7]—

(1) **स्वकीया** के 7 भेद— मुग्धा = 1; मध्या-प्रगल्भा (धीरा, अधीरा, धीराधीरा)=6

(2) **परकीया** के 8 भेद—(क) परोढा मुग्धा=1; परोढा मध्या-प्रगल्भा (धीरा, अधीरा, धीराधीरा)= 6; (ख) कन्या= 1

उक्त पन्द्रह प्रकार की नायिकाएँ भरत-सम्मत स्वाधीनपतिकादि आठ तथा

---

1. **वक्ष्यमाणैर्विभावाद्यैः स्वाद्यतां मधुरा रतिः।**
नीता भक्तिरसः प्रोक्तो मधुराख्यो मनीषिभिः।।
अस्मिन्नालम्बनाः प्रोक्ताः कृष्णस्तस्य वल्लभाः। उ.नी.म. पृष्ठ 5

2. हिन्दी के रीतिकालीन आचार्य 'नायक-नायिका-भेद' के लक्षण-पक्ष में भानुमिश्र के 'रसमंजरी' ग्रन्थ से प्रायः प्रभावित हैं, और लक्ष्य-पक्ष में रूपगोस्वामी के इस ग्रन्थ से। इन्होंने उदाहरण-निर्माण के लिए प्रायः रूपगोस्वामी के समान ही गोपी-कृष्ण को नायक-नायिका के भेद का माध्यम बनाया है और इसी में ही इस ग्रन्थ का गौरव निहित है।

3. उ.नी.म. पृष्ठ 40

4. —— **रुक्मिण्यादिसर्वपट्टमहिषीषु पतित्वम्। कुब्जादिषूपपतित्वम्।** —उ.नी.म., पृष्ठ 41, टीका भाग

5,6. उ.नी.म. 7म, 3य, 4र्थ, 6ठ अध्याय।

7. उ.नी.म., पृष्ठ 132; 145

उत्तमादि तीन प्रकार की नायिकाओं के साथ गुणन-क्रिया द्वारा 360 प्रकार की हो जाती हैं।[5]

विश्वनाथ ने मुग्धादि नायिकाओं के उपभेदों की भी चर्चा की थी। रूपगोस्वामी द्वारा निरूपित मुग्धादि निम्नलिखित उपभेद कुछ सीमा तक विश्वनाथ-सम्मत उपभेदों के अनुकूल हैं[6]–

मुग्धा–नववयाः, नवकामा, रति में वामा, सखीवशा, सव्रीडरतप्रयत्ना, रोषकृत-वाष्पमौना तथा मान में विमुखी।

मध्या–समानलज्जामदना, प्रोद्यत्तारुण्यशालिनी, किंचित्प्रगल्भवचना, मोहान्त-सुरतक्षमा, मान में कोमला तथा मान में कर्कशा।

प्रगल्भा–पूर्णतारुण्या, मदान्धा, सुरतोत्सुका, भूरिभावोद्गमाभिज्ञा, रमाकान्तवल्लभा, अतिप्रौढवचना, अतिप्रौढचेष्टा तथा मान में अत्यन्तकर्कशा।

(ग) नायक-सहाय-भेद[7]–

चेटक, विट, विदूषक, पीठमर्द और प्रियनर्समखा।

(घ) दूती-सखी-भेद[1]–

इस ग्रन्थ में निरूपित दूती और सखी के भेदोपभेदों की संख्या अत्यधिक है, किन्तु परवर्ती ग्रन्थों के नायक-नायिका-भेद-सम्बन्धी निरूपणों पर इनका कोई स्पष्ट प्रभाव लक्षित नहीं होता।

तुलना–रूपगोस्वामी और उनसे पूर्ववर्ती आचार्यों द्वारा निरूपित नायक-नायिका-भेद की तुलना करने पर हम इन निष्कर्षों पर पहुँचते हैं–

(1) पूर्ववर्ती आचार्यों ने नायक-नायिका-भेद को शृंगार रस का विषय माना है, और रूपगोस्वामी ने कृष्णभक्ति-परक मधुर (उज्ज्वल) रस का।

(2) पूर्ववर्ती आचार्यों ने 'वैशिक' और 'सामान्या' को भी नायक-नायिका-भेद में स्थान दिया था, पर इनके मत में 'सामान्या' नायिका कृष्णकाव्य में रसाभास का विषय होने के कारण नायिका-भेद में स्थान पाने योग्य नहीं है। सैरन्ध्री (आदि तथाकथित 'सामान्या' नायिकाओं) को इन्होंने परकीया ही माना है, क्योंकि ये भी कृष्ण के प्रति (धन आदि से निरपेक्ष होकर) एकनिष्ठ रमण-भाव रखती हैं। इस प्रकार इनके ग्रन्थ में 'सामान्या' के अभाव के कारण 'वैशिक' का भी अभाव स्वतःसिद्ध है।

(3) इनसे पूर्व भानुमिश्र ही अकेले आचार्य हैं, जिन्होंने मध्या-प्रगल्भा स्वकीया नायिका के अतिरिक्त मध्या-प्रगल्भा परकीया के भी धीरा, अधीरा, धीराधीरा,

1. उ.नी.म. पृष्ठ 132, 145
2. सा.द. 3.58-60; उ.नी.म. पृष्ठ 108-126
3. उ.नी.म., 2य अध्याय तथा, 7म अध्याय।
4. उ.नी.म., 2य अध्याय तथा, 7म अध्याय।

इन तीन उपभेदों को स्वीकार किया था। पर इन्होंने एक तो केवल मध्या-प्रगल्भा परकीया के इन उपभेदों को स्वीकार किया है; और दूसरे, कन्या-परकीया के मान-जन्य ये तीनों धीरा आदि उपभेद इन्हें अभीष्ट नहीं हैं। हमारे विचार में 'कन्या' का भी परोपभोगरत नायक के प्रति मान उतना ही स्वाभाविक है जितना कि परोढा परकीया और स्वकीया का।

(4) नायक के नायिका के प्रति प्रणय के आधार पर पूर्ववर्ती आचार्यों ने ज्येष्ठा और कनिष्ठा भेदों को भी नायिका-भेदों की पारस्परिक गुणन-प्रक्रिया में स्थान दिया था, पर रूपगोस्वामी ने ज्येष्ठा-कनिष्ठा भेदों की चर्चा करते हुए भी इन्हें गुणन-प्रक्रिया में स्थान नहीं दिया। हरि की वल्लभाओं का ज्येष्ठा-कनिष्ठा होने से भला तात्पर्य भी क्या? अभी जो एक ज्येष्ठा है, वही देखते-देखते अगले क्षण में कनिष्ठा बन जाती है।[1]

(5) नायिका के अवस्थानुसार स्वाधीनपतिकादि आठ भेदों को सर्वप्रथम इन्होंने दो वर्गों में विभक्त किया है[2]—

(क) मण्डिता अथवा हृष्टा—स्वाधीनपतिका, वासकसज्जा और अभिसारिका।

(ख) मण्डनवर्जिता अथवा खिन्ना—शेष पाँच नायिकाएँ।

7. सन्त अकबरशाह 'बड़े साहब'

डॉ. वी. राघवन के सुप्रयास के फलस्वरूप सन्त अकबरशाह रचित 'शृंगार-मंजरी' नामक नायक-नायिका-भेद-निरूपक संस्कृत-ग्रन्थ प्रकाश में आया है। मूलतः यह ग्रन्थ आन्ध्र (तेलगू) भाषा का है, फिर उसकी संस्कृत में छाया तैयार हुई है। इधर हिन्दी के रीतिकालीन प्रथम आचार्य चिन्तामणि ने संस्कृतच्छाया का ही हिन्दी में छायानुवाद प्रस्तुत किया है।[3]

शृंगारमंजरी अत्यन्त प्रौढ़ ग्रन्थ है। इससे पूर्व भानुमिश्र का रसमंजरी ग्रन्थ विषय की व्यवस्था और सरल-प्रतिपादन की दृष्टि से अत्यन्त प्रसिद्ध था। रसमंजरी ग्रन्थ पर 'आमोद' नामक टीका[4] भी अत्यन्त महत्त्वपूर्ण रही होगी। शृंगारमंजरी के लेखक ने 'रसमंजरी' और 'आमोद' द्वारा प्रतिपादित सिद्धान्तों और लक्षणों का तर्कपूर्ण, बुद्धिग्राह्य एवं सहजमान्य रूप में सरल गद्यबद्ध शैली में खण्डन किया है। विषय का निर्वाह अत्यन्त सुबोध और दुराग्रह-रहित है। खण्डन के पश्चात् लेखक की मौलिक धारणाएँ उसकी सूक्ष्म दृष्टि का परिचय देती हैं। ग्रन्थ अत्यन्त सरस है।

संस्कृत के काव्यशास्त्र-सम्बन्धी ग्रन्थों में नायक-नायिका-भेद के समावेश की परम्परा अब प्रायः समाप्त हो चुकी थी। स्वतन्त्र रूप से नायक-नायिका-भेद पर

1,2. उ. नी. म. पृष्ठ 130-131; 141

3. इस सम्बन्ध में हमारा एक विस्तृत लेख 'हिन्दी अनुशीलन'। (जनवरी-मार्च 1957) में अथवा दिल्ली-विश्वविद्यालय के पुस्तकालय में सुरक्षित प्रस्तुत प्रबन्ध की टंकित प्रति (पृष्ठ 391-429) में देखिए।

4. रसमंजरी की सम्भवतः अप्रकाशित टीका। (शृं.मं., इन्ट्रो. पृष्ठ 13)

सम्भवतः कुछ अन्य ग्रन्थ लिखे गये हों, जो कि अनुपलब्ध हैं। अतः 'शृंगारमंजरी' का किसी संस्कृत-ग्रन्थ पर प्रभाव न पड़ा हो तो कोई आश्चर्य नहीं, पर हिन्दी के रीतिकालीन काव्यशास्त्र पर इसका प्रभाव नहीं पड़ा, यह अत्यन्त आश्चर्य का विषय है, और विशेषतः तब, जब कि हिन्दी के युगान्तकारी आचार्य चिन्तामणि द्वारा इस ग्रन्थ की हिन्दी-छाया भी तैयार हो चुकी थी। सर्वप्रथम अकबरशाह द्वारा प्रस्तुत नायिका के उद्‌बुद्धा, उद्‌बोधिता आदि भेदों की चर्चा अवश्य हिन्दी के रीतिकालीन आचार्यों—तोष[1], गुलाम नबी 'रसलीन'[2], भिखारीदास आदि ने की है। कुमारमणि[3] द्वारा प्रस्तुत नायक-नायिका के भेदोपभेदों पर भी अकबरशाह का प्रभाव स्पष्ट लक्षित होता है, पर इनके ग्रन्थ का समग्र रूप में किसी ने भी अनुकरण नहीं किया। इस उपेक्षाभाव के दो कारण सम्भव हैं—

—पहला यह कि दक्षिण भारत की उपज 'शृंगारमंजरी' की संस्कृतच्छाया उत्तर-भारतीय हिन्दी-आचार्यों को किन्हीं कारणों से अप्राप्य रही हो; और चिन्तामणि की हिन्दी-छाया अपने मूलाधार के बिना जटिल और दुर्बोध प्रतीत होती हो।

—उक्त कारण की अपेक्षा दूसरा कारण भी कम सबल प्रतीत नहीं होता, और वह यह कि शृंगारमंजरी की खण्डन-मण्डनात्मक गद्यबद्ध गम्भीर शैली। इस खण्डन-मण्डन के प्रपंच में पड़कर व्यर्थ का विस्तार कौन करे? खण्डन-मण्डन के लिए अकबरशाह ने गद्य का आश्रय ग्रहण किया था जो कि अनिवार्य था। इधर हिन्दी के आचार्यों का गद्य पर अधिकार नहीं था। स्वयं चिन्तामणि की 'शृंगारमंजरी' का गद्यभाग अत्यन्त शिथिल, अपरिमार्जित और अपुष्ट है। संस्कृतच्छाया के बिना उसका समझ सकना, हमारे विचार में, सहज नहीं है। अकबर शाह-रचित ग्रन्थ का अनुकरण न होने का प्रमुख कारण यही हो सकता है। इधर भानुमिश्र का रसमंजरी ग्रन्थ सरल तथा खण्डन-मण्डन के प्रपंच से प्रायः विमुक्त था। शास्त्रीय विवेचन की अपेक्षा उदाहरण-निर्माण ही जिनका प्रमुख उद्देश्य हो, वे 'रसमंजरी' के स्थान पर 'शृंगारमंजरी' को अपना कर भला क्यों दुर्गम घाटी में प्रवेश करने का साहस करते?

अकबरशाह के ग्रन्थ में रसमंजरी में निरूपित सभी नायक-नायिका-भेदों के अतिरिक्त अन्य भेदों को भी स्थान मिला है। विस्तारभय से यहाँ केवल इन्हीं इतर भेदों की चर्चा की जा रही है[4]—

(क) नायक-भेद—

भानुमिश्र ने मानी और चतुर का अन्तर्भाव शठ नायक में किया था, पर अकबरशाह ने इन्हें पृथक् माना है।[5] शठ नायक के इन्होंने दो भेद माने हैं— प्रच्छन्न और प्रकाश।[6]

1-3. स्टडीज़ इन नायक-नायिका भेद पृष्ठ 423, 435, 428, रसिकरसाल पृष्ठ 90

4. शृं.मं. के सभी सम्पूर्ण नायक-नायिका-भेदों की तालिका के लिए देखिए शृं.मं. (इण्ट्रो.) पृष्ठ 110-115

5,6. र.मं. पृष्ठ 183, शृं.म. पृष्ठ 49; 50; 51; 54

—नायक के दो वर्ग इन्होंने और बनाये हैं—प्रोषित, अमिलित और विरही, ये तीन भेद एक वर्ग में हैं;[1] और भद्र, दत्त, कुचमार और पांचाल, ये चार भेद दूसरे वर्ग में।[2] पहले वर्ग का आधार नायिका-वियोग है और दूसरे वर्ग का कामशास्त्रीय मान्यता।

(ख) नायिका-भेद–

भानुमिश्र के समान अकबरशाह ने स्वकीया के तीन भेदों का उल्लेख किया है– मुग्धा, मध्या और प्रगल्भा।[3] मध्या स्वकीया के इन्होंने दो भेद माने हैं—प्रच्छन्न और प्रकाश।[4] भानुमिश्र ने प्रग्ल्भा नायिका को केवल स्वकीया के साथ सम्बद्ध किया था—**'पतिमात्रविषयक-केलिकलाकलाप-कोविदा प्रगल्भा'**[5], पर अकबरशाह ने प्रगल्भा के साथ परकीया और सामान्य को भी सम्बद्ध किया है।[6]

—परोढा परकीया के दो नये भेद अकबरशाह ने गिनाये हैं—उद्बुद्धा और उद्बोधिता।[7] उद्बुद्धा के तीन उपभेद हैं—गुप्ता, निपुणा (स्वयंदूती) और लक्षिता। उद्बोधिता के तीन उपभेद हैं—धीरा, अधीरा और धीराधीरा। लक्षिता के दो उपभेद हैं—प्रच्छन्न-लक्षिता और प्रकाश-लक्षिता। इनमें से प्रकाश-लक्षिता के फिर चार उपभेद हैं—कुलटा, मुदिता, अनुशयाना और साहसिका।[8]

—इस ग्रन्थ में सामान्या नायिका के निम्नोक्त पाँच उपभेद सर्वप्रथम माने गये हैं—स्वतन्त्रा, जनन्याधीना, नियमिता, कलृप्तानुरागा और कल्पितानुरागा।[9]

—अवस्थानुसार परम्परागत आठ नायिकाओं में नवीं नायिका अकबरशाह ने और जोड़ी है—वक्रोक्तिगर्विता, जिसे भानुमिश्र ने अन्यत्र स्थान दिया था। इन नौ नायिकाओं के उपभेद भी अकबरशाह ने गिनाये हैं।[10] विस्तारभय से यहाँ उनके नाम प्रस्तुत नहीं किये जा रहे।

—संस्कृत में शृंगारमंजरी प्रथम ग्रन्थ है जिसमें कामशास्त्रीय नायिकाओं—हस्तिनी, चित्रिणी, शंखिनी और पद्मिनी का उल्लेख हुआ है।[11]

(ग) नायक-सहाय, सखी और दूती[12]–

इन तीनों के भेद-निरूपण में ग्रन्थकार ने रसमंजरी का आधार ग्रहण किया है। इनके विवेचन में भी इतनी गम्भीरता और सूक्ष्मता नहीं है, जितनी नायिका-भेद-विवेचन में दिखायी गयी है।

1,2. र.मं. पृष्ठ 183, शृं.म. पृष्ठ 49; 50; 51; 54

3,4. र.मं. पृष्ठ 183, शृं.मं. पृष्ठ 3,4

5. र.मं. पृष्ठ 32

6. शृं.मं. पृष्ठ 6

7. इयं परकीया उद्बुद्धा उद्बोधिता इति भेदद्वयवती भवति। —शृं.मं. पृष्ठ 8

8. शृं.मं. पृष्ठ 8-12; 13; 15-24; 41-49

9. शृं.मं. पृष्ठ 8-12; 13; 15-24; 41-49

10-12. शृं.मं. पृष्ठ 8-12; 13; 15-24; 54; 41-49

3. कामशास्त्रीय ग्रन्थ और नायक-नायिका-भेद

कामशास्त्रीय ग्रन्थ-परम्परा

संस्कृत के उपलब्ध कामशास्त्रीय ग्रन्थों में से सर्वाधिक महत्त्वपूर्ण ग्रन्थ वास्यायन-प्रणीत **कामसूत्र** है। इस ग्रन्थ का महत्त्व इस तथ्य में भी निहित है कि इसमें अपने से पूर्ववर्ती निम्नोक्त अनेक कामशास्त्र-प्रणेताओं तथा उनके द्वारा विवेचित विषयों की सूची प्रस्तुत की गयी है–

1. नन्दी ने, जोकि महादेव का अनुचर था, 'कामसूत्र' ग्रन्थ का निर्माण किया, जिसमें एक सहस्र अध्याय (अथवा श्लोक) थे।

2. उक्त ग्रन्थ का पाँच सौ अध्यायों (अथवा श्लोकों) में संक्षिप्त संस्करण उद्दालक-पुत्र श्वेतकेतु ने प्रस्तुत किया।

3. यही कार्य बाभ्रव्य (बभ्रु के पुत्र) पांचाल ने भी किया। इस संस्करण में 150 अध्याय (अथवा श्लोक) थे, तथा यह निम्नोक्त सात विषयों से सम्बद्ध था– (1) साधारण अर्थात् कामशास्त्र का सामान्य परिचय, (2) सांप्रयोगिक, अर्थात् सम्भोग द्वारा ऐन्द्रिय वासना-पूर्ति, (3) कन्या-सम्प्रयुक्त, अर्थात् कन्याओं को सम्भोग-सम्बन्धी शिक्षा, (4) भार्याधिकारिक, अर्थात् पति-पत्नी सम्बन्ध, (5) 'पारदारिक' अर्थात् परपत्नी-सम्बन्ध, (6) वैशिक अर्थात् वेश्या-सम्बन्ध, और (7) औपनिषदक अर्थात् सम्भोग-सुख और उसकी वृद्धि के लिए अनेक औषध-सेवन।

4. आगे चलकर बाभ्रव्य के ग्रन्थ के उक्त विषयों में एक-एक विषय पर पृथक् विवेचन किया गया–चारायण ने साधारण अधिकरण का विवेचन किया, सुवर्णनाभ ने सांप्रयोगिक का, घोटकमुख ने कन्या-सम्प्रयुक्त का, गोनर्दीय ने भार्याधिकारिक का, गोणिका-पुत्र ने पारदारिक का, दत्तक ने वैशिक का, और कुचुमार ने औपनिषद का।[1]

---

1. कामसूत्र 1.1.8-18
वात्स्यायन से पूर्ववर्ती कामशास्त्र-प्रणेताओं में से केवल दत्तक और कुचमार के ग्रन्थों के सम्बन्ध में ही कुछ कहा जा सकता है; शेष आचार्यों के ग्रन्थ अप्राप्य हैं। दत्तक का ग्रन्थ भी अप्राप्य है, पर इसके नाम पर श्यामिलक ईश्वरदत्त ने अपने नाटकों में निम्नोक्त दो सूत्र उद्धृत किये हैं–
(क) किं ब्रवीषि– वेश्याभ्यो यद्दीयते तन्नष्टं इति बहवो ब्रुवन्ति। तद् दत्तकेनायुक्तम्– कामोऽर्थनाशः पुंसामिति। –धूर्तविटसंवाद
(ख) सा हि तपस्विनी निवृत्तकामतन्त्रा रजोपरोधात् कुटुम्बतन्त्रार्थं शब्द काममनुवर्तते। गम्यश्चायमस्याः। अपुमान् शब्दकाम इति दात्तकीयाः।। –पादतादीतक
इस प्रकार शूद्रक के 'पद्मप्रभृतक' में भी एक स्थान पर दत्तक का नाम उल्लिखित हुआ है। हाँ, कुचमार का ग्रन्थ इन दिनों प्राप्त है, पर वह भी खण्डशः। इसके औपनिषदम् (औषधि-विज्ञान) अध्याय के कुछ भाग प्राप्त हुए हैं, और प्रकाशित किये गये हैं। ग्रन्थ का प्रारम्भ इस प्रकार हुआ है–

शंकराय नमस्कृत्य यत्पूर्वैस्समुदाहृतम्। ... नृणां मन्त्रौषधिसमन्वितम्।।
संयोगादिष्टसंभारादुपपन्नां च तत्त्वतः। कूचिमारेण तपसा यत्कृतं क्रीडनं परा।।
यत्प्रवक्ष्यामि चित्रार्थं नानार्थपदनिश्चितम्। श्रूयतां नामतश्चैव कुचूपनिषदं पुनः।।
बृहणं लेपनं चैव वश्यं बन्धनवृष्यकम्। पादलेपांजनं तैलं रोमनाशनमेव च।।

उक्त सभी ग्रन्थों से सहायता लेकर वात्स्यायन ने अपने ग्रन्थ का प्रणयन किया और ग्रन्थ-निर्माण का कारण यह बताया कि बाभ्रव्य का विशाल ग्रन्थ दुरध्येय अर्थात् कठिन है, तथा दत्तक, चारायण आदि के ग्रन्थ केवल एक-एक विषय से सम्बद्ध होने के कारण एकदेशीय हैं। अतः समग्र विषयों को लेकर एक संक्षिप्त ग्रन्थ की आवश्यकता का अनुभव कर 'कामसूत्र' का प्रणयन किया गया है– **तत्र दत्तकादिभिः प्रणीतानां शास्त्रावयवानामेकदेशत्वाद्, महदिति च बाभ्रवीयस्य दुरध्येयत्वात् संक्षिप्तं सर्वमर्थमल्पेन ग्रन्थेन कामसूत्रमिदं प्रणीतम्।** (का.सू., 1.1.11)

इस प्रकार इन अख्यात, अनुपलब्ध एवं अंशतः उपलब्ध ग्रन्थों के बाद वात्स्यायन-प्रणीत कामसूत्र की बारी आती है। वात्स्यायन का वास्तविक नाम मल्लनाग था और वह वात्स्यायन-वंश से सम्बद्ध था। कामसूत्र में सात अधिकरण हैं। हर अधिकरण में कतिपय अध्याय हैं। सम्पूर्ण अध्यायों की संख्या 36 है। इन सातों अधिकरणों के नाम वही हैं जिनका उल्लेख बाभ्रव्य पांचाल के प्रसंग में ऊपर यथास्थान किया जा चुका है। निम्नोक्त कतिपय अध्याय-नामों से इस ग्रन्थ के वर्ण्य विषय का सम्यक् परिचय मिल जायेगा—नागरिकवृत्त, नायकसहाय-दूतकर्मविमर्श, उपगूहनविचार, चुम्बन-विधि, वेश्योपचार, चित्ररत, प्रहणन, सीत्कृत, प्रणयकलह, वरणविधान, विवाहयोग, प्रवासचर्या, ज्येष्ठावृत्त, कनिष्ठावृत्त, स्त्री-पुरुष-शीलस्थापन, अयत्नसाध्य-योषित् दूतीकर्म, आन्तःपुरिकावृत्त, कान्तानुवृत्त, वशीकरण, वृष्ययोग, आदि, आदि। इस प्रकार यह ग्रन्थ तत्कालीन सामाजिक, परिवारिक तथा गार्हस्थिक जीवन का अत्यन्त सजीव एवं मनोरम चित्रण उपस्थित करता है। यह चित्रण नैतिक दृष्टि से भले ही अंशतः बहिष्करणीय अथवा अनुपादेय हो, पर विषय-निर्वाह की दृष्टि से यह अधिकांशतः स्वीकार्य एवं उपादेय है, इसमें तनिक भी सन्देह नहीं है। नर-नारी के मनोगत सम्बन्ध को स्पष्टतः उघाड़ने में यह ग्रन्थ अत्यन्त सफल सिद्ध हुआ है। संस्कृत के अन्य प्रख्यात ग्रन्थों के समान इस ग्रन्थ पर भी अनेक टीकाएँ लिखी गयी हैं, जिसमें से यशोधर-भास्कर-नृसिंह, वीरभद्रदेव, मल्लदेव आदि की टीकाएँ उल्लेखनीय हैं।

कामसूत्र के बाद भी अनेक कामशास्त्रीय ग्रन्थों का निर्माण होता रहा, पर इस ग्रन्थ की विषय-विविधता, परिपूर्णता तथा विवेचन-प्रणाली के अतिरिक्त टीकाकारों द्वारा इसकी विशद व्याख्या ने न केवल इससे पूर्ववर्ती ग्रन्थों का नाम लुप्तप्राय कर दिया, अपितु इनसे परवर्ती ग्रन्थों को भी ख्यात नहीं होने दिया। इन परवर्ती ग्रन्थों में से कुछ प्राप्त हैं और कुछ अप्राप्त, जिनका संक्षिप्त परिचय इस प्रकार है—

जनश्रुति के आधार पर शंकर (सम्भवतः प्रसिद्ध आदि 'शंकराचार्य') को **मनसिजसूत्र** का प्रणेता बताया जाता है। ज्योतिरीश्वर (पंचसायक के लेखक) के कथनानुसार उसने ईश्वर-रचित **मन्यथतन्त्र** को देखा था; रन्तिदेव-रचित **योगाधिकारिका** का वर्ण्य विषय कामशास्त्र से सम्बद्ध औषधि-शास्त्र भी है। नागार्जुन अथवा सिद्ध नागार्जुन

को **वैशिक रणतन्त्र** का लेखक बताया जाता है। ध्रुवपाल की कामशास्त्र-सम्बन्धी रचना **नागार्जुनीय योग-शतक** है। क्षेमेन्द्र ने अपने ग्रन्थ औचित्यविचारचर्चा में अपने अन्य ग्रन्थ **वात्स्यायन-सूत्राधार** का नामोल्लेख किया है।

उपलब्ध ग्रन्थों में से पद्मश्री द्वारा रचित **नागरसर्वस्व** नामक ग्रन्थ के 18 भाग हैं, जिनमें रसिक एवं सौन्दर्य-प्रिय व्यक्ति की आवश्यकताओं तथा नर-नारी की शृंगार-जन्य अवस्थाओं का वर्णन किया गया है, तथा कामशास्त्र से सम्बद्ध औषधियों का भी उल्लेख है। कल्याणमल्ल-प्रणीत अनंगरंग और कक्कोक-प्रणीत रतिरहस्य में नायक-नायिका-भेदों का सम्यक् परिगणन है। ख्याति की दृष्टि से कामसूत्र के बाद **रतिरहस्य** का स्थान है। इस ग्रन्थ पर भी अनेक टीकाएँ रची गयीं, जिनमें से कांचीनाथ, अवंच रामचन्द्र और कविप्रभु की टीकाएँ तथा हरिहर की टीकाएँ उल्लेख्य हैं। अनन्तप्रणीत **कामसमूह** में विभिन्न प्रीति-प्रकार, ऋतु-वर्णन तथा नायिका-भेद का उल्लेख है।

इन ग्रन्थों के अतिरिक्त निम्नोक्त ग्रन्थों में भी प्रायः इन्हीं विषयों पर ही न्यूनाधिक रूप में प्रकाश डाला हुआ है—प्रौढ़देवराय-रचित **रतिरत्न-प्रदीपिका**, ज्योतिरीश्वर-रचित **पंचसायक**, मिननाथ-रचित **समरदीपिका** अथवा **रतिरत्नप्रदीपिका**, कामराजदीक्षित-रचित **रसिकबोधिनी** अथवा वैद्यनाथ-रचित **रसिकरंजन**, कालिदास-रचित **शृंगारतिलक**, विश्वेश्वर-रचित **रस-चन्द्रिका**, सोमदत्तिन्-रचित **समरदीपिका**, जयदेव-रचित **रतिमंजरी**, केशव-रचित **कामाप्राभृतक**, वरदराज-रचित **कामानन्द**, कौतुकदेव-रचित **अनंगदीपिका**, **रतिसार**, **रतिचन्द्रिका** और **शृंगार-कुतूहल**, आदि, आदि। इनके अतिरिक्त **बन्धोदय** आदि अन्य अनेक कामशास्त्रीय ग्रन्थ भी उपलब्ध हैं।

इस प्रकार संस्कृत में कामशास्त्रीय ग्रन्थों की यह परम्परा हिन्दी-रीतिकाल से दो-एक शताब्दी पूर्व तक निरन्तर चलती रही, और समय-समय पर उधर संस्कृत का काव्यशास्त्र तथा इधर हिन्दी का काव्यशास्त्र अपने रस-प्रकरण में, विशेषतः शृंगार रस के आलम्बन-विभाव-(नायक-नायिका-भेद-) प्रसंग में इन ग्रन्थों से किंचित् सामग्री ग्रहण कर उसे अपने विषयानुकूल रूप में ढाल कर स्वीकार एवं निरूपित करता रहा।

काव्यशास्त्रीय नायक-नायिका-भेद और कामशास्त्र

काव्यशास्त्र के ग्रन्थों में निरूपित नायक-नायिका-भेद-निरूपण की यदि काव्य के अन्य अंगों-शब्दशक्ति, ध्वनि, रस, गुण, दोष, रीति और अलंकार—के निरूपण के साथ तुलना की जाये, तो यह आपाततः लक्षित हो जाता है कि इन काव्यांगों की विषय-सामग्री को जितने सूक्ष्म, गम्भीर और तर्कपूर्ण खण्डनमण्डनात्मक विमर्श के साथ परिपक्व और सुगठित शैली में प्रतिपादित किया गया है, उसका एक अंश भी नायक-नायिका-भेद-प्रसंग को प्रस्तुत करने में व्यवहृत नहीं हुआ। विषयवस्तु और शैली दोनों की दृष्टि से ये प्रकरण काव्यशास्त्र में पृथक् से दीखते हैं। इसका सहज-मान्य कारण यह कहा जा सकता है कि नायक-नायिका-भेद जैसे अगम्भीर

विषय के प्रतिपादन के लिए न तो इतनी विमर्शपूर्ण विवेचना की आवश्यकता थी और न इतनी तर्कबद्ध शास्त्रीय गम्भीर शैली की।

पर इस कारण से सन्तुष्टि नहीं होती। सहसा एक अन्य प्रश्न सामने आ जाता है कि यह विषय अपने आप में इतना अगम्भीर क्यों है? इसका एक ही उत्तर सम्भव है कि यह काव्यशास्त्र अथवा नाट्यशास्त्र का विषय न होकर मूल रूप में कामशास्त्र जैसे अपेक्षाकृत अगम्भीर शास्त्र का ही एक अंग है। यही कारण है कि भरत से लेकर भानुमिश्र से पूर्व तक लगभग पन्द्रह सौ वर्षों में इस प्रसंग के प्रतिपादन में न खण्डन-मण्डनात्मक शैली को अपनाया गया, न भेदोपभेदों के स्वरूप पर सूक्ष्म विवेचन प्रस्तुत किया गया, और न कभी इस प्रकरण को रस-प्रकरण से असम्पृक्त एक स्वतन्त्र प्रकरण के रूप में स्वीकृत किया गया।

उपर्युक्त धारणा की पुष्टि भारतीय साहित्यशास्त्र के प्रथम उपलब्ध ग्रन्थ भरत-प्रणीत नाट्यशास्त्र के नायक-नायिका-भेद-प्रसंग के अन्तर्गत उन स्थलों से हो जाती है, जिसमें न केवल कामशास्त्र का आधार स्पष्ट शब्दों में स्वीकृत किया गया है,[1] अपितु कामशास्त्र से सम्बद्ध विषयों पर भी यथेष्ट प्रकाश डाला गया है। उदाहरणार्थ— प्रेमसूचक इंगित,[2] राजाओं तथा सामान्य पुरुषों द्वारा नारियों को वश में करने के उपाय,[3] वासक (सम्भोग) के कारण,[4] सम्भोग का समय,[5] सम्भोग से पूर्व के आयोजन,[6] सम्भोग के समय स्त्री-पुरुष का परस्परिक व्यवहार,[7] नायक का स्वागत,[8] अपराधी नायक का व्यंग्य-मिश्रित तिरस्कार-पूर्ण स्वागत,[9] मान-प्रकरण,[10] नारियों को प्रसन्न करने के उपाय,[11] आदि, आदि। निस्सन्देह नाट्यशास्त्र का प्रधान लक्ष्य केवल अभिनय-क्रियाकलापों का प्रतिपादन करना है, अतः रंगमंच के लिए त्याज्य दृश्यों

---

1. उदाहरणार्थ—

(क) **तत्र राजोपभोगं तु व्याख्यास्यामनुपूर्वशः।**
उपचारविधिं सम्यक् कामसूत्र-समुत्थितम्।।

(ख) **आस्ववस्थासु विज्ञेया नायिका नाटकाश्रयाः।**
एतासां यच्च वक्ष्यामि कामतन्त्रमनेकधा।।

(ग) **कुलांगनानामेवायं प्रोक्तः कामाश्रयो विधिः।** ना.शा. 2.141-42, 213, 224

(घ) **भावाभावौ विदित्वा च ततस्तैस्तैरुपक्रमैः।**
पुमानुपरमेन्नारीं कामतन्त्रं समीक्ष्य तु।। ना.श. 25.65

2. ना.शा. 24.152-158 (क)

3. वही— 24.195-199; 25.65-72

4,5. वही— 25.222-223; 201

6. **राज्ञामन्तःपुरजने दिवसां भोग इष्यते।**
वासोपचारो यच्चैव स रात्रौ परिकीर्तितः।। ना.शा. 24.200

7. ना.शा. 24.229-231

8. ना.शा. 24.228

9. ना.शा. 24.249-250

10. ना.शा. 24.265, 281

11. ना.शा. 25.33-35

के विषय में भी आचार्य भरत स्थान-स्थान पर चेतावनी देते गये हैं,[1] किन्तु इतना तो निश्चित है कि नायक-नायिका-भेद-सम्बन्धी प्रसंग के निर्माण के समय भरत के समक्ष कामशास्त्रीय सिद्धान्तों का पृष्टाधार विद्यमान है।

इसी प्रकार रुद्रट भी, जिनका नायक-नायिका-भेद-प्रसंग सर्वप्रथम व्यवस्थित और शताब्दियों पर्यन्त अनुकृत रहा है, अपने ग्रन्थ के इसी प्रसंग में कामशास्त्रीय धारणाओं को उल्लिखित करने के लोभ का संवरण नहीं कर सके—'शय्या पर सुकुमारियाँ सदा ही पुरुषों द्वारा प्रसादनीय हैं; उनकी इच्छा के विरुद्ध आचरण-कर्त्ता मूर्ख पुरुष शृंगार (के सारे आनन्द) को नष्ट कर बैठता है। जो वाग्मी और साम-प्रवण नायक अपनी चाटूक्तियों द्वारा (शय्या पर) नारी का प्रसादन करता है, शृंगार के वास्तविक आनन्द का भोक्ता और सर्वश्रेष्ठ कामी वही कहाता है।[2] कुपित नारी के प्रसादन के लिए पुरुष को साम, दाम, भेद, प्रणति, उपेक्षा और प्रसंग-विभ्रंश में से किसी एक का आश्रय लेना चाहिए, पर दण्ड का कभी नहीं; यह तो 'शृंगार' के आनन्द का घातक है।'[3]

केवल इतना ही नहीं, एक ओर काव्यशास्त्रों और नाट्यशास्त्रों तथा दूसरी ओर कामशास्त्रों में वर्णित नायक-नायिका-सम्बन्धी सामग्री की यदि पारस्परिक तुलना की जाये, तो असन्दिग्ध रूप से हमारे उक्त कथन की पुष्टि हो जायेगी कि इस विषय में काव्यशास्त्री कामशास्त्रियों के अधिकांश रूप से ऋणी हैं। आलोचक की तर्कशील बुद्धि विपरीत दिशा की ओर भी सोच सकती है कि कहीं कामशास्त्र ने ही काव्यशास्त्र से यह सामग्री न ले ली हो। पर इस सम्भावना का निराकरण वात्स्यायन-प्रणीत कामसूत्र ग्रन्थ से हो जाता है जो कामशास्त्रीय सिद्धान्तों का शताब्दियों की परम्परा से विकसित रूप उपस्थित करता है। एक तो इसी ग्रन्थ में औद्दालकि (श्वेतकेतु), बाभ्रव्य (पांचाल), दत्तक, गोणिकापुत्र, चारायण, सुवर्णनाभ, घोटकमुख गोनर्दीय कुचुमार आदि[4] अनेक कामशास्त्रकारों का यथास्थान नामोल्लेख तथा स्वयं वात्स्यायन द्वारा ग्रन्थ के अन्त में बाभ्रव्य की आधार रूप में आभार-स्वीकृति[5] कामशास्त्रीय

---

1. **यदा स्वपेदर्थवशादेकाकी सहितोऽपि वा।**
चुम्बनालिंगनं चैव तथा गुह्यं च यद्‌ भवेत्।।
दन्तं नक्षक्षतं छेद्यं नीवास्त्रिंसन्मेव च।
स्तनाधरविमर्दं च रंगमध्ये च कारयेत।। ना.शा. 22.285, 286
2. **सुकुमाराः पुरुषाषामाराध्या योषितः सदा तल्पे।**
तदनिच्छया प्रवृत्तः शृंगारं नाशयेन्मूर्खः।।
वाग्मी सामप्रवणश्चाटुभिराराधयेन्नारीम्।
तत्कामिनां महीयो यस्माच्छृङ्गारसर्वस्वम्।। का.अ. 14.15,16
3. का.अ. 14.27
4. यथा—कामसूत्र 1.1.9-17; 1.5.5 22, 23, 24, 25, 33, 34; 4.4.31
5. **बाभ्रवीयांश्च सूत्रार्थानागमय्य विमृश्य च।**
वात्स्यायनश्चकारेदं कामसूत्रं यथाविधि।। का.सू. 7.2.56

सिद्धान्तों की परम्परा को भरत के समय से बहुत पूर्व ले जाती है; और दूसरे, भरत ने स्वयं ही कई स्थानों पर इस प्रसंग-निरूपण के लिए कामशास्त्र का आधार स्वीकार किया है। अतः कामशास्त्रीय सिद्धान्तों को काव्यशास्त्रीय नायक-नायिका-भेद का आधार मान लेने में नितान्त भी आपत्ति नहीं की जा सकती।

अब अपने विषय के प्रौढ़ एवं सुलभ ग्रन्थ कामसूत्र में उल्लिखित नायक-नायिका-भेद-सम्बन्धी सामग्री का तुलनात्मक परीक्षण प्रस्तुत किया जा रहा है। इससे हमारे उक्त कथन की पुष्टि हो जायेगी कि काव्यशास्त्र कामशास्त्र का ऋणी है। यह अलग प्रश्न है कि कामसूत्र और काव्यशास्त्रों की पारिभाषिक शब्दावलि में कहीं-कहीं अन्तर हो, पर दोनों के वर्ण्यसामग्री-विषयक दृष्टिकोण और स्वरूपाख्यान में विशेष अन्तर नहीं है—

1. **नायक-नायिका के साधारण गुण**—काव्यशास्त्रीय नायक-नायिका के गुण लगभग वही हैं, जो कामसूत्र में उल्लिखित हैं।[1] नाट्यशास्त्र का वैशिक नामक नायक-भेद कामसूत्र के ही 'रसिक' का संक्षिप्त संस्करणमात्र है।[2]

2. **नायक-भेद**—वात्स्यायन ने नायक का केवल एक ही प्रधान प्रकार माना है, वह है पति।[3] परदारा के साथ गुप्त रूप में सम्बन्ध रखने वाले 'प्रच्छन्न' नायक को इन्होंने गौण स्थान दिया है।[4] ग्रन्थ के 'वैशिकम्' नामक छठे अधिकरण में वेश्यारत नायक का भी इन्होंने उल्लेख किया है। इस प्रकार काव्यशास्त्रों में वर्णित नायक के तीन प्रमुख भेदों—पति, उपपति और वैशिक—के संकेत भी इस ग्रन्थ में उपलब्ध हो जाते हैं।

संस्कृत-काव्यशास्त्रकारों में सन्त अकबरशाह और हिन्दी-काव्यशास्त्रकारों में केशवदास ने प्रच्छन्न और प्रकाश नायकों का उल्लेख किया है।[5] उनका मूल रूप कामसूत्र में वर्णित अन्तःपुरगामी प्रच्छन्न और अप्रच्छन्न भोगों के प्रयोक्ता नायकों[6] में मिल जाता है।

काव्यशास्त्र में निरूपित नायक के अनुकूल आदि चार भेदों में से 'परस्त्री-अभियोग में सिद्धि' (दक्षिण) नायक की चर्चा कामसूत्र में स्पष्ट रूप से हुई हैं;[7] वात्स्यायन-सम्मत 'सम' नायक भी 'दक्षिण' का ही अपर पर्याय है।[8] इसके अतिरिक्त पुरुष के उन व्यवहारों का उल्लेख भी इस ग्रन्थ में यत्र-तत्र हुआ है, जिनके बल पर उन्हें काव्यशास्त्र-सम्मत 'धूर्त' और 'शठ' उपाधियों से 'विभूषित' कर लेना चाहिए।

---

1. कामसूत्र 6.1.12, 13, 14
2. ना.शा. 25.1-8; कामसूत्र 1.4 (सम्पूर्ण)

3,4. का.सू. 1.5.28, 29

5. शृं.मं., पृष्ठ 50; र.प्रि. 2.8, 9, 12, 13, 15, 17
6. का.सू. 5.5.28, 31; 5.1.50
7. का.सू. 5.1.50
8. पुरुषस्तु बहून्दारान् समाहृत्य समो भवेत्। का.सू. 4.2.85

शेष रहा चौथा प्रकार 'अनुकूल' नायक, तो ग्रन्थ की उपसंहार-सूचक दो कारिकाएँ प्रकारान्तर से 'अनुकूल' नायक की ही गुण-गाथा गाती हैं।[1] वात्स्यायन के मत में वस्तुतः अनुकूल नायक ही सर्वश्रेष्ठ है। परिस्थिति के वशीभूत होकर ही पुरुष को प्रच्छन्न (उपपति) नायक के रूप में व्यवहार करना चाहिए, अन्यथा नहीं।[2] ऐसी परिस्थितियों की एक लम्बी सूची[3] प्रस्तुत करके वास्यायन ने सिद्ध करना चाहा है कि प्रच्छन्न नायक इतना कामुक और वासना का दास नहीं होता, जितना की कूटनीतिक रूप में अवसरवादी बन कर परनारी से कपट प्रेम-व्यवहार करके, वह स्वार्थ सिद्ध करना चाहता है।[4] इसके अतिरिक्त काव्यशास्त्रों में वर्णित गुणानुसार नायक के तीन भेदों—उत्तम, मध्यम और अधम का उल्लेख भी कामसूत्र में हुआ है।[5]

3. **नायिका-भेद**—वात्स्यायन ने प्रमुख नायिकाएं तीन मानी हैं—कन्या, पुनर्भू (पुनर्विवाहित विधवा) और वेश्या। गोणिकापुत्र-सम्मत परपरिग्रहीता (पाक्षिकी अथवा परकीया), तथा अन्य आचार्यों द्वारा सम्मत 'तृतीया-प्रकृति' (क्लीब) नायिकाएँ भी इन्हें अस्वीकृत नहीं हैं। चारायण-सम्मत 'विधवा', सुवर्णनाभ-सम्मत 'प्रव्रजिता', घोटकमुख-सम्मत 'गणिका-पुत्री' और 'परिचारिका' तथा गोनर्दीय-सम्मत 'कुलयुवति' नामक नायिकाओं का अन्तर्भाव इन्होंने उपर्युक्त प्रथम चार नायिकाओं में किया है।[6]

वात्स्यायन का 'कन्या' से तात्पर्य शास्त्रानुसार परिणय-योग्य उस सवर्ण बाला से है, जो अन्य-विवाहिता न रही हो।[7] इस प्रकार कामसूत्र में 'कन्या' शब्द प्रकारान्तर से अक्षता, अविवाहिता, सुशीला नायिका का अपर पर्याय है।

वास्यायन-सम्मत उपर्युक्त नायिकाओं का काव्यशास्त्रकारों पर स्पष्ट प्रभाव है। अन्तर केवल यह है कि स्वकीया को काव्यशास्त्रकारों ने अलग माना है, और 'कन्या' को अविवाहिता प्रेयसी के रूप में। परकीया और वेश्या का तो सभी आचार्यों ने उल्लेख किया ही है, 'पुनर्भू' का भी अग्निपुराणकार और भोजराज ने उल्लेख किया हैं।[8] वात्स्यायन-सम्मत 'तृतीया-प्रकृति' नामक नायिका वस्तुतः नारी ही नहीं है। काव्यशास्त्रकारों ने उसे काव्यवर्णन के लिए अनुपयोगी और उसके कामशास्त्रीय जुगुप्सा-व्यंजक कृत्यों को[9] नितान्त घृणित और समाज-गर्हित समझ कर छोड़ दिया होगा।

---

1. **रक्षन्धर्मार्थकामानां स्थितिं स्वां लोकवर्तिनीम्।**
   अस्य शास्त्रस्य तत्त्वज्ञो भवत्येव जितेन्द्रियः।।
   नातिरागात्मकः कामी प्रभुंजानः प्रसिध्यति।। का.सू. 7.2.58, 59
2. **प्रच्छन्नस्तु द्वितीयः विशेषलाभात्।** का.सू. 1.5.29
3. का.सू. 1.5.6.20
4. **इति साहसिक्यं न केवलं रागादेवेति परपरिग्रहगमनकारणानि।** का.सू. 1.5.21
5. का.सू. 1.5.30
6. का.सू. 1.5.4, 5, 22, 23, 24, 25, 26, 27
7. **कामश्चतुर्षु वर्णेषु सवर्णतः शास्त्रतश्चानन्यपूर्वायां प्रयुज्यमानः पुत्रीयो यशस्यो लौकिकश्च भवति।**
   —का.सू. 1.5.1 (वृत्ति)
8. अ.पु. 339.41; सं.क.आ. 5.112
9. का.सू. 1.5.27 (टीकाभाग)

वात्स्यायनेतर आचार्यों में से गोनर्दीय द्वारा सम्मत 'कुलयुवति' को भरत की 'कुलजा' का स्रोत माना जा सकता है।[1]

(क) **स्वकीया**–कामसूत्र के 'कन्या-विस्रम्भणम्' नामक अध्याय[2] में नवोढा को विस्रब्ध करने के उपाय नवविवाहित पुरुष को समझाये गये हैं। इसी प्रसंग को स्वकीया के दो उपभेदों–नवोढा और विस्रब्ध-नवोढा का स्रोत मानना चाहिए। इसी प्रकार कामसूत्र के 'सपत्नी-ज्येष्ठा-कनिष्ठा-वृत्त' नामक प्रकरणों[3] पर ही स्वकीया के दो उपभेदों–ज्येष्ठा और कनिष्ठा का दायित्व है। वात्स्यायन ने ज्येष्ठा पूर्वविवाहिता को माना है, और कनिष्ठा पश्चाद्विवाहिता को। इधर भोजराज से पूर्व किसी भी काव्यशास्त्रकार ने इन दोनों भेदों की स्पष्ट परिभाषा नहीं दी। भोज का दृष्टिकोण वात्स्यायन के मतानुसार ही मान सकते हैं।[8] पर आगे चलकर, सर्वप्रथम भानुमिश्र ने पतिस्नेह की अधिकता एवं न्यूनता के आधार पर इन दो भेदों का स्वरूप निर्धारित करके पूर्वविवाहिता भी बेचारी 'ज्येष्ठा' को स्नेह-न्यूनता की स्थिति में 'कनिष्ठा' मानने के लिए बाध्य कर दिया है।[5]

(ख) **परकीया**–उद्‌बुद्धा और उद्‌बोधिता परकीया नायिकाओं और इन्हीं के अन्तर्गत सुखसाध्या और असाध्या नायिकाओं का मूल स्रोत भी कामसूत्र के अयत्नसाध्ययोषित[6], परिचयसम्पादन (बाह्य तथा आभ्यन्तर-विधि[7] और भावपरीक्षा[8] नामक प्रकरणों में सरलतापूर्वक मिल जाता है। परकीया आदि के अन्य कुलटा आदि भेदोपभेदों के मूल रूप भी कामसूत्र में छिपे पड़े हैं। उदाहरणार्थ, उपर्युक्त 'भावपरीक्षा' प्रकरण ही अवेक्षणीय है।

(ग) **वेश्या**–वेश्या के भोजराज-सम्मत[9] भेदों में से गणिका और विलासिनी का उल्लेख तो कामसूत्र के 'वैशिक' नामक अधिकरण में स्पष्ट रूप से मिल जाता है,[10] शेष भेदों के लिए भी यही अधिकरण अधिकांश रूप से उपजीव्य माना जा सकता है।

4. **अगम्य पुरुष और नारियाँ**–वात्स्यायन ने अगम्य पुरुषों और नारियों का उल्लेख किया है। संस्कृत-काव्यशास्त्रों में सर्वप्रथम रुद्रट और हिन्दी काव्यशास्त्रों में सर्वप्रथम केशव ने अगम्या नारियों की तो सूची प्रस्तुत कर दी है,[11] किन्तु किसी भी आचार्य ने अगम्य पुरुषों की सूची प्रस्तुत नहीं की। इस प्रकार का पक्षपात निःसन्देह अक्षम्य है।

---

1. का.सू. 1.5.25; ना.शा. 145
2. का.सू. 3.2
3. का.सू. 4.2 (पृष्ठ 209-213)
4. स.क.आ. 5.111
5. र.मं. पृष्ठ 44
6. का.सू. 5.1.51, 52;
7. वही 5.3.1-30
8. वही 5.3.1-30
9. स.क.आ. 5.111, 113
10. का.सू. 6.5.25, 26
11. का.अ. 12.14, र.प्रि. 7.46

5. **नायक-सहायक**–काव्यशास्त्रों में निरूपित नायक के चार सहायकों में से तीन सहायकोंपीठमर्द, विट और विदूषक-का स्वरूप वात्स्यायन ने अपने ग्रन्थ के 'नागरिक-वृत्त' नामक अध्याय में प्रस्तुत किया है।[1] चेट अत्यन्त निम्न कोटि का सहायक है। शायद इसी कारण ग्रन्थकार ने इसे यथावर्णित सुरुचिपूर्ण नागरिक के इतर सहायकों के साथ जान-बूझ कर सम्मिलित नहीं किया।

इधर काव्यशास्त्रकारों में से भरत ने पीठमर्द को छोड़कर शेष तीनों को नाट्यशास्त्र में स्थान दिया है।[2] भोज ने शृंगारप्रकाश में पीठमर्द और विट के स्वरूप-निर्धारण में वात्स्यायन का अनुकरण किया है[3], और सरस्वतीकण्ठाभरण में विट के स्वरूपाख्यान में भी उन्होंने वात्स्यायन के ही सूत्र को संक्षिप्त रूप दे दिया है।[4] वात्स्यायन ने सहायकों का विभाजन स्नेह, जाति और गुण के दृष्टिकोण से भी किया है[5]; पर इसे काव्यशास्त्रों में नहीं अपनाया गया।

6. **दूत-दूतियाँ**–दूत-दूतियों के जिन आवश्यक गुणों और सम्पाद्य क्रिया-कलापों का उल्लेख कामसूत्र में हुआ है,[6] लगभग वही सब कुछ काव्यशास्त्रों में उल्लिखित हैं। कामशास्त्र में दूती के निम्नलिखित आठ भेद हैं–निसृष्टार्था, परिमितार्था, पत्रहारी, स्वयंदूती, मूढदूती, भार्यादूती, मूकदूती और वातदूती।[7] इनमें से–प्रथम दो का उल्लेख विश्वनाथ ने किया है।[8] विश्वनाथ-सम्मत तीसरी दूती 'संदेशहारिका' में वात्स्यायन-सम्मत शेष दूतियों का समावेश हो जाता है।

वात्स्यायन-सम्मत स्वयंदूती के दो रूप हैं– (क) नायिका स्वयं अपने लिए नायक से दूतीवत् व्यवहार करे; (ख) नायिका द्वारा प्रेषिता दूती स्वयं ही नायक की नायिका बन जाये।[9] इधर उज्ज्वलनीलमणि में 'स्वयंदूती' का भी उल्लेख हुआ है,[10] तथा अन्य काव्यशास्त्रों में भी ऐसे उदाहरणों का अभाव नहीं है, जिनमें स्वयंदूती के उक्त दोनों रूप उपलब्ध हो जाते हैं।

वात्स्यायन की मूढदूती[11] और भार्यादूती[12] लगभग एक सी हैं। पुरुष का स्वार्थ अपनी भोली-भाली पत्नी द्वारा भी सन्देश भिजवाने से नहीं चूकता। मूकदूती[13] छोटी-सी वह बालिका है, जिसे मुख से कुछ नहीं बोलना; उसका केवल कार्य यह है कि वह उपहार अथवा पत्र आदि का आदान-प्रदान कर दे। वातदूती[14] का काम नायक-नायिका द्वारा द्व्यर्थक शब्दों का एक-दूसरे को सुना देना मात्र है, भले ही वह स्वयं उन अर्थों से अवगत न भी हो।

---

1. का.सू. 1.4.44, 45
2. ना.शा. 35.58
3. शृं.मं. (इण्ट्रो) पृष्ठ 50
4. का.सू. 1.4.45; स.क.आ. 5.170
5,6. का.सू. 1.5.35-37; 4.4.2-28
7. का.सू. 4.4.44
8. सा.द. 3.47
9. का.सू. 5.4.53-55
10. उ.नी.म. पृष्ठ 155-156
11-14. का.सू. 5.4.57-61

उक्त आठ दूतियों में से केवल प्रथम दो ही (और खींचतान कर तीसरी भी) स्वयं वास्यायन द्वारा निर्धारित दूती-स्वरूप[1] पर सुघटित होती है, शेष नहीं। सम्भवतः यही कारण है कि काव्यशास्त्र और नाट्यशास्त्र के किसी भी उपलब्ध ग्रन्थ में शेष दूतियों का नामोल्लेख तक नहीं है।

कामशास्त्रीय नायक-नायिका-भेद[2]

'काम' की पूर्ति पुरुष-नारी द्वारा सम्पाद्य 'सम्प्रयोग' (सम्भोग) के अधीन है। कामशास्त्र का प्रमुख उद्देश्य इन्हीं सम्प्रयोग-सम्बद्ध उपायों का परिज्ञान कराना है।[3] अतः कामशास्त्रीय ग्रन्थों में नायक-नायिका के उक्त काव्यशास्त्रीय भेदों के अतिरिक्त केवल कामशास्त्रीय भेदों का भी उल्लेख है।

कामसूत्र में प्रमाण, भाव और काल के आधार पर नायक-नायिका के प्रमुख तीन-तीन भेद हैं। इन तीनों के पुनः तीन-तीन भेद हैं,[4] तथा इन भेदोपभेदों के परस्परगुणन से नायक और नायिका के अनेक भेद बन जाते हैं।[5] कामसूत्र की जयमंगला टीका के कर्त्ता ने यह संख्या 729 भेदों तक गिना दी है।[6]

कामसूत्र के अतिरिक्त रतिरहस्य, अकाल और पंचसायक नामक कामशास्त्रीय ग्रन्थों में भी उक्त भेदोपभेदों का उल्लेख किया गया है।[7] रतिरहस्य और पंचसायक में यह निरूपण कामसूत्र के अनुसार है, पर अनंगरग में थोड़ा अन्तर है। हरिहर-विरचित 'शृंगारदीपिका' में भी प्रमाण के आधार पर नायक के भेदों का उल्लेख है। हिन्दी के काव्यशास्त्रीय ग्रन्थों में इन भेदों को स्थान नहीं मिला।

नायिका के कामशास्त्रीय प्रसिद्ध चार भेदों— पद्मिनी, चित्रिणी, शंखिनी और हस्तिनी—का उल्लेख कामशास्त्रीय उपलब्ध ग्रन्थों में 'रतिरहस्य' नामक ग्रन्थ में सर्वप्रथम मिलता है।[8] ग्रन्थकार कक्कोक (कोका) पण्डित ने अपने पूर्ववर्ती आचार्य नन्दिकेश्वर को इन भेदों के प्रवर्तक होने का श्रेय दिया है।[9] रतिरहस्य के परवर्ती

---

1. वही 4.4.2-27
2. कामशास्त्रीय नायक-नायिका-भेदों का स्वरूप अति अश्लील होने के कारण यहाँ निरूपित नहीं किया जा रहा। विशेष विवरण के लिए देखिए दिल्ली विश्वविद्यालय के पुस्तकालय में सुरक्षित इस ग्रन्थ-लेखक के शोध-प्रबन्ध 'हिन्दी रीति-परम्परा के प्रमुख आचार्य' की टंकित प्रति (पृष्ठ 341 -347)।
3. **सम्प्रयोगपराधीनत्वात् स्त्रीपुरुषयोरुपायमपेक्षते। सा चोपायप्रतिपत्तिः कामसूत्रादिति वात्स्यायनः।**
—कामसूत्र 1.2.22, 23
4. कामसूत्र 2.1.1-4, 9; 13-15, 17; 18
5. **प्रमाणकालभावजानां संप्रयोगाणामेकैकस्य नवविधत्वात्तेषां व्यतिकरे सुरतसंख्या न शक्यते कर्तुमतिबहुत्वात्।** —कामसूत्र 2.1.66
6. कामसूत्र (जयमंगला टीका), पृष्ठ 77
7. रतिरहस्य, पृष्ठ 36-38, अनंगरंग 1.1-15
8. रतिरहस्य : जात्यधिकार 10-11
9. **तत्र प्रथमं नन्दिकेश्वरगोणिकापुत्रयोर्मताद्यं संग्रहीष्यामः, परतो वात्स्यायनम्।.......
......संक्षेपादिति नन्दिकेश्वरमतात्तत्त्वं किमप्युद्धृतम्।** —रतिरहस्य

''अनंगरंग', 'पंचसायक' आदि ग्रन्थों में भी इन भेदों की चर्चा की गयी है, जो प्रायः रतिरहस्य पर समाश्रित हैं।[1]

नायिका के उक्त भेद-चतुष्टय की कल्पना नारी की व्यक्तिगत विशेषता, शारीरिक गठन और अंगविन्यास के अतिरिक्त उसकी रुचि, प्रकृति और यौन-वासना की विभिन्नता को लक्ष्य में रख कर की गयी है। इन ग्रन्थों में वर्णित पद्मिनी आदि नायिकाओं का स्वरूप कामशास्त्रीय नारी-जगत् के बीच निस्सन्देह विभाजक रेखाएँ सी खींच कर उसे चार प्रमुख भागों में विभक्त कर देता है। ये रेखाएँ हस्तिनी नायिका को स्पष्ट रूप में अन्य तीन नायिकाओं से पृथक् अवस्थिति में खड़ा करके उसे चतुर्थ श्रेणी की नायिका घोषित करती हैं, और शंखिनी को प्रथम दो की अपेक्षा निम्न कोटि की नायिका मानने को बाध्य करती हैं। पर शेष दो नायिकाओं पद्मिनी और चित्रिणी के बीच रेखाएँ इतनी क्षीण हैं कि इनमें से किसी एक को किसी विशेष गुण की अधिकता के बल पर प्रथम कोटि में रख सकना सहज नहीं है। यों, कामशास्त्रीय परम्परा पद्मिनी को सर्वाधिक समादर देती रही है।[2]

पद्मिनी आदि नायिकाओं का स्वरूप मूल रूप में इनकी व्यक्तिगत प्रमुख विशिष्टताओं पर समाधृत है। ये विशिष्टताएँ हैं—पद्मिनी की सुकोमल-हृदयता, चित्रिणी की कलाप्रियता, शंखिनी में सद्गुणों और दुर्गुणों के समान-समावेश के कारण उसकी साधारण स्थिति और हस्तिनी की चपलचित्तता और मतिमन्दता। इन मूलभूत अन्तःप्रवृत्तियों को लक्ष्य में रख कर कक्कोक आदि कामशास्त्रियों ने इसका विभिन्न स्वरूप निर्दिष्ट किया है।

संस्कृत-काव्यशास्त्रियों में श्रीकृष्ण कवि और सन्त अकबरशाह को छोड़ कर किसी भी अन्य प्रसिद्ध अथवा अप्रसिद्ध आचार्य ने इन भेदों को अपने नायिका-भेद-प्रसंगों में स्थान नहीं दिया। हिन्दी के आचार्यों में भी इने-गिने आचार्यों—केशव, देव, सोमनाथ, दास, तोष आदि—ने इन भेदों की चर्चा-मात्र की है। इस अवहेलना के दो कारण सम्भव हैं। एक यह कि लोक में ऐसी नारियों का ढूँढ़ निकालना असम्भव नहीं, तो अत्यन्त कठिन अवश्य है, जिन पर पद्मिनी आदि के सभी गुण पूर्णरूप से घटित हो सकने के कारण उन्हें इन विशिष्ट नामों से अभिहित किया जा सके; और दूसरा कारण यह है कि काव्य-नाटकादि लक्ष्य-ग्रन्थों में भी ऐसी नायिकाएँ दृष्टिगत नहीं होतीं जिन्हें आचार्यों को अपने लक्ष्य-ग्रन्थों में समाविष्ट करने की आवश्यकता पड़ती।

इस प्रकार संस्कृत और हिन्दी के काव्यशास्त्रों में निरूपित नायक और नायिका के अनेक भेदों के लिए कामशास्त्रीय ग्रन्थों को स्रोत-रूप में स्वीकार करने में कोई आपत्ति नहीं की जा सकती। हाँ, कामशास्त्रों में निरूपित इन प्रसंगों के लिए वैद्यक ग्रन्थों को भी स्रोत-स्वरूप स्वीकार किया जा सकता है। इसके अतिरिक्त स्वयं

1. तुलनार्थ—अनंगरंग, 1.10-16; पंचसायक, पद्य 6-6।
2. अनंगरंग 1.1

कामशास्त्रियों द्वारा जगद्व्यवहार का सूक्ष्म अन्वीक्षण, विस्तृत अध्ययन तथा सम्यक् अनुशीलन तो उक्त प्रसंगों का प्रेरक है ही।

4. नायक-नायिका-भेद का समीक्षात्मक अध्ययन

यहाँ तक तो रही नायक तथा नायिका के विभिन्न-भेद-विस्तार की चर्चा अब प्रश्न यह कि इन भेदोपभेदों का पृष्ठाधार क्या है, इनका शृंगार-रस के साथ सम्बन्ध कहाँ तक है तथा ये सब भेदोपभेद सामाजिक रीति-नीति, आचार-व्यवहार एवं दाम्पत्य जीवन आदि की दृष्टि से कहाँ तक ग्राह्य अथवा अग्राह्य हैं?

(क) पृष्ठाधार

लक्ष्य-ग्रन्थों की ही भित्ति पर लक्षण-ग्रन्थों का निर्माण होता है—यह कथन काव्य के अन्य अंगों—शब्दशक्ति, अलंकार, गुण, दोष, रीति, ध्वनि, रस पर तो घटित होता है, पर 'नायक-नायिका-भेद' पर पूर्ण रूप से घटित नहीं होता। यदि लक्ष्य-ग्रन्थों को ही आधार माना जाये तो नायिका के प्रमुख भेदों में से केवल स्वकीया नायिका ही 'नायिका' कहलाने की अधिकारिणी ठहरती है, शेष दो परकीया (परोढा तथा कन्या) और सामान्या नायिकाएँ नहीं, क्योंकि संस्कृत-साहित्य के काव्य और नाटक परकीया और सामान्या नायिकाओं को प्रमुख रूप में उपस्थित नहीं करते। यहाँ वसन्तसेना, वासवदत्ता, शकुन्तला और तारा के विषय में आपत्ति उठायी जा सकती है। किन्तु न मृच्छकटिकम् की वसन्तसेना 'सामान्या' नायिका की शास्त्रीय परिभाषा पर खरी उतरती है और न स्वप्नवासवदत्तम् की वासवदत्ता तथा अभिज्ञानशाकुन्तलम् की शकुन्तला 'कन्या-परकीया' की शास्त्रीय परिभाषा पर। वसन्तसेना को द्रव्य से मोह नहीं और न वासवदत्ता और शकुन्तला का प्रेम संसार से गुप्त है। परोढा नारी (बालि की विधवा पत्नी) तारा के प्रति सुग्रीव का तथावर्णित रति-सम्बन्ध भी सामाजिक के हृदय में काव्यानन्द की उत्पत्ति नहीं करता।

उधर हरिवंश, पद्म, विष्णु, भागवत और ब्रह्मवैवर्त्त पुराणों में वर्णित कृष्ण-गोपी-सम्बन्धी आख्यानों को भी, नायक-नायिका-भेद के पृष्ठाधार के रूप में स्वीकार करना समुचित नहीं है। इस धारणा की पुष्टि में अनेक कारण उपस्थित किये जा सकते हैं। उपलब्ध ग्रन्थों के आधार पर सर्वप्रथम भरत ने कुलजा, कन्या, आभ्यान्तरा (वेश्या), बाह्या (कुलीना) आदि नायिकाओं की ओर संकेत किया। पहले तो यह निश्चित नहीं है कि उक्त सभी अथवा इनमें से कुछ-एक पुराणों के कृष्ण-गोपी-सम्बन्धी आख्यानों की रचना भरत से पूर्व हो चुकी थी, और दूसरे; भरत का नायक-नायिका-भेद-निरूपण किसी भी रूप में कृष्ण-गोपी-सम्बन्ध को सिद्धान्तबद्ध नहीं करता। वैष्णव-परम्परा द्वारा अनुमोदित उज्ज्वलनीलमणि ग्रन्थ का रचयिता रूपगोस्वामी अपने ग्रन्थ में परकीया को तो स्थान देता है, पर सामान्या को नहीं,

किन्तु उधर भरत के नाट्यशास्त्र में वेश्या (आभ्यान्तरा) और स्वकीया (बाह्या अथवा कुलजा) को तो स्थान मिला है, पर परकीया को नहीं। वैष्णव विचारधारा भरत के समय में भिन्न हो, और रूपगोस्वामी के समय में भिन्न—यह धारणा अस्वीकार्य-सी जान पड़ती है। इसके अतिरिक्त कृष्णाख्यानों की परकीयाएँ इकट्ठे मिल कर, ईर्ष्याभाव से रहित होकर, एक ही नायक के प्रति प्रेम-प्रदर्शन कर सकती हैं, किन्तु परम्परागत नायिका-भेद-प्रकरणों में परकीया का ऐसा स्वरूप कहीं भी चित्रित नहीं किया गया।

ऐसा प्रतीत होता है कि भरत को लोक में प्रचलित स्त्री-पुरुषों की विभिन्न प्रकृतियों और उनमें व्यवहारों से प्रेरणा मिली होगी, और इसी आधार पर उन्होंने नायक-नायिका-भेदों का निरूपण किया होगा। इसी प्रसंग में कामशास्त्रों में प्राप्त प्रेरणा की तो उन्होंने चर्चा की है, पर किसी पुराण का उल्लेख नहीं किया। कामशास्त्र का पृष्ठाधार भी निस्सन्देह साधारण जगत् का साधारण स्त्री-पुरुष-व्यवहार है, न कि काव्य, नाटक अथवा आख्यायिका-सम्बन्धी ग्रन्थ-समुच्चय। अतः वस्तुतः, नायक-नायिका- भेद-प्रकरणों का पृष्ठाधार साहित्यिक लक्ष्य-ग्रन्थ न होकर लोक के स्त्री-पुरुषों का पारस्परिक रति-व्यवहार ही है। यह अलग प्रश्न है कि आगे चलकर नायक-नायिका-भेद के आधार पर जयदेव जैसे संस्कृत-कवियों ने गोपी-कृष्ण-सम्बन्धी मुक्तक काव्यों का निर्माण किया और रूपगोस्वामी जैसे आचार्य ने नायक-नायिका-भेद-प्रकरण को कृष्ण- गोपी-व्यवहार की भित्ति पर ही अवलम्बित करके उसमें यथासाध्य परिवर्तन कर दिया, और इधर, हिन्दी का रीतिकालीन कवि नायक-नायिका-भेद-सम्बन्धी पूर्वस्थित धारणाओं को लक्ष्य में रख कर, पूरी दो शताब्दियों तक, मुक्तक रचनाओं का निर्माण करता चला गया।

(ख) नायक-नायिका-भेद और शृंगार रस

नायक-नायिका-भेद का प्रसंग शृंगार रस का विषय रहा है। कारण स्पष्ट है कि स्त्री और पुरुष के पारस्परिक रति-सम्बन्ध पर ही इन भेदों का यह विशाल प्रासाद अवस्थित है। उदाहरणार्थ, ये भेद लीजिए—(1) स्वकीया और परकीया तथा उनसे सम्बद्ध पति और उपपति का मूलाधार प्रणय-संवलित यौन सम्बन्ध है, तो सामान्या तथा उससे सम्बद्ध वैशिक का मूलाधार केवल यौन सम्बन्ध। (2) रति-सम्बन्धी कौशल-प्रदर्शन की न्यूनता अथवा अधिकता के ही बल पर नायक के अनुकूल आदि भेद स्वीकृत हुए हैं, और रति के ही बल पर परकीया के उपपति को नायक भेद में स्थान मिला है; परन्तु इसके अभाव के ही कारण उसके बेचारे विवाहित पति को नहीं। (3) मानवती नायिका के मान करने का कारण केवल एक ही है—नायक द्वारा परनारी के साथ रति-सम्बन्ध; तथा दो सौत स्वकीया नायिकाओं में से एक को ज्येष्ठा और दूसरी को कनिष्ठा कहने का कारण बड़ी अथवा छोटी आयु न होकर पति द्वारा प्राप्त स्नेह की ही अधिकता अथवा न्यूनता है। (4) इसी प्रकार स्वाधीनपतिका

आदि आठ नायिकाएँ नायकगत-स्नेह और रति-सम्बन्ध की प्राप्ति अथवा अप्राप्ति के ही फलस्वरूप विभिन्न अवस्थाओं को प्राप्त होती हैं। (5) नायिका के मुग्धा आदि तीन, धीरादि तीन तथा नायक-नायिका के उत्तम अथवा उत्तमा आदि तीन-तीन भेदों का मूल कारण भी पारस्परिक रति-भाव ही है। (6) संस्कृत के कामशास्त्र के आधार पर हिन्दी के काव्यशास्त्रीय ग्रन्थों में पद्मिनी, चित्रिणी, शंखिनी और हस्तिनी नायिकाओं का भी उल्लेख हुआ है। यह वर्गीकरण युवती के अंगप्रत्यंग की रचना का परिचायक भी है, और इससे बढ़कर उसकी रति-मूलक रुचि और स्वभाव का भी।

निष्कर्ष यह है कि नायक-नायिका-भेद-प्रसंग शृंगार रस का ही एक अंग है। इन भेदोपभेदों की एक ही कसौटी है स्त्री-पुरुष का रति-सम्बन्ध। अतः इस कसौटी पर जो भेदोपभेद खरे नहीं उतरते, उन्हें इस प्रसंग में स्थान नहीं मिलना चाहिए। जैसे, भरत-सम्मत देवताशीला आदि 21 भेदों तथा अन्तःपुर-समाश्रित महादेवी आदि 17 प्रकार की नारियों का नाट्यशास्त्रोल्लिखित स्वरूप उनके रतिसम्बन्ध पर मुख्य रूप से प्रकाश नहीं डालता। यही कारण है कि भरत के उत्तरवर्ती संस्कृत और हिन्दी के किसी भी आचार्य ने इन भेदों का उल्लेख नहीं किया। इसी प्रकार भोज-सम्मत नायक-नायिका के कथावस्तु पर आधृत नायक, प्रतिनायक आदि तथा नायिका, प्रतिनायिका आदि, भेद; मानव-प्रकृति पर आधृत नायक के सात्त्विक आदि भेद; पुनर्भू नायिका के यातायाता तथा यायावरा भेद; और नायक-सहायों के शकार, ललक, पताका, आपताका और प्रकरी नामक भेद आगामी नायक-नायिका-भेद-प्रकारणों में स्थान नहीं पा सके।

इनके अतिरिक्त दो वर्ग और हैं जो रति-सम्बन्ध की कसौटी पर खरे नहीं उतरते—नायक के धीरोदात्तादि चार भेद; तथा नायक-नायिका के दिव्यादि तीन-तीन भेद। धीरोदात्तादि भेद नायक की सामान्य प्रकृति के परिचायक हैं, और दिव्यादि भेद मर्त्यलोक और द्युलोक के स्त्री-पुरुषों में विभाजन-रेखा खींचने का प्रयास करते हैं। स्पष्टतः, इन वर्गों का लक्ष्य रतिसम्बन्ध-द्योतन नहीं है। अतः ये सभी नायक-नायिका-भेद में स्थान पाने योग्य नहीं हैं।

(ग) नायक-नायिका-भेद-परीक्षण

[1]

सामाजिक व्यवहार के आधार पर नायिका के प्रमुख तीन भेद हैं—स्वकीया, परकीया और वेश्या, और इन्हीं भेदों के अनुरूप नायक के भी तीन भेद हैं—पति, उपपति और वैशिक। परकीया का परपुरुष से प्रणय-सम्बन्ध भी है और यौन सम्बन्ध भी, पर वेश्या का पुरुष के साथ केवल यौन-सम्बन्ध है। मम्मट और विश्वनाथ ने परदारा के साथ अनुचित व्यवहार को 'रसाभास' का विषय माना है।[1] जब विषय के प्रकाण्ड पण्डितों द्वारा परकीया के प्रति इतनी अवहेलना प्रकट की गयी है, तो वेश्या के प्रति

इससे भी कहीं अधिक अवहेलना स्वतःसिद्ध है। निस्सन्देह सामाजिक व्यवस्था के परिपालन के लिए तो यही समुचित है। परकीया और वेश्या का भी यदि स्वकीया के ही समान 'नायिका' के रूप में चित्रण किया गया तो यह स्थिति काव्य को निम्न स्तर पर ले जायेगी—सम्भवतः इसी आशंका से ही संस्कृत-साहित्य के लक्ष्यग्रन्थों में परकीया और वेश्या को शास्त्रीय-स्वरूपानुसार काव्य का विषय नहीं बनाया गया। किन्तु फिर भी, काव्यशास्त्रीय ग्रन्थों में नायक-नायिका-भेद के अन्तर्गत इन दोनों नायिकाओं, और उपपति तथा वैशिक नायकों को बहिष्कृत नहीं करना चाहिए, क्योंकि एक तो नायक-नायिका-भेद लोक-व्यवहार तथा कामशास्त्र[2] के ग्रन्थों पर आधृत है, न कि लक्ष्य-ग्रन्थों पर; और दूसरे, 'रसाभास', सामाजिक अनौचित्य के आधार पर, रस की अपेक्षा हीन कोटि का काव्य माना जाता हुआ भी, ध्वनिकाव्य का एक सबल अंग अवश्य है; और गुणीभूतव्यंग्य तथा चित्र-काव्य की अपेक्षा उच्च धरातल पर अवस्थित किया। गया है। अतः नायिका-भेदों में परकीया और वेश्या भी अपना महत्त्वपूर्ण स्थान रखती हैं।

उक्त तीन नायिकाओं के अतिरिक्त सामाजिक व्यवहार पर आधृत इस वर्ग के अन्तर्गत संस्कृत के आचार्यों में भरत ने कृतशौचा, और अग्निपुराणकार तथा भोज ने पुनर्भू नायिकाओं को भी सम्मिलित किया है; पर इन दोनों का अन्तर्भाव स्वकीया नायिका में बड़ी सरलता के साथ किया जा सकता है। अतः इन्हें अलग नहीं मानना चाहिए।

[2]

स्वकीया नायिका के तीन उपभेद हैं—मुग्धा, मध्या और प्रगल्भा। वयः तथा तत्प्रसूत लज्जा—इन दो आधारों पर मुग्धा के कुल चार भेद हैं— अज्ञातयौवना और ज्ञातयौवना तथा अविश्रब्ध-नवोढा और विश्रब्ध-नवोढा। अन्तिम दो भेद स्वाभाविक और सम्भव हैं; पर प्रथम दो भेदों पर हमें आपत्ति है। अज्ञातयौवना मुग्धा और उसके पति के बीच स्नेहव्यवहार-वर्णन उभयपक्षीय न होकर लगभग एकपक्षीय है, तथा दोनों में रतिजन्य यौन-सम्बन्ध का वर्णन क्रूरता, प्रकृति-विरुद्धता तथा अनाचार का सूचक है। अतः 'अज्ञात-यौवना' भेद शरीरविज्ञान-सम्मत न होने के कारण ग्राह्य नहीं है, और इस दृष्टि से उसके विलोम रूप में परिगणित 'ज्ञातयौवना' भेद की स्वीकृति भी स्वतः निषिद्ध हो जाती है।

[3]

परकीया नायिका के दो उपभेद हैं—परोढा और कन्या। ये दोनों नायिकाएँ नायक के प्रति प्रच्छन्न रूप से स्नेह निभाती चलती हैं। इनमें से परोढा तो निस्सन्देह परकीया है, पर 'कन्या' को इस कारण परकीया कहना कि वह 'पिता आदि के अधीन' रहती

---

1. का.प्र., 5.111 (वृत्ति-भाग); सा.द., 3.262, 263
2. देखिए प्रस्तुत ग्रन्थ पृष्ठ 304-310।

है[1], युक्तिसंगत नहीं है। नायक-नायिका-भेद मूलतः रति-सम्बन्ध पर अवलम्बित है। परोढा और उसके पति का पारस्परिक रति-सम्बन्ध सामाजिक दृष्टि से ही सही, प्रत्यक्ष है। अतः वह परकीया कहाने योग्य है, किन्तु कन्या और उसके पिता के बीच पोषक-पोष्य-सम्बन्ध के बल पर कन्या को परकीया कहना अवश्य खटकता है। अतः कन्या को परकीया का उपभेद न मानकर स्वतन्त्र भेद मानना समुचित है। संस्कृत के आचार्यों में वाग्भट ने यही किया है। हाँ, यह अलग प्रश्न है कि बाद में उसी पुरुष से विवाह-सम्बन्ध स्थापित हो जाने पर वह स्वकीया, अथवा किसी अन्य पुरुष से विवाह-सम्बन्ध स्थापित हो जाने पर भी उसी अथवा किसी अन्य के साथ गुप्त मिलन निभाते चले जाने की अवस्था में वह परकीया कहाये, पर वर्तमान परिस्थिति में तो उसे परकीया नहीं कहना चाहिए। इस प्रकार सामाजिक व्यवहार के आधार पर नायिका के चार प्रमुख भेद होने चाहिए—स्वकीया, परोढा (परकीया), कन्या और सामान्या, तथा इनके अनुरूप नायक के तीन भेद—पति, जार और वैशिक। परोढा और कन्या से प्रच्छन्न रति-सम्बन्ध रखने वाले पुरुष को 'उपपति' नाम से अभिहित करना 'पति' शब्द का तिरस्कार है। अतः उसे उपपति के स्थान पर 'जार' की संज्ञा मिलनी चाहिए। नायक के प्रमुख चार भेदों में से अनुकूल का सम्बन्ध केवल पति के साथ मानना चाहिए, और दक्षिण, धृष्ट तथा शठ का जार और वैशिक के साथ। भानुमिश्र ने ये चारों भेद पति और उपपति के स्वीकार किये हैं, पर वस्तुतः ये नायक के सामान्य भेद हैं।[2]

[4]

संस्कृत के आचार्यों में भोजराज और हिन्दी के आचार्यों में सोमनाथ ने मुग्धा आदि तीन उपभेदों का सम्बन्ध परकीया (परोढा और कन्या) के साथ भी स्थापित किया है। हम इनके साथ आंशिक रूप से सहमत हैं। मुग्धा नायिका का यथानिरूपित शास्त्रीय स्वरूप उसे परकीयात्व में धकेलने से बचाये रखने में नितान्त समर्थ है। केवल मध्या और प्रगल्भा अवस्थाओं में पहुँची हुई नारियाँ ही परकीयात्व की ओर फिसल सकती हैं। अतः मानव-मन के ऐक्य के आधार पर परकीया के भी मध्या और प्रगल्भा भेद सम्भव हैं, पर मुग्धा के नहीं। इसी सम्बन्ध में एक बात और! इधर हिन्दी-आचार्यों ने भानुमिश्र के अनुकरण में एक ओर तो मध्या और प्रगल्भा नायिकाएँ केवल स्वकीया के साथ सम्बद्ध की हैं; और साथ ही दूसरी ओर इन दोनों नायिकाओं के मान के आधार पर धीरा आदि तीन उपभेद स्वकीया के अतिरिक्त परकीया के साथ भी जोड़े हैं। उनकी ये मान्यताएँ परस्पर-विरोधी अवश्य हैं, पर

1. **कन्यायाः पित्राद्यधीनतया परकीयता**। र.म., पृष्ठ 51
2. **अनूढा च स्वकीया च परकीया पणांगना**। वा.अ. पृष्ठ 10

इनसे प्रकारान्तर से उपर्युक्त धारणा की पुष्टि होती है कि मध्या और प्रगल्भा भेद परकीया के भी सम्भव हैं।

[5]

नायक के व्यवहार से उद्भूत अवस्था के आधार पर नायिका के स्वाधीनपतिका आदि आठ भेद हैं। इनके शास्त्र-निरूपित स्वरूप से स्पष्ट है कि–

(क) आठों प्रकार की ये नायिकाएँ अपने-अपने प्रियतमों के प्रति सच्चा स्नेह रखती हैं। 'कुलटा' परकीया का इनमें कोई स्थान नहीं है।

(ख) विप्रलब्धा और खण्डिता नायिकाएँ अपने-अपने नायकों की प्रवंचना की शिकार हैं, और शेष छहों को पूर्ण स्नेह सम्प्राप्त है।

(ग) स्वाधीनपतिका और खण्डिता को छोड़कर शेष सभी नायिकाओं के नायक इनसे दूर हैं, और ये उनसे सम्मिलन के लिए समुत्सुक हैं।

(घ) स्वाधीनपतिका सर्वाधिक सौभाग्यवती है–उसका नायक सदा उसके पास है। मिलन-वेला समीप होने के कारण वासकसज्जा और अभिसारिका का सौभाग्य दूसरे दरजे पर है और मिलन-आशा पर जीवित विरहोत्कण्ठिता और प्रोषितभर्तृका का सौभाग्य तीसरे दरजे पर।

(ङ) विप्रलब्धा और खण्डिता दुर्भाग्यशालिनी हैं–पहली का नायक परनारी सम्भोग के लिए चल दिया है, और दूसरी का नायक सम्भोग के अनन्तर ढीठ बनकर उसके सामने आ खड़ा है। सबसे दयनीय दशा बेचारी कलहान्तरिता की है–चाटुकारिता करने वाले भी नायक को पहले तो इसने घर से निकाल दिया है और अब बैठी पछता रही है।

[6]

पुरुष और नारी की मनःस्थिति के साम्य के कारण 'स्वाधीनपत्नीक आदि आठों भेद नायक के भी सम्भव हैं'–इसी स्वाभाविक शंका को भानुमिश्र ने उठा कर उसका खण्डन स्वयं कर दिया है। उनके मतानुसार 'नायक के उक्त खण्डित, विप्रलब्ध आदि भेद सम्भव नहीं हैं। काव्य-परम्परा नायक के ही शरीर पर अन्य नारी-सम्भोगजन्य चिह्नों और उन चिह्नों के आधार पर उसकी धूर्तता पर आशंकित हो कर नायिका द्वारा ही मान-प्रदर्शनों का वर्णन करती चली आयी है। पर इसकी विपरीत स्थिति में, अर्थात् नायिका के शरीर पर रति-चिह्नों के प्रकट होने की स्थिति में, काव्य का यह विषय (शृंगार) रस की कोटि में न आकर (शृंगार) रसाभास की कोटि में आ जायेगा।'[1] किन्तु देखा जाये तो सत्य इससे भी कहीं अधिक कटु है। नारी भले ही पुरुष की धूर्तता को सहन कर ले; फिर मान-प्रदर्शन द्वारा उसे कुछ काल में लिए तड़पा ले और इस प्रकार उसे और भी अधिक रति-जन्य आनन्द प्रदान करने का कारण बन जाये, पर पुरुष का पौरुष स्त्री के शरीर पर रति-चिह्नों को देखकर

प्रतिकार उन्मत्त हो, रक्त की नदी बहाने के लिए हुंकार कर उठेगा और तब यह काव्य-वर्णन शृङ्गार-रसाभास के स्थान पर रौद्र-रसाभास के रूप में परिणत हो जायेगा।

फिर भी, उक्त आठ अवस्थाओं में से प्रोषितावस्था नायक पर भी घटित हो सकती है। परदेश में गये पति, उपपति और वैशिक का अपनी-अपनी प्रेयसियों की विरहाग्नि में जलना उतना ही स्वाभाविक है जितना कि प्रोषित-पतिका स्वकीया अथवा परकीया का। भानुमिश्र ने इसी कारण नायक के तीन अन्य भेद भी गिनाये हैं– प्रोषितपति, प्रोषितोपपति और प्रोषितवैशिक।[2] हिन्दी-आचार्यों में प्रतापसाहि ने प्रोषितपति की चर्चा की है। मेघदूत का यक्ष प्रोषितपति का स्पष्ट उदाहरण है।

[7]

हिन्दी के आचार्यों में सोमनाथ ने नायिका के भानुमिश्र-सम्मत तीन अन्य भेदों– अन्यसम्भोगदुःखिता, मानवती और गर्विता के भी लक्षणोदाहरण प्रस्तुत किये हैं। पर भानुमिश्र और सोमनाथ के विवेचन से इन भेदों के आधार के विषय में कुछ भी ज्ञात नहीं होता। सम्भवतः, यह आधार 'नायक-कृतापराध-जन्य प्रतिक्रिया' है। प्रथम दो भेदों पर तो यह आधार निस्सन्देह घटित हो जाता है। गर्विता पर भी, जिसके भानुमिश्र और सोमनाथ ने दो उपभेद–रूपगर्विता और प्रेमगर्विता–गिनाये हैं, यह आधार कुछ सीमा तक घटित हो सकता है। ऐसी नायिकाओं की संख्या में भी कभी कमी नहीं रह सकती, जो दुःखिता और मानवती होकर पराजित होने की अपेक्षा, अपने रूप और प्रेम के गर्व पर, अपराधी नायक को सुमार्ग पर लाने का सुप्रयास करती रहती हैं। फिर भी, 'गर्विता' नायिका का यह आधार इतना सुपुष्ट नहीं है।

भानुमिश्र और सोमनाथ ने इस ओर भी कोई संकेत नहीं किया कि अन्यसंयोगदुःखिता, मानवती और गर्विता, ये तीन भेद, नायिका के धर्मानुसार स्वकीयादि भेदों अथवा अवस्थानुसार स्वाधीनपतिकादि भेदों में से किस-किस के साथ सम्बद्ध हैं। हाँ, भिखारी दास ने 'गर्विता' होने का सौभाग्य तो 'स्वाधीनपतिका' को दिया है और 'अन्य-सम्भोग-दुःखिता' तथा 'मानवती' होने का दुर्भाग्य खण्डिता को। उनकी इस धारणा से हम सहमत हैं।

अब प्रश्न रहा इन भेदों को स्वकीया आदि भेदों के साथ सम्बद्ध करने का। हमारे विचार में वेश्या के साथ प्रथम दो भेद तो सम्बद्ध नहीं किये जा सकते। 'रूपगर्विता' भेद भले ही वेश्या के साथ सम्बद्ध हो जाये, पर बाह्य रूप से प्रणयभाव दिखाने वाली वेश्या के साथ 'प्रेमगर्विता' भेद को भी सम्बद्ध करना बेचारे वैशिक को आत्मप्रवंचना का शिकार बनाना है।

---

1. ....**अन्यसम्भोगचिह्नत्वं वा नायकानाम् न तु नायिकानाम्। तान् प्रति तदुद्भावनेरसाभासापत्तिरिति।**
र.मं. पृष्ठ 189

2. रु.मं. पृष्ठ 185

शेष रहीं स्वकीया और परकीया नायिकाएँ। मुग्धा स्वकीया के लिए उसकी मुग्धता वरदान के समान है। अतः पतिकृत अपराध से उत्पन्न प्रतिक्रिया के परिणामस्वरूप यह नायिका मानसिक वेदना से बची रहती है, तथा मान, गर्व आदि हाव-भावों के मिथ्या प्रदर्शनों से भी। शेष रहीं मध्या और प्रगल्भा स्वकीयाएँ। निस्सन्देह उक्त अन्यसंयोगदुःखिता आदि तीनों भेद इन दोनों से ही सम्बद्ध हैं, मुग्धा स्वकीया से नहीं हैं। इनकी समझदारी इन्हें उक्त वेदनाओं को झेलने के लिए बाध्य करती रहती है। परकीया पर भी ये तीनों भेद घटित हो सकते हैं। माना कि परकीया अपनी और अपने प्रिय की लम्पटता से भली–भाँति परिचित है, किन्तु नारी-सुलभ सौतिया-डाह के कारण उसे भी अपने प्रिय का अपराध उतना ही उद्विग्न और विह्वल करता है जितना स्वकीया को।

[8]

संस्कृत के आचार्यों में रुद्रट के समय से ही विभिन्न आधारों पर आधृत नायक-नायिका-भेदों को परस्पर गुणन-प्रक्रिया द्वारा अधिकाधिक संख्या तक पहुँचाने की प्रवृत्ति रही है। निम्नांकित अंकों से हमारे इस कथन की पुष्टि हो जायेगी। रुद्रट ने नायक 4 माने हैं और नायिकाएँ 384; भोजराज ने 104 और 143; विश्वनाथ ने 48 और 384; भानुमिश्र ने 12 और 354 तथा रूपगोस्वामी ने 96 और 360। किन्तु, वस्तुतः, यह गुणन-प्रक्रिया तर्क और बुद्धि की कसौटी पर खरी नहीं उतरती। इस धारणा के लिए बहुप्रचलित विश्वनाथ-सम्मत नायक-भेदों और भानुमिश्र-सम्मत नायिका-भेदों पर विचार करना अपेक्षित है।

विश्वनाथ ने 48 नायक-भेद माने हैं—धीरोदात्तादि 4 × अनुकूलादि 4 × उत्तमादि 3=48। पर यह सम्बन्ध युक्तिसंगत नहीं है। प्रथम तो धीरोदात्तादि भेद केवल शृङ्गार रस की कथावस्तु से सम्बद्ध न होकर सभी रसों की कथावस्तु से सम्बद्ध हैं, अतः विरोधी रसों में इनका परस्पर-संयोजन समुचित नहीं है। दूसरे, राम जैसे धीरोदात्त नायक को दक्षिण, धृष्ट और शठ नामों से, और उदयन जैसे धीरललित नायक को कभी केवल 'अनुकूल' नाम से अभिहित करना परम्परापुष्ट आख्यानों और मनोविज्ञान दोनों की दृष्टि से उचित नहीं है। यही कारण है कि संस्कृत आचार्यों में वाग्भट द्वितीय ने केवल धीरललित नायक के अनुकूलादि चार भेद माने हैं; शेष तीन नायकों के नहीं। किन्तु धीरललित भी इन चारों भेदों के साथ सदा सम्बद्ध हो सके—यह निश्चित नहीं है। इसी प्रकार विश्वनाथ-मतानुसार धीरोदात्त और अनुकूल को मध्यम और अधम भी मानना तथा धृष्ट और शठ को उत्तम भी कहना न्याय-संगत नहीं है।

अब भानुमिश्र-सम्मत नायिका-भेदों को लें। उन्होंने नायिका के 384 भेद माने हैं—स्वकीया, परकीया और सामान्या के (13+4+1=) 16 भेद x स्वाधीनपतिका आदि 8 भेद x उत्तमादि 3 भेद = 384 भेद। परन्तु गुणन-प्रक्रिया द्वारा उक्त पारस्परिक गठबन्धन मनोविज्ञान की कसौटी पर खरा नहीं उतरता। स्वाधीनपतिका आदि

सभी नायिकाएँ अपने-अपने प्रियतमों के प्रति सच्चा स्नेह रखती हैं। अतः सामान्या नायिका अपने शास्त्रीय स्वरूप के आधार पर किसी भी अवस्था में इन आठ भेदों में से किसी के साथ सम्बद्ध नहीं की जा सकती। स्वकीया और परकीया के साथ भी ये सभी नायिकाएँ सम्बद्ध नहीं की जा सकतीं। स्वाधीनपतिका नायिका केवल स्वकीया ही हो सकती है और अभिसारिका केवल परकीया ही। शेष छहों नायिकाओं का सम्बन्ध स्वकीया और परकीया दोनों के साथ है।[1] इसी प्रकार उत्तमा, मध्यमा और अधमा भेद स्वकीया तथा परकीया पर तो घटित हो सकते हैं, पर सामान्या पर किसी भी रूप में नहीं। उससे स्नेह-पूर्ण हित की आशा रखना अथवा अहित की आशंका करना व्यर्थ है। केवल संख्यावृद्धि के विचार से गुणन-प्रक्रिया का आश्रय एक खिलवाड़ मात्र है, बुद्धि-संगत और तर्क-परिपुष्ट नहीं है।

नायक-नायिका-भेद और पुरुष

नायक-नायिका-भेद-निरूपण में पुरुष का स्वार्थ पद-पद पर अंकित है। नारी उसके विलासमय उपभोग की सामग्री के रूप में चित्रित की गयी है। एकाधिक नारियों के साथ रतिप्रसंग तो मानो पुरुष का जन्मसिद्ध अधिकार है। 'परकीया' नायिका पर भी यह लांछन लगाया जा सकता है कि वह परपुरुष से प्रेम-सम्बन्ध रखती है; पर शास्त्रीय आधार के अनुसार उसका परकीयात्व इसी में है कि वह अपने पति को स्नेह से वंचित रखकर केवल एक ही परपुरुष की वासना-तृप्ति का साधन बने, भले ही वही पुरुष अनेक स्त्रियों का उपभोक्ता भी क्यों न हो। एकाधिक पुरुषों के साथ रति-प्रसंग करने पर काव्यशास्त्र नारी को तो 'कुलटा' नाम से कुख्यात कर देता है, किन्तु परनारी-रत दक्षिण, धृष्ट और शठ नायकों के प्रति शास्त्र ने ऐसा कोई तिरस्कार-सूचक भाव प्रकट नहीं किया। निस्सन्देह यह पुरुष के प्रति पक्षपात है।

निरपराध भी, सौत स्वकीया नायिका, पुरुष के स्वार्थ से विमुक्त नहीं हो सकी। वह अपने समादर के लिए पति के प्रेम की भिखारिणी है। 'ज्येष्ठा' कहाने का अधिकार उसे तभी मिलेगा, जब उसे दूसरी सौत की अपेक्षा पति का अधिक स्नेह प्राप्त है, अन्यथा वह 'कनिष्ठा' ही बनी रहेगी—चाहे वह आयु में ज्येष्ठा भी क्यों न हो, और उसका विवाह पहले भी क्यों न सम्पन्न हो चुका हो।

---

1. संस्कृत के काव्यशास्त्रों में हेमचन्द्र के काव्यानुशासन (पृष्ठ 370) में परकीया की केवल तीन अवस्थाएँ मानी गयी हैं—विरहोत्कण्ठिता, विप्रलब्धा तथा अभिसारिका; और शारदातनय के भावप्रकाश (पृष्ठ 95, पद्य 11-14) में अन्या (वेश्या) की केवल तीन अवस्थाएँ—विरहोत्कण्ठिता, अभिसारिका और विप्रलब्धा। पर इन आचार्यों की ये धारणाएँ भी तर्क की कसौटी पर पूरी नहीं उतरतीं। परकीया की अन्य अवस्थाएँ भी सम्भव हैं, और वेश्या की उपरिवर्णित अवस्थाओं में से तो एक भी अवस्था सम्भव नहीं है।

पुरुष के स्वार्थ का एक और नमूना है 'मुग्धा स्वकीया' का 'अज्ञात-यौवना' नामक उपभेद। 'अज्ञात-यौवना मुग्धा' तो नायक के विलास का साधन बनकर सरस काव्य का विषय बन सकती है, पर इधर 'सांकेतिक चेष्टाज्ञान-शून्य, अनभिज्ञ' नायक का वर्णन काव्य में रसाभास का विषय माना गया है[1]; आखिर अज्ञात-यौवना के यौवन के साथ यह खिलवाड़ क्यों?

नारी की दुर्दशा का एक दृश्य और। यह पुरुष का ही साहस हो सकता है कि वह रात भर परनारी के साथ उपभोग के पश्चात् प्रातःकाल होते ही, रतजगे के कारण, आँखों में लालिमा और नारी-नेत्र-चुम्बन के कारण ओष्ठों पर काजल की कालिमा तथा अन्य रतिचिह्नों के साथ बेचारी स्वकीया के सम्मुख ढीठ बनकर आ खड़ा हो जाये, और 'उत्तमा' नायिका को इतना भी अधिकार न हो कि वह उसके अनिष्ट की जरा भी कल्पना कर सके, अन्यथा वह 'मध्यमा' अथवा 'अधमा' के निम्न स्तर पर जा गिरेगी।

आचार्यों ने ऐसी 'पीड़ित' नारियों को मान करने का अधिकार अवश्य दिया है। पर इसमें भी पुरुष का स्वार्थ छिपा हुआ है। रिरंसा (रमणेच्छा)-पूर्ति के लिए पादस्पर्शनपूर्वक नायिका को मनाना नायक को और भी अधिक आनन्द देता है। धीरा, अधीरा और धीराधीरा नायिकाओं के मानमिश्रित विभिन्न कोप-प्रदर्शनों में भी नायक विभिन्न प्रकार के सुखों का अनुभव करता है। 'वक्रोक्तिगर्विता' और 'सौन्दर्यगर्विता' नायिकाओं का गर्व इन नायिकाओं को मानसिक शान्ति दे अथवा न दे, किन्तु नायक की वासना को प्रदीप्त करने का साधन अवश्य बन जाता है। इन मान-प्रदर्शनों और गर्वोक्तियों से नायक की रिरंसा और भी अधिक वेगवती हो उठती है।

मानवती नायिका चाहे जितना भी तड़पा ले, किन्तु शास्त्रीय दृष्टि से अन्त में उसे मान की शान्ति अवश्य कर लेनी चाहिए, अन्यथा काव्य का यह प्रसंग रसाभास और अनौचित्य का विषय बन जायेगा।[2] अत्यधिक आवेश के कारण यदि वह क्रोध में आकर नायक को कभी घर से बाहर निकाल देती है, तो उसके चले जाने के बाद 'कलहान्तरिता' के रूप में पश्चात्ताप करना और झुँझलाना भी नायिका के ही 'भाग्य' में लिखा है। भला 'बेचारे' नायक का यह 'सौभाग्य' कहाँ कि वह पश्चात्ताप की अग्नि में झुलसता फिरे! 'खण्डिता' और 'अन्यसम्भोगदुःखिता' बनना भी नायिका के माथे पर लिखा है, और किसी 'क्रूर' नायक की वासना का शिकार बनकर नखक्षत, दन्तक्षत आदि से जन्य 'पीड़ा' का सहन करना भी।

इसी प्रसंग के सम्बन्ध में एक बात और! काव्यशास्त्र ने पुरुष को तो चेतावनी दे दी है कि अमुक नारियाँ सम्भोग के लिए 'वर्ज्या' हैं; पर पुरुषों की ऐसी सूची

---

1. **अनभिज्ञो नायको नायकाभास एव।** (र.मं. पृष्ठ 187)
2. **असाध्यस्तु, रसाभासः।** (र.मं. पृष्ठ 83)

प्रस्तुत न कर काव्याचार्यों की नारी की कोमल भावनाओं को ठेस पहुँचाने का अधिकार वर्ज्य और अवर्ज्य दोनों प्रकार के पुरुषों को प्रकारान्तर से दे दिया है। पुरुष के हाथ में लेखनी हो और वह नायक-नायिका-भेद जैसे रसीले निरूपण में अपनी स्वार्थ-सिद्धि की पूर्ति के लिए सिद्धान्त-निर्माण न करे, ऐसे अवसर से हाथ धो बैठना भी तो उसके लिए कम दुर्भाग्य का विषय न होता!

5. नायक-नायिका-भेदों के उदाहरण

नायक और नायिका के भेदों और उपभेदों से सम्बन्धित शास्त्रीय और शुष्क पथ-चर्या के बाद, आइए, अब इनकी कतिपय सरस वीथियों का अवगाहन करें।

[1]

नायक-भेदों में एक भेद **अनुकूल-नायक** है। वह एक-पत्नी-निष्ठ होता है। पत्नी भी उसकी निष्ठा पर सदा पूर्णतः आश्वस्त रहती है। अपनी पत्नी के हर दुःख-सुख का साथी, यह नायक पर-नारी की ओर आँख उठाकर भी नहीं देखता। अपनी पत्नी के प्रति उससे कोई अपराध तक नहीं बन पड़ता, और इस प्रकार उसकी पत्नी को मान करने का अवसर तक नहीं मिल पाता—उसकी यह 'हवस' (प्रबल इच्छा) मन-ही-मन में रह जाती है—

नारी पराई तें बोलिबो कौ कहै, क्यों हूँ न काहु कों भूलि हू हेरे।
मेरे लखै मन वेई औ मैं हूँ, लियो उनको लिखे चित्र हियेरे।।
बाँधि सकै उनकौ मन कौ, बँध्यौ रैन-दिना रहै मेरेई नेरे।
लेस नहीं उनमें अपराध कौ, मान की हौंस रही मन मेरे।।

ऐसा ही एक अनुकूल नायक का एक चित्र और देखिए। वह अपनी प्रेयसी के पीछे-पीछे डोलता फिरता है,... बार-बार उसका घूँघट खोल आनन्द-विभोर होता है,...भूल कर भी किसी की ओर नहीं देखता... और अपनी 'इन्दुवदनी' के मुख पर आयी पसीने की बूँदों को कमल के पत्ते से हवा दे-दे कर सुखाता रहता है—

पीछे पीछे डोलत है, सामुहे ह्वै बोलत है, खोलत है घूँघट सु प्रानन पुखोत है।
पग पग मग में बिछाय प्रेम पाँवड़े से, धोखेहू न भूल्यौ देखादेखी में धुखोत है।।
देव सखियान की स्यराई अँखियाँन देखि, देखि निसिदिन अनदेखे न दुखोत है।
इन्दुवदनी के इन्दु इन्दु से बदन श्रम-बिंदुन गोबिंद अरबिन्दन सुखोत है।

(शब्दरसायन, षष्ठ प्रकाश, देव)

और इधर ठीक यही स्थिति स्वकीया नायिका की भी होती है। वह भी इतनी अधिक पतिव्रता होती है कि पर-पुरुष की ओर आँख तक नहीं उठाती। एक स्वकीया नायिका तो अपने पति द्वारा स्वयं अपने ही दिखाये हुए चित्र को इस भय से नहीं देखती कि कहीं उसमें पुरुष का दर्शन न हो जाये—

तौ हित सुन्दर देवन की लिखवाई सबी मनिमन्दिर माँहीं,
कौतुक हेत सहेत सबै सो करी जिन पीतम तो चित चाहीं।
जानी परी न कछू हमकौं मति पाई भटू तैं कहाँ किहि पाहीं,
देखी अनोखी नई नवला यह काहे तें चित्र विलोकत नाहीं।।

(व्यंग्यार्थकौमुदी, 15, प्रतापसाहि)

स्वकीया नायिका का एक स्थल और—

गतागतकुतूहलं नयनयोरपांगविधि
स्मितं कुलनतभ्रुवामधर एव विश्राम्यति।
वचः प्रियतमश्रुतेरतिथिरेव कोपक्रमः
कदाचिदपि चेत्तदा मनसि केवलं मज्जति।। (रसमंजरी, 3)

(कुछ-कुछ झुकी भौंहों वाली इन कुलीना नारियों के नेत्रों के कटाक्षों का कुतूहल केवल अपाङ्गों (पार्श्व-भागों) तक ही सीमित रहता है, इनकी मुस्कान केवल अधरों तक ही टिकी रहती है; इनकी वाणी अपने प्रियतम के ही कानों की अतिथि बनकर रह जाती है, और कोप या मान का भाव कभी उत्पन्न होता भी है तो वह मन में ही विलीन हो जाता है, बाहर प्रकट नहीं होता।)

लगभग इसी आशय का एक पद्य और लीजिए—

छूने में हिचक, देखने में पलकें आँखों पर झुकती हैं।
कलरव-परिहास-भरी गूँजें अधरों तक सहसा रुकती हैं।

(कामायनी, लज्जा-सर्ग)

और अब **अनुकूल नायक** और **स्वकीया नायिका** का एक चित्र एक ही साथ देखिए—

यदेव रोचते मह्यं तदेव कुरुते प्रिया।
इति वेत्ति, न जानाति तत्प्रियं यत्करोति सा।।

(मेरी प्रिया तो इतना जानती है कि वह वही कुछ करती है जो मुझे रूचिकर है, किन्तु वह यह नहीं जानती कि वह जो कुछ भी करती है वही मुझे प्रिय है।)

स्वकीया नायिका का एक भेद है—**नवोढा** अर्थात् नवविवाहिता। उसके लज्जा-जन्य व्यापारों का यह एक चित्र देखिए—

हस्ते धृतापि शयने विनिवेशिताऽपि,
क्रोडे कृतापि यतते बहिरेव गन्तुम्।
जानीमहे नववधूरथ तस्य वश्या
यः पारदं स्थिरयितुं क्षमते करेण। (रसमंजरी, 7)

(नायक अपने मित्र से अपनी नवोढा वधू का वर्णन करते हुए कहता है— हाथों में थमे जाने पर भी, अथवा शय्या पर बिठा देने पर भी, अथवा गोद में दबा लेने पर भी, वह शय्या-गृह से बाहर जाने का प्रयत्न करती है। सच तो यह है कि

नववधू को तो वही पुरुष वश में कर सकता है जो अपने हाथों से पारे को स्थिर कर सकने में समर्थ हो।)

जो नायिका परपुरुष से प्रेम करती है वह **परकीया** कहाती है। विवाहिता परकीया ऊढा कहाती है और अविवाहिता अनूढा।

एक परकीया गोपिका की साँप-छछूँदर की सी गति है। कृष्ण से प्रीति निभाए तो 'पातिव्रत्य' भंग होता है तथा समाज में कलंक भी लगता है, और यदि पातिव्रत्य निभाए तो कृष्ण से प्रीति नहीं निभती–

प्रीति पतिव्रत सों बल बैर कहौ केहि भाँति भटू भ्रम भागै,
काज सरै तो लजाति हौं लाजन, लाज सरै तो बिदा हित माँगै।
ह्वै रही साँप-छछूँदर की गति, काम अकाम हिये अनुरागै,
ऐसो उपाय बताय सखी, हरि अंक लगै पै कलंक न लागै।।

केवल धनसंग्रह के लिए रूप एवं यौवन का विक्रय करने वाली नायिका सामान्या (गणिका, वेश्या) कहाती है।

निम्नोक्त पद्य में स्वर्ण अथवा सुवर्ण ('सुबरन') शब्द का श्लेषपरक अर्थ लेकर कवि ने गणिका को स्वर्णमय बनाने का एक अच्छा प्रयास किया है–

तन सुबरन, सुबरन बसन, सुबरन उकति उछाह।
धनि सुबरन में ह्वै रही, सुबरन ही की चाह।।

एक अन्य वेश्या की 'चाह' केवल यही है कि वह वैशिक के अरमानों की परवाह न कर उसकी मोतियों की माला हथिया ले–

लाल चाहै जिय सों कै बाल मेरे हिय लागै।
बाल चाहै हिय सों कै माल लीजै पिय कौं।।

और एक अन्य गणिका की धन-लोलुपता तो देखिए कि उसे 'माधवी पुष्प' के अतिरिक्त अन्य कोई भी पुष्प नहीं भाता, क्योंकि 'माधवी' शब्द 'धनी' का पर्यायवाची जो सिद्ध हो सकता है (मा=लक्ष्मी, धव=पति, ई प्रत्यय)।

और फूल सूल सम लागत निहारें मोहि,
माधवी मधुर फूल ल्यावै क्यों न आली, हेर। (व्यंग्यार्थकौमुदी)

[2]

मुग्धा नायिका का वर्णन प्रायः वयःसन्धि के रूप में किया जाता है। जब शैशव और यौवन का मिलन होता है, तब नयन कानों तक फैल जाते हैं, वचन की चातुरी और थोड़ी-थोड़ी हँसी उसके मानसिक भावों को प्रकट करने लगती है–

सैसव जौबन दुहु मिलि गेल, स्रवनक पथ दुहु लोचन लेल।
वचनक चातुरि लहु लहु हास, धरनिये चाँद कएल परगास।।

(विद्यापति :पदावली)

मध्या नायिका की स्थिति कितनी दयनीय है! बेचारी न तो मुग्धा है कि कुछ भी सोच न सके, और न प्रौढ़ा है कि नि संकोच चेष्टा-प्रवीण बन गयी हो—

स्वापे प्रियाननविलोकनहानिरेव स्वापच्युतौ प्रियकरग्रहणप्रसंगः।
इत्थं सरोरुहमुखी परिचिन्तयन्ती स्वापं विधातुमपि हातुमपि प्रपेदे।।

(रसमंजरी, 9)

(यदि मैं सो जाने का व्याज कर, आँखें बन्द कर लेती हूँ तो प्रियतम के मुख को देखने का आनन्द नहीं मिलता, यदि आँखें खोले रहती हूँ तो मेरा प्रिय मुझे जागता हुआ समझ मेरा हाथ पकड़ मुझे विवश करने लगता है—इस प्रकार के सोच-विचार में पड़ी हुई वह कमल-मुखी न तो सो सकती है और न जाग सकती है।)

मध्या नायिका में लाज और काम दोनों भाव समान रूप से रहते हैं। यही कारण है कि वह न तो पति द्वारा पालित शुक-सारिका को अपने रतिगृह में रख सकती है, और न अन्य आभूषणों के धारण करने पर भी नूपुरों को पहन सकती है। शुक-सारिका तो दूसरे ही दिन प्रातः होते ही रात का सारा किस्सा गुरुजनों को सुना देंगे, पर नूपुर तो उसी समय ही रहस्य खोलते चले जायेंगे—

(1) **कंचन के पिंजरा रुचि सों निज हाथन सो कमनीय सभारे,**
डारि दये परदा तिन पै प्रति जामिन राखि दये रखवारे।
सुन्दर लै पकवान घने पयसान खवावति जाय निनारे,
काहे को केलि के मन्दिर में सुक-सारिका राखत पीतम प्यारे।।

(2) **अंगनि अंग उमँगन सों, पहिरे गहने सब सूधे सुभायन,**
केसरी को अनुराग कियो, रुचि चन्दन खोरि रचि चित चायन।
घेर करेंगी सबै घर की, दृग देखी अनोखी तुही ठकुरायन,
हौं हरि हारी ह्हा करि कै, इन नूपुर क्या पहिरै नहिं पायन।। (व्यं.कौ. 25, 26)

और इधर प्रौढ़ा नायिका की एक स्थिति लीजिए—वह मोतियों के हार गले से इसलिए उतार डालती है कि प्रातःकाल के शैत्य के कारण ठण्डे होकर कहीं ये प्रीतम को प्रातःकाल होने की सूचना न दे दें—

पीतम संग प्रबीन पिया रस केलि प्रसंन में अनुरागी,
चुंबन और परिरंभन के बिपरीति बिलासन में निसि जागी।
सेज परी बिलसै रसखानि सबै सुख मानि हिये रस पागी,
भोर भई मुक्तान के मंजुल काहे तें हार उतारन लागी।।

[3]

मध्या और प्रौढ़ा नायिकाओं के तीन-तीन उपभेद हैं—**धीरा, अधीरा और धीराधीरा।** धीरा व्यंग्य-बाणों द्वारा अपने प्रिय पर अपने क्रोध को प्रकट करती है और अधीरा

स्पष्ट शब्दों में। धीराधीरा की स्थिति इन दोनों के बीच की होती है। इसके द्वारा क्रोध एवं मान करने की स्थिति तब आती है जब यह समझ जाती है कि इसका प्रीतम परनारी-उपभोगी है। एक ऐसी ही स्थिति में **मध्या धीरा** उपालम्भ के स्वर में कहती है—

हम तुम तन द्वै प्रान इक, आज फुर्‌यो बलबीर।
लग्यो हिये नख रावरे, मेरे हिय में पीर।। (व्यं.कौ., 47)

एक अन्य मध्या धीरा की व्यंग्योक्ति सुनिए—इस घनश्याम (कृष्ण और काले बादल) की करनी का क्या कहना? यह नभस्थल में गहरता कहीं है, छहरता कहीं है, घहरता कहीं है और जाकर ठहरता कहीं है—

इनकी करनी बरनी न परै, सु गरूर गुमानन सों गहरैं।
घन ये नभ मंडल में छहरैं, घहरैं कहूँ जाय, कहूँ ठहरैं।।

किन्तु **मध्या अधीरा** तो स्पष्ट शब्दों में अपने प्रीतम को अपराधी ठहराती है—

कोऊ नहीं बरजै 'मतिराम' रहो, तित ही जित मन भायो,
काहे कौं सौंहे हजार करो, तुम तो कबहूँ अपराध नठायो।।
सोवन दीजै, न दीजै हमें दुख, यों ही कहा रसवाद बढ़ायो,
मान रहोई नहीं मनमोहन! मानिनी होय सो मानैं मनायो।।

(रसराज, मतिराम)

और अब मध्या धीराधीरा का एक चित्र देखिए, व्यंग्य करती तो है, किन्तु फिर बेचारी अपने-आप बिलख पड़ती है—

तुम सो कीजै मान क्यों बहुनायक मनरंज।
बात कहत यों बाल के भरि आए दृग-कंज।।

प्रौढा धीरा तो सचमुच धीरा है। अपने रोष को वह बड़े धैयपूर्वक प्रकट करती है। वह अपने प्रीतम के साथ 'रस' की सब बातें करेगी, किन्तु उसके अंक से नहीं लगेगी, यद्यपि उसका अंग-अंग मदन-तरंग से उमंगित हो रहा है—

कंचन से गातन सलौंनी रंगरावटी में, हिलि मिलि प्रेमरस-बातनि पगति है,
बचन बिचित्र अति केलि के प्रसंग के, कानन सुनत सब जामिनी जगति है।
कहै परताप उर अधिक उमंगन सों, मदन तरंग अंग अंग उमगति है,
ह्वै करि निशंक क्यों मयंकमुखी बाल, परजंक पर जाति पिय अंक न भरति है।

(व्यं.कौ., 36)

किन्तु उधर **अधीरा प्रौढा** की सखी को, क्रोध के शिकार बने, बेचारे नन्दकुमार पर तरस आ रहा है—

नन्दकुमार महा सुकुमार बिचारि कै फेरि हिये पछितैहै।
घालिये ना इन फूलन की पंखुरि कहूँ आँगनि में गड़ि जैहै।।

(व्यं. कौ., 36)

[4]

मुग्धा नायिका अज्ञातयौवना भी होती है और ज्ञातयौवना भी। एक अज्ञात-यौवना बार-बार घड़े से पानी को इसलिए उंडेल देती है कि उसमें उसे मछलियों का भ्रम होता है, किन्तु उसे पता नहीं हैं कि ये मछलियाँ नहीं है अपितु उसके नेत्रों का प्रतिबिम्ब है–

कौन परी यह बानि अरी! नित नीर भरी गगरी ढरकावै।

(व्यं. कौ., 36)

इसी प्रकार एक और अज्ञातयौवना के नेत्रों की परछाईं सरोवर में पड़ी तो वह बोल उठी–

आज सरोवर में सजनी जल भीतर पंकज फूल निहारे। (व्यं. कहै., 29)

इस नायिका का एक चित्र और देखिए, कितनी भोली है बेचारी–

कवन रोग दुहू छतिया, उपजेउ आय।
दुखि दुखि उठै करेजवा, लगि तनु जाय।। (बरवै नायिका-भेद)

और ज्ञातयौवना ने जब कामदेव गुरु का पहला पाठ पढ़ा तो दूसरों से ओझल होकर अपने शारीरिक परिवर्तनों को बार-बार देखने लगी–

चऊँकि चलए खने खन चल मन्द, मनमथ पाठ पहिल अनुबन्ध।
निरजन उरज हेरइ कत बेरि, हँसइ से अपन पयोधर हेरि।।

(पदावली, विद्यापति)

[5]

वक्रोक्ति-गर्विता नायिकाएँ अपनी प्रकृति के आधार पर दो प्रकार की मानी गयी हैं–**प्रेमगर्विता और सौन्दर्यगर्विता**। इनके क्रमशः उदाहरण लीजिए–

अपने पति के प्रेम में गर्विता नायिका अपनी सखी से वक्रोक्ति के माध्यम से कह रही है–

वपुषि तव तनोति रत्नभूषां, प्रभुरिति धन्यतमासि किं ब्रवीमि।
सखि, तनुनयनान्तरालभीरुः कलयति में न विभूषणानि कान्तः।।

(रसमंजरी, 34)

(हे सखी, तेरा प्रिय तुझे (अपने हाथों से) रत्नों द्वारा आभूषित करता है, सचमुच तू धन्य है, किन्तु मैं तुझे क्या बताऊँ, मेरा कान्त तो मेरे लिए आभूषण ही नहीं बनवाता –इस भय से कि मेरे शरीर और उसकी दृष्टि के बीच कहीं कुछ व्यवधान न पड़ जाये।)

अब सौन्दर्य-गर्विता का यह चित्र लीजिए–

कलयति कमलोपमानमक्ष्णोः,
प्रथयति वाचि सुधारसस्य साम्यम्।,

कथय सखि! किमाचरामि कान्ते,
समजनि तत्र सहिष्णुतैव दोषः।। (रसमंजरी, 35)

(सखि, मेरा प्रिय नेत्रों की उपमा कमल से देता है, मेरी वाणी की तुलना सुधारस से करता है, और मैं हूँ कि उसके ये कथन सहती जाती हूँ। अब तुम ही बताओ कि मैं क्या करूँ?)

सौन्दर्य-गर्विता नायिका भला यह कैसे सहन कर सकती है कि उसके नेत्रों का उपमान कमल को समझा जाये, अथवा उसकी वाणी का उपमान सुधारस को बनाया जाये, क्योंकि वह तो इन अंगों को इन उपमानों से कहीं अधिक उत्कृष्ट समझती है।

[6]

उक्त सभी नायिकाएँ प्रीतम के प्रेम के आधार पर (न कि वयः के आधार पर) **ज्येष्ठा** और **कनिष्ठा** मानी जाती हैं। एक परम छली नायक ज्येष्ठा को प्रेम-पाश में बाँधना चाहता है, पर साथ ही कनिष्ठा को अप्रसन्न भी नहीं करना चाहता। अतः उसने कनिष्ठा को तो दर्पण देखने में लगा दिया और ज्येष्ठा को अपने अंक में भर लिया—

अति सुन्दर मंदिर में रुचि सों परजंक बिछाय दयो है अली,
लखि काम ते स्यामा महा अभिराम बनाय के बानिक भाँति भली।
मनभाइ निहारि बिचारि हिये चतुराई करी तहँ छैल छली,
कर एक सों आरसी कै मुख ओर गही कर एक सों कंजकली।।

[7]

विभिन्न अवस्थाओं के अनुसार नायिका के प्रोषितपतिका आदि आठ भेद बताये गये हैं। इनमें से कुछ नायिका-भेदों के उदाहरण लीजिए।

1. एक **प्रोषितपतिका** नायिका के नेत्रसागर से अश्रुतरंगें उठती तो हैं, पर बरौनियाँ के मूल रूपी तट तक आकर जल-तरंग की भाँति नष्ट हो जाती हैं—

पिय-बियोग तिय-दृग-जलधि जल-तरंग अधिकाय।
बरुनिमूल-बेला परसि बहुरयो जात बिलाय।।

(रसराज, 113)

वही यमुना-तट है, वही कदम्ब हैं, और वही केतकी के कुंज, किन्तु घनश्याम के बिना सब कुछ पावक-पुंज बन गया है—

वे ही कदम कलिन्दजा, वे ही केतिक कुंज।
सखि, लखिए घनस्याम बिन सबमें पावक-पुंज।।

2. **खण्डिता नायिका** वह कहाती है जो अपने प्रिय के शरीर पर रतिचिहों को देख अत्यन्त दुःखी होती है, और वह या तो चुपचाप रोया करती है, या व्यंग्य-बाण छोड़ती है, या फिर मान कर थोड़ा रूठ लेती है। एक ऐसी नायिका मन ही मन कुरलाती हुई कहती है—

भोरहि आये मोहनलाल, तिय पद जावक अंकित भाल।[1] (रसमंजरी, नन्ददास)

एक अन्य खण्डिता ने तो ऐसी स्थिति में व्यंग्य-बाण भी छोड़ दिया–

भाल अधर नैननि लसै, जावक अंजन पीक।
न्हान किये मिटि जायगी, लाल बनी छबि ठीक।।

(रससारांश, भिखारीदास, 122)

किन्तु यह अन्य बेचारी मुग्धा खण्डिता तो मान करना भी नहीं जानती–

बाल सखिन की सीख तैं, मान न जानत ठानि।
पिय बिन आगम भौन मैं, बैठी भौहैं तानि।। (रसराज, 124)

3. **कलहान्तरिता नायिका** की दशा अत्यन्त दयनीय होती है। पहले तो क्रोधावेश में अपने प्रीतम को खरा-खोटा सुनाती है, और फिर बैठी पछताती रहती है। एक ऐसी नायिका ने तो अब अपनी सखी को अपने प्रीतम को मनाने के लिए भेज दिया है–

पाँयन आनि परे तो परे रहे, केती करी मनुहारि न झेली।
मान्यो मनायो न मैं मतिराम, गुमान में ऐसी भली अलबेली।।
प्यारो गयो दुख मान कहूँ, अब कैसे रहूँ यहि, राति अकेली।
आप ते ल्याउ मनाय कन्हाई को, मेरी न लीजियो नाम सहेली।।

कलहान्तरिता का एक ऐसा ही चित्र और–

अकरोः किमु नेत्र शोणिमानं किमकार्षीः कर पद्मतर्जनं वा।
कलहं किमधा मुधे रसज्ञे, हितमर्थं न विदन्ति दैवदृष्टाः।।

(रसमंजरी, 51)

(हे मेरे नेत्र! जब प्रिय मना रहे थे, तब तूने क्यों लालिमा धारण कर ली थी, और अपना क्रोध व्यक्त किया था? हे मेरे हाथ! तब तू ने क्यों कमल उठाके उसके द्वारा तर्जन किया? हे रसज्ञे वाणी! तब तू क्यों उसके साथ व्यर्थ कलह कर बैठी? सच है, भाग्य जिन्हें प्रतिकूल होकर देख लेता है उन्हें हित की बात नहीं सूझती।)

4. जो मिलने की आशा लगाये बैठी रहे, पर उसे प्रीतम का मिलन-संकेत तक न मिले, उसे विप्रलब्धा कहते हैं। सकेत-स्थल पर बादल और घने हो उठे, कामदेव ने उसे और अधिक व्याप्त कर लिया, पर कान्त ने न आना था और न वह आया–

तिय को मिलो न प्रान-प्रिय, सजल जलद तन मैन।
सजल जलद लखि कै भये, सजल जलद से नैन।। (रसराज, 148)

जब संकेत-स्थल पर नायिका अपने प्रीतम की प्रतीक्षा करते-करते थक गयी जो कि अपनी सौन्दर्य-शोभा से कामदेव को भी हरा देता है, तो एक ही साथ, उसके नयनों से अश्रु-बिन्दुएँ गिरीं, और (दुर्बलता-वश) उसकी कलाइयों से कंगन गिर गये–

लख्यो न मंदिर केलि के पिय-रुचि-बिजित अनंग।
नैन-करन तें जल-बलय गिरे एक ही संग।। (रसराज, 12)

1. परनारी के पद के महावर से अंकित भाल लेकर, मोहन प्रातः होते ही अब आ गये हैं अपने ठिकाने पर!

5. संकेतस्थल पर अथवा अपने भवन में प्रीतम को न आया देख जो नायिका चिन्ता-विचलित हो जाये उसे उत्कण्ठिता अथवा उत्का कहते हैं।

नायिका, शय्या पर पड़ी, न तो लाज के मारे अपने प्रीतम के विषय में अपनी सखियों से कुछ पूछ सकती है, और न ही उसे पल-भर के लिए नींद आती है—

कत न कंत आयो अली लाजन बूझि सकै न।
नवल बाल पलिका परी, पलक न लागत नैन।।

एक अन्य उत्कण्ठिता बेचारी नींद की झपकी आने पर भी इसलिए आँखें नहीं मूँद पाती कि बस अभी-अभी प्रीतम आ न जाये—

पीव न आयो ध्यान कै मूँदे लोचन बाल।
पलक उघारी पलक में, आयो होय न लाल।।

उत्कण्ठिता नायिका का एक चित्र और—

भ्रातर्निकुञ्ज सखि यूथि रसाल बन्धो
मातस्तमस्विनि पितस्तिमिर प्रसीद।
पृच्छामि किञ्चिदिति नीरधराभिरामो
दामोदरः कथय किं न समाजगाम।। (रसमंजरी, 61)

(संकेत-स्थल पर कृष्ण को न आया देख, राधिका विरहाकुल होकर पुकार उठी—हे भाई निकुंज, सखी जूही, बन्धु रसाल, माता रात्रि, पिता अन्धकार! आप सब मुझ पर प्रसन्न हों। मैं पूछती हूँ जरा बताइए तो, मेघ के समान सुन्दर वर्ण वाला कृष्ण क्यों नहीं आया?)

6. प्रीतम बस अभी आने ही वाले हैं, इसी आशा से जो नायिका अपने-आपको वस्त्रों तथा अलंकारों से सुसज्जित कर लेती है, उसे **वासकसज्जा** कहते हैं।

सुन्दर वस्त्र पहन लिए, सेज भी सजा दी, पर प्रीतम अभी तक नहीं आया, यह दिन क्या है, बीतता ही नहीं, यह तो द्रौपदी का चीर बन गया है—

सब सिंगार सुन्दरि सजे बैठी सेज बिछाय।
भयो द्रौपदी को बसन बासर नाहिं बिलाय।।

7. जिसके रूप-गुण पर मुग्ध होकर उसका प्रीतम सदा उसके सम्पर्क में रहना चाहे उसे **स्वाधीनपतिका** कहते हैं।

(1) **तुम अयानपन लखि भटू लटू भये नँदलाल।**
जब सयानपन पेखिहैं तबधौं कहा हवाल।।

(2) **नहिं पराग, नहिं मधुर मधु, नहिं विकास इहिं काल।**
अली, कली ही रसौं बिंध्यौ, आगे कौन हवाल।। (बिहारी)

एक अन्य **वासकसज्जा** नायिका का चित्र देखिए, जो अभी मुग्धा है—

हारं गुम्फति तारकातिरुचिरं ग्रथ्नाति काञ्चीलताम्।
दीपं न्यस्यति किन्तु तत्र बहुलं स्नेहं न दत्ते पुनः।

आलीनामिति वासकस्य रजनौ कामानुरूपां क्रियाम्,
साचिस्मेरमुखी नवोढसुमुखी दूरात् समुद्वीक्षते ।। (रसमंजरी, 64)

(प्रिय-मिलन की रात्रि आने पर नायिका तारों की भाँति अत्यन्त सुन्दर मोतियों का हार गूँथती है और उसकी करधनी बना लेती है। दीपक जला देती है, किन्तु उसमें अधिक तेल नहीं डालती। उसकी सखियाँ उसकी इच्छानुसार उसके लिए जो-जो बनाव-सिंगार कर रही हैं, उन्हें वह नवोढा सुन्दरी लाज के मारे मुँह फेरकर मुस्काती हुई दूर से देख रही है।)

8. जो नायिका अपने प्रीतम को छिपकर मिलने जाती है, उसे **अभिसारिका** कहते हैं। दिन में मिलने जाने वाली दिवाभिसारिका कहाती है, रात्रि के शुक्ल-पक्ष में जाने वाली नायिका शुक्लाभिसारिका कहाती है, और कृष्ण-पक्ष में जाने वाली कृष्णाभिसारिका।

शुक्लाभिसारिका उज्ज्वल चाँदनी रात में श्वेत वस्त्र पहन प्रीतम से मिलने चली तो चाँदनी में इतनी घुल-मिल गयी है कि दिखायी भी नहीं पड़ती, किन्तु उसके शरीर के सुगन्ध से यह ज्ञात हो ही गया कि वह जा रही है–

जुवति जोन्ह मैं मिलि गई, नैंक न होति लखाइ।
सौंधे कैं डोरैं लगी, अली चली सँग जाइ।। (बिहारी)

नीले वस्त्र पहनकर नायिका कृष्णाभिसार करने तो चली, पर अपने देह की दीप्ति को वह भला कैसे छिपा पाएगी–

निसि अँधियारी, नील-पट पहिरि, चली पिय-गेह।
कहौ, दुराई क्यौं दुरै दीप-सिखा सी देह।। (बिहारी)

किन्तु ठीक ऐसी स्थिति में एक दूसरी कृष्णाभिसारिका की सहायता करने (उसकी सुगन्ध पर मुग्ध) श्याम भ्रमर-समूह आ पहुँचा–

स्याम बसन मैं स्याम निसि दुरी न तिय की देह।
पहुँचाई चहुँ ओर घिरि भौंर-भीर पिय-गेह।।

[8]

इस प्रकार कुछ-एक नायक-नायिका-भेदों के इन कतिपय उदाहरणों से यह तथ्य स्पष्ट हो जाता है कि यह प्रकरण शृंगार रस से सम्बन्धित है। प्रिया और प्रीतम की प्रणय-लीला ही उसका प्रमुख, अपितु एकमात्र, विषय है। दर्शन, मिलन की उत्सुकता, मिलन के उपाय, सखी और दूती, मिलन-प्रसंग, विरह, प्रतीक्षा, भूलें, मन की गाँठें, कोप, आवेश, पश्चात्ताप, चिरौरियाँ, मनुहार, पुनर्मिलन, साज-सज्जा, आदि–इस प्रकार के प्रसंगों से यह प्रकरण ओत-प्रोत है। इसमें कवि-कल्पना का अद्भुत निदर्शन देखने को मिलता है, प्रणय-सम्बन्ध की अनेक रंगीनियाँ, रंगरलियाँ और अठखेलियाँ पाठक को लुभाती हैं। मिलन-लीला के प्रसंग में समाज और परिवार की प्रतिक्रिया पर भी प्रकाश पड़ता है, जो सहानुभूति और समवेदना, राग और द्वेष की धूप-छाँव

में नायक और नायिका के मिलन में कभी सहायता और कभी बाधा पहुँचाती चलती है। और इस प्रकार, हम इस प्रकरण के माध्यम से मानव की प्रणयाभिभूत मन की अतल गहराइयों तक जा पहुँचने में एक सीमा तक, अवश्य सफल हो जाते हैं।

यह सब होने पर भी, इस प्रकरण में एक दोष स्पष्ट है कि यह प्रकरण सभी ग्रन्थों में एक-सा लगता है। जितना अधिक ग्रन्थों में इस प्रकरण को पढ़ते चले जायें, उतना ही अधिक यह प्रकरण एक-समान प्रतीत होता चलता है। यहाँ तक कि ऐसा आभास होने लगता है कि प्रायः सभी कवियों के उदाहरण एक-से साँचे में ढली आकृति के समान हैं। कोई कवि चाहे कितना ही कल्पनाशील क्यों न हो, पर वह इस साँचे से बच नहीं सकता। उसे मुग्धा के मौग्ध्य, मानवती के प्रणय-कोप, धूर्त नायक की चरण-सेवा, अभिसारिका के कृष्ण और श्वेत वस्त्र आदि प्रसंगों को अपनी रचना में अनुस्यूत करना ही पड़ेगा। कारण, वह पहले से ही नायक-नायिका के चौखटे में अपने-आप को प्रतिबद्ध करके चलता है, और इस प्रतिबद्धता का एक परिणाम यह भी हुआ कि जो लेखक कवित्व-प्रतिभा से शून्य थे, वे भी अपनी लेखनी को इन्हीं साँचों और चौखटों में ढालकर कवि बन बैठे।

जो हो, नायक-नायिका-भेद-प्रकरण एक ओर काव्यशास्त्र (विशेषतः रस-प्रकरण के अन्तर्गत शृंगार रस) और दूसरी ओर मनोविज्ञान (विशेषतः काम-विज्ञान) को परस्पर जोड़ने वाली एक शृंखला है जो कभी टूट नहीं सकती।

22. काव्य की आत्मा

आत्मा शब्द

'आत्मा' शब्द से अभिप्रेत अर्थ–'आत्मा' शब्द मूलतः काव्यशास्त्र का न होकर न्याय, वेदान्त आदि विभिन्न दर्शनों का है,[1] और काव्यशास्त्र में इसका प्रयोग लाक्षणिक रूप में किया गया है। आत्मा शब्द के विभिन्न लक्षणों[2] में से एक है– **चौतन्यमात्मा** : चेतनता को आत्मा कहते हैं, दूसरा है–**ज्ञानाधिकरणमात्मा,** अर्थात् आत्मा ज्ञान का अधिकरण (आधार) है, अर्थात् आत्मा-ज्ञान-स्वरूप है, अथवा ज्ञान ही आत्मा है। स्पष्ट है कि आत्मा के उक्त दोनों लक्षण सभी प्राणियों के, विशेषतः मानव के, शरीर को लक्ष्य में रखकर प्रस्तुत किये गये हैं, और ऐसे प्रसंगों में आत्मा को 'शरीरी' भी कहते हैं। यह शरीरी अथवा शरीरस्थ आत्मा 'प्राण' का पर्यायवाची है,[3] जिसके बिना शरीर गतिहीन अतएव नितान्त निरर्थक है।

1. 'आत्मा' का स्वरूप न्याय, वेदान्त, मीमांसा आदि आस्तिक दर्शनों के अतिरिक्त चार्वाक आदि नास्तिक दर्शनों में भी प्रस्तुत किया गया है।
2. इस प्रसंग में 'आत्मा' के निम्नोक्त लक्षण द्रष्टव्य हैं :
   (क) **चैतन्यमात्मा। शिवसूत्र (ईश्वर-प्रत्यभिज्ञा-विमर्शिनी व्याख्या, भास्करी टीका, पृष्ठ 245)**
   (ख) **इच्छाद्वेषप्रयत्नसुखदुःखज्ञानान्यात्मनो लिंगम्। न्यायदर्शन 1.1.10**
   (ग) **आत्मेन्द्रियाद्यधिष्ठाता। न्यायसिद्धान्तमुक्तावली 1.47**
   (घ) **आत्मत्वाभिसम्बन्धवान् आत्मा। तर्कभाषा**
   (ङ) **ज्ञानाधिकरणमात्मा। तर्कसंग्रह**
   (च) **'प्राण एवात्मा' इति केचित् श्रुत्यन्तविदः (बेदान्तिनः)।**
   (छ) **चैतन्यविशिष्टशरीरमात्मा, इति चार्वाकाः।** प्रत्यभिज्ञाहृदयम्
3. मैकडोनल ने 'आत्मा' शब्द की व्युत्पत्ति अन् (साँस लेना) धातु से मानते हुए इसका मूल अर्थ श्वास या प्राण माना है, तथा ऋग्वेद में 'आत्मा' शब्द श्वास अर्थ में अनेक स्थलों पर प्रयुक्त हुआ है। किन्तु उधर आचार्य शंकर ने कठोपनिषद् के भाष्य में एक प्राचीन श्लोक उद्धृत किया है, जिससे 'आत्मा' शब्द की व्युत्पत्ति इन चार धातुओं से मानी गयी है–**आपृ, आङ् पूर्वक दा, अद् तथा असृ**–

   यदाप्नोति यदादत्ते यच्चात्ति विषयानिह।
   यच्चास्य सन्ततो भावस्तस्माद् आत्मेति कीर्त्यते।।

   (आत्मा को आत्मा इसलिए कहा जाता है कि वह (1) विषयों को प्राप्त करती है, (2) उन्हें ग्रहण करती है, (3) इनका उपभोग करती है, और (4) यह विद्यमान रहती है, अर्थात् यह 'सत्' है।

लगभग उक्त प्राण अथवा चेतनता (ज्ञान) अर्थ को लेकर काव्यशास्त्र में भी 'आत्मा' शब्द का प्रयोग किया गया है। 'काव्य की आत्मा'[1] इस लेख में 'आत्मा' शब्द से अभिप्रेत है—**काव्य का वह तत्त्व अथवा सार[2], जिसके माध्यम से सहृदय (पाठक अथवा दर्शक) को काव्य के प्रमुख प्रयोजन काव्यानन्द अथवा रस की प्राप्ति होती है।**

दूसरे शब्दों में, आत्मा वह तत्त्व है जो कि काव्य में, व्यावर्तक धर्म के रूप में रह कर, काव्य को एक ओर लौकिक कथनों से और दूसरी ओर शास्त्रीय वचनों से भिन्न रूप में प्रस्तुत कर देता है। निःसन्देह यहाँ 'आत्मा' शब्द अपने वाचक रूप में प्रयुक्त न होकर लक्षक रूप में प्रयुक्त हुआ है। इसका वाच्यार्थ तो है चेतनता अथवा ज्ञान, किन्तु यहाँ इसका लक्ष्यार्थ है काव्य का अनिवार्य तत्त्व। उधर शरीर के प्रसंग में, हमारे दैनिक क्रिया-कलाप के लिए जो अनिवार्य साधन अथवा माध्यम है वह आत्मा, चेतनता अथवा ज्ञान अथवा किन्हीं के मतानुसार 'प्राण' कहाता है, तो इधर शब्दार्थ-रूप-काव्यशरीर के प्रसंग में भी काव्य के प्रमुख प्रयोजन-रूप-आह्लाद अथवा रस के लिए जो अनिवार्य साधन एवं माध्यम है, वह आत्मा कहाता है। उधर दैनिक क्रिया-कलाप साध्य अथवा सिद्धि है, तो इधर काव्यानन्द अर्थात् रस साध्य अथवा सिद्धि है, और दोनों का साधन है आत्मा—उधर शरीर के पक्ष में चेतनता अथवा ज्ञान, और इधर काव्य-शरीर के पक्ष में वह तत्त्व क्या है, इसी पर यहाँ प्रकाश डालना अपेक्षित है।

निष्कर्षतः, काव्य के प्रसंग में 'आत्मा' शब्द से अभिप्रेत है वह साधनभूत काव्यतत्त्व जो काव्य में अनिवार्य, व्यापक तथा आन्तरिक रूप से सदा विद्यमान रहता है।

यहाँ शंका उत्पन्न होना स्वाभाविक है कि चेतनता अथवा ज्ञान अथवा आत्मा को और इससे साध्य अर्थात् क्रिया-कलाप को मूलतः एक ही स्वीकार करते हुए स्वयं आत्मा को ही सिद्धि मान लेना चाहिए, किन्तु इस प्रकार की मान्यताएँ केवल उपचार द्वारा ही स्वीकार की जाती हैं—**'कार्ये कारणोपचारः'**, ये सामान्यतः स्वीकार नहीं की जातीं। उदाहरणार्थ, किसी वस्तु (घट, पट, पुस्तक आदि) के प्रथम ज्ञान के अनन्तर फिर कभी उस वस्तु के देखने के बाद वही पूर्ववर्ती ज्ञान ही उस वस्तु की यथार्थता के सम्बन्ध में हमारी सहायता करता है। इस स्थिति में ज्ञान (पूर्व-स्मृति) साधन (माध्यम) है, और इसका साध्य है वस्तु की यथार्थता का बोध। ठीक इसी प्रकार काव्य के क्षेत्र में भी वाच्यार्थ-बोध के पश्चात् जिस साधन (माध्यम) से काव्यानन्द-रूपी सिद्धि प्राप्त होती है उसे काव्य की आत्मा कहते हैं।

---

1. 'आत्मा' शब्द को यहाँ हिन्दी-प्रयोग के अनुसार स्त्रीलिंग में प्रयुक्त किया गया है।
2. (क) **आत्मशब्दस्य तत्त्वशब्देनार्थं विवृण्वानः सारत्वमपरशब्दवैलक्षण्यकारित्वं च दर्शयति।**

ध्वन्यालोकलोचन 1.1

(ख) **आत्मनो हि सारत्वं विशेषहेतुत्वं च प्रसिद्धम्, तद्वदस्यापि सारत्वमुत्कृष्टलक्षणम्।**

ध्वन्यालोक : कौमुदी-टीका 1.1

काव्यशास्त्र में 'आत्मा' शब्द का प्रयोग—काव्यशास्त्र में सर्वप्रथम 'आत्मा' शब्द का प्रयोग वामन (8वीं-9वीं शती) ने रीति को काव्य की आत्मा मानते हुए किया—**रीतिरात्मा काव्यस्य।** इसके बाद इसी दृष्टि से आनन्दवर्धन (9वीं शती) ने ध्वनि (व्यंग्यार्थ) को, और विश्वनाथ (14वीं शती) ने रस को काव्य की आत्मा स्वीकार करते हुए क्रमशः इस शब्द का प्रयोग किया—**'ध्वनिरात्मा काव्यस्य'** तथा 'वाक्यं रसात्मकं काव्यम्', और इन दोनों आचार्यों के मध्यवर्ती आचार्य कुन्तक (12वीं शती) ने 'वक्रोक्ति' को काव्य की आत्मा स्वीकार करते हुए इस शब्द के स्थान पर 'जीवित' शब्द का प्रयोग किया।[1] इस प्रसंग के अतिरिक्त 'काव्यपुरुष-रूपक' को उद्धृत करते हुए सर्वप्रथम राजशेखर (9वीं शती)[2] ने, और इनके बाद विश्वनाथ (14वीं शती) ने 'आत्मा' शब्द का व्यवहार किया—**काव्यस्य शब्दार्थौ शरीरम्, रसादिश्चात्मा, गुणाः शौर्यादिवत्, दोषाः काणत्वादिवत्, रीतयोऽवयवसंस्थानविशेषवत्, अलंकाराः कटक-कुण्डलादिवत् इति।**[3] (सा.द. 1म परि., पृष्ठ 16)

वस्तुतः देखा जाये तो यही रूपक ही 'काव्य की आत्मा (शरीरस्थ आत्मा अथवा शरीरी) किसे माना जाये'—इस प्रश्न का सर्वाधिक उत्तरदायी है। यह रूपक वामन के समय तक पूर्णतः प्रतिपादित नहीं हुआ था। वामन से पूर्व दण्डी ने 'पदावली' को काव्य का शरीर बताते हुए 'शरीर' शब्द का, तथा 'वैदर्भ' मार्ग के प्रसंग में 'प्राण' शब्द का प्रयोग किया था, और इनके बाद वामन ने उपर्युक्त रूप में केवल 'आत्मा' शब्द का। वामन-पर्यन्त सभी आचार्य—भामह, दण्डी, उद्भट और वामन—गुण, अलंकार, दोष, रस आदि से परिचित थे, तो भी 'काव्य-पुरुष-रूपक' का अभी निर्माण नहीं हुआ था। यद्यपि आनन्दवर्धन के समय में, और आगे चलकर कुन्तक के समय तक, इस रूपक का निर्माण नहीं हुआ था, पर ध्वनि, विशेषतः रसध्वनि, के आधार पर अलंकार, गुण, दोष और रीति का समुचित मूल्यांकन एवं स्वरूप-निर्धारण हो चुका था। अतः आनन्दवर्धन के समय तक उक्त रूपक के निर्मित न होने पर भी, काव्य की आत्मा किसे माना जाये इस प्रश्न के यथावत् उत्तर की आवश्यकता उपस्थित हो गयी थी।

इस प्रकार यद्यपि आचार्य वामन-पर्यन्त 'आत्मा' शब्द अपने परवर्ती विशिष्ट अर्थ में पूर्णतः स्थिर नहीं हुआ था, तो भी यह धारणा प्रबल रूप में मान्य हो चली थी कि काव्य में कोई न कोई तत्त्व (सार) अनिवार्यतः विद्यमान रहता है—

---

1. यह कथन कुन्तक के ग्रन्थनाम 'वक्रोक्तिजीवितम्' के आधार पर कहा जा रहा है। इस ग्रन्थ की एक कारिका (1.42) में वक्रोक्ति को प्रकारान्तर से 'जीवित' कहा गया है—**विचित्रो यत्र वक्रोक्तिवैचित्र्यं जीवितायते।**
2. काव्यमीमांसा, पृष्ठ 13-14
3. **(क) शरीरं तावद् इष्टार्थव्यवच्छिना पदावली।** का.आ. 1.10
   (ख) इति वैदर्भमार्गस्य प्राणाः दश गुणाः स्मृताः। का.आ. 1.42

भामह, दण्डी और उद्भट के अनुसार यह तत्त्व 'अलंकार' था, और वामन के मत में 'रीति', और आगे चलकर, आनन्दवर्धन, कुन्तक और विश्वंनाथ द्वारा क्रमशः 'ध्वनि', 'वक्रोक्ति' और 'रस' को काव्य की आत्मा माना गया। इस प्रकार 'काव्य की आत्मा' के निर्धारण करने के लिए उक्त पाँचों काव्य-तत्त्वों का स्वरूप-प्रतिपादन एवं तुलनात्मक अध्ययन अपेक्षित है।

1. अलंकार-सिद्धान्त

भामह, दण्डी और उद्भट ने यद्यपि अलंकार को स्पष्ट शब्दों में काव्य की आत्मा कहीं भी नहीं कहा, तो भी इन सब आचार्यों की, विशेषतः दण्डी की, निम्नोक्त मान्यताओं से स्पष्ट है कि वे अलंकार को काव्य का सर्वस्व एवं अनिवार्य तत्त्व स्वीकार करते थे—

1. भामह ने अलंकार को काव्य का एक आवश्यक आभूषक तत्त्व मानते हुए कहा कि अनेक आचार्यों द्वारा प्रस्तुत रूपक आदि अलंकार (काव्य में इस प्रकार आवश्यक हैं जिस प्रकार) किसी नारी का सुन्दर मुख भी आभूषणों के बिना शोभित नहीं होता।[1]

2. ये आचार्य काव्य के सभी शोभाकर धर्मों को अलंकार नाम से अभिहित करने के पक्ष में हैं। दण्डी के शब्दों में—**काव्यशोभाकरान् धर्मान् अलंकारान् प्रचक्षते** (काव्यादर्श 2.1)।[2] इसका तात्पर्य यह है कि अनुप्रास, उपमा आदि तो काव्य के शोभाकर धर्म होने के कारण अलंकार हैं ही, गुण, रस, भाव, रसाभास, भावाभास आदि भी दण्डी के अनुसार उक्त आधार पर 'अलंकार' नाम से अभिहित होते हैं। इस धारणा की पुष्टि के लिए भामह आदि अलंकारवादियों के निम्नोक्त तथ्य प्रस्तुत हैं—

(क) इन आचार्यों ने अंगीभूत रस, भाव, रसाभास, भावाभास तथा भावशान्ति को परवर्ती आनन्दवर्धन आदि आचार्यों के असमान इन्हीं नामों से अभिहित न कर, इन्हें क्रमशः रसवत्, प्रेयस्वत्, ऊर्जस्वी और समाहित अलंकार नाम दिया है, और उद्भट ने अंगभूत इन सभी को 'द्वितीय उदात्त अलंकार' माना है।[3]

(ख) गुण को यद्यपि स्पष्टतः अलंकार नहीं कहा गया, किन्तु दण्डी के एक कथन से ऐसा प्रतीत होता है कि उपमा आदि अर्थालंकारों की तुलना में अनुप्रास आदि अलंकारों तथा माधुर्य आदि दस गुणों को उन्हें 'साधारण अलंकार' कहना

---

1. (क) **रूपकादिरलंकारस्तथान्यैर्बहुधोदितः।**
न कान्तमपि निर्भूषं विभाति वनितामुखम्।। का.अ. 1.13
(ख) **अनेन वागर्थविदामलंकृता।**
विभाति नारीव विदग्धमण्डना।। का. अ. 3.58
2. काव्यालंकार (भामह) 3.5-7; काव्यादर्श (दण्डी) 2.2-5
3. काव्यालंकारसारसंग्रह (उद्भट) 4.2,3,5,7; 4.8

अभीष्ट है[1]—यद्यपि एक स्थल पर उन्होंने अलंकार और गुण दोनों को एक साथ स्पष्टतः अपने-अपने नामों से भी अभिहित किया है।[2]

(ग) ध्वनि को इन तीनों आचार्यों ने यद्यपि कहीं भी स्पष्टतः 'अलंकार' नाम से अभिहित नहीं किया, किन्तु रूपक, उत्प्रेक्षा, प्रतिवस्तूपमा, पर्यायोक्त (पर्यायोक्ति), अपह्नुति, दीपक, द्वितीय व्यतिरेक, अर्थान्तरन्यास, समासोक्ति, आक्षेप, अनुक्तनिमित्त विशेषोक्ति, तुल्ययोगिता, संकर आदि अलंकारों के लक्षण अथवा उदाहरण इस तथ्य की ओर निस्सन्देह संकेत करते हैं कि ये आचार्य न केवल ध्वनि अथवा व्यञ्जना-तत्त्व से परिचित थे, अपितु, वे इसका अन्तर्भाव उक्त अलंकारों में प्रकारान्तर से करना चाहते थे। निदर्शन के लिए इन तीनों आचार्यों की एक-एक कारिका लीजिए—

1. **समानवस्तुन्यासेन प्रतिवस्तूपमोच्यते।**
   यथैवाऽनभिधानेऽपि गुणसाम्यप्रतीतितः।। का.अ. (भामह) 2.34
2. **शब्दोपात्ते प्रतीते वा सादृश्यं वस्तुनोर्द्वयोः।**
   तत्र यद् भेदकथनं व्यतिरेकः स कथ्यते।। काव्यादर्श 2.180
3. **पर्यायोक्तं यदन्येन प्रकारेणोऽभिधीयते।**
   वाच्यवाचकवृत्तिभ्यां शून्येनाऽवगमात्मना।। का.सा.सं. 4र्थ वर्ग

इन लक्षणों में प्रयुक्त 'गुणसाम्यप्रतीति', 'सादृश्यप्रतीयमान' तथा 'वाच्य और वाचक वृत्तियों से शून्य अवगमात्मकता' आदि प्रयोग यह मानने को बाध्य करते हैं कि उन्हें ध्वनि-तत्त्व को भी अलंकार के अन्तर्भूत करना अभीष्ट था, और यही कारण है कि ध्वनि के प्रवर्त्तक आनन्दवर्धन ने अपने ग्रन्थ ध्वन्यालोक के प्रारम्भ में ही ध्वनिविरोधियों में भाक्त (लक्षणावादियों) और अनिर्वचनीयतावादियों के अतिरिक्त अभाववादियों (ध्वनि को न मानने वाले अलंकारवादियों) का भी खण्डन किया।[3] इसी प्रसंग में उपर्युक्त अलंकारों में से अधिकतर के उदाहरण प्रस्तुत कर[4] आनन्दवर्धन ने यह सिद्ध किया कि ध्वनि का विषय इन अलंकारों के विषय से कहीं और आगे है। ध्वनि महाविषयीभूत है, अतः उक्त पर्यायोक्त आदि अलंकारों का अन्तर्भाव ध्वनि में ही किया जायेगा, न कि ध्वनि का अन्तर्भाव इनमें।

(घ) दण्डी ने प्रबन्धकाव्य को 'भाविक' अलंकार नाम दिया है। भाविक का व्युत्पत्ति-परक अर्थ है—जिस काव्य में कवि का भाव अर्थात् अभिप्राय आसिद्धि (समाप्ति-पर्यन्त) रहे।[5]

---

1. **काश्चिन्मार्गविभागार्थमुक्ताः प्रागप्यलंक्रियाः।**
   साधारणमलंकारजातमन्यत् प्रकाश्यते।। का.आ. 23
2. काव्यादर्श 3.186
3. **तस्याभावं जगदुरपरे भाक्तमाहुस्तमन्ये।**
   केचिद् वाचां स्थितमविषये तत्त्वमूचुस्तदीयम्।। ध्वन्या. 1.1
4. ध्वन्यालोक 1.13 (वृत्ति)
5. इसी प्रसंग में दण्डी ने महाकाव्यगत वस्तुपर्वों (आधिकारिक और प्रासंगिक कथावस्तु) की पारस्परिक उपकारिका का, तथा स्थानवर्णना अर्थात् प्रकृतोपयोगी विषयों का भी उल्लेख किया है।

(ङ) उपर्युक्त विषयों के अतिरिक्त दण्डी ने नाट्यशास्त्र से सम्बद्ध विषयों को भी 'अलंकार' नाम दिया है। सन्धि, सन्ध्यंग, वृत्ति, वृत्त्यंग, लक्षण[1] आदि को वे अलंकार अन्तर्गत समाविष्ट करने के पक्ष में हैं—

यच्च सन्ध्यंगवृत्त्यंगलक्षणाद्यागमान्तरे।
व्यावर्णितमिदं चेष्टमलंकारतयैव नः।। का.आ. 2.367

काव्यादर्श के प्रख्यात टीकाकार रंगाचार्य रेड्डी के कथनानुसार इनमें से किन्हीं का अन्तर्भाव दण्डी द्वारा स्वीकृत स्वभावाख्यान (स्वभावोक्ति), उपमा आदि अलंकारों में किया जा सकता है और किन्हीं का भाविक अलंकार में।[2] रंगाचार्य महोदय के वक्तव्य को और अधिक स्पष्ट करना चाहें तो कह सकते हैं कि 36 लक्षणों का अन्तर्भाव उपमादि अलंकारों में किया जा सकता है, और सन्धियों, सन्ध्यंगों, वृत्तियों और वृत्त्यंगों का भाविक अलंकार में, क्योंकि ये सभी 'वस्तुपर्व' ही तो हैं।

इस प्रकार गुण, रस, ध्वनि, प्रबन्धकाव्य तथा नाट्यविषयों को ये अलंकारवादी आचार्य, विशेषतः दण्डी, 'अलंकार' नाम से अभिहित करते हैं। अतः इनके मत में केवल अनुप्रास, उपमा आदि ही अलंकार नहीं हैं, अपितु काव्य के वे सभी तत्त्व अथवा अंग 'अलंकार' कहाते हैं, जो काव्य के चमत्कारोत्पादक अथवा सौन्दर्य-विधायक हैं। **निष्कर्षतः, अलंकारवादियों को अलंकार का व्यापक अर्थ अभीष्ट है, अर्थात् काव्य का सभी प्रकार का शोभाकारक धर्म अलंकार कहाता है।**

इस सन्दर्भ में दो प्रश्न विचारणीय हैं—

पहला प्रश्न है कि भामह, दण्डी और उद्भट के अतिरिक्त क्या कोई अन्य आचार्य भी अलंकारवादी हैं? इस सम्बन्ध में हमारा उत्तर है कि किसी भी रूप में नहीं, यहाँ तक कि—

अंगीकरोति यः काव्यं शब्दार्थावनलंकृती।
असौ न मन्यते कस्मादनुष्णमनलं कृती।। चन्द्रालोक 1.12

कहने वाले जयदेव भी नहीं। पहला कारण यह कि अलंकारवादियों द्वारा प्रतिपादित उक्त धारणाएँ जयदेव ने कहीं प्रस्तुत नहीं कीं। उन्होंने तो ध्वनि और उसके अन्तर्गत रस का निरूपण स्वतन्त्र रूप से किया है, उन्हें 'अलंकार' नाम देकर नहीं।

---

1. (क) सन्धि—मुख, प्रतिमुख, गर्भ, सावमर्श और संहति—5
   (ख) सन्ध्यंग— उपपेक्ष, परिकर, परिन्यास, विलोभन आदि—64
   (ग) वृत्ति—कैशिकी, सात्त्वती, आरभटी और भारती—4
   (घ) वृत्यंग—नर्मतत् स्फूर्जतत्, स्फोटतत् और गर्भ—इन चारों अंगों से युक्त उक्त चारों वृत्तियाँ। इस प्रकार कुल वृत्त्यंग—16
   (ङ) लक्षण—भूषण, अक्षर-संघात आदि—36 (देखिए ना.शा. 17.41, सा.द. 6.171-194)
2. **तत्र केषांचित् स्वभावाख्यानादौ अन्तर्भावः, केषांचित् भाविके इति यथायथं विषयानुरोधेन ज्ञातव्यम्।** —का. आ. 2,367

दूसरा कारण यह कि मम्मट के काव्यलक्षण में प्रयुक्त **'तददोषौ शब्दार्थौ सगुणावनलंकृती[1] पुनः क्वापि'** का वास्तविक तात्पर्य जयदेव ने नहीं समझा। 'अनलंकृती' से मम्मट का तात्पर्य 'अलंकार का अभाव' नहीं हैं, अपितु 'अलंकार का स्फुट रूप में न होना' है– **क्वचित्तु स्फुटालंकारविरहेऽपि न काव्यत्वहानिः** (का. प्र. 1.4 वृत्ति)। किन्तु जयदेव ने 'अनलंकृती' शब्द से 'अलंकार का अभाव' अर्थ समझकर मम्मट पर व्यर्थ का छींटा छोड़ा है, और यमक के लोभ में पड़कर उक्त कारिका का निर्माण कर दिया है। अन्यथा जयदेव के समान मम्मट भी जानते थे कि सौ, सवा सौ, अलंकारों के लगभग तीन सौ भेदोपभेदों में से कोई न कोई रूप तो प्रत्येक कवित्वपूर्ण पद्य में प्रायः मिल ही जाता है–हाँ, कहीं वह अस्फुट रूप में भी उपलब्ध होगा, पर इस बारीकी को जयदेव ने नहीं समझा।[2]

दूसरा प्रश्न यह कि भामह, दण्डी और उद्भट–इन अलंकारवादी आचार्यों को क्या अलंकार और अलंकार्य का भेद ज्ञात न था?[3] इस सम्बन्ध में निम्नोक्त दो विकल्प प्रस्तुत किये जा सकते हैं–

(क) यदि 'अलंकार्य' शब्द से तात्पर्य काव्य की विषयवस्तु है–जैसा कि कुन्तक ने 'स्वभावोक्ति को अलंकार न मानने के प्रसंग में संकेत किया है[4]–तो निस्सन्देह भामह आदि तीनों आचार्य इससे सुपरिचित थे। प्रत्येक लौकिक विषयवस्तु को वे तभी काव्य की विषयवस्तु समझते थे, जब यह 'वक्रोक्ति' (अतिशयोक्ति) से सम्बन्धित हो जाये, अन्यथा नहीं।[5] यह धारणा निस्सन्देह इस तथ्य की परिचायक है कि वे आचार्य 'अलंकार्य' के इस तात्पर्य से अवगत थे।

(ख) यदि आनन्दवर्धन के मतानुरूप 'अलंकार्य' शब्द से रस अथवा ध्वनि अभिप्रेत है तो निस्सन्देह वे तीनों आचार्य इस तात्पर्य से अवगत नहीं थे, और यह इसलिए कि अभी 'अलंकार्य' का यह अर्थ निश्चित नहीं हुआ था, क्योंकि इस शब्द के प्रयोग की आवश्यकता ही परवर्ती ध्वनि एवं रसवादी आचार्यों को पड़ी, जिन्होंने अलंकार का स्वरूप रस पर आधारित किया, और अलंकार द्वारा जो उपकृत (अलंकृत) हो उसे 'अलंकार्य' (अर्थात् 'रस') कहा गया, किन्तु, यह 'अलंकार्य शब्द'

---

1. सगुणौ+अनलंकृती=सगुणावनलंकृती।
2. इधर आचार्य रामचन्द्र शुक्ल ने हिन्दी के आचार्यों में केशवदास को अलंकारवादी कहा है, पर इन्हें अलंकारवादी कहना समुचित नहीं है। वे तो दण्डी के ग्रन्थ काव्यादर्श के केवल हिन्दी में रूपान्तरकार मात्र हैं, और वह भी अपूर्णतः तथा उलझे हुए रूप में।
3. हिन्दी साहित्य का इतिहास : रीतिकाल (रामचन्द्र शुक्ल), पृष्ठ 233
4. **अलंकारकृता तेषां स्वभावोक्तिरलंकृतिः।**
   अलंकार्यतया तेषां किमन्यद् अवतिष्ठते।। व.जी. 1.11
5. **सर्वैवाऽतिशयोक्तिस्तु तर्कयेत् तां यथागमम्।**
   सैषा सर्वैव वक्रोक्तिरनयाऽर्थो विभाव्यते।।
   यत्नोऽस्यां कविना कार्यः कोऽलंकारोऽनया बिना। का.अ. (भामह) 2.84,85

लक्ष्यार्थ है, इसका वाच्यार्थ तो विषयवस्तु ही है, जिससे तीनों अलंकारवादी आचार्य भली भाँति परिचित थे।

निष्कर्षतः, अलंकारवादियों के मत में–

(क) **अलंकार शब्द व्यापक अर्थ का द्योतक है, संकुचित अर्थ का नहीं। अर्थात् 'अलंकार' काव्यचमत्कारोत्पादक सभी प्रकार के साधनों का वाचक है, केवल अनुप्रास, उपमा आदि का नहीं।**

(ख) **इस दृष्टि से रस, ध्वनि, गुण, प्रबन्धकाव्य, दृश्यविधान के अंग–ये सभी 'अलंकार' नाम से अभिहित होते हैं।**

(ग) और इसी कारण अलंकार काव्य का अनिवार्य साधन है–चाहें तो परवर्ती शब्दावली में कह सकते हैं कि अलंकारवादी आचार्यों को यह स्वीकृत होगा कि 'अलंकार काव्य की आत्मा है' यद्यपि उन्होंनें 'आत्मा' शब्द का कहीं प्रत्यक्षतः प्रयोग नहीं किया।

2. रीति-सिद्धान्त

रीति-सिद्धान्त के प्रवर्त्तक आचार्य वामन हैं, और वही इसके एक मात्र मानने वाले हैं, क्योंकि आगे चलकर इस सिद्धान्त का अनुगमन नहीं हुआ। उनके कथनानुसार विशिष्ट पदरचना को रीति कहते हैं–**विशिष्टा पदरचना रीतिः**, और इसमें यह विशेषता गुणों के कारण आती है–**विशेषो गुणात्मा।** इसी सूत्र के आधार पर रीति और गुण में अभेद स्वीकार किया जाता है। गुण दो प्रकार के होते हैं–शब्दगुण और अर्थगुण। इनकी संख्या दस-दस है। यद्यपि इन दोनों प्रकार के गुणों के नाम भी एक से हैं–ओज, प्रसाद, श्लेष, समता, समाधि, माधुर्य, उदारता, अर्थव्यक्ति और कान्ति, तथापि प्रत्येक शब्दगत और अर्थगत गुण के स्वरूप एवं लक्षण में नितान्त अन्तर है। (दे. पृष्ठ 424-434)।

उक्त गुणों से विशिष्ट 'रीति' को वामन ने काव्य की 'आत्मा' कहा है। रीति के इन्होंने तीन भेद माने हैं–वैदर्भी, गौडीया और पाञ्चाली। इनमें से वैदर्भी में सभी गुण विद्यमान रहते हैं, गौडीया में दो गुण–ओज और कान्ति, तथा पाञ्चाली में भी दो गुण–माधुर्य और सौकुमार्य। इन रीतियों में से गुण शब्दगत रहते हैं, अथवा अर्थगत–इस ओर वामन ने यद्यपि कोई संकेत नहीं किया, किन्तु उनके विवेचन से प्रतीत यही होता है कि उन्हें गुणों के दोनों ही रूपों का सद्भाव इन रीतियों में अभीष्ट है। इनमें से उन्होंने वैदर्भी को सर्वश्रेष्ठ माना है, क्योंकि यह रीति 'समग्रगुणा' होती है। इसी रीति की उन्होंने एक अन्य कोटि भी स्वीकार की है–शुद्धा वैदर्भी। यह तभी मानी जाती है जब किसी 'समग्रगुणपरिपूर्ण' रचना में समास का अभाव हो–**साऽपि समासाभावे शुद्धवैदर्भी।** (का.वृ.,सू. 1.2.19)

अब मूल प्रश्न पर आते हैं कि वामन 'रीति' नामक तत्त्व को किस आधार पर काव्य की आत्मा मानते हैं? इस समस्या के दो आधार सम्भव हैं—(1) काव्य के अन्य उपादानों को अपने अभीष्ट काव्य-तत्त्व में अन्तर्भूत मानना, अथवा (2) उन उपादानों द्वारा अपने अभीष्ट तत्त्व की पुष्टि मानना। अलंकारवादियों—विशेषतः दण्डी— ने स्पष्ट शब्दों में प्रथम आधार ग्रहण किया था, किन्तु वामन ने स्वयं इस ओर कोई संकेत नहीं किया। फिर भी, यदि 'रीति' को एक स्वतन्त्र काव्य-सिद्धान्त माना गया है तो इसका प्रमुख कारण यही है कि **'रीति' के अपर पर्याय 'गुण' के दस और दस, कुल बीस भेदों में अन्य कतिपय शास्त्रीय काव्योपादानों का किसी-न-किसी रूप में अन्तर्भाव किया जा सकता है।** मम्मट ने इन्हीं बीसों गुणों का खण्डन अनेक रूपों में किया है। इनमें से एक रूप यह है कि इनमें से कुछ मम्मट-सम्मत माधुर्य, ओज और प्रसाद में अन्तर्भूत होते हैं, और कुछ काव्य के अन्य उपादानों में। उदाहरणार्थ—

(1) वामन-सम्मत शब्दगत श्लेष, समाधि, औदार्य और प्रसाद, ये चार गुण मम्मट-सम्मत ओज में अन्तर्भूत होते हैं, और

(2) वामन-सम्मत शब्दगत माधुर्य और अर्थव्यक्ति गुण क्रमशः मम्मट-सम्मत माधुर्य और प्रसाद में।

(3) वामन-सम्मत अर्थगत अर्थव्यक्ति का स्वभावोक्ति अलंकार में अन्तर्भाव हो सकता है, और

(4) अर्थगत कान्ति का रस, ध्वनि और गुणीभूतव्यंग्य में।

यदि इस स्थिति को मम्मट के स्थान पर वामन के दृष्टिकोण से देखें तो कह सकते हैं कि वामन की 'रीति' से सम्बद्ध गुणों में न केवल परवर्ती आचार्यों द्वारा स्वीकृत माधुर्य, ओज और प्रसाद गुण सम्मिलित हैं, अपितु एक ओर स्वभावोक्ति अलंकार और दूसरी ओर रस, भाव आदि के अतिरिक्त ध्वनि और गुणीभूतव्यंग्य भी सम्मिलित हैं। इनमें से गुण और रस के विषय में तो कोई सन्देह नहीं है, क्योंकि गुण के सम्मिलित न होने का प्रश्न ही उपस्थित नहीं होता, और रस को वामन ने स्पष्ट शब्दों में सम्मिलित किया है—**दीप्तरसत्वं कान्तिः**। शेष रहे तीन उपादान— ध्वनि तथा गुणीभूतव्यंग्य और स्वभावोक्ति अलंकार। इनमें से प्रथम दो, रस के साथ सम्बद्ध होने के कारण, स्वीकृत किये गये हैं। अतः ये भी मान्य हैं। हाँ, स्वभावोक्ति को मान्य समझने के सम्बन्ध में पर्याप्त खींचतान करनी पड़ेगी, क्योंकि वामन-सम्मत 'अर्थव्यक्ति' और मम्मट-सम्मत 'स्वभावोक्ति' में बहुत निकट का सम्बन्ध नहीं है। तो यह है प्रथम आधार जिसके बल पर वामन के दृष्टिकोण से रीति को काव्य की 'आत्मा' माना जा सकता है।

अब दूसरा आधार लीजिए—'काव्य के अन्य उपादानों द्वारा अपने काव्यतत्त्व की पुष्टि'। हमारे विचार में वामन के दृष्टिकोण से रीति को काव्य की आत्मा इस आधार पर नहीं माना जा सकता। कारण यह कि वैदर्भी रीति में सब गुणों की, और गौडीया तथा पाञ्चाली में दो-दो गुणों की, स्वीकृति का तात्पर्य यही लिया जा सकता है

कि इन गुणों के समवाय अथवा समवेत रूप का नाम ही रीतियाँ हैं। दूसरे शब्दों में, बीस गुणों के इस रूप का अपर नाम 'वैदर्भी' है, और दो-दो गुणों के इस रूप का नाम गौडीया अथवा जाञ्चाली। इस प्रकार 'रीति' की पुष्टि इन गुणों अथवा इनमें समाविष्ट अन्य काव्य-तत्त्वों से नहीं होती।

इस प्रकार प्रथम आधार पर वामन के दृष्टिकोण से रीति को काव्य की आत्मा स्वीकृत कर लेने पर कतिपय प्रश्न उपस्थित होते हैं—

पहला प्रश्न यह कि दण्डी के 'वैदर्भ मार्ग' और वामन की 'वैदर्भी रीति' में क्या कोई अन्तर है? इसका उत्तर है कि हाँ, महान्, अन्तर है। दस गुण वैदर्भ मार्ग के प्राण हैं, दण्डी की इस धारणा का तात्पर्य यह है कि जिस रचना में इनमें से किसी एक गुण की (अथवा किन्हीं दो-तीन गुणों की) अवस्थिति हो, वहाँ वैदर्भ मार्ग की स्वीकृति की जाती है। किन्तु इधर वामन-सम्मत वैदर्भी रीति में बीस गुणों का संयोग, चाहे वह समवाय रूप में हो अथवा समवेत रूप में, अनिवार्य है। वामन के 'रीति-सिद्धान्त' का यही सबसे बड़ा दोष एवं शैथिल्य है। प्रथम तो किसी पद्य में बीस गुणों का संयोग अपने-आप में एक असम्भव परिकल्पना है। यदि रीति-सिद्धान्त का पक्षपात लेकर इसे सिद्ध करने का आग्रह किया भी जाये, तो इसके लिए निस्सन्देह अवांच्छनीय एवं हास्यास्पद सी खींचतान करनी पड़ेगी।

दूसरा प्रश्न यह है कि 'अलंकार' के सम्बन्ध में वामन का दृष्टिकोण क्या है? वस्तुतः, वामन पर अलंकारवाद का पर्याप्त प्रभाव है। उन्हें दण्डी आदि के समान 'अलंकार' के दोनों अर्थ अभीष्ट हैं—व्यापक भी और संकुचित भी। पहले व्यापक अर्थ लीजिए। वामन काव्य को 'अलंकार' के कारण ग्राह्य मानते हैं, और अलंकार से उनका अभिप्राय है काव्य का सभी प्रकार का 'सौन्दर्य'[1]—जिसमें रीति-जनित 'सौन्दर्य' भी निस्सन्देह समाविष्ट हो जाता है। इधर वामन को अलंकार का संकुचित अर्थ—अनुप्रास, उपमा आदि भी—अभीष्ट है। इसके दो प्रमाण हैं। पहला यह कि वह इन अलंकारों को गुणों में अन्तर्भूत करने का कहीं संकेत नहीं करते, वे इन्हें स्वतन्त्र मानते हैं। दण्डी की भी यही स्थिति है। वे भी इन्हें गुणों में अन्तर्भूत नहीं करते। दूसरा प्रमाण यह कि वामन अलंकारों को 'गुण' की अपेक्षा निम्न कोटि का स्वीकार करते हैं। इनके कथनानुसार गुण काव्य के शोभाकारक धर्म हैं तो अलंकार उसी उत्पन्न शोभा के वर्द्धक हेतु हैं। अतः काव्य में गुण की स्थिति नित्य है और अलंकार की अनित्य।[2] दण्डी का दृष्टिकोण भी लगभग यही है। वह गुण को तो वैदर्भ मार्ग का प्राण मानते हैं, किन्तु उपमा आदि अलंकारों को नहीं।[3]

1. **'काव्यं ग्राह्यमलंकारात्, 'सौन्दर्यमलंकारः'**। का.सू.वृ. 1.1.1,2
(ज्ञातव्य है कि दण्डी ने तो काव्यशोभाकारक धर्म को ही अलंकार कहा था, किन्तु वामन ने उससे भी एक पग और आगे बढ़कर काव्यशोभा (सौन्दर्य) को भी 'अलंकार' कह दिया है।)
2. **(क) काव्यशोभायाः कर्त्तारो धर्मा गुणाः, (ख) तदतिशयहेतवस्त्वलंकाराः।**
(ग) पूर्वे नित्याः। का.सू.वृ. 3.1.1, 23
3. काव्यादर्श 1.42, 2.3

इस प्रकार वामन अलंकार की उक्त दोनों स्थितियों को स्वीकृत करते हुए भी यदि 'रीति' को काव्य की आत्मा मानते हैं तो इससे वह अपनी इस मान्यता के बल को कम अवश्य कर लेते हैं। वस्तुतः, वामन अलंकारवाद से इतना अधिक प्रभावित थे कि वे न तो इस वाद का खण्डन कर सके, न अनुप्रास, उपमा आदि अलंकारों को अपनी 'रीति' में अन्तर्भूत कर सके, और न इन्हें 'रीति' के पोषक रूप में ही स्वीकृत कर सके। फिर भी, यदि इन्होंने रीति को 'आत्मा' पद से गौरवान्वित किया, तो केवल इसी आधार पर कि वह अलंकारवादियों की अपेक्षा काव्य के बाह्य रूप को कहीं अधिक चमत्कृत करने के पक्ष में थे। उनके शब्दगुणों की (और अधिकतर अर्थगुणों की भी) परिभाषाओं की तुलना दण्डि-प्रस्तुत गुणों की परिभाषाओं से करने पर इसी तथ्य की पुष्टि हो जायेगी। उनका यह बाह्य रूप चकाचौंध मात्र न होकर स्थायी उज्ज्वलता का द्योतक है। इसका प्रमाण यह है कि इन्होंने शब्दगुण के अतिरिक्त अर्थगुण भी माने हैं, और दूसरा प्रमाण यह कि उनकी दृष्टि में ये गुण केवल 'पाठ' अर्थात् शब्द-रचना के धर्ममात्र नहीं हैं, क्योंकि सभी प्रकार की रचनाओं में वे दिखायी नहीं देते—ये तो विशिष्टता की अपेक्षा रखते हैं—**'न पाठधर्माः सर्वत्राऽदृष्टे।' विशेषापेक्षया।** (का.सू.वृ. 3.1.28)

इस प्रकार वामन अलंकारवादियों के सिद्धान्तों को अधिकांशतः स्वीकृत करते हुए भी यह मानते थे कि **'रीति काव्य की आत्मा'** है। यह उनकी गुणग्राहकता और शिथिलता दोनों का द्योतक है। फिर भी अलंकारवादियों की अपेक्षा काव्य के बाह्य पक्ष पर कहीं अधिक बल देने का तो यह द्योतक है ही।

निष्कर्षतः, वामन 'गुण' के व्यापक स्वरूप के आधार पर रीति को काव्य की आत्मा मानते थे।

3. ध्वनि-सिद्धान्त

ध्वनि-सिद्धान्त[1] के प्रवर्तक आनन्दवर्धन[2] ने 'ध्वनि' को स्पष्ट शब्दों में काव्य की आत्मा के रूप में घोषित करते हुए कहा कि उनसे पूर्व भी विद्वानों द्वारा यही मान्यता स्वीकृति की गयी थी—

काव्यस्यात्मा ध्वनिरिति बुधैर्यः समाम्नातपूर्वः।[3] ध्वन्या. 1.1

1. 'ध्वनि' शब्द के विभिन्न अर्थों में से आत्मा के प्रसंग में केवल एक ही अर्थ अभीष्ट है—व्यंग्यार्थ (प्रतीयमानार्थ)।
2. यद्यपि ध्वनि-तत्त्व किसी-न-किसी रूप में आनन्दवर्धन से पहले भी विद्यमान था, किन्तु वह अविदित-सदृश था, लगभग अज्ञात था—

    विमतिविषयो य आसीन् मनीषिणां सततमविदितसतत्त्वः।
    ध्वनिसंज्ञितः प्रकारः काव्यस्य व्यंजितः सोऽयम्।। ध्वन्या. 3.34

3. इसी प्रकार—
    (क) योऽर्थः सहृदयश्लाघ्यः काव्यात्मेति व्यवस्थितः। ध्वन्या. 3.34
    (ख) काव्यस्यात्मा स एवार्थ.....।
    (विविधवाच्यवाचकरचनाप्रपंचचारुणः काव्यस्य स एवार्थः सारभूतः।) —ध्वन्या. 1.5 तथा वृत्ति

ध्वनि कहते हैं उस प्रतीयमान अथवा व्यंग्य अर्थ को, जिसे (वाच्य) अर्थ अपने आप को, और (वाचक) शब्द अपनी सत्ता अथवा अपने वाच्यार्थ को गौण बना कर अभिव्यक्त करते हैं

यत्रार्थः शब्दो वा तमर्थमुपसर्जनीकृतस्वार्थौ।
व्यंक्तः काव्यविशेषः स ध्वनिरिति सूरिभिः कथितः।। ध्वन्या. 1.13

आनन्दवर्धन से पूर्व 'अलंकार' को काव्य का सर्वस्व और 'रीति' को काव्य की आत्मा के रूप में घोषित किया जा चुका था। अपने मत की पुष्टि के लिए आनन्दवर्धन ने लक्षणा शब्दशक्ति के अतिरिक्त[1] इन दोनों तत्वों (अलंकार और रीति) का भी खण्डन किया। पहले अलंकार-तत्त्व को लीजिए। भामह आदि अलंकारवादियों के समर्थकों की ओर से कहा जा सकता है कि 'अलंकार' नामक तत्त्व की स्वीकृति किये जाने पर 'ध्वनि' नामक तत्त्व की आवश्यकता ही नहीं है—**'तस्याऽभावं जगदुरपरे'**, क्योंकि भामह-प्रस्तुत प्रतिवस्तूपमा; दण्डि-प्रस्तुत व्यतिरेक; भामह, दण्डी और उद्भट द्वारा प्रस्तुत पर्यायोक्ति आदि अलंकारों में ध्वनि-तत्त्व के स्पष्ट संकेत मिल जाते हैं। इसी प्रकार अलंकार-व्यंग्य को भी 'ध्वनि' न मान कर 'अलंकार' ही माना जा सकता है। आनन्दवर्धन ने इनका खण्डन प्रस्तुत करते हुए कहा है कि उक्त प्रतिवस्तूपमा आदि अलंकारों में 'व्यंग्यार्थ' की प्रतीति होने पर भी इसका कथन प्रधान रूप से नहीं होता, उनमें प्रधान चमत्कार को अलंकार-तत्त्व का ही रहता है। अतः इन्हें 'ध्वनि' न कहकर अलंकार कहना चाहिए।[2] हाँ, व्यंग्यांश-समन्वित इन पर्यायोक्ति आदि अलंकारों का चमत्कार अन्य वाच्यालंकारों—

उपमा, रूपक आदि—की तुलना में कहीं अधिक बढ़ जाता है।[3] और यदि, कहीं इन अलंकारों के उदाहरणों में व्यंग्यार्थ की प्रधानता हो भी, तो उन्हें इन अलंकारों के स्थान पर 'ध्वनि' का ही उदाहरण माना जायेगा।[4] आनन्दवर्धन के अनुसार ध्वनि अंगी और अलंकार, गुण और वृत्तियाँ उसके अंग हैं।[5] निष्कर्ष रूप में अलंकार के सम्बन्ध में आनन्दवर्धन का मन्तव्य है कि 'अलंकार उन्हें कहते हैं जो शब्द और

---

1. ध्वन्यालोक 1.14-19
2. **अलंकारान्तरस्यापि प्रतीतौ यत्र भासते।**
   तत्परत्वं न वाच्यस्य नाऽसौ मार्गो ध्वनेर्मतः।। ध्वन्या. 2.27
   (यत्र वाच्यस्य व्यंग्यप्रतिपादनौन्मुख्येन चारुत्वं न प्रकाशते नासौ ध्वनेर्मार्गः।)
3. (क) **शरीरीकरणं येषां वाच्यत्वेन व्यवस्थितम्।**
   तेऽलंकाराः परां छायां यान्ति ध्वन्यंगतां गताः।। —वही 2.28
   (ख) **वाच्यालंकारवर्गोऽयं व्यंग्यांशानुगमे सति।**
   प्रायेणैव परां छाया विभ्रल्लक्ष्ये निरीक्ष्यते।। —वही 3.37
4. **यत्र तु व्यंग्यपरत्वेनैव वाच्यस्य व्यवस्थानं तत्र व्यंग्यमुखनैव व्यपदेशो युक्तः।** —वही पृष्ठ 193
5. **काव्यविशेषोऽङ्गी ध्वनिरिति कथितः। तस्य पुनरंगानि अलंकाराः गुणाः वृत्तयश्च।** —वही, पृष्ठ 74
   विशेष विवरण के लिए देखिए ध्वन्यालोक 1.13, 2, 27 वृत्तिभाग।

अर्थ के आश्रित रह कर कटक, कुण्डल आदि के समान (शब्दार्थ-रूप-शरीर के शोभाजनक) हैं,'[1] और इनकी यह स्थिति बाह्यपरक है। अतः इनके अन्तराल में 'ध्वनि' को, जोकि मूलतः एक आन्तरिक तत्त्व है, समाविष्ट नहीं माना जा सकता।

'अलंकार' के अतिरिक्त आनन्दवर्धन ने 'रीति' का भी खण्डन किया। 'रीति' को इन्होंने 'संघटना' नाम देते हुए कहा कि वह गुणों पर आश्रित रह कर रसों को अभिव्यक्त करती है–

गुणानाश्रित्य तिष्ठन्ती माधुर्यादीन् व्यनक्ति सा।
रसान् ....।। ध्वन्या. 6.6

इसका तात्पर्य यह कि आनन्दवर्धन की दृष्टि में रीति (संघटना) की सिद्धि इसी में है कि वह रस की अभिव्यक्ति में सहयोग दे और यह भी साक्षात् रूप से नहीं, अपितु गुणों के अभिव्यंजक वर्णों पर आश्रित रहकर। आनन्दवर्धन रीति को केवल संघटना (रचना-प्रकार) मात्र मानते हैं। स्वयं वामन भी मूलतः इसे एक बाह्य तत्त्व स्वीकार करते हैं, क्योंकि आनन्दवर्धन ने यदि समास के सद्भाव और असद्भाव को रीति के स्वरूप-निर्देश में स्थान दिया तो यही दिशा वामन ने भी अपनायी थी। स्पष्ट है कि समास-प्रक्रिया बाह्य तत्त्व का ही सूचक है। आनन्दवर्धन के इसी दृष्टिकोण का परिपालन उनके अनुयायी मम्मट आदि परवर्ती आचार्यों द्वारा भी किया गया। परिणामतः, रीति अपने 'आत्मपद' से च्युत होकर विश्वनाथ के शब्दों में 'अंगसंस्थान' मात्र बन कर रह गयी।[2] निष्कर्षतः, आनन्दवर्धन ने 'रीति' को केवल मात्र एक बाह्य तत्त्व स्वीकार करते हुए इसे 'आत्मा' मानने वाले वामन का खण्डन किया है। उनके बारे में उन्होंने स्पष्टतः कहा है कि वह अस्फुट रूप से प्रतीत होने वाले ध्वनि जैसे आन्तरिक काव्य-तत्त्व की व्याख्या करने में नितान्त असमर्थ थे, तभी तो उन्होंने रीति का प्रवर्तन किया है–

अस्फुटस्फुरितं काव्यतत्त्वमेतद् यथोदितम्।
अशक्नुवद्भिव्यकिर्तुं रीतयः सम्प्रवर्तिताः।। ध्वन्या. 3.47

इस प्रकार आनन्दवर्धन ने ध्वनि-तत्त्व से पूर्ववर्ती उक्त दोनों तत्त्वों का खण्डन उनके प्रति अपनी मान्यताओं के आधार पर किया–'अलंकार' को आभूषक मात्र मानते हुए, तथा रीति को एक संघटना (रचना-प्रकार) मात्र। किन्तु इससे इनके प्रवर्त्तक आचार्यों के प्रति निस्सन्देह यथोचित न्याय नहीं हुआ। वस्तुतः, इनका खण्डन उन्हीं के समान इन दोनों तत्त्वों का व्यापक अर्थ लेकर ही करना चाहिए था, न कि केवल अपनी मान्यतानुसार इनका सीमित अर्थ लेकर। आनन्दवर्धन की ही ओर से उत्तर भी दिया जा सकता है कि यदि वे पूर्ववर्ती आचार्यों के अलंकार एवं रीति-विषयक

---

1. **अंगाश्रितास्त्वलंकाराः मन्तव्याः कटकादिवत्।**
(वाच्यवाचकलक्षणानि अंगानि)......... ध्वन्या. 2.6
2. **पदसंघटना रीतिरंगसंस्थाविशेषवत्।**
उपकर्त्री रसादीनाम्।। सा.द. 9.1

व्यापक दृष्टिकोण को ही अपनाते तो भी परिणाम वही निकलता कि ये दोनों तत्त्व मूलतः बाह्यपरक हैं, और इनके इसी बाह्य स्वरूप का ही इन्होंने अपनी मान्यताओं में स्पष्टतः उल्लेख किया है। इधर इसके विपरीत स्वसम्मत 'ध्वनि' को 'नितान्त आन्तरिक काव्य-तत्त्व' निर्दिष्ट करते हुए इसे काव्य की आत्मा घोषित करते हैं, और वस्तुतः, इसे इस महनीय पद पर आसीन करने के लिए केवल यही एक प्रबल तर्क पर्याप्त है, जिसे इन्होंने अनेक स्थलों पर उद्घोषित किया है—

(क) **प्रतीयमानं पुनरन्यदेव वस्त्वस्ति वाणीषु महाकवीनाम्।**
यत् तत् प्रसिद्धावयवातिरिक्तं विभाति लावण्यमिवांगनासु।। ध्वन्या. 1.4

(ख) **मुख्या महाकविगिरामलंकृतिभृतामपि।**
प्रतीयमानच्छायैषा भूषा लज्जेव योषिताम्।[1] ध्वन्या. 3.38

निस्सन्देह यही प्रतीयमानार्थ (व्यंग्यार्थ, ध्वनि) ही, अलंकार और रीति जैसे बाह्यपरक उपादानों की तुलना में, 'आत्मा' जैसे आन्तरिक तत्त्व से सम्मानित किये जाने का वास्तविक अधिकारी है।

इसके अतिरिक्त आनन्दवर्धन ने काव्य के विविध चमत्कार को ध्वनि पर आधारित मानते हुए अपनी उक्त मान्यता की परिपुष्टि की है। ध्वनि के तारतम्य के अनुरूप इन्होंने काव्य के तीन रूप स्वीकृत किये हैं—ध्वनि, गुणीभूतव्यंग्य और चित्र। ध्वनि के प्रमुख भेद पाँच हैं और गुणीभूतव्यंग्य के आठ। फिर, इनके अनेक उपभेद हैं, जो पदांश, पद, वाक्य से लेकर प्रबन्ध-गतता तक फैले हुए हैं। इस तरह इन दोनों काव्य-तत्त्वों के भेदोपभेदों में प्रत्येक प्रकार का काव्य-सौन्दर्य अन्तर्भूत किया जा सकता है। स्वयं आनन्दवर्धन के शब्दों में, इनके सम्पर्क से वाणी बहुविध समृद्धि को प्राप्त कर लेती है।[2] ध्वनि का एक भेद 'असंलक्ष्यक्रमव्यंग्य' है, जो रस, भाव, रसाभास आदि का पर्याय है।[3] गुणीभूतव्यंग्य के एक भेद 'अपरस्यांग' से अभिप्राय है रसवद् आदि अलंकारों का चमत्कार।[4] इधर 'चित्रकाव्य' के अन्तर्गत माधुर्य आदि गुणों और उससे सम्बद्ध रीतियों के अतिरिक्त सभी अलंकारों का चमत्कार सन्निहित है।[5] इसका तात्पर्य यह कि गुण और अलंकार भी आनन्दवर्धन के अनुसार व्यंग्य-रहित नहीं होते, उनमें भी व्यंग्य की सत्ता अवश्य रहती है,

---

1. (क) जिस प्रकार नारियों का लावण्य उनके (मुख, नेत्र, केश आदि) अवयवों से विभिन्न होता है, उसी प्रकार महाकवियों की वाणियों में प्रतीयमान अर्थ (वाच्यार्थ से) कुछ और ही होता है।
(ख) जिस प्रकार (कटक, कुण्डल आदि) आभूषणों से सजी होने पर भी नारियों का मुख्य आभूषण लज्जा है, उसी प्रकार (अनुप्रास, उपमा आदि) अलंकारों से युक्त भी महाकवियों की वाणी का मुख्य आभूषण व्यंग्यार्थ का संस्पर्श ही है।
2. **ध्वनेरित्थं गुणीभूतव्यंग्यस्य च समाश्रयात्।**
न काव्यार्थविरामोऽस्ति यदि स्यात् प्रतिभागुणः।। ध्वन्या. 4.6
3. ध्वन्या. 2.3
4. **ध्वन्या.** 2.5, का.प्र. 5 म उ., पद्य-संख्या 116-125
5. **चित्रमिति गुणालंकारयुक्तम्।** का.प्र. 1.15

किन्तु अस्फुट रूप से।[1] निष्कर्षतः, आनन्दवर्धन के अनुसार सभी प्रकार के काव्य-सौन्दर्य में ध्वनितत्त्व—प्रमुख, गौण अथवा अस्फुट रूपों में से—किसी-न-किसी रूप में, अनिवार्यतः विद्यमान रहता है। इसीलिए भी ध्वनि को 'काव्य की आत्मा' माना गया है।

इस प्रकार उपर्युक्त दोनों कारणों के आधार पर आनन्दवर्धन ने 'ध्वनि काव्य की आत्मा है' यह घोषित करते हुए, अन्य काव्यांगों का स्वरूप स्थिर किया, तथा उन्हें ध्वनि से सम्बद्ध करते हुए इनकी वास्तविक स्थिति का स्पष्टीकरण किया।

4. वक्रोक्ति-सिद्धान्त

'काव्य की आत्मा' के प्रसंग में अग्रिम उल्लेखनीय काव्यतत्त्व है—वक्रोक्ति, जिसे कुन्तक ने काव्य का जीवित (आत्मा) स्वीकार करते हुए अपने ग्रन्थ को इसी मान्यता के आधार पर 'वक्रोक्तिजीवितम्' नाम से अभिहित किया, तथा 'विचित्र' नामक मार्ग के प्रसंग में 'वक्रोक्ति' के वैचिव्य को 'जीवित' शब्द से संकेतित किया।[2] 'वक्रोक्ति' कहते हैं—**वैदग्ध्य-भंगी-भणिति,**[3] अर्थात् कवि-कर्मकौशल से उत्पन्न वैचित्र्य-पूर्ण कथन, को। दूसरे शब्दों में, जो काव्यतत्त्व किसी कथन में लोकोत्तर चमत्कार उत्पन्न कर दे, उसका नाम वक्रोक्ति है।[4] इसका तात्पर्य यह है कि लोकवार्ता से, यों कहिए लौकिक सामान्य वचन से, विशिष्ट कोई भी कथन 'वक्रोक्ति' के अन्तर्गत आता है।

कुन्तक से पूर्व 'अलंकार' को काव्य का सर्वस्व, और 'रीति' तथा 'ध्वनि' को काव्य की आत्मा स्वीकृत किया जा चुका था, तथा भरत और आनन्दवर्धन द्वारा रस का स्वरूप अधिकांशतः व्यवस्थित हो चुका था। कुन्तक स्वयं इन चारों काव्यतत्त्वों से पूर्णतया परिचित थे। इनमें वे वामन-सम्मत रीति को निस्सार वस्तु समझ कर उन्होंने इस पर विशिष्ट प्रकाश डालना समुचित नहीं समझा।[5] शेष तीन काव्यतत्त्वों को उन्होंने अपनी मान्यता के अनुसार वक्रोक्ति से सम्बद्ध अथवा इसी में अन्तर्भूत स्वीकृत करते हुए भी, कहीं इनका खण्डन नहीं किया। अलंकार के प्रति उनका दृष्टिकोण यद्यपि भामह, दण्डी और उद्भट जैसे अलंकारवादियों के समान न होकर अधिकांशतः आनन्दवर्धन के समान ही है[6], किन्तु वे भामह आदि द्वारा

---

1. **अव्यंग्यमिति स्फुटप्रतीयमानार्थरहितम्।** कां.प्र. 1.4
2. **विचित्रो यत्र वक्रोक्तिवैचित्र्यं जीवतायते।**
   परिस्फुरन्ति यस्यान्तः सा काप्यतिशयाऽभिधा।। व.जी. 1.42
3. **वक्रोक्तिरेव यत्र वैदग्ध्यभंगीभणितिरुच्यते।** व.जी. 1.10
4. **लोकोत्तरचमत्कारकारिवैचित्र्यसिद्धये।** व.जी. 1.5
5. **तदलमनेन निस्सारवस्तुपरिमलव्यसनेन।** हि.व.जी., 1.24 वृत्ति
6. तुलनार्थ : 'विचित्र' नामक काव्यमार्ग के स्वरूपनिर्देश के प्रसंग में कुन्तक की निम्नोक्त दो कारिकाएँ—
   (क) **रत्नरश्मिच्छटोत्सेकभासुरैर्भूषणैर्यथा।**
   कान्ताशरीरमाच्छाद्ये भूषायै परिकल्प्यते।।
   (ख) **यत्र तद्वदलंकारैर्भ्राजमानैर्निजात्मना।**
   स्वशोभातिशयान्तःस्थमलंकार्यः प्रकाश्यते।। व.जी. 1.36, 37

प्रतिपादित अलंकार के 'व्यापक' अर्थ को भुला नहीं सके—'काव्यता तो सालंकार (अलंकार-सहित) वचन की होती है,'—**तत्त्वं, सालंकारस्य काव्यता** (1.6), और इसी धारणा के वशीभूत होकर ही मानो वे वक्रोक्ति को एक 'अपूर्व अलंकार' की संज्ञा दे रहे हैं : **काव्यस्याऽयमलंकारः कोऽप्यपूर्वो विधीयते** (1.2)। ठीक इसी प्रकार इसी प्रसंग के आसपास ही उन्होंने वक्रोक्ति को 'विचित्रा' अभिधा भी कहा है—**विचित्रैव अभिधा वक्रोक्तिरित्युच्यते** (1.10 वृत्ति)। 'विचित्रा' अभिधा से उनका तात्पर्य ध्वनि से ही है।[1] इस प्रकार एक ओर वक्रोक्ति को अपूर्व 'अलंकार' कहना, और दूसरी ओर प्रकारान्तर से 'ध्वनि' कहना, कुन्तक की इन दोनों सिद्धान्तों के प्रति, विशेषतः ध्वनि-सिद्धान्त के प्रति, मान्यता एवं समादर-भावना का सूचक है।[2] शेष रहा चौथा काव्य-तत्त्व—रस, तो इसे उन्होंने मुक्तकण्ठ से स्वीकार करते हुए अपने ग्रन्थ में यत्र-तत्र अनुस्यूत किया है।[3]

इस प्रकार 'रीति' को छोड़ कर शेष तीनों काव्य-तत्त्वों—अलंकार, ध्वनि और रस के प्रति उन्होंने यद्यपि उदार दृष्टिकोण रखा है, किन्तु हैं वे मूलतः 'वक्रोक्तिवादी' ही, और इस मान्यता का एक मात्र कारण पूर्व-निर्दिष्ट ही है कि वे लौकिक (एवं शास्त्रीय) कथनों से उच्च भावभूमि पर अवस्थित प्रत्येक उक्ति को **'वक्रोक्ति'** नाम से अभिहित करते हैं, और इसी के ही फलस्वरूप इन्होंने इसके अनेक भेदोपभेद करते हुए प्रकारान्तर से सभी काव्य-तत्त्वों को इसी में अन्तर्भूत किया है, जिनका दिग्दर्शन इस प्रकार है—

उन्होंने वक्रोक्ति के पहले 6 प्रमुख भेद गिनाये हैं—(1) वर्णविन्यास-वक्रता, (2) पदपूर्वार्ध-वक्रता (प्रातिपादिक अथवा मूल शब्द की वक्रता), (3) पदपरार्ध-वक्रता (प्रत्यय आदि की वक्रता), (4) वाक्य-वक्रता, (5) प्रकरण-वक्रता और

---

1. क्योंकि 'वाचक' शब्द से उनका अभिप्राय केवल द्योतक शब्द नहीं है, अपितु उपचार द्वारा व्यंजक शब्द भी है। इसी प्रकार वाच्यार्थ से उनका अभिप्राय द्योत्य अर्थ के अतिरिक्त व्यंग्य अर्थ से भी है—**ननु च द्योतकव्यञ्जकावपि शब्दौ सम्भवतः। तदसंग्रहान्नाऽव्याप्ति। यस्माद् अर्थप्रतीतिकारित्वसामान्याद् उपचारात् तावपि वाचकावेव। एवं द्योत्यव्यंग्ययोरर्थयोः प्रत्येयत्वसामान्याद् वाच्यत्वमेव।**

—व.जी. 1.8 वृत्ति

2. कुन्तक ने ध्वनि का निर्देश प्रकारान्तर से अनेक स्थलों पर किया है। यथा—
   प्रतीयमानता यत्र वाक्यार्थस्य निबध्यते।
   वाच्यवाचकवृत्तिभ्यामतिरिक्तस्य कस्यचित्।। व.जी. 1.40
   उन्होंने उत्प्रेक्षा, रूपक, व्यतिरेक आदि अलंकारों के 'प्रतीयमान' नामक भेद स्वीकार किये हैं। इसी प्रकार पर्यायोक्त अलंकार के लक्षण और उदाहरण में उन्होंने अलंकारवादी आचार्यों के समान इसी में ही व्यंग्यार्थ के समावेश की सूचना प्रकारान्तर से दी है (व.जी. 3.24 तथा वृत्ति)। इसके अतिरिक्त परिवृत्ति अलंकार को तो उन्होंने अलंकार न मानकर अलंकार्य ही माना है। (व.जी. 3.33 वृत्ति, तथा, भारतीय साहित्यशास्त्र, भाग 2, पृ. 324)
3. देखिए—व.जी. 2.33, 35; 3.8, 46; 4.8, 10, 16, 17, 20, 21।

(6) प्रबन्ध-वक्रता। (व.जी. 1.18-21)। फिर, इन सबके कुल मिलाकर 42 उपभेद हैं। ये सभी सौन्दर्य-प्रकार, यों कहिये वक्रोक्तियाँ, अकेले काव्य-चमत्कार उत्पन्न करती हैं, तथा एक से अधिक रूप में मिल कर भी। दूसरी स्थिति में काव्य की शोभा कहीं अधिक बढ़ जाती है—

परस्परस्य शोभायै बहवः पतिताः क्वचित्।
प्रकारा जनयन्त्येतां चित्रच्छायामनोहराम्। । व.जी. 2.34

कुन्तक के मत में इन्हीं भेदोपभेदों के अन्तर्गत काव्य का सभी प्रकार का सौन्दर्य—चाहे वह बाह्य हो अथवा आन्तरिक—समाविष्ट हो जाता है। कतिपय उदाहरण लीजिए—

(क) अनुप्रास, यमक आदि शब्दालंकारों का चमत्कार 'वर्णविन्यास-वक्रता' है।
(ख) उपमा, रूपक आदि अर्थालंकारों का चमत्कार 'वाक्य-वक्रता' है।
(ग) परिकर और इसके सदृश अलंकारों का चमत्कार पर्याय-वक्रता (नामक पदपूर्वार्द्ध-वक्रता) है।
(घ) पदगत ध्वनि का शब्दशक्तिमूलक अनुरणन-रूप-व्यंग्य नामक भेद पर्यायवक्रता के अन्तर्गत आ जाता है।
(ङ) लक्षणामूला ध्वनि के दोनों भेदों—अर्थान्तरसंक्रमितवाच्यध्वनि और अत्यन्ततिरस्कृतवाच्यध्वनि को रूढिवैचित्र्यवक्रता (नामक पदपूर्वार्द्धवक्रता) के अन्तर्गत माना जा सकता है।
(च) ध्वनि के प्रत्यय, काल, कारक, वचन, उपसर्ग और निपात-गत उपभेद 'पदपरार्धगत' और 'पदगत वक्रता' में अन्तर्भूत हो जाते हैं।
(छ) वाक्यगत ध्वनि 'वाक्यवक्रता' के समीप है, और
(ज) प्रबन्धगत ध्वनि 'प्रबन्ध-वक्रता' के।
(झ) रुय्यक के कथनानुसार ध्वनि का अधिकतर प्रपञ्च उपचार-वक्रता (नामक पद-पूर्वार्द्ध-वक्रता) के अन्तर्गत आ जाता है : **उपचारवक्रतादिभिः समस्तो ध्वनिप्रपंचः स्वीकृतः।** (अलंकारसर्वस्व, पृष्ठ 10)

इस प्रकार कुन्तक की वक्रोक्ति अधिकतर काव्यांगों और काव्य-तत्त्वों को अपने विशाल अन्तराल में समाविष्ट किये हैं, और इसका आधार है उक्ति की वक्रता अथवा विच्छित्ति। किन्तु इनके विवेचन से यह स्पष्ट नहीं होता कि 'वक्रोक्ति' केवल बाह्य तत्त्व है अथवा केवल आन्तरिक तत्व। कहीं वे इसे (वामन के समान, बाह्य तत्त्व के रूप में स्वीकार करते प्रतीत होते हैं—न केवल स्थूल प्रसंगों में, अपितु सूक्ष्म प्रसंगों में भी, और कहीं आनन्दवर्धन के समान आन्तरिक रूप में। अन्तर केवल नाम का ही है—आनन्दवर्धन जिसे 'ध्वनि' कहते हैं कुन्तक उसे 'वक्रोक्ति' कह देते हैं। इसी प्रकार हमारे सम्मुख वक्रोक्ति के ये दोनों रूप उपस्थित होते हैं—बाह्य और आन्तरिक। बाह्य के भी दो रूप हैं (क) स्थूल प्रसंगों को बाह्य मानना, और (ख) सूक्ष्म प्रसंगों को भी बाह्य मानना।

(क) बाह्य रूप–

जहाँ तक स्थूल प्रसंगों को बाह्यरूपात्मिका वक्रोक्ति नाम देने का प्रश्न है, निस्सन्देह स्वीकार्य है–शब्दालंकारों को 'वर्णविन्यास-वक्रता' के अन्तर्गत और अर्थालंकारों को 'वाक्यवक्रता' के अन्तर्गत निरूपित करना कुन्तक की दृष्टि से नितान्त संगत है, किन्तु सूक्ष्म प्रसंगों को बाह्यरूपात्मिका वक्रोक्ति नाम देना अत्यन्त असंगत और कभी-कभी तो हास्यास्पद सा प्रतीत होता है। यथा–

कामं सन्तु दृढं कठोरहृदयो रामोऽस्मि सर्वं सहे।

–ध्वन्या. पृष्ठ 99, व.जी. पृष्ठ 197

इस पद में 'राम' शब्द का गृहीत अर्थ आनन्दवर्धन और कुन्तक दोनों को एक ही अभीष्ट है–सकल-दुःख-सहिष्णु। आनन्दवर्धन ने इसे अर्थान्तरसंक्रमितवाच्य-ध्वनि का उदाहरण माना है, और कुन्तक ने पदपूर्वार्ध-वक्रता का, क्योंकि 'रामः' पद के पूर्वार्ध अर्थात् प्रातिपदिक अथवा मूल शब्द 'राम' के ही कारण काव्य-चमत्कार है, इसके प्रत्यय (सु=ः) के कारण नहीं। इसी प्रकार निम्नोक्त पद्य–

तदा जायन्ते गुणाः यदा ते सहृदयैर्गृह्यन्ते।
रविकिरणानुगृहीतानि भवन्ति कमलानि कमलानि।।[1]

–ध्वन्या. 2.1 वृत्ति, व.जी. 2.9 (वृत्ति)

–में दूसरे 'कमलानि' पद का गृहीत अर्थ है सौन्दर्य आदि विशेष गुणों से युक्त, और यही अर्थ आनन्दवर्धन और कुन्तक दोनों का अभीष्ट है। किन्तु आनन्दवर्धन यहाँ अर्थान्तरसंक्रमित-वाच्यध्वनि मानते हैं, और कुन्तक पदपूर्वार्द्धवक्रता।

अब एक अन्य प्रकार का उदाहरण प्रस्तुत है–

समविषमनिर्विशेषाः समन्ततो मन्दमन्दसंचारा।
अचिराद् भविष्यन्ति पन्थानो मनोरथानामपि दुर्लंघ्या।।[2]

–ध्वन्या. 3.16 (वृत्ति), व.जी. 2.95 (पद्य)

आनन्दवर्धन कहते हैं कि यहाँ काल-व्यंजक असंलक्ष्यक्रम-व्यंग्य (विप्रलम्भ शृंगार) है, किन्तु कुन्तक कहते हैं कि यहाँ 'भविष्यन्ति' के 'स्व' प्रत्यय के कारण वक्रोक्ति (काव्य चमत्कार) है, अतः यहां प्रत्यय-वक्रता है।

इन और इस प्रकार के अन्य उदाहरणों और उनके समन्वय से प्रतीत होता है कि कुन्तक की वक्रोक्ति बाह्यात्मिका है, और इसी आधार पर उन्होंने वाक्यवक्रता के अन्तर्गत 'रूपकव्यंग्य', 'उत्प्रेक्षा-व्यंग्य' और 'व्यतिरेक-व्यंग्य' के उदाहरणों को

---

1. जब सहृदयों द्वारा गुण ग्रहण किये जाते हैं तभी वे गुण होते हैं। जैसे सूर्य की किरणों से अनुगृहीत होने पर ही कमल 'कमल' होते हैं।
2. वर्षा-काल के कारण मार्ग तुरन्त अगम्य 'हो जायेंगे'–बेचारे विरही जन भविष्य की कल्पना करते हुए अभी से व्यथित हो उठे हैं।

भी क्रमशः रूपक, उत्प्रेक्षा और व्यतिरेक नामक वाच्य अलंकारों के उदाहरण-स्वरूप प्रस्तुत करके विषय को अव्यवस्थित सा कर लिया है। यथा–

लावण्यकान्तिपरिपूरितदिङ्मुखेऽस्मिन् स्मेरेऽधुना तव मुखे सारसायताक्षि।
क्षोभं यदेति न मनागपि तेन मन्ये सुव्यक्तमेव जलराशिरवं पयोधि।।

–ध्वन्या. 2.27 (वृत्ति), व.जी. 6.79 (पद्य)

('हे चञ्चल और दीर्घ नेत्रवाली प्रिये! तुम्हारे कान्ति-समुज्ज्वल मुख के मन्द-मुस्कान से युक्त होने पर भी इस समुद्र में तनिक भी चञ्चलता दिखायी नहीं देती। प्रतीत होता है कि यह निरा जलसमूह मात्र ही है।') इस पद्यार्थ से अभिप्रेत है कि 'मुख चन्द्रमा है, क्योंकि चन्द्रमा के प्रकाश के तारतम्य के आधार पर ही समुद्र में ज्वार-भाटा होती रहती है।' आनन्दवर्धन को यहाँ रूपक अलंकार व्यंग्य[1] रूप में मानना अभीष्ट है, किन्तु कुन्तक उन्हीं के प्रभाव-स्वरूप इसे 'प्रतीयमान रूपक' का उदाहरण मानते हुए भी रूपक के अन्य-परक उदाहरणों के समान 'वाक्यवक्रता' का ही चमत्कार कहते हैं। इसी प्रकार–

चन्दनासक्तभुजगनिःश्वासानिलमूर्च्छितः।
मूर्च्छयत्येष पथिकान् मधौ मलयमारुतः।।[2]

–ध्वन्या. 2.27 वृत्ति, व.जी. 3.95 (पद्य)

इस पद्य में आनन्दवर्धन ने 'उत्प्रेक्षा-ध्वनि' स्वीकार की है, और कुन्तक ने इसे उत्प्रेक्षा मानते हुए इसे 'वाक्यवक्रता' के अन्तर्गत रखा है। यहाँ 'व्यंग्यार्थता' अथवा 'वक्रता' यह है कि यद्यपि वसन्त ऋतु में मलयानिल के स्पर्श द्वारा विरही जनों का मूर्च्छित हो जाना वर्णित किया जाता है, किन्तु यहाँ उत्प्रेक्षा यह की गयी है कि मानो मलयानिल इसी कारण विरही जनों को मूर्च्छित कर रहा है कि यह स्वयं सर्पों की फुंकार से मूर्च्छित (प्रवृद्ध) है।

(ख) आन्तरिक रूप–

उक्त सभी स्थूल एवं सूक्ष्म प्रसंगों (क्रमशः संगत एवं असंगत प्रसंगों) को देखने से किसी भी पाठक को आपाततः यही प्रतीत होने लगता है कि कुन्तक की वक्रोक्ति बाह्य-रूपात्मिका ही है, किन्तु कहीं वे आनन्दवर्धन-प्रस्तुत ध्वनि के उदाहरणों को, जो निस्सन्देह आन्तरिक तत्त्व को ही प्रस्तुत करते हैं, यथावत् स्वीकार्य करते हुए भी 'ध्वनि' के स्थान पर 'वक्रता' शब्द का प्रयोग कर देते हैं–

गगनं च मत्तमेघं धारालुलितार्जुननि च वनानि।
निरहंकारमृगांका हरन्ति नीला अपि निशाः।।[3] व.जी. 2.13 (वृत्ति)

---

1. अलंकारगत-संलक्ष्यक्रमव्यंग्य-विवक्षितान्यपरवाच्य (लक्षणामूला)- ध्वनि।
2. चन्दनवृक्ष में लिपटे हुए साँपों की निश्वास-वायु से मूर्च्छित (प्रवृद्ध) यह मलयानिल वसन्त ऋतु में पथिकों को मूर्च्छित करती है।
3. यह अँधेरी रात्रियाँ जिसमें आकाश पर मत्त मेघ छाये हैं और चन्द्रमा निरहंकार (गर्वरहित) हो गया है x x x मन को हरण कर लेती है।

यहाँ मेघों को 'मत्त' कहने से तात्पर्य है कि वे अति सघन होकर उमड़-घुमड़ रहे हैं, और चन्द्रमा को 'निरहंकार' कहने से तात्पर्य है कि उसका प्रकाश क्षीण पड़ गया है। आनन्दवर्धन के अनुसार इन दोनों पदों में 'अत्यन्ततिरस्कृतवाच्यध्वनि' का चमत्कार है और कुन्तक के अनुसार 'पदपूर्वार्द्धवक्रता' के 'उपचारवक्रता' नामक एक उपभेद का। निस्सन्देह यहाँ 'मत्त' और निरहंकार' शब्दों का आन्तरिक चमत्कार ही दोनों आचार्यों को अभीष्ट है, न कि इसका मुख्यार्थ, किन्तु आनन्दवर्धन इसे 'ध्वनि' कहते हैं और कुन्तक 'वक्रता'। इसी प्रकार–

अयमेकपदे तया वियोगः प्रियया चोपनतः सदुःसहो मे।
नववारिधरोदयादहोभिर्भवितव्यं च निरातपत्वरम्यैः।।[1]

—ध्वन्या. 3.16 वृत्ति व.जी. 2.109 (पद्य)

इस पद्य में 'च' (और) नामक निपात (अव्यय) द्वारा समुत्पन्न काव्य-चमत्कार के कारण आनन्दवर्धन ने 'निपातगत-ध्वनि'[2] स्वीकार की है, और कुन्तक ने 'निपातगत-पदवक्रता'।[3] निस्सन्देह दोनों आचार्यों को अभीष्ट तो 'निपात' का चमत्कार है, जो कि आन्तरिक है। आनन्दवर्धन इसी चमत्कार को 'ध्वनि' कहते हैं और कुन्तक 'वक्रता'।

इस प्रकार हमने देखा कि जिस प्रकार 'ध्वनि' के सम्बन्ध में दृढ़तापूर्वक यह कहा जा सकता है कि वह अपने आप में, अनिवार्यतः और सम्पूर्णतः, एक आन्तरिक तत्त्व है, उसी प्रकार वक्रोक्ति के सम्बन्ध में दृढ़तापूर्वक यह नहीं कहा जा सकता कि वह केवल बाह्य अथवा केवल आन्तरिक तत्त्व है।

वक्रोक्ति के उपभेदों पर एक सरसरी-सी दृष्टि डाल देने से भी इस कथन की पुष्टि हो जायेगी। उदाहरणार्थ, पदपूर्वार्द्ध वक्रता के 11 उपभेदों में से रूढिवैचित्र्यवक्रता और उपचारवक्रता तो आन्तरिक तत्त्व के सूचक हैं, और शेष 9 उपभेद बाह्य तत्त्व के। इसी प्रकार, यदि समग्र रूप में वक्रोक्ति के सम्बन्ध में इस दृष्टि से विचार करें तो स्पष्टतः ज्ञात होता है कि उसके बाह्य पक्ष का पलड़ा उसके आन्तरिक पक्ष की अपेक्षा कहीं अधिक भारी है। किन्तु ऐसा मानते हुए भी यह निःसंकोच कहा जा

---

1. उधर प्रियतमा का दुःसह वियोग और इधर नये-नये बादलों के उमड़ आने पर धूप के रहित दिन– ये दोनों एक-साथ आ पड़े हैं।
2. **'निपातमव्ययः'**। (अष्टाध्यायी)
3. निपातगत-असंलक्ष्यक्रमव्यंग्य-विवक्षितान्यपरवाच्य (लक्षणामूला)- ध्वनि।

   इसी प्रकार–

   मुहुरंगुलिसंवृताधरोष्ठं प्रतिषेधाक्षरविक्लवाऽभिरामम्।
   सुखमंसविवर्ति पक्ष्मलाक्ष्याः कथमप्युन्नमितं न चुम्बितं तु।।

   —ध्वन्या. 3.16 वृत्ति, व.जी. 2.33 (पद्य)

   यहाँ 'तु' निपात से पश्चात्ताप व्यञ्जित होता है। आनन्दवर्धन यहाँ 'निपात-ध्वनि' स्वीकृत करते हैं, और कुन्तक 'निपात-वक्रता'।

सकता है कि 'वक्रोक्ति-तत्व' की यह बाह्यपरकता भामह आदि के 'अलंकार-तत्त्व' और वामन के 'रीति-तत्व'—दोनों की अपेक्षा अनेक रूपों से निराली है। कुन्तक का दृष्टिकोण इन आचार्यों की अपेक्षा कहीं अधिक व्यापक है। वक्रोक्ति के 42 उपभेद, इन उपभेदों में अधिकतर काव्य-तत्त्वों की समाहिति, अलंकार के प्रति कुन्तक का दोहरा दृष्टिकोण, रस के प्रति उनका आग्रहपूर्ण समादर, और ध्वनि तथा इसके भेदोपभेदों की प्रकारान्तर से स्वीकृति—ये सभी तथ्य इस वास्तविकता के सूचक हैं कि वक्रोक्ति-सिद्धान्त की यह बाह्यपरकता अलंकार-सिद्धान्त और रीति-सिद्धान्त की बाह्यपरकता की अपेक्षा कहीं अधिक व्यापक एवं विशिष्ट है, और कुन्तक द्वारा ऐसी ही 'वक्रोक्ति' काव्य की आत्मा के रूप में घोषित की गयी है।

5. रस-सिद्धान्त

काव्य की आत्मा के प्रसंग में रस-सिद्धान्त पर प्रकाश डालने से पूर्व यह स्पष्ट कर देना आवश्यक है कि काव्यशास्त्रीय क्षेत्र में जितना समादर रस को मिला, उतना किसी अन्य काव्य-तत्त्व को नहीं। इस प्रसंग में कुछ स्थल लीजिए—

भरत को रस-तत्त्व का प्रवर्त्तक समझा जाता है। उन्होंने इसे नाटक के अनिवार्य धर्म के रूप में स्वीकार किया,[1] तथा कतिपय काव्य-तत्त्वों—अलंकार, गुण, दोष—के रस-संश्रयत्व पर भी उन्होंने प्रकाश डाला।[2]

अलंकारवादी आचार्यों—भामह, दण्डी और उद्भट—ने यद्यपि रस, भाव आदि को रसवद् आदि अलंकार नाम से अभिहित किया, तथापि उन्होंने अपने दृष्टिकोण से इसे समुचित समादर भी प्रदान किया—

भामह और दण्डी ने इसे महाकाव्य के लिए 'एक आवश्यक तत्त्व' के रूप में स्वीकृत किया।[3] भामह के अनुसार कटु औषधि के समान कोई शास्त्र-चर्चा भी रस के संयोग से मधु के समान बन जाती है।[4] दण्डी का माधुर्य गुण 'रसवत्' ही है, तथा यह रसवत्ता मधुपों के समान सहृदयों को प्रमत्त बना देती है।[5] दण्डी के 'माधुर्य'

---

1. (क) एतद् रसेषु भावेषु सर्वकर्मक्रियासु च।
सर्वोपदेशजननं नाट्यमेतद् भविष्यति।। ना.शा. 1.110
(ख) बहुरसकृतमार्गं सन्धिसन्धानयुक्तम्।
भवति जगति योग्यं नाटकं प्रेक्षकाणाम्।। वही, 17.123
2. एवमेते ह्यलंकारा गुणाः दोषाश्च कीर्तिताः।
प्रयोगमेषां च पुनः वक्ष्यामि रससंश्रयम्।। वही 17.108
3. (क) युक्तं लोकस्वभावेन रसैश्च सकलैः पृथक्। का.अ. 1.21
(ख) अलंकृतमसंक्षिप्तं रसभावनिरन्तरम्।। का.आ. 1.18
4. स्वादुकाव्यरसोन्मिश्रं शास्त्रमप्युपयुंजते।
प्रथमालीढमधवः पिबन्ति कटु भेषजम्।। का.अ. 5.3
5. मधुरं रसवद् वाचि वस्तुन्यपि रसस्थितिः।
येन माद्यन्ति धीमन्तो मधुनेव मधुव्रताः।। का.आ. 1.51

गुण का एक भेद वस्तुगत माधुर्य कहाता है, जिसका अपर नाम 'अग्राम्यता' है। दण्डी के शब्दों में यही अग्राम्यता काव्य में रससेचन के लिए सर्वाधिक शक्तिशाली अलंकार है।[1]

इनके अतिरिक्त रुद्रट ने भी, जो एक ओर अलंकार-सिद्धान्त से और दूसरी ओर ध्वनि-सिद्धान्त से प्रभावित थे, रस को मुक्त कण्ठ से स्वीकार किया। भामह और दण्डी के समान इन्होंने भी रस को महाकाव्य के लिए आवश्यक तत्त्व माना।[2] प्रथम बार इन्होंने ही वैदर्भी, पांचाली नामक रीतियों और मधुरा, ललिता वृत्तियों के रसानुकूल प्रयोग का निर्देश किया,[3] शृंगार रस का प्राधान्य स्वीकार किया,[4] तथा कवि को रस के लिए प्रयत्नशील रहने का आदेश दिया।[5]

अलंकारवादी आचार्यों के बाद ध्वनिवादी आचार्य आनन्दवर्धन ने ध्वनि को काव्य की आत्मा तथा रस को ध्वनि का एक भेद (असंलक्ष्यक्रमव्यंग्यध्वनि नाम से) स्वीकृत करते हुए भी रस को ध्वनि का सर्वोत्कृष्ट रूप घोषित किया। कतिपय प्रमाण लीजिए :

—वाच्यार्थों की बहुविध रचना रस के आश्रय से सुशोभित होती है।[6]

—यों तो व्यंग्यार्थ (ध्वनि) के कई भेद हैं, किन्तु रस, भाव आदि (नामक भेद) उनकी अपेक्षा कहीं (अधिक) प्रधान हैं।[7]

—रस के सम्पर्क से प्रचलित अर्थ उस प्रकार नूतन रूप में आभासित होने लगते हैं जिस प्रकार वसन्त के सम्पर्क से द्रुम।[8]

—रस, भाव आदि के विषय से सम्बद्ध रहकर ही वाच्य और वाचक की औचित्यपूर्वक योजना होती है, और ऐसी योजना करना महाकवि का मुख्य कर्म है।[9]

—इस व्यंग्य-व्यंजक भाव (अर्थात् ध्वनितत्त्व) के अनेक भेदों के होने पर भी कवि को केवल रसादिमय ध्वनि-काव्य में ही अवधानवान् रहना चाहिए।[10]

---

1. **कामं सर्वोऽप्यलकारो रसमर्थे निषिञ्जतु।**
   तथाप्यग्राम्यतैवैनं भारं वहति भूयसा।। का.आ. 1.62
2. काव्यालंकार 16.1,5

3,4. काव्यालंकार 14.37; 14.38

5. **तस्मात्तत्कर्तव्यं यत्नेन महीयसा रसैर्युक्तम्।**
   उद्वेजनमेतेषां शास्त्रवदेवाऽन्यथा हि स्यात्।। का.अ. 12.2
6. **अवस्थादिविभिन्नानां वाच्यानां विनिबन्धनम्।**
   भूम्नैव दृश्यते लक्ष्ये तत्तु भाति रसाश्रयात्।। ध्वन्या. 4.8
7. **प्रतीयमानस्य चान्यभेददर्शनेऽपि रसभावमुखेनैवोपलक्षणं प्राधान्यात्।** —ध्वन्या. 1.5 वृत्ति
8. **दृष्टपूर्वा अपि ह्यर्थाः काव्ये रसपरिग्रहात्।**
   सर्वे नवा इवाभान्ति मधुमास इव द्रुमाः।। ध्वन्या. 4.4
9. **वाच्यानां वाचकानां च यदौचित्येन योजनम्।**
   रसादिविषयेणैतत् कर्म मुख्यं महाकवेः। ध्वन्या. 3.32
10. **व्यंग्यव्यंजकभावेऽस्मिन् विविधे सम्भवत्यपि।**
    रसादिमय एकस्मिन् कविः स्यादवधानवान्।। ध्वन्या. 4.5

इसी प्रकार आनन्दवर्धन के प्रख्यात अनुकर्ता मम्मट ने भी रस को काव्य का सर्वोपरि प्रयोजन निर्दिष्ट किया।[1]

आनन्दवर्धन के पश्चात् वक्रोक्तिवादी कुन्तक ने वक्रोक्ति को काव्य का 'जीवित' स्वीकार करते हुए भी रस को काव्य का अमृत एवं अन्तश्चमत्कार का वितानक मानते हुए प्रकारान्तर से इसे सर्वप्रमुख काव्य-प्रयोजन के रूप में घोषित किया।[2] उन्होंने उपसर्गगत और निपातगत पदवक्रता के प्रसंग में रस की चर्चा की,[3] प्रकरण-वक्रता और प्रबन्ध-वक्रता के लिए रस की अनिवार्यता का अनेक रूपों में निर्देश किया,[4] और रसवत् अलंकार को 'सब अलंकारों का जीवित' कहते हुए प्रकारान्तर से रस की उत्कृष्टता मुक्तकण्ठ से स्वीकृत की।[5]

कुन्तक के बाद इस दिशा में अग्निपुराणकार ने काव्य में रस की अनिवार्यता का संकेत करते हुए कहा कि जिस प्रकार लक्ष्मी त्याग (दान) के बिना शोभित नहीं होती, उसी प्रकार वाणी भी रस के बिना शोभित नहीं होती।[6]

रस के प्रति उक्त समादर-भाव अग्निपुराणकार के समय के आस-पास और अधिक उच्च रूप ग्रहण कर गया। अब रस को 'आत्मा' पद पर आसीन कर दिया गया। उन्हीं के शब्दों में **'वाग्वैदग्ध्यप्रधानेऽपि रस एवाऽत्र जीवितम्'**, अर्थात्, काव्य में यद्यपि वाणी की विदग्धता की प्रधानता रहती है, किन्तु उसका जीवित (आत्मा) तो रस ही है। इसी प्रकार महिमभट्ट ने भी रस को सर्वसम्मति से काव्य की आत्मा स्वीकृत करने का निर्देश किया—**'काव्यस्यात्मनि संगिनि.........रसादिरूपे न कस्यचिद् विमतिः।'**[7]

इधर इसी बीच 'काव्यपुरुष-रूपक' भी पूर्णतः स्थिर हो चुका था, जिसके बीज दण्डी और वामन के समय से मिलना प्रारम्भ हो गये थे।[8] राजशेखर और उनके बाद विश्वनाथ ने इसी रूपक के अन्तर्गत काव्य को आत्मा रूप में घोषित किया,[9]

---

1. **सकलप्रयोजनमौलिभूतं समनन्तरमेव रसास्वादनसमुद्भूतं विगलितवेद्यान्तरम् आनन्दम्।**

—काव्यप्रकाश 1म उ.

2. **चतुर्वर्गफलास्वादमप्यतिक्रम्य तद्विदाम्।**
काव्यामृतरसेनाऽन्तश्चमत्कारो वितन्यते।। व.जी. 1.5
3. **रसादिद्योतनं यस्यामुपसर्गनिपातयोः।**
वाक्यैकजीवितत्वेन साऽपरा पदवक्रता।। व.जी. 2.33
4. व.जी. 4.4 8, 10, 16, 21
5. **यथा स रसवन्नाम सर्वालंकारजीवितम्।**
काव्यैकसारतां याति यथेदानीं विवेच्यते।। व.जी. 3.14
6. **लक्ष्मीरिव विना त्यागन्न वाणी भाति नीरसा।** अ.पु. 339.9
7. साहित्यदर्पण (प्रथम परिच्छेद) से उद्धृत।
8. दण्डी ने 'काव्य-शरीर' और 'प्राण' शब्द का प्रयोग किया था तो वामन ने 'आत्मा' का। देखिए पृष्ठ 579-580
9. देखिए पृष्ठ 548

और विश्वनाथ ने तो सर्वप्रथम अपना काव्यलक्षण ही इसी मान्यता के आधार पर प्रस्तुत किया—**वाक्यं रसात्मकं काव्यम्।**[1]

किसी काव्य-तत्त्व को काव्य की आत्मा स्वीकृत करने के पूर्वोक्त दो आधार हैं। पहला आधार है उसी काव्यतत्त्व में काव्य के अन्य तत्त्वों का समावेश एवं अन्तर्भाव समझना, और दूसरा आधार है अन्य काव्यतत्त्वों द्वारा इसी तत्त्व की पुष्टि समझना। निस्सन्देह दूसरा आधार अधिक मान्य है, क्योंकि यह अपेक्षाकृत अधिक पुष्ट, आग्रह-रहित एवं तर्कपूर्ण है। रस को काव्य की आत्मा स्वीकृत करने का एक कारण यह भी है कि आनन्दवर्धन और उनके अनुकर्ताओं, मम्मट और विश्वनाथ, ने तथा उनके परवर्ती संग्रहकर्ता आचार्यों ने, अन्य काव्यतत्त्वों—अलंकार, गुण और रीति—को रस के साथ सम्बद्ध करते हुए इन्हें रस के पोषक रूप में प्रस्तुत किया। इन्होंने इन तीनों का लक्षण तो रस के आधार पर स्थिर किया ही, दोष का लक्षण भी 'रस' के अपकर्ष पर स्थिर किया—जहाँ दोष रस का अपकर्षक है, वहाँ वह दोष है, अन्यथा नहीं है।[2]

इस प्रकार हमने देखा कि—

(1) पहले रस के प्रति समादर-भाव प्रकट किया गया,

---

1. विश्वनाथ से पूर्व मम्मट ने भी गुण के लक्षण के प्रसंग में रस को काव्य की आत्मा मानने का संकेत रूपक का आश्रय लेते हुए, प्रकारान्तर से किया अवश्य था। (देखिए, **'ये रसस्यांगिनो धर्माः.....'** पृष्ठ 490)
2. इन चारों काव्य-तत्त्वों के लक्षण लीजिए :

   अलंकार—

   (क) **अंगाश्रितास्त्वलंकारा मन्तव्याः कटकादिवत्।।** ध्वन्या 2.6

   (ख) **उपकुर्वन्ति तं सन्तं येऽङ्गद्वारेण जातुचित्।**
   हारादिवदलंकारास्तेऽनुप्रासोपमादयः।। का. प्र. 8.67

   (ग) **शब्दार्थयोरस्थिरा ये धर्माः शोभातिशायिनः।**
   रसादीनुपकुर्वन्तो ऽलंकारास्तेऽङ्गदादिवत्।। सा.द.10.1

   गुण—

   (क) **तमर्थमवलम्बन्ते येऽङ्गिनं ते गुणाः स्मृताः।।** ध्वन्या. 2.7

   (ख) **ये रसस्यांगिनो धर्माः शौर्यादय इवात्मनः।**
   उत्कर्षहेतवस्ते स्युरचलस्थितयो गुणाः।। का. प्र. 8.66

   (ग) **रसस्यांगित्वमाप्तस्य धर्माः शौर्यादयो यथा।**
   गुणाः..।। सा. द. 8.1

   रीति—

   पदसंघटना रीतिरंगसंस्थाविशेषवत्।
   उपकर्त्री रसादीनाम्................।। सा.द. 9.1

   दोष—

   (क) **मुख्यार्थहतिर्दोषो रसश्च मुख्यः। का.प्र. 7.1**

   (ख) **रसापकर्षकास्दोषाः।** सा.द. 7.1

(2) पुनः रस के साथ अन्य काव्यतत्त्वों का स्वरूप सम्बद्ध किया गया,

(3) अन्ततः, उसे 'आत्मा' रूप में उद्घोषित कर दिया गया–

और, इस सबका एक मात्र कारण यह है कि रस अन्य काव्य-तत्त्वों की अपेक्षा कहीं अधिक आन्तरिक तत्त्व है–यहाँ तक कि वह 'ध्वनि' के प्रमुख पाँच भेदों में से शेष चार भेदों की अपेक्षा भी अधिक आन्तरिक है।

उपसंहार

इस प्रकार 'काव्यात्मा' के प्रसंग में उक्त पाँच सिद्धान्तों[1] के एतद्विषयक पर्यवेक्षण के पश्चात् काव्य की आत्मा किसे माना जाये–इस निर्णय का मार्ग सुगम हो जाता है। **'चैतन्यात्मा'** तथा **'ज्ञानाधिकरणमात्मा'** इस आधार पर काव्य के प्रसंग में 'आत्मा' शब्द का तात्पर्य है–**काव्य का वह साधन-भूत काव्य-तत्त्व, जो काव्य में अनिवार्य, व्यापक तथा आन्तरिक रूप में विद्यमान रहता है।** उक्त पाँच तत्त्वों में से अलंकार, रीति और वक्रोक्ति तत्त्व तो बाह्य ही हैं।[2] शेष रहे दो काव्य तत्त्व–ध्वनि (व्यंग्यार्थ) और रस। हमारे विचार में ध्वनि को काव्य की आत्मा मानना चाहिए। इस स्वीकृति के अनेक कारण हैं–

–प्रथम कारण यह है कि यह तत्त्व काव्य में किसी-न-किसी रूप में–प्रधान गौण अथवा अस्फुट रूप में–अनिवार्यतः विद्यमान रहता है। यहाँ तक कि रस के उदाहरणों में भी इसी तत्त्व का अस्तित्व अनिवार्यतः अपेक्षित है। ध्वनि-तत्त्व के अभाव में किसी भी कथन को 'काव्य' नहीं कह सकते, वह या तो 'लोक-वार्ता' कहा जायेगा या 'शास्त्र-कथन'।

–दूसरा कारण यह है कि ध्वनि-तत्त्व रस की अपेक्षा अधिक व्यापक है। ध्वनि-तत्त्व के तारतम्य के आधार पर काव्य को तीन श्रेणियों में विभक्त किया जाता है–ध्वनि-काव्य, गुणीभूतव्यंग्य-काव्य और चित्र-काव्य। इन तीनों श्रेणियों में ध्वनि-तत्त्व क्रमशः मुख्य, गौण और अस्फुट रूप में विद्यमान रहता है। ध्वनि-काव्य के प्रमुख पाँच भेदों में से 'असंलक्ष्यक्रमव्यंग्यध्वनि' नामक ध्वनि-भेद का अपर नाम ही रसादि–ध्वनि (अंगीभूत रस, भाव, रसाभास, भावाभास, भावोदय, भाव-सन्धि, भावशबलता और भावशान्ति) है। इस प्रकार अंगीभूत रस आदि का अन्तर्भाव ध्वनि

---

1. काव्यात्मा के प्रसंग में 'औचित्य-सिद्धान्त' की चर्चा भी की जाती है। किन्तु औचित्य-तत्त्व वस्तुतः कोई अलग सिद्धान्त अथवा सम्प्रदाय न होकर गुण, अलंकार-रस, आदि विभिन्न काव्यांगों को परिष्कृत एवं उपादेय बनाने का हेतु मात्र ही है। औचित्य के प्रतिपादक क्षेमेन्द्र ने यद्यपि औचित्य को काव्य की 'जीवित' कहा है, किन्तु यहाँ 'जीवित' शब्द आत्मा का पर्याय नहीं है, अपितु इसका तात्पर्य है किसी काव्यांग को उपादेय बनाने का हेतु। अतः काव्य की आत्मा के प्रसंग में यह तत्त्व विचारणीय नहीं है। (देखिए 'औचित्यतत्त्व', पृष्ठ??)
2. ये कितनी सीमा तक बाह्य हैं, यह विषय प्रस्तुत प्रसंग से सम्बद्ध नहीं है।

में हो जाता है। गुणीभूतव्यंग्य-काव्य के आठ भेदों में से 'अपरांग' नामक दूसरे भेद के अन्तर्गत रसवद्, प्रेयस्वद् आदि अलंकारों का अन्तर्भाव हो जाता है, जो वस्तुतः उस स्थिति में स्वीकृत किये जाते हैं जब रस, भाव आदि अंगभूत रूप में वर्णित हों। इस प्रकार रस चाहे अंगीभूत रूप में वर्णित हो अथवा अंग रूप में, काव्य–श्रेणी के दृष्टि से ध्वनि पर ही आधारित है। शेष रहे ध्वनि के (रसेतर) शेष चार भेद, और गुणीभूतव्यंग्य के शेष सात भेद—ये सभी तो ध्वनि से सम्बन्धित हैं ही।

अब काव्य के तीसरे प्रमुख-भेद चित्रकाव्य को लीजिए। चित्रकाव्य से प्रायः अभीष्ट है—अलंकार-प्रयोग, किन्तु इसमें भी ध्वनितत्त्व की सत्ता, चाहे वह अस्फुट रूप में ही क्यों न हो, नितान्त अनिवार्य है, और इसी चित्रकाव्य के अन्तर्गत सभी शब्दालंकारों और अर्थालंकारों का काव्य-चमत्कार निहित हो जाता है। शेष रहे गुण और रीति नामक काव्य-तत्त्व, तो ये दोनों क्रमशः साक्षात् तथा प्रकारान्तर से रस-ध्वनि से सम्बद्ध रहने के कारण ध्वनि से ही सम्बद्ध हैं। इसके अतिरिक्त इन दोनों का बाह्य चमत्कार 'चित्र-काव्य' कहाता है। यह चमत्कार भी वस्तुतः रस-ध्वनि का ही उपकारक होता है। इस प्रकार ध्वनि-तत्त्व में सभी प्रकार का काव्य-चमत्कार अन्तर्भूत हो जाता है। अतः यह एक व्यापक काव्य-तत्त्व है।

इस प्रकार उक्त दोनों कारणों से **ध्वनि को ही काव्य की आत्मा मानना चाहिए।**

किन्तु समस्या का अन्त यहीं नहीं हो जाता। रस को काव्य की आत्मा स्वीकार करने वालों की ओर से यह कहा जा सकता है कि रस (रसादि) के उदाहरण और 'अपरस्यांग' नामक गुणीभूतव्यंग्य-काव्य के उदाहरण तो रस हैं ही, ध्वनिकाव्य के शेष चार भेदों, गुणीभूतव्यंग्य-काव्य के शेष सात भेदों के उदाहरण भी वस्तुतः रस ही हैं, और यही स्थिति चित्रकाव्य की भी है, क्योंकि इनका चमत्कार भी किसी-न-किसी रूप में रस से सम्बद्ध रहता है। उदाहरणार्थ, वस्तु-ध्वनि का प्रसिद्ध उदाहरण 'गतोऽस्तमर्कः' (अर्थात् 'सूर्य डूब गया') तभी काव्य के अन्तर्गत माना जायेगा जब वक्ता का अभिप्राय केवल इतना मात्र न हो कि अब 'कार्य समाप्त करने का समया हो गया', अथवा 'अनध्ययन का समय हो गया', आदि, अपितु वह वक्ता की आन्तरिक मनोभावनाओं का भी परिचायक हो। उदाहरणार्थ, 'कार्य समाप्त हो गया' इस व्यंग्यार्थ को तभी काव्य का विषय माना जायेगा, जब वक्ता को अपने प्रियजनों से मिलने की उत्सुकता हो, अथवा उसकी किसी ऐसी अन्य मनोभावना एवं मनोलालसा का पता चले। इस प्रकार ऐसे उदाहरणों में भी वस्तुतः रस की ही सत्ता विद्यमन रहती है। अतः रस को ही काव्य की आत्मा मानना चाहिए, ध्वनि को नहीं। उपर्युक्त तर्क के उत्तर में इतना कहना पर्याप्त है कि यह ठीक है कि काव्यत्व की स्वीकृति वहाँ होगी जहाँ किसी अनुभूति का द्योतन हो, किन्तु इसी आधार पर ध्वनि, गुणीभूतव्यंग्य अथवा चित्र-काव्य के सभी भेदों के उदाहरणों को शृंगार आदि रसों के साथ सम्बद्ध करना समुचित नहीं है, और इसी प्रकार काव्य

में वर्णित हर प्रकार की अनुभूति की भी भावपरक स्वीकृति करके उसे रसादि (रस, भाव, रसाभास, भावाभास आदि आठों अथवा रसवद्, प्रेयस्वत् आदि सातों) के साथ सम्बद्ध नहीं करना चाहिए। इसके दो कारण हैं—

—पहला यह कि ध्वनि जैसा आन्तरिक तत्त्व भी तो किसी अनुभूति एवं मनोवृत्ति का द्योतक है। इसे इस दृष्टि से सक्षम मानकर केवल रस को ही, जो कि वस्तुतः ध्वनि पर ही आधारित है, ऐसा मानना शास्त्र-संगत नहीं है।

—दूसरा कारण यह है कि शास्त्रीय दृष्टि से रस अपने पारिभाषिक अर्थ में सब प्रकार के काव्य-तत्त्वों से प्राप्त 'काव्यचमत्कार' अथवा 'काव्यानन्द' का वाचक नहीं है, अपितु वह विशिष्ट प्रकार के आनन्द का, स्थायिभाव के साथ विभावादि के संयोग से जन्य आनन्द का, वाचक है। जिस काव्य में विभावादि तीनों परिपक्व रूप में वर्णित रहते हैं, अथवा विभावादि में से किसी एक अथवा दो के परिपक्व रूप में वर्णित रहने के कारण शेष दो अथवा एक के स्वतःगृहीत हो जाने पर तीनों परिपक्व रूप में वर्णित समझ लिए जाते हैं, वहीं रस अर्थात् असंलक्ष्यक्रमव्यंग्य-ध्वनि की स्थिति समझी जाती है, और रस नाम से अभिहित 'काव्यास्वाद' ('काव्याह्लाद') भी इन्हीं स्थलों में स्वीकार किया जाता है। यों चाहें तो रस का व्यापक अर्थ—सब प्रकार का काव्यचमत्कार, स्पष्ट शब्दों में कहें तो सभी प्रकार के काव्य-तत्त्वों से उत्पन्न काव्य-चमत्कार, भी ले सकते हैं, किन्तु यह उसका लक्ष्यार्थ है, वाच्यार्थ नहीं है, और शास्त्रीय चर्चाओं में वाच्यार्थ के ही बल पर सिद्धान्त प्रतिपादित किये जाने चाहिए, लक्ष्यार्थ अथवा उपचार के बल पर नहीं। इस दृष्टि से रस अपनी सीमा में परिबद्ध है, वह काव्य का अनिवार्य तत्त्व नहीं है।

यहाँ एक शंका प्रस्तुत की जा सकती है कि काव्य में वर्णित ऐसा कौन-सा स्थल है जो विभावादि से, विशेषतः आलम्बनविभाव से, शून्य हो, और न सही तो विषय एवं आश्रय का सद्भाव तो सर्वत्र होगा ही। इस तथ्य को निम्नोक्त रूप में प्रस्तुत किया गया है—'काव्य में वर्णित ऐसी कोई विषय-वस्तु नहीं है, जो किसी चित्तवृत्ति को उत्पन्न न करती हो, और यही चित्तवृत्तियाँ ही तो रसादि हैं—**न हि तदस्ति वस्तु किंचिद् यन्न चित्तवृत्तिविशेषमुपजनयति, चित्तवृत्तिविशेषा हि रसादयः।**

(ध्वन्यालोक 3.43, वृत्ति)

किन्तु चित्तवृत्तियों को रसादि (रस, भाव, रसाभास, भावाभास) आदि कहना लाक्षणिक प्रयोग है। किसी मनोभाव का केवल उल्लेख अथवा वर्णन मात्र तब तक रस नहीं कहाता जब तक कि वह विभावादि के साँचे में ढला हुआ न हो। किसी भी रस के उदाहरण में शास्त्रीय दृष्टि से, जैसा कि अभी ऊपर कहा गया है, विभावादि की, अथवा उनमें किसी एक अथवा दो की, अभिव्यक्ति परिपक्व रूप में ही विद्यमान रहनी चाहिए। अपरिपक्व स्थिति में इस प्रकार के काव्यस्थल—**'प्राधान्येन व्यपदेशाः भवन्ति'**— इस प्रसिद्ध सिद्धान्त के अनुसार रसादि (असंलक्ष्यक्रमव्यंग्यध्वनि)

के उदाहरण न माने जाकर ध्वनि के उक्त शेष चार भेदों में से किसी-न-किसी के उदाहरण माने जायेंगे। यथा—

एक तारा टूट कर क्या कह गया?

इस कथन में व्यंग्यार्थ यह है कि कोटि-कोटि नक्षत्रों से भरे आकाश के समान कोटि-कोटि मानवों से भरे इस जगत् में टूटते हुए एक तारे के समान एक व्यक्ति की मृत्यु से कुछ क्षणों का ही विषाद होता है, इससे अन्ततः कुछ अन्तर नहीं पड़ता, संसार चलता रहता है। इस कथन में विभावादि में से केवल आलम्बन-विभाव (तारा और कवि) के विद्यमान होने पर भी शेष दो तत्त्वों की स्वतः प्रतीति नहीं होती, क्योंकि आलम्बन-विभाव परिपक्व रूप में अभिव्यक्त नहीं हुआ। अतः इसे किसी रस का अथवा भावोदय का उदाहरण न मान कर वस्तुध्वनि का उदाहरण मानेंगे। दो उदाहरण 'नई कविता' के और लीजिए—

फ़ुटपाथ पर खड़ा-खड़ा सुलगता रहता है
एक सिगरेट,
धुआँ छोड़ता हुआ।

कुण्ठा, तमन्नाओं को पूरा करने की अभिलाषा, घुटन और बेबसी को व्यञ्जित करती हैं ये पंक्तियाँ। यह अभिव्यक्ति भी शास्त्रीय शब्दावली में 'वस्तुध्वनि' है। इसी प्रकार-

एक अदृश्य टाइप-राइटर पर
साफ़-सुथरे काग़ज़ सा चढ़ता हुआ दिन।

घटना-हीन दिन का प्रारम्भ हुआ, पर यह सारा दिन यों रीता थोड़े बीत जायेगा, कुछ तो घटनाएँ घटेंगी ही—यह भी वस्तुध्वनि है। इसे उक्त शास्त्रीय मर्यादा के अनुसार रस का उदाहरण नहीं मान सकते, क्योंकि शास्त्रीय दृष्टि से, रस (रसध्वनि) अपनी मर्यादा में परिबद्ध है, वह काव्य का अनिवार्य तत्त्व नहीं है, अनिवार्य तत्त्व ध्वनि है। इसका स्पष्ट कारण यह है कि **रस के उदाहरणों में ध्वनि की सत्ता अनिवार्यतः स्वीकार्य होती है, किन्तु जहाँ ध्वनि होगी वहाँ रस (रसध्वनि) भी अनिवार्यतः स्वीकार्य हो, यह सदा आवश्यक नहीं है।** किसी काव्य में केवल किसी भाव के अपरिपक्व रूप में वर्णित होने पर उसे रस का उदाहरण स्वीकार करना शास्त्रीय नहीं है।

यह ठीक है कि रस (रसादि)—अंगी और अंग रूप में वर्णित होने के कारण—एक अति व्यापक काव्य-तत्त्व है, तथा इस दृष्टि से इसका भाव-फलक अति विशद है, और यही कारण है कि अधिकांश काव्य इसी के उदाहरण-स्वरूप प्रस्तुत किया जा सकता है, पर स्पष्ट है कि इस दृष्टि से इसे काव्य का साधनभूत अनिवार्य तत्त्व स्वीकार नहीं कर सकते। यह तत्त्व वही स्वीकार्य होगा जो सर्वत्र विद्यमान हो। आनन्दवर्धन रस की इस न्यूनता से परिचित थे और इसी कारण उन्होंने ध्वनितत्त्व की स्थापना की। इसी कारण वह 'गतोऽस्तमर्कः' (सूर्य डूब गया) जैसे स्थलों में

काव्य की स्वीकृति तभी करते हैं, जब इससे उत्सुकता आदि भाव व्यंजित होते हैं, पर यह 'उत्सुकता', यहाँ वस्तु-ध्वनि का विषय है, न कि रस, भाव आदि का, क्योंकि विभावादि में से कोई भी यहाँ परिपक्व रूप में प्रस्तुत नहीं हुआ।

वस्तुतः, ध्वनि को आत्मा अथवा 'साधन' स्वीकार करने, और रस को उससे जन्य 'सिद्धि' स्वीकार करने से रस का महत्त्व कम न होकर कहीं अधिक बढ़ जाता है—ध्वनि (व्यंग्यार्थ) तो साधन अथवा आधार है, किन्तु रस सिद्धि अथवा आधेय है, जो कि सहृदय का अभीष्ट एवं अन्ततः प्राप्तव्य तत्त्व है, और रस की उपलब्धि शब्दार्थ-बोध के पश्चात् ध्वनि के माध्यम से होती है। अतः ध्वनि-रूप माध्यम की अपेक्षा रस-रूप सिद्धि का महत्त्व अपेक्षाकृत स्वतः सिद्ध है। अन्ततः, हम कह सकते हैं कि—

—जिस प्रकार शरीर के सभी धर्मों—सुख-दुःख आदि का आधार 'शरीरी' (आत्मा) है, इसी प्रकार शब्दार्थ-रूप काव्य-शरीर से उत्पन्न सभी प्रकार के आह्लादों का आधार ध्वनि-रूप आत्मा है।

—निष्कर्षतः, ध्वनि को ही, जो कि काव्य का अनिवार्य, व्यापक तथा आन्तरिक सार अथवा तत्त्व है, काव्य की आत्मा स्वीकृत करना चाहिए, क्योंकि ध्वनि ही सब प्रकार के काव्यानन्द (साध्य अथवा सिद्धि) का साधन बनने की क्षमता रखती है।[1]

—जहाँ तक रस का प्रश्न है, इस शब्द का प्रयोग काव्यशास्त्र में दो अर्थों में होता है—

(1) **काव्यानन्द, काव्याह्लाद आदि के अर्थ में,** अर्थात् साध्य अथवा सिद्धि रूप में। इस स्थिति में रस को काव्य की आत्मा नहीं मान सकते, क्योंकि 'आत्मा' से अभिप्रेत साधन है, न कि सिद्धि अथवा साध्य।

(2) **'रसध्वनि' के अर्थ में,** अर्थात् ध्वनि-रूप साधन के एक प्रमुख भेद के अर्थ में। किन्तु इस अर्थ में भी रस को काव्य की आत्मा नहीं मान सकते, क्योंकि 'रसध्वनि' अपनी शास्त्रीय परिभाषा में परिबद्ध एवं सीमित है, और इसी कारण 'वस्तुध्वनि' आदि अन्य साधनों का चमत्कार रस-ध्वनि में अन्तर्भूत नहीं किया जा सकता।

इस प्रकार 'रस' अपने उपर्युक्त दोनों प्रयोगों में काव्य की आत्मा बनने का अधिकारी नहीं है।

□□

1. यहाँ यह संकेत करना अपेक्षित है कि 'रसध्वनि', ध्वनि के अन्य भेदों की अपेक्षा, उत्कृष्ट मानी जाती है, किन्तु यह सदा आवश्यक नहीं है कि रस-ध्वनि के उदाहरण ध्वनि के शेष चार भेदों के उदाहरणों की तुलना में अथवा गुणीभूतव्यंग्यकाव्य और चित्र-काव्य के भेदोपभेदों के उदाहरणों की तुलना में काव्य-चमत्कार की दृष्टि से सदा उत्कृष्ट कोटि के ही हों, वे निम्न कोटि के भी हो सकते हैं। वस्तुतः, यह एक शास्त्रीय मर्यादा (Academic decorum) है, जिसके कारण कभी-कभी काव्य-चमत्कार की दृष्टि से हीन पद्य भी रस के उदाहरण मान लिए जाते हैं।

सहायक ग्रन्थ-सूची

[संस्कृत]

अकबर	शृंगारमंजरी	सं.—डॉ. वी. राघवन
अप्पय्यदीक्षित	कुवललयानन्द	नि.सा.प्रे.
अभिनवगुप्त	'अभिनवभारती'	व्या.—आचार्य विश्वेश्वर
	'लोचन'	
आनन्दवर्द्धन	ध्वन्यालोक	व्या.—आचार्य विश्वेश्वर
उद्भट	काव्यालंकारसारसंग्रह	बं.सं.प्रा.सी.
कुन्तक	वक्रोक्तिजीवित	व्या.—आचार्य विश्वेश्वर
जगन्नाथ	रसगंगाधर	नि.सा.प्रे.
जयदेव	चन्द्रालोक	चौ.सं.सी.
दण्डी	काव्यादर्श	बी.ओ.आर.आई., पूना
धनञ्जय	दशरूपक	नि.सा.प्रे.
भरत	नाट्यशास्त्र	चौ.सं.सी.
भानुमिश्र	रसतरंगिणी	वैंकटेश्वर प्रेस
	रसमंजरी	
भामह	काव्यालंकार	व्या.—देवेन्द्रनाथ शर्मा
भोजराज	सरस्वतीकण्ठाभरण	नि.सा.प्रे.
भोजराज	शृंगारप्रकाश	डॉ. वी. राघवन
मम्मट	काव्यप्रकाश	झलकीकर
महिम भट्ट	व्यक्तिविवेक	चौ.सं.सी.
राजशेखर	काव्यमीमांसा	पं. केदारनाथ सारस्वत
रामचन्द्र-गुणचन्द्र	नाट्यदर्पण	व्या.—आचार्य विश्वेश्वर
रुय्यक	अलंकारसर्वसव	नि.सा.प्रे.
रुद्रट	काव्यालंकार	सं.—आर. पिशेल
रुद्रभट्ट	शृंगारतिलक	सं.—आर. पिशेल
रूपगोस्वामी	उज्जवलनीलमणि	नि.सा.प्रे.

वामन	काव्यालंकारसूत्रवृत्ति	व्या.–आचार्य विश्वेश्वर
विश्वनाथ	साहित्यदर्पण	टी.–पं. शालग्राम

[हिन्दी]

नगेन्द्र	भारतीय काव्यशास्त्र की भूमिका
	रस-सिद्धान्त
	आस्था के चरण
रामचन्द्र शुक्ल	चिन्तामिण (1 भाग), रसमीमांसा
रामदहिन मिश्र	काव्यदर्पण

[English]

A. Sankarn	Some Concepts of Liteary Criticism in Sanskrit
C.B. Gupta Rakesh	Studies in Nayaka-Nayika-Bheda
P.V. Kane	The History of Sanskrit Poetics
V. Raghvan	Same Concepts of the Alamkara-shastra
	Shringara Manjari
	Number of Rasas
	Bhoja's Shringara-Prakasha
S.K. De	Sanksrit-Poetics (I & II)

उद्धरणानुक्रम
(संस्कृत)

(हिन्दी)